经济刑法

Economic Criminology

17

魏昌东　顾肖荣　主编

上海社会科学院出版社
SHANGHAI ACADEMY OF SOCIAL SCIENCES PRESS

目录
CONTENTS

环境犯罪研究

外国法译介

卷　首　语

　　创刊于 2003 年、中国首部以"经济刑法"为刊名的连续出版物——《经济刑法》，于今年刻下了她的第十五个年轮。十五年来，在众多中外刑法学大家、名家的支持与呵护下，《经济刑法》聚焦于中国乃至世界经济刑法发展与理论完善的重大问题，聚焦于中国特色社会主义经济制度构建与完善中的经济秩序维护的策略、机制与规范体系建设问题，提出了一系列精辟、独到、深刻、创见的真知灼见；一大批青年才俊、实务理论专家集中关注经济刑法发展中的热点与现实问题，奉献出大批的务实求新之作，由此使得《经济刑法》逐步赢得了国内经济刑法学理论与实务界的认同，成为经济刑法研究的重要阵地与学科发展孵化基地，"经济刑法"也由此成为上海社会科学院创新工程项目"刑事法创新学科"的重要支柱。十五年来，由《经济刑法》刊发的众多经济刑法基础理论与实务研究成果，成为中国经济刑法学研究的经典之作，有力地推进着中国经济刑法理论与立法的完善与发展，固定的"作者圈"与"读者圈"已经形成。

　　奉行求新务实的理念，第十七期《经济刑法》精选出国内外经济刑法学研究中的六个重点专题，共同与读者分享。

　　——**财产犯罪研究专题**。近年来，财产犯罪法益定位革新，占有说、折中说的主张均有所突破财产本权范围，将财产犯罪法益保护的触角延伸至非法占有的状态。占有说并不意味着对本权说的倾覆，实质上，现阶段的德日刑法学界以及我国大多数刑法学者，在财产犯罪法益保护选择上，无论是本权说论者还是占有说论者，抑或各类折中说论者，均承认本权之于财产犯罪法益保护的优先地位。但是，一个问题在于，如果财产犯罪采占有说，是否会直接导致非法处置查封、扣押、冻结财产罪适用的荒芜？《占有说理论在财产犯罪中的地位及其竞合解释》一文在关注法益历史发展的基础上，从占有说的基本立场出发，运用犯罪竞合理论解释了占有说并不会导致非法处置查封、扣押、冻结财产罪适用的荒芜；相反，占有说理论的运用与选择，恰恰能够体现刑法法定刑精密设计的合理梯度。

在银行业务高度发达的今天，银行汇款已成为高效率的支付方式之一。然而，汇款人错误汇款、银行职员错误记账，致使与该款项无关的户主得到，此时该户主去银行窗口取出"不意之财"的行为能否构成刑法上的诈骗行为？该行为属于不作为的诈骗还是推断的诈骗？两者成立的界限如何？这些问题在我国刑法理论中并未受到较多关注。《论错误汇款、错误记账场合下的欺诈行为》一文以德日刑法判例为中心，介绍了德日判例在近年来针对该类案件是否构成诈骗罪的问题所做出的明确回应，并指出德日刑法在诈骗罪理论上的新动向——诈骗行为的概念化，即将诈骗行为的本质不单理解成"与真实相反的陈述"，而将其看作是对真实情况说明义务的违反。该文对域外研究成果的介绍，为我们提供了一种新思路，值得为中国刑法理论借鉴和参考。

——**互联网金融专题**。习近平总书记指出，我国的网信发展要确立"五大发展"理念，推进网络强国建设，要以信息化推动国家治理体系和治理能力现代化。互联网金融在深入信息化的过程中面临着诸多的刑事风险，对此，必须要对互联网金融可能面临的风险科学地加以预测，并预设必要的应对措施，进一步促进金融创新，提高金融资源的配置效率。《互联网金融创新发展中的刑事犯罪风险及司法防控对策》一文，在介绍我国当前互联网金融发展中的主要业态及其特征的基础上，指出了当前互联网金融创新发展中可能引发的主要刑事犯罪风险，进而提出了加强涉互联网金融刑事犯罪司法工作的建议。值得一读。《互联网金融的刑事风险规制》一文，以集资类犯罪为例，结合司法判例，在经济新常态下互联网金融监管模式的构建方面提出了新颖的观点，强调刑事法的事前规制，即加强行政监管、完善行业自律体系，引人深思，颇有实用价值。

——**金融刑法研究专题**。金融刑法是实现国家金融治理的最后一道屏障，也是金融业安全和发展的有力保障，市场经济的发展离不开金融刑法。现阶段我国刑法理论对操纵证券、期货市场罪，以及抢帽子交易刑法规制问题的研究并不全面、深入。近年来，随着国际金融创新迅猛发展，世界各国对证券期货市场法律监管规范大都进行了相应调整，对抢帽子交易等证券期货违规行为，已经建构了相对完善的实体法律标准。因此，有必要准确分析当前国际社会主要证券期货市场的反操纵刑事法律及其刑事司法经验，在互动性思考中研析抢帽子交易刑法规制的国际标准与中国现实，从中获得我国抢帽子交易刑法规制完善的启示。《抢帽子交易刑法规制的全球考察》一文，在探寻世界代表性国家市场操纵犯罪条款的基础上，指出我国刑法应明确操纵证券、期货市场罪"兜底条款"的解释机制，通过准确设定实体标准与建构实用的司法程序，提高惩治市场操纵犯罪的实效。《网络非法集资刑事规制定罪量刑要素实证研究》一文，则另辟蹊径,通过实证研究的方法,对中国裁判文书网 182 份判例中影响非法集资犯罪定罪与量刑要素的分析,全面揭示出刑事规制规则的正当性建构中所存在的问题。

值得一提的是,欧洲刑事法研究中心作为上海社会科学院法学研究所对外交流的重要平台,在推进我国与欧洲国家刑事法学界联系与合作方面正在发展重要的作用。本辑特别推出了匈牙利佩奇大学法学院刑事法中心主任、教授,上海社会科学院法学研究所欧洲刑事法中心外方主任加尔·伊斯特万·拉斯洛(GÁL Istv án László)博士的《匈牙利的内幕交易、经纪丑闻与 Questor 案件》一文。自匈牙利社会制度发生重大转型以来,刑事案件从 200 000 件/年激增至 500 000—600 000 件/年,犯罪数量翻了一番。不仅如此,犯罪所涉及的经济价值也比过去高出许多。该文分析了匈牙利刑法中内幕交易罪的基本特征,通过案例介绍,展示了在市场经济体制下该罪所可能造成的严重危害,对我国金融市场的刑法规制具有借鉴价值。

——贪污贿赂犯罪研究专题。腐败加剧与提升腐败治理能力,是一个世界性话语与共同关注。为了对腐败犯罪加大惩治力度,2016 年"两高"《关于办理贪污贿赂刑事案件适用法律若干问题的解释》专门规定了"感情投资"条款,即:"国家工作人员索取、收受具有上下级关系的下属或者具有行政管理关系的被管理人员的财物价值三万元以上,可能影响职权行使的,视为承诺为他人谋取利益。""感情投资型"受贿入罪的法理依据是什么? 如何在司法实务中适用本条款,《"感情投资型"受贿犯罪司法解释的教义学分析》一文,结合相关案例,展开了分析,文中提出的对收受感情投资财物可以认定为受贿罪的四个必要限制,颇具创新,对于司法判断具有重要的价值。

作为《经济刑法》第十七辑的重要论文之一,本期特别推出世界著名刑法学研究机构——德国马克斯·普朗克外国刑法与国际刑法研究所(Max-Planck-Institut für ausländisches und internationales Strafrecht)所长汉斯·约格·阿尔布莱希特教授(Prof. Dr. Hans-Jörg Albrecht)《德国贿赂犯罪的基本类型与反腐刑法的最新发展》一文。此文根据他在 2017 年 3 月在华东政法大学所做的学术讲座整理而成,文中对腐败的影响、德国腐败犯罪的类型与刑法中构成要件的结构等方面展开了详实的介绍。如今德国的腐败治理已经形成了一个由四大支柱支撑的体系:第一支柱是预防,这主要是指为机关、企业等制定行为守则,先行在这些部门引入内部监控机制;第二支柱是惩戒,主要是依靠实体刑法;第三支柱是国际合作,制止跨越国境腐败罪行;第四支柱是追缴,即将因贿赂而产生并已转移至境外的赃款收归本国所有。这对于我国转型时期的腐败治理具有极其重要的参考价值。

——知识产权犯罪研究。随着互联网技术的发展，网络服务行业迅速成长壮大，在促进社会经济发展的同时，也带来了很多问题，其中知识产权的保护问题尤为突出。《论网络服务提供行为的著作权刑民规制衔接》以《刑法修正案（九）》第 29 条为切入点，以跨学科的研究方法，在法秩序统一性原理、法益前置理念的指导下，认为网络服务提供行为原则上可单独构成犯罪。这不仅是根据刑法规范表面意思形成的形式判断结论，也是符合犯罪构成实质解释的实然命题。文章对网络服务提供行为在立法、司法层面提出了相应的衔接方案设计，颇具见地。

——环境犯罪研究专题。基因工程技术的发展及其在农业领域的运用极大地增强了人类改造世界的能力，但也引发了基因污染的问题。《基因污染及其刑法对策研究》一文，颇具创见性地提出了基因污染的法制化治理，特别是刑法介入基因污染治理的路径、对策，以及规范体系建设的原初性构想，具有鲜明的创新价值。

2017 年 10 月召开的中国共产党第十九次代表大会明确提出的习近平新时代中国特色社会主义思想，是全党全国各族人民实现中华民族伟大复兴的行动指南，中国特色社会主义展现出更加广阔的光明前景。新时代中国特色社会主义的建设与发展，需要创新的理论，以及法治国家建设的不断前进，也必将成为《经济刑法》开展学术研究与创新的重要导向。

最后，感谢上海社会科学院创新工程项目"刑事法创新学科"所给予的出版支持。

春华秋实，求新务实；砥砺前行，追求卓越。

《经济刑法》编委会

2017 年 11 月

财产**犯罪**研究

经济刑法

Economic Criminology

占有说理论在财产犯罪中的地位及其竞合解释

庄绪龙 *

摘　要：占有说及其折中说主张突破所有权范围，将财产罪法益保护触角延伸到非法占有领域，基本契合当代经济社会发展的时代要求，在整体上基本处于财产罪法益保护的通说地位。理论上有观点认为，如果财产犯罪采占有说，那么将会制造财产罪与非法处置查封、扣押、冻结财产罪的想象竞合，直接导致后者适用的荒芜。事实上，此观点并未考察财产罪与非法处置查封、扣押、冻结财产罪在司法实践中的细微差别，虽然两者之间在相当部分犯罪的法律适用中存在竞合，但这并不意味着在"从一重处罚原则"下后者适用的绝对荒芜；相反，占有说理论的运用恰能体现刑法法定刑幅度精密设计的合理梯度。

关键词：占有说　想象竞合　从一重处罚　合理梯度

---

* 庄绪龙　江苏省无锡市中级人民法院助理审判员，华东政法大学博士研究生。

一、占有说理论在财产犯罪法益保护中的通说地位

侵犯财产罪的法益界定，是研究财产犯罪无法绕开因而也是首先需要研究的重大理论问题。在刑罚理论上，世界范围内大致上形成了以德国财产犯罪法益保护为代表的法律的财产说、经济的财产说和法律-经济的财产说，以及从德国承袭的日本，结合其本土实践所形成的本权说、占有说和各种中间说。①

（一）农耕社会的本权说理论

从历史发展的梳理脉络中我们可以发现，在诸多学说中，从先验思维角度出发，本权说无疑是财产犯罪法益保护的优先学说，具有不可置疑的理论正当性，而且这种正当性永远处于最明显的地位。现阶段，德、日刑法学界以及我国大多数刑法学者，在财产犯罪法益保护的顺序选择上，不管是本权论者还是占有说论者，以及以占有说甚或本权说为基础的各类折中说论者，都承认本权之于财产犯罪法益保护的优先地位。日本早期在财产犯的保护法益上就是采取所有权的立场，其旧刑法第 366 条即以所有物作为盗窃罪的客体，而且理论上也认为，盗窃罪是以他人的所持侵害为手段而侵害他人所有权的犯罪，因而盗窃罪的保护法益就是所有权。该种理论观点在所有权绝对的法思想的近代法上被确立，而后被强化。基于此，日本旧刑法下的财产犯被认为是以"所有权"作为轴心而成的。② 不仅理论上如此，在司法实践中也同样如此。日本在第二次世界大战之前，大审院的司法判例就明显采取本权说。例如，日本在抚恤金法中禁止以抚恤年金证书作为担保物，司法实践中出现了债务人违反此规定而将抚恤年金证书用作担保并交付给债权人的案件，对于这一案例，日本大审院认为第 242 条和第 245 条限于"占有人基于合法的占有权而对抗所有人的场合才可以适用，但在并不存在对抗权的场合，则没有理由根据此规定而来保护占有人并处罚所有人"，③诠释了本权说之于财产犯罪法益保护的核心地位。

---

① 杜文俊：《我国财产犯罪法益保护理论再考察及修正——以审判实践及本土刑法文化为视角》，《政治与法律》2016 年第 3 期。

② 张红昌：《财产罪中的占有研究》，中国人民公安大学出版社 2013 年版，第 3 页。

③ 大判大正 7 年 9 月 25 日刑录 24 辑 1219 页。转引自[日]西田典之：《日本刑法各论》，刘明祥译，中国人民大学出版社 2007 年版，第 118 页。

(二) 商品经济时代的占有说理论

然而,随着经济社会的发展,本权说的观点已经不能适应社会的发展趋势。这是因为,商品经济的发展促使财物所有权部分权能与作为整体的所有权在一定时空条件下发生分离。这种分离既可能给所有人带来相应的经济价值,也会给占有、使用该财产的非所有人带来经济利益,对于此种相对独立的从所有权中分离出来的权能,刑法当然应当保护。[①] 有观点认为,财产罪法益保护采用所有权说(即本权说),其发生作用的场合仅仅适合于财产权利义务关系简单、财物流动性较低的社会经济生活状况,在自给自足的经济形态下具有合理性。不过,在复杂多样的现代社会经济生活中,所有者自己不占有财物,以发挥财物最大效用的现象不断增多,如果还以所有权作为财产罪的保护法益,显然不合时宜。[②] 此言谓之,所有权只是一种抽象的权利,其对应的经济效益主要是由对财物的占有、管理而取得,因而为了保护所有权,必须首先保护占有本身。[③]

在罗马法中,理论上大都认为占有是一种受法律保护的事实,不管占有人是真正的权利人还是盗贼等非法占有人,法律出于维护社会的和平与秩序等目的皆对其予以保护。[④] 我国学者指出,占有是一种事实而非权利,无论是有权占有还是无权占有,甚或是权属不明或者权属有争议之占有,均可享受占有之诉的保护。这是因为占有之诉的价值在于维护现存之财产占有秩序,以维护社会和平与物之秩序。[⑤] 日本学者牧野英一教授也认为,民法上的占有与刑法上的占有都应独立地受保护,不要求能推定本权,否则难以期待社会秩序的安定。[⑥] 在此理论支撑下,日本司法界在第二次世界大战后逐渐转向占有说的犯罪法益保护立场,"骗取作为隐匿物质的元军用酒精事案"成为战后日本采用占有说的最典型事例。在该案中,最高裁判所指出:刑法中财产夺取罪的规定是保护对财物事实上的加持,不问其在法律上是否具有持有财物的正当权限。即便刑法上该所持被禁止,既然现实上存在所持的事实,从维护法秩序的必要性

---

① 张明楷:《骗取自己所有但由他人合法占有的财物构成诈骗罪》,《人民检察》2004 年第 10 期。
② 刘明祥:《财产罪比较研究》,中国政法大学出版社 2001 年版,第 16 页。
③ 张明楷:《外国刑法纲要》,清华大学出版社 2007 年版,第 535 页。
④ 江平主编:《民法学》,中国政法大学出版社 2007 年版,第 326 页。转引自尹晓静:《论作为财产犯罪保护法益的占有说》,《广西大学学报(哲学社会科学版)》2013 年第 1 期。
⑤ 章正璋:《我国民法上的占有保护——基于人民法院占有保护案例的实证分析》,《法学研究》2014 年第 3 期。
⑥ [日]牧野英一:《刑法各论》(下卷),有斐阁 1951 年版,第 594 页。转引自黎宏:《论财产犯罪的保护法益》,《人民检察》2008 年第 23 期。

出发,物的所持这种事实上的状态自体作为独立的法益受保护(最判昭和 24 年 2 月 15 日刑集 3 卷 2 号第 175 页)。[1] 在此案后,日本最高裁判所的判例开始支持占有说,强调财产罪法益保护的对象由包括所有权在内的本权,转向对事实上占有状态的保护。[2] 当然,在绝大部分案件中,本权保护仍然是财产犯罪保护的核心内容,占有说保护占据通说地位,并不意味着对本权说的抛弃,占有说保护只不过强调的是对财产秩序的有效维持。

(三) 占有说理论的有限限制

随着理论讨论的逐步深入,人们在承认占有权能及其利益保护优先的基础上,也逐渐认识到纯粹的占有说可能会过分扩大刑罚的处罚范围:保护一切赤裸裸的非法占有,完全禁止力所能及且正当必要的私力救济。例如,纯粹的占有说会导致"连盗窃罪的被害人窃回自己所有的被盗窃财物的行为在构成要件该当性的实质判断阶段也要认定为盗窃,只是在违法性阶段考虑是否属于自救行为之类的违法性阻却事由"。由于纯粹占有说的打击范围扩大化形势严峻,日本学者对旨在保护财产秩序稳定性的占有说提出了不同的观点,认为"过度地强调自力救济的禁止未必是近代国家的方式,反而会伴随有抑压权利意识成长的弊害"。[3] 现阶段,几乎没有人坚持纯粹的本权说和占有说,而是将目光转向中间说、折中说。[4]

就整体而言,就目前的理论观点来看,不管是域外刑法理论界还是我国刑法理论界,财产罪法益保护理论中的占有说(包括以占有说为基准的折中说、中间说)获得了较多的支持,基本处于通说的理论地位,而本权说(尤其是纯粹本

---

① ［日］山口厚:《问题探究 刑法各论》,有斐阁 1999 年版,第 95 页。

② 日本刑法第 242 条规定:虽是自己的财物,但由他人占有或基于公务机关的命令由他人看守时,就本章犯罪(盗窃和强盗罪——引者注),视为他人的财物。参见:《日本刑法典(第 2 版)》,张明楷译,法律出版社 2006 年版,第 90 页。

③ ［日］米仓明:《自力救济》,《法学教室》17 号,第 30 页。转引自佐伯仁志、道垣内弘人:《刑法与民法的对话》,于改之、张小宁译,北京大学出版社 2012 年版,第 287 页。

④ 现阶段,主张侵犯财产罪的法益为本权说的观点认为,本权说正确揭示了财产犯罪的本质,在贯彻刑法谦抑性、合理限定刑法处罚范围等方面占据优势,对于权利人侵犯合法占有、第三人侵夺赃物以及侵害违禁品等行为亦能作出合理的解释,因而在刑事司法实践中仍有生命力,既有刑法文本规范的依据,又有本土的社会基础;而纯粹主张占有说的观点认为,所有权及其他本权是具有权源的占有,非法占有则是不具有权源的占有,刑法不仅要保护所有权及其他本权,也同样要保护财产秩序。参见高翼飞:《侵犯财产罪保护法益再探究——为本权说辩护》,《中国刑事法杂志》2013 年第 7 期;尹晓静:《论作为财产犯罪保护法益的占有说》,《广西大学学报(哲学社会科学版)》2013 年第 1 期。关于占有折中说、中间说的相关理论和观点详见下文分析。

权说)则全面萎缩,只有极少数学者仍然"据理力争"。[①]

二、占有说理论制造"财产犯罪与非法处置、扣押、冻结的财产罪"竞合困境的观点

财产所有权人对于他人合法占有而行侵犯行为的情形,占有说(包括基于占有说的折中说)认为,合法的占有可以对抗本权,故本权人无权擅自将已为他人合法占有的财物取回,否则就会侵犯他人对该财产的占有。比如,债务人擅自取回质押物、留置物的行为就损害了债权人的合法权利。这是因为,根据物权法的基本原理,担保物权的效力优先于所有权,债务人将其财产出质或者留置,其所有权的权能行使就应当受到担保物权的限制。担保物权是所有权人担负债务的他物权形式,所有权人将本权的占有权能让渡,存在先在的债务抑或对他人债务的担保承诺,该担保承诺能够因质押物、留置物的占有权能而取得法律上的债权优先保护效果。换言之,虽然质押物、抵押物的所有权人依然存在,但是由于担保承诺以及所有权上占有权能的让渡,该权利人的所有权已然成为优先保护债权人债权实现的法律保障。在民法比较法的视野内,大陆法系一些国家和地区在民法典中明确规定(比如德国民法典第 863 条、日本民法典第 202 条、韩国民法典第 208 条等),或者在司法实践中坚持(如我国台湾地区)占有之诉不依赖于本权的原则,对于占有之诉,当事人不得直接以本权作为抗辩,法院亦不得以本权作为裁判的依据。当事人如欲以本权进行抗辩,应该反诉或者另行起诉。[②] 依据现代民法中占有理论"维系社会和平与物之秩序"的目的,财产罪法益保护理论中的占有说观点基本上得到了理论上的认同。不仅如此,刑法规范文本也持相同态度,如我国《刑法》第 91 条第 2 款规定,在国家机关、国有公司、企业、集体企业和人民团体管理、使用或者运输中的私人财产,以公共财产论。

但问题是,如果所有权人对于国家机关合法占有的、拟制性认定为公共财物的私人财产进行盗窃、骗取的,在以占有说为理论基调成立财产犯罪的同时,

---

① 如徐光华、郭晓红:《财产犯罪的保护法益应坚持所有权说——以取回自己所有而被他人占有的财物为例》,《政治与法律》2013 年第 3 期;高翼飞《侵犯财产罪保护法益再探究——为本权说辩护》,《中国刑事法杂志》2013 年第 7 期。

② Vgl. Dieter Medicus, Grundwissen zum Bürgerlichen Recht, S.154ff.;王泽鉴:《民法物权(二)》,三民书局 2005 年版,第 172 页。均转引自章正璋:《我国民法上的占有保护——基于人民法院占有保护案例的实证分析》,载《法学研究》2014 年第 3 期。

是否也同时触犯了《刑法》第 314 条非法处置、扣押、冻结的财产罪？如果在盗窃、骗取既遂后故意毁坏的，是否同时成立故意毁坏财物罪？对于这个问题，理论界与司法实务界均存在较大争议。① 有观点认为，对于此类情形，如果是所有权人窃取他人占有的本人之物，则不能仅仅因有窃取行为就构成犯罪，还要看事后有无索赔的行为。之所以强调只有具备事后索赔的情形才成立盗窃罪，主要是因为这种窃取处在他人保管之下的本人财物的行为，如果只是将财物窃回，但并不向他人索赔，则他人财产不可能遭受损失，这表明行为人主观上不具有非法占有的目的。② 还有人这样解释，盗窃是偷别人的东西，自己的东西不存在偷的问题。处于他人合法保管之下的财产，所有权并未从此发生改变，因而盗窃在他人保管之下的本人财物的行为，如果没有以作为形式积极主动索赔或者以不作为形式默认、间接接受保管人赔偿的，不构成盗窃罪。③ 对此争议，张明楷教授认为，根据《刑法》第 91 条第 2 款的规定，司法机关查封、扣押的财产属于公共财物，行为人（包括财产的所有人）以非法占有为目的，采取非法变卖等方式取得财产，或者故意毁坏该财产的，实际上也符合侵犯财产罪的犯罪构成要件。由于侵犯财产罪的法定刑重于非法处置扣押的财产罪的法定刑，故实施非法处置扣押财产的行为，同时符合侵犯财产罪的构成要件的，属于想象竞合犯，应当从一重处罚。④

张明楷教授所指出的"想象竞合说"观点，虽然明确了两类罪刑关系的处理原则，但在有的学者眼中，也可能面临如此质疑：想象竞合说的理念及其处理方式脱胎于占有说，按照占有说的观点必然会得出这样的结论，即擅自取回或

---

① 有学者对最高人民法院主编的《刑事审判参考》刊登的 4 个典型案例"王彬故意杀人案""陆惠忠等非法处置扣押的财产案""江世田等妨害公务案""叶文言、叶文语等盗窃案"进行了系统研究，得出：在他人合法占有的情况下，本人采用非法手段取回自己的财物，如果没有借此索赔等后续行为，则不构成相应的财产犯罪，但是取回财产的手段行为构成其他犯罪的，按照其他犯罪处理。参见于志刚、郭旭强：《财产罪法益中的所有权说与占有说之对抗与选择》，《法学》2010 年第 8 期。对此司法实践中的观点，有学者找到了不同的案例进行反证，如安徽省滁州市中级人民法院(2007)滁刑终字第 7 号判决书、福建省厦门市中级人民法院(2003)厦刑终字第 120 号刑事判决书，等等。足见司法实践中关于此类案件定性的混乱。参见陈洪兵：《财产犯罪之间的界限与竞合研究》，中国政法大学出版社 2014 年版，第 18 页。

② 陈兴良：《判例刑法学》（下卷），中国人民大学出版社 2009 年版，第 281—282 页。张明楷教授对于"事后索赔才成立盗窃罪说"观点，系统地阐述了不同意见。参见张明楷：《刑法学》，法律出版社 2011 年版，第 972—973 页。

③ 沈志民：《对盗窃在他人保管之下的本人财物行为的刑法评价》，《北方法学》2012 年第 2 期；高翼飞：《侵犯财产罪保护法益再探究——为本权说辩护》，《中国刑事法杂志》2013 年第 7 期。

④ 张明楷教授对于行为人转移、变卖已被司法机关扣押的在民法上属于自己所有的财产的行为，司法机关一概认定为非法处置扣押财产罪的司法处理方式指出了其中的不协调之处，难以契合解释论上的自洽。参见张明楷：《刑法分则的解释原理》，中国人民大学出版社 2011 年版，第 307 页。

者毁损司法机关扣押、查封财物的行为,同时构成侵犯财产罪(盗窃罪、诈骗罪或者故意毁坏财物罪)和非法处置查封、扣押、冻结财产罪,侵犯财产罪与非法处置查封、扣押和冻结财产罪之间形成"想象竞合"。① 然而,需要注意的是,非法处置查封、扣押、冻结财产罪的法定最高刑为3年有期徒刑,而故意毁坏财物罪的法定最高刑为7年有期徒刑,盗窃罪、诈骗罪等侵犯财产罪的法定最高刑为无期徒刑,侵犯财产罪的法定刑显然更重。在"从一重处罚"的原则下,最终对于这种"想象竞合犯"的情形只能选择适用侵犯财产罪。这也就意味着,在"占有说"所制造的侵犯财产罪与非法处置查封、扣押和冻结财产罪之间形成"想象竞合"的情形下,将直接导致《刑法》第314条规定的非法处置、查封、扣押的罪名永无用武之地,进而使得该条的部分规定失去存在价值。② 这无疑是占有说在财产罪法益保护的理论选择中必须要澄清的问题。

三、占有说理论并未制造《刑法》第314条的司法适用荒芜

"占有说"制造侵犯财产罪与非法处置查封、扣押和冻结财产罪之间形成"想象竞合",将直接导致《刑法》第314条规定的非法处置、查封、扣押的罪名永无用武之地,进而使得该条的部分规定失去存在价值的观点,对《刑法》第314条所承载的法条价值抑或"命运"的担忧在形式上貌似存有道理,但将其作为攻击占有说作为财产罪法益保护理论的论证却未免过于武断。经由体系解释的分析,就其所指出的竞合问题所导致的"非法处置、查封、扣押的罪名永无用武之地"的论断,笔者不能认同。事实上,在全面考察刑法分则法条规定的基础上并结合体系解释的科学方法,就可以得出完全不同的结论:占有说支撑下的财产罪与非法处置、查封、扣押罪之间的竞合问题非但不会制造上述观点所认为的"非法处置、查封、扣押的罪名永无用武之地"的后果,反而会合理解释两类罪刑关系的合理位阶。

刑法分则体系中的类罪与个罪之间、普通法条与特殊法条之间存在大量的包容和交叉,罪名中包含与被包含、交叉与融合的情形比比皆是,并且包容性竞合与交叉性竞合的竞合性质也并不确定,因此想象竞合与法条竞合的区分在理论上还是必要的。毕竟涉及到后续的量刑标准选择的问题,到底是"从一重"还

---

① 此种疑问,同样适用于《刑法》第307条第2款所规定的"帮助毁灭证据、伪造证据罪",相关结论与第314条规定的"非法处置查封、扣押、冻结的财产罪"基本一致。就此,本文不再展开分析。

② 高翼飞:《侵犯财产罪保护法益再探究——为本权说辩护》,《中国刑事法杂志》2013年第7期。

是"特别法优先"则是比较关键的问题，需要分情况讨论。比如，寻衅滋事罪与抢劫罪之间是想象竞合还是法条竞合？由于寻衅滋事罪的行为类型多样，可能还要具体分析。有观点认为，对于强拿硬要型的寻衅滋事行为与抢劫罪之间的交叉关系是由于法条用语本身造成的，因而属于法条竞合，而其他类型的寻衅滋事行为，如随意殴打他人或者追逐、拦截、辱骂他人等，与抢劫罪之间，则可能是想象竞合或者牵连犯的关系。① 在竞合关系区分复杂化的客观情形下，"越是所谓界限模糊的犯罪，越不宜讨论此罪与彼罪之间的界限。因为越是界限模糊，越表明两罪之间的关系复杂、难以区分"。② 因而，充分尊重刑法分则体系的竞合现象，采取有效的解释方法解决"法条弃用论"的理论担忧抑或质疑才是科学的思路。

想象竞合犯作为真正竞合犯，在事实上只有一个行为，但是这个行为在成立 A 罪的同时，法官完全可以宣告其成立 B 罪，只不过要按照处罚重的罪来定罪量刑。③ 想象竞合犯的基本原理，在于行为人的一个行为该当两个犯罪构成要件，亦即行为人的犯罪行为既符合 A 罪的构成要件，又符合与 A 罪完全不同的 B 罪的构成要件。在想象竞合犯的理论思维中，只要承认刑法的规范评价功能，就可以从不同规范目的出发，运用多个犯罪构成，对一个自然意义上的行为进行多重评价④。行为人将自我所有但处于他人合法占有状态下的财物予以窃回、骗回的情形，一方面，按照占有说的观点，当然侵犯了财产犯的保护法益，成立相关的财产犯罪也是理所当然；另一方面，这种行为可能客观上会妨害司法秩序，因而也同时符合《刑法》第 314 条规定的非法处置、扣押、冻结的财产罪。在这种情形下，如果能够认定为相关财产犯罪，如盗窃罪、故意毁坏财物罪，由于想象竞合犯从一重处罚的原则，《刑法》第 314 条所规定的非法处置、扣押、冻结的财产罪，其法定最高刑低于故意毁坏财物、盗窃罪的法定刑，当然要在罪名选择上让位于处罚较重的罪名。

但即便如此，也并未会出现某些学者所担忧的现象，即将《刑法》第 314 条的规定"打入冷宫"，成为"永无用武之地"的司法适用领域。笔者认为，上述想象竞合的法律适用问题，完全可以在体系解释的思维中得到合理的解答。体系解释要求根据刑法条文在整个刑法中的地位，联系相关法条的含义，阐明其规

---

① 付立庆：《论抢劫罪与强拿硬要型寻衅滋事罪之间的关系》，《法学》2015 年第 4 期。
② 张明楷：《刑法分则的解释原理》，中国人民大学出版社 2011 年版，第 263 页。
③ 周光权：《法条竞合的特别关系研究》，《中国法学》2010 年第 3 期。
④ 丁慧敏：《想象竞合犯的功能及其存在根据》，《现代法学》2013 年第 3 期。

范意旨。① 按照体系解释的基本理论,刑法分则中的条文并非单独存在、孤立适用,其有效准确适用的合理性在于将条文纳入所有条文的整体中去,才能明晰该条文的真实含义与适用范围。事实上,我国刑法中关于盗窃罪、故意毁坏财物罪等侵犯财产罪的立法有效遵循了"定性与定量"的二元立法规律,亦即并非所有的侵犯财产罪保护法益的行为都要纳入到财产罪治理的体系中。比如,盗窃一个苹果,摔坏一个普通的花瓶,由于实体层面的经济价值微弱,别说难以用刑法规制,恐怕连民事侵权及其权利维护的必要性都难以在程序上启动。从这个角度而言,财产所有权人将被国家机关抑或他人合法占有的财物窃回、骗回的情形,可能存在由于财产的经济价值微弱,在侵犯财产犯罪的视域按照《刑法》第 13 条"但书"的规定亦可出现视为无罪的情形。②

但所不同的是,经济价值微弱之物,除却实体上的经济价值本身,并非是毫无价值存在,在某些特殊的情形下完全可以成为《刑法》第 314 条非法处置、扣押、冻结的财产罪中的犯罪对象。这是因为,非法处置、扣押、冻结的财产罪保护的法益是司法秩序,行为人非法处置、扣押、冻结财产的行为对象,哪怕只是一支带有指纹的廉价钢笔、一件沾有血迹的旧衣服、一笔根本达不到包括盗窃罪、诈骗罪等在内的所有财产犯罪的起刑点且根据"但书"规定不可能成立财产犯罪的资金等,但客观上盗窃、毁坏的行为只要阻碍司法程序顺利进行,就完全有可能符合破坏司法秩序"情节严重"的情形,因而也就完全可以成立非法处置、扣押、冻结的财产罪。这是因为,由司法秩序的性质分析,该罪中"情节严重"的情形,并不侧重财产犯法益保护中的财产价值,而更注重是否严重影响司法程序的有序推进。

概言之,在"想象竞合说"的理念下,行为人将处于司法机关控制之下的财产抑或其他财产性利益非法处置、扣押、冻结的,侵犯财产罪与第 314 条非法处置、扣押、冻结的财产罪之间的竞合及其法条适用并不存在绝对的冲突,也不存在重罪完全架空轻罪的情况。《刑法》第 314 条非法处置、扣押、冻结的财产罪成为"无用武之地"禁区的标签式判断经不起推敲。实际上,在法定刑的配置中,盗取经济价值微弱财物的情形虽然被排除在财产罪的范围之外,但如果符合非法处置、扣押、冻结的财产罪中"情节严重"的条件,则完全可以按照《刑法》第 314 条的规定处理。

另外,还需要充分正视的是,《刑法》第 314 条所规定的犯罪对象,也可能是

---

① 张明楷:《刑法学》,法律出版社 2011 年版,第 41 页。
② 虽然财物本身经济价值微弱,但在性质上却仍属财产犯法益保护的范畴。

数额巨大的财产，比如司法机关扣押的价值巨大的精密仪器设备，在行为人窃取、骗取或者非法处置、扣押后，必然对该财物的原权利人承担债务责任，如果仍以《刑法》第 314 条的法定刑量刑，恐怕会对刑法分则的法定刑体系造成威胁。这样一来可能就会释放一个信号：盗窃、非法处置司法机关等国家机关中扣押、管理的财产，不管数额多大，法定刑不会超过有期徒刑 3 年。恐怕，这是我们不愿意看到的错误思路。因而，刑法分则财产犯罪与非法处置、扣押、冻结的财产的罪刑体系解释与法定刑安排上，并不存在不科学之处，想象竞合的理论非但没有架空刑法相关条文的适用，而且还比较科学、注重层次性地解决了财产犯罪与侵害司法秩序犯罪的法律适用问题。换言之，刑法分则中关于财产犯罪与非法处置、扣押、冻结的财产犯罪中法定刑设定的镶嵌式、缝隙性的立法构架及其解释对于竞合理论有效适用的原则预留了合理空间。

四、结　语

在历史发展的脉络中，财产犯罪法益保护的理论选择先后经历了本权说、占有说，再到综合说的过渡，体现了社会经济发展水平的客观需要。当前，不管国外刑法理论界还是我国刑法理论界，占有说作为财产罪法益保护的通说地位基本确立，在当前的经济社会环境中已经没有争议的必要。至于有观点指出，占有说的法益保护学说会制造《刑法》第 314 条非法处置查封、扣押、冻结财产罪司法适用荒芜的问题，笔者认为并非如此。事实上，此观点并未注意到财产罪与非法处置查封、扣押、冻结财产罪在司法实践中的细微差别，虽然两者之间在相当部分犯罪的法律适用中存在交叉重合，但这并不意味着在"从一重处罚原则"下后者适用的绝对荒芜；相反，占有说理论的运用与选择，恰恰能够体现刑法法定刑幅度精密设计的合理梯度。

论错误汇款、错误记账
场合下的欺诈行为

——以德、日刑法判例为中心的考察

杨秋野[*]

摘　要: 对于汇款人错误汇款或银行错误记账之后,户主将超过自己账户余额的金钱通过银行窗口取出的行为或对其进行利用的行为是否构成刑法中的诈骗罪的问题,日本的判例承认了诈骗罪的成立。然而,在被告人没有实施明示的诈骗行为的场合,应当考虑被告人对被害人负有的信息公开义务。由于开户人对银行不负有该义务,故不应当承认诈骗行为的存在,对欺诈行为的理解也应当立足于规范的视角进行考察。

关键词: 错误汇款　错误记账　诈骗行为　推断的诈骗

一、问题之所在

诈骗罪处罚的是以非法占有为目的,使用欺骗方法,骗取数额较大的公私

---

* 杨秋野　日本京都大学法学研究科 2016 级硕士研究生。

财物的行为。① 而对于犯罪成立要件中的欺骗行为，其不仅仅指告知他人与真实不符的事实，同样包括其行为导致他人产生错误认识。比如，去餐厅吃霸王餐，因为行为人的点菜行为本身包含了支付对价的意思，故而，尽管行为人并没有明确地说出"我不交钱"，也能成立诈骗行为。与明示的欺诈行为不同，此类行为可被称为推断的欺诈行为。还有一种欺诈行为被称为不作为的诈骗，如酒店入住者在入住时具有支付住宿费的意思，而后将金钱挥霍一空，此后不将此事告知酒店服务员也不选择退房而继续居住，这种不作为能否构成诈骗罪即成问题。

在银行业务高度发达的今天，汇款成为高效率的支付方式，然而，同样可能出现汇款人错误汇款、银行职员错误记账，致使与该款项无关的户主得到"不意之财"。此时该户主去银行窗口取出该款的行为是否构成刑法上的诈骗行为？是属于不作为的诈骗还是推断的诈骗？两者成立的界限如何？这些问题在我国刑法理论中并未受到较多关注。与此相反，德、日刑法判例在近年来针对该类案件是否构成诈骗罪的问题做出了明确回应，在理论上针对该问题乃至对诈骗行为的讨论也逐渐上升到了新的层次，即从被告人与被害人的信息分配以及信息披露义务的角度出发探讨诈骗行为的构成。这一思路值得我国理论界借鉴和参考。本文旨在对德日相关判例进行考察，以深化我国刑法理论对诈骗行为的理解。

二、日本刑法相关判例概览

（一）日本大阪高裁判决（1998 年 3 月 18 日）

担当被告人的税务申告顾问的税务师的集资事务的代办者 A 公司将税务师应得的报酬错误地进行了汇款，该笔款项（750 031 日元）错误地汇到了被告人的账户上。得知此事的被告人将包括上述汇款所得的金额 88 万日元从银行窗口取出。一审大阪地方裁判所认定："尽管汇款本身是有效的，汇款的数额是被告人对银行具有的普通存款债权的一部分，但在形式上产生差错而致错误汇款的场合，在与当该汇款相关的金额最终并不应当归属于指定的收取人这一点是很明显的，所以即使是拥有普通存款债权的银行账户户主，既然认识到了是错误汇款，将自己存款中所包含的汇款金额取出并使之现金化的行为，从银行交易的信义原则来看是不允许的行为，暂且不说对外部的法律关系的处理，至

---

① 张明楷：《刑法学》（下），法律出版社 2016 年 5 版，第 1000 页。

少从对银行的关系来看,被告人并不具有取出前述错误汇款所得的金额的正当权限。"①进而认定了诈骗罪的成立。对此,被告人以如下理由提出上诉:第一,本案件中作为被欺骗者的银行支店职员对于财产的被害者即上述 A 公司的财产并没有处分的权能和地位,也并没有代表该公司实施财产的处分行为,因而被告人的行为并不符合骗取的要件。第二,即使符合骗取的要件,本案件中取出现金的时候,被告人对于错误汇款的事实没有认识,故而不成立诈骗罪。因此,在原判决中存在着明显的事实认定错误和法律适用错误,即:要认定诈骗罪的成立,就必须认定被欺骗者因错误而实施了一定的财产处分行为,在被欺骗者和财产上的被害者不是同一人的场合,就要求被欺骗者具有被害人处分财产的权能和地位,从本案件中来看,银行支店窗口的职员并没有处分被害者 A 公司财产的权能及地位,而且并没有代替 A 公司实施财产的处分行为,所以并不能说被告人骗取了本案件的汇款金额。

对此,大阪高等裁判所作出了如下判断,本案中虽然存在汇款人的错误汇款,但汇款自身是有效的,汇款收款人对当该银行有效地取得了存款的债权,所以,即使取出通过错误汇款所得的金额,与银行之间的关系来说也是有效的取钱交易,在民事法上对这一点并不存在任何问题,在刑法上的问题就另当别论了。就像原判决认定的那样,如果汇款人通过汇款银行提出该笔汇款是错误汇款,使银行取消该笔汇款,或者该款项的收取人提出该款项是错误汇款,银行向汇款人进行确认并采取事后措施已成为银行的业务,而且在银行支付该笔款项之后,尽管银行不会被追究法律上的责任,但从银行可能会卷入汇款人和收款人之间的纷争的方面来看,作为支付被告人金钱的银行来说,"当该储蓄金额是因错误汇款而产生的"这一事实是不能被忽视的,隐瞒错误汇款的存在而取出该款项的行为是诈骗罪中的"欺诈行为",而且银行对于这一点产生的错误符合该罪的"错误"。②

日本高等法院肯定了行为人从银行窗口取出金钱的行为构成诈骗罪中的欺骗行为的结论,但却并没有明示其理由。隐瞒该笔款项产生于错误汇款的事实本身并不等于虚构事实,其不能构成明示的诈骗,而推断的诈骗能否成立,其成立条件是什么?对此,法院并未做出明确回答。而且,法院在肯定了民法上被告人对银行的债权的基础上又认定取出该款项构成犯罪,从违法统一性的角度上来看存在很大疑问。另外,值得注意的是,在一审判决中法院认定被告人

---

① 大阪地裁堺支部判平九・一〇・二七。
② 大阪高判平一〇・三・一八。

取出金钱从银行交易的信义原则来看是不允许的行为，但违反信义原则的行为是否就等同于诈骗，或者说，信义原则本身能不能成为被告人负有说明义务的基础，这同样是有疑问的。

（二）日本札幌高等裁判所判决（1976 年 8 月 2 日）

在本案中，A 公司把应当向"T 轮水产股份公司"的 H 银行的普通存款账户汇款的商品费 228 万余日元错误地汇款至"T 和水产股份公司"。T 和水产股份公司札幌营业所的经理即被告人 E 意识到当时并没有对其公司进行如此高额的汇款的可能性，该笔汇款属于错误汇款。但被告人想趁此机会将该金额据为己有并在银行窗口取出该款项，将 228 万日元以及其本来账户上所有的4 383 日元取出。一审法院认为，在本案中汇款委托契约本身具有瑕疵而且存在对收款方银行（乃至于收款人的特定）产生的错误这一与法律行为要素相关的错误，所以汇款委托契约是无效的，因而存款债权也存在着瑕疵。在本案中，银行不过是将不应汇入的金额汇入到了被告人的账户上，所以对于收款人的银行账户并没有进行真实的汇款，汇入的金额不成立为存款，该账户的户主并不具有取出该金额的权利。银行可以自由地取消银行的汇入记账，也是一般被承认的。所以对偶然汇入的金钱属于错误汇款具有认识并装成具有正当的取出权利的样子将汇入的金额取出的行为，可以被评价为对银行的欺骗行为。因为如果银行知道了该笔汇款属于错误汇款，那么将不会同意被告人取出其金钱。①

二审法院同样以汇款人指定的收款人与被告人不一致为理由否定了被告人对存款的债权，所以被告人也不具有取出该款项的权利。关于本案中的欺骗行为，行为人通过提出"存款取出请求书"的方式，让银行职员误认为其具有对请求全款的存款支付请求权的行为，可以被评价为积极的欺诈行为，而且对于通过错误汇款而出现的存款债权已经产生认识错误的银行职员，不告知其实情而使误信状态持续这样的不作为的欺诈也可以被认定。一般来说，即使承认户主对存款的占有，但像本案这样错误汇款的场合，银行如果知道了此事将会对汇入金钱的账户进行订正，因此收到汇款的金额并不处于户主的事实上的支配范围内。从这个意义上说，不能承认被告人的占有，法院以此肯定了被告人的行为构成诈骗罪。②

与前一个案例的判决不同，对于该案法院认定了该笔汇款属于错误汇款而无效，因而被告人并不对汇款所得的金钱具有真实的债权，去银行窗口装成具

① 札幌地判昭和五一·八·二。
② 札幌高判昭和五一·一一·一一。

有该权利而取出金钱的行为,属于诈骗罪中的欺骗行为。然而,该法院也没有具体阐述为什么单纯的取钱行为就等同于"装成具有债权"。比如某人的银行账户上只有500元,而他去银行窗口表示要取出1 000元,这一行为难道就能表示他装成他的账户里有1 000元了吗? 对此,法院并未明示。此外,二审法院也提出了成立不作为的诈骗的可能性,对于其理由也只提到了"不告知其实情而使误信状态持续"这一点。然而,单纯对错误的维持并不能构成不作为的诈骗,比如在古董交易的场合,卖方并没有意识到古董具有较高的价值,而买方意识到了这一点并不告知卖方且进行交易的,就不能按照诈骗罪对其进行处罚,否则对市场经济中的自由交易会构成极大的限制。根据刑法中不作为犯的理论,要承认被告人的单纯利用银行职员的行为构成不作为的诈骗罪,就必须认定行为人的作为义务,但对其判断的标准判例并未以明示。所以,判例认定诈骗行为存在的理由也并不充分。

三、德国相关判例概览

(一)德国联邦裁判所 1993 年 11 月 16 日判决

在本案[①]中,原民主德国的有限公司的董事即被告人 A 在 1990 年 6 月 13 日之前在当地 K 银行拥有银行账户。在同年 7 月 1 日的通货同盟的成立之后银行货币改为马克,此时 K 银行即将停止银行业务,A 决定将自己在 K 银行的账户中的金钱转到 D 银行。当年 7 月 7 日被告人将转账的文书交给银行时,因为当时民主德国与联邦德国利率存在差异,银行没有记入具体金额。此后,A 在当月 10 日将 50 万马克从银行窗口取出,然而因为银行职员的过失没有将其记载。在当月 11 日 K 银行向 D 银行实施转账的时候,并没有注意到已取出 50 万马克的银行职员将 550 012.50 马克(没有扣除先前取出的 50 万马克)向 D 银行 A 的账户实施汇款。其后,银行职员并没有注意此事,也没有要求被告人返还该金额,被告人此后取出该金钱并开出支票。

联邦裁判所以诈骗行为的不存在否认了诈骗罪的成立。该法院认定,被告人的行为并不能构成明示的诈骗和推断的诈骗,被告人受到过剩给付之后单纯的沉默仅仅是利用了已经存在的错误,原则上并不构成可罚的行为。仅当根据刑法第 13 条中规定的保障人义务而承认行为人具有告知义务的时候才有可罚性。而且单纯的说明的不作为也不一定会导致刑法上的后果。根据交易行为

---

① BGHSt 39,392.

的社会的通常性来判断,也存在着与说明相关的风险(aufäklrungsrisiko)由被害人负担的场合。要肯定被告人的责任,就必须认定不作为者对他人的财产决定自由有着特别的保护义务。对于保障人地位的发生根据,可以分为法律、契约、先行行为、信赖原则。在本案中被告人与银行之间并不存在着法律上的作为义务。因相互之间的法律行为产生的契约上的义务亦不能直接成为保障人义务的基础。被告人对该账户的持有,在原则上并不成为被告人负担超过对银行单纯的契约关系的信赖关系的基础。

在私的自治的范围内,通过明示的合意可以创设超越一般合同关系的在刑法上具有重要性的,对另一方产生保障人地位的特别的信赖关系。而在通常的给付交换关系之中,收受人对给付人并不负有过剩支付告知的义务。与此相反,对于长年的交易合作伙伴关系的范围内给予相互信赖,要求对方在一定期限之内进行决算,而一方对其结果不提出异议的场合则不同。但即使存在该合意,在刑法上重要的说明义务也只是在例外的场合才能肯定。无论如何,被告人及其公司与 K 银行之间并不存在着包括保护对方财产性利益的特别的信赖关系。

从事实的危险状况的创出的角度来看,也无法肯定结果回避义务。被告人确实在汇款的时候没有记入汇款金额而且之后取出 50 万马克,从原因的角度来说对银行的错误进行了参与,但是从全体情况来看并不能认定被告人以此使危险状态产生。被告人只不过是进行了通常的清算,信赖在取出 50 万马克之后银行将剩余的金钱汇款至新的账户这一事情而已。

最后,被告人的说明义务并不能从一般的信义原则(民法 242 条)导出。判例曾对于这种说明义务的根据广泛地承认,但在最近的联邦裁判所判决(wistra 1988,262,263)中对此加以了限制。在这里成为保障人前提的是特别的信赖关系。所以,在出示支票后得到过剩支付的收取人并不负有保障人义务。(OLG Düsseldorf NJW 1969,623)在养老金受领权利人死后,养老金受给者的保障人地位也被否定。(OLG Köln NJW 1979,278)判例要求只有在行为人具有人与人之间的特别的关系的时候才能认定保障人地位。在二重支付的场合否定对银行的刑法上的说明义务。(LG Bremen JZ 1967,370,371)

(二)德国联邦裁判所 2000 年 11 月 8 日判决

本案[1]被告人在德国柏林的银行拥有账户。因为银行职员的错误记账,将银行支行的代号写错,致使该账户在 1999 年 2 月 12 日记入金额 12 369 769.57 马

---

[1]　BGHSt.46,196 NJW 2001,453.

克。被告人在对此具有认识的情况下,于 1999 年 2 月 16—22 日之间通过自己的账户使用该金钱进行 25 次汇款以清偿自己的债务,并在其他银行开设账户,转移该笔资金。

对此,柏林地方裁判所认定,委任银行汇款的时候,存在着对应的存款现实存在而且其款项属于汇款人所有这一推断的表示,因而每一笔汇款都可以被评价为独立的诈骗行为,被告人的行为构成诈骗罪。联邦裁判所认为原审中认定诈骗罪成立的根据并不充分并发回重审,通过汇款单的提出实施欺诈而引起银行职员的错误,这一原审的见解在法律上并没有充足的根据。原审认定,申请汇款行为表示了汇款者的银行账户存在金钱且对其具有实质的权限,由此认定将错误记账的金钱取出的行为是作为的欺诈行为。此时,账户所有者的欺诈行为,即汇款行为本身包含了将属于自己的银行账户的金钱取出这一表示。然而,联邦裁判所认为,对于权利的主张只有同时推断地包含了事实主张的场合才能认定欺诈行为的存在。因此,单单主张请求权本身并不能成为刑法第 263 条诈骗罪。申请汇款的行为本身不具有表示"账户里有充足金额"这样的说明内容。在多种多样的银行业务中,在没有对应的账户余额的情况下销账的场合并不罕见,而且信用贷款和透支也被广泛接受。因为汇款人并不自己对账户进行管理,所以汇款人意识不到自己的账户余额的场合是很多的。按照民法第 676 条和第 677 条的规定,账户的管理以及存钱和取钱时按照规定记账属于银行的义务。银行具有管理账户的责任并承担关于债务的真实存在和其给付不超过其请求权的金额的危险。

从义务及危险分配的角度来看,银行通过其职员对汇款进行形式审查的同时对账户余额进行确认,任何银行职员都不会在顾客取钱时直接答应其要求。因此,单纯给付的要求并不能使银行职员产生诈骗罪构成要素之中的错误认识。此外,银行的顾客知道单独的给付请求不一定能够被满足,因此顾客也没有必要时刻确认自己的账户是否有足够的余额。就此而言,汇款请求的表示内容仅仅在于希望实施一定的资金业务。不管怎么说,只要不附加考虑特殊的情况,给付的要求一般并不包括主张存在给付请求权。而且在本案中,对该金额的错误记账行为在银行交易合同的范围内使相应的请求权得以存在,因此欺诈行为并不存在。因为汇款时余额存在的主张并不是虚伪的。

对于错误汇款和错误记账区别的必要性,法院也进行了论述。文献和判例将这些事例区别为错误汇款和错误记账。错误记账是指在同一银行的不同账户之间进行了不正确的入账记录;而错误汇款是指银行与银行之间不正确的汇款。后者在某种程度上与对银行汇款的有效性有关。联邦裁判所在 1993 年

11 月 16 日的判决中将错误汇款与错误记账进行区分,并对错误汇款的性质进行详细论述,但并未明示关于错误记账的刑法上的判断。关于错误汇款,联邦裁判所认定了通过贷方记入而使户主基于民法第 675 条的银行账户契约规定获得对银行的支付请求权,此与银行的返还请求权和撤销权的存在并无关系。

对于诈骗的可罚性唯一重要的是,在汇款时因贷方记入产生的存款是否能够成立这一问题,对此区分错误记账和错误汇款的见解并没有说服力。起决定性作用的不是瑕疵的种类,而是因瑕疵成立的贷方记入的有效性。错误记账同样会因贷方记入而产生请求权。银行对贷方记入在原则上是对顾客的抽象的债务约束及债务承认的表示。银行根据银行约款第八项目一号通过撤销权确实可以将该请求权溯及地取消。但是银行所具有的撤销权正体现了因贷方记入而产生的请求权的存在。该撤销权通常以贷方记入时银行的疏漏为前提。此时顾客必须将不具有请求权的贷方记入金额,按照不当得利的规则进行返还。但这另一方面也体现着在撤销实行前,因贷方记入而产生的请求权的存在。这一撤销权在错误汇款和错误记账的场合均存在。与瑕疵的原因无关,对账户的实质不正确的贷方记入会因民法第 780 条的抽象的债务合意而产生请求权,无论该瑕疵是由于民法第 676a 的汇款委托还是由于民法第 676f 的银行交易契约中的错误记账所引起的。

对于不作为的诈骗,法院认为,由于在银行作出处分行为时存在请求权,因而只有在其不指出错误记账能成为入罪理由的场合才能认定被告人构成诈骗罪。在被告人利用被害人对于撤销权和不当得利的异议的错误认识的场合,只有在他被可以科以开示义务(offenbarungspflicht)时才能认定不作为的可罚性。从原审地方裁判所的事实认定来看,不能肯定被告人的开示义务。

从危险状况惹起的观点来看并不能认定保障人地位。对账户的管理是根据银行交易合同由银行进行的,被告人对本案中的错误记账完全没有参与,对于漏看而导致的贷方记入致使的危险状况的产生也完全没有参与,被告人仅仅是在事后对其利用了而已。发生的损害大不能成为开示义务的根据,保障人地位的问题并不依据被偶然所左右的损害的大小来判断,而应通过法律关系的特性进行判断。但另一方面保障人地位可以由契约产生。然而契约本身并不足以产生保障人地位,必须存在以契约为媒介产生的特别的信赖关系。根据民法第 676 条和第 677 条,对于顾客而言,由银行交易契约产生的核心义务在于为了账户管理对经合意产生的费用进行支付。对于银行,其在账户管理的范围内,负有对该银行账户的贷方及借方记入进行清算的义务。该契约的对象不过是通常的给付交换关系,因此通常银行账户的维持并不能创出成为保障人的地位基础的信赖关系,本案中也不存在使相异的判断合理化的特别事情。但是,成为刑法上保障人地位基础的说明义务可以通过契约当事者之间具体的合意而产生。就此而言,原审并未对此进行认定。单单的银行交易合同关系中与其有关的条款对于信赖关系存在的认定并不充分,因为银行只有在其顾客在认识其表示内容的基础上进行意思表示时才能够对其信赖。

依上述理由,德国联邦裁判所认定,只要关于使不作为的诈骗成立的说明义务的合意并不存在,就不能肯定被告人的可罚性,从而推翻了原审判决,以应当对说明义务的合意是否存在这一点进行认定为理由发回重审。

相较于日本裁判所的判决,德国法院对错误汇款及错误记账场合下行为人取出该款项的行为是否属于诈骗行为,给出了具体解答。首先,对于取款行为是否具有一定的说明内容,是否能构成作为的诈骗,裁判所对此持否定态度,单纯提出要取钱或者要汇款并不包括其账户中包括相应的具有权利的金钱的表示。对于其理由,判例提到了危险负担与分配的法理。在银行业务中,对贷方和借方记入管理的义务在于银行而不在于户主,这对于取款行为的社会意义及其表示的内容的判断是极其重要的。其次,对于不作为犯的构成,德国判例也进行了具体分析,在错误汇款与错误记账场合下并不能认定被告人的行为创出危险,而只能从契约产生保障人义务方面进行考察。单纯的契约并不能产生诈骗罪中的保障人地位而要求被告人与被害人之间存在着一定强度的信赖关系。但银行与户主的关系并没有到达这种程度,因而也不能以此肯定户主刑法意义上的作为义务。然而,为何信赖关系能够成为诈骗罪保障人地位的根据,判例并未明示。

四、德日学说的动向:诈骗概念的规范化

上文简要介绍了近些年来德、日关于错误汇款与错误记账场合下取出或利用不意之财是否构成诈骗行为的判例。对此,德国和日本学者亦有着激烈的讨论,另一方面德日刑法学者对诈骗行为的理解已经逐渐从事实的诈骗概念转化为规范的诈骗概念值得我国学者关注。

(一)德日学说对上述判例的立场

德国学者对上述两则联邦院判例大多持肯定立场。[①] 尤其值得注意的是,

---

① Vgl. Joerden, JZ 2001, S. 615; Ranft, JuS 2001, S. 856.

对于判例中判断诈骗行为时使用的风险分配这一基准,学界也普遍予以肯定。Pawlik 教授对于该规范化的路径进行了展开论述,根据他的观点,对刑法上诈骗行为的解决应当通过行为人和被害人之间的管辖(Zuständigkeit)的区分来进行。对于错误汇款等案件中的管辖分配,Pawlik 教授支持 Schmoller 的观点,①认为顾客要求取钱的请求不过是对于银行在审查之后决定支付的一种申请。与联邦裁判所的观点一致,他认为账户的管理责任在于银行。但 Pawlik 教授并不认为裁判所重视透支时常发生的现状,以及民法上请求权有无的这一视角是正确的。根据 Pawlik 的观点,重要的在于交往主体之间的责任分配中的规范的判断,在银行交易中存在的风险应当由银行负担,就此而言,联邦裁判所的结论是正确的。而对于其理由,从规范的观点来看,顾客并没有对银行的错误进行扩大化,仅仅是法益所有者自身即银行一方具有管辖而已。在对法领域的组织化内部的效果的管辖是与权利概念不可分的,这种权利赋予了权利人对他人"人格"排除的权限。在该排除权限的范围内,权利人以外的他人并不具有对权利人的权利领域内部的事项进行肆意干涉的权利。对于权利领域以内得到的收益仅权利者具有管辖,其领域内部的损失如果可以转嫁归责于他人,那么将会形成非对称的关系,以自己答责思想为基础的刑法不应当对于平等的人格间关系导入非对称的关系。这一原理在银行与顾客间也适用。② 由此可见,Pawlik 教授从规范化的管辖理论出发,对于该种事案的判断方法和原理进行了具体说明,在不存在明示的欺诈行为的场合通过行为人和被害人两者各自的答责领域和管辖分配,进而对于财产损害确定两者的责任,这一路径在德国成为有力的学说。在日本,该说也颇具影响力。

对于日本肯定诈骗罪的判例,川口浩一教授基本遵循了 Pawlik 的观点对其提出质疑,认为日本裁判所以违法信义原则为理由肯定诈骗行为的成立是不妥当的,因为从信义原则这样内容不明确的一般原则导出保障人地位的做法从罪刑法定主义的观点来看不得不说是有问题的。根据川口教授的观点,在前述大阪高裁的判例中行为人不过是对银行已陷入的关于错误汇款的认识错误进行了利用而已,并没有对其强化和维持,既不能认定存在着通过举动实施的欺诈行为,也不能认定保障人的告知义务,因此不应当以诈骗罪定罪处罚。③

---

① Schmoller, StV 1994, 191ff.

② Pawlik, Täuschung durch die Ausnutzung fremder Organisationsmängel? Zur Risikoverteilung gemäss § 263 StGB in den "Fehlbuchungsfällen" und verwandten Fallkonstellation, in Dieter Dölling (Hrsg.), FS für Ernst-Joachim Lampe, 2003, S. 689ff.

③ [日]川口浩一:《错误汇款与诈骗罪》,《奈良法学会杂志》第 13 卷 2 号,23 页以下。

由此可见，与日本判例的立场不同，德、日刑法学者倾向于否定行为人的可罚性。关于其根据，德、日学者也并未从错误引起这一完全的事实角度考察，而是从规范的层面即行为人与被害人危险分配的角度进行的。笔者基本赞成这一路径，尤其在行为人并未明示地欺骗被害人，没有明确做出与真实不相符合的陈述的场合，有必要从两者答责领域划分的角度确定诈骗行为的存否；而在银行业务的场合下，对于汇款与记账正确性的保障，银行比顾客无疑负有更为重大的责任，因此不应当让顾客负担过重的说明义务，即使顾客对银行没有实质的债权，但单纯取钱或利用该笔金钱的行为不应以诈骗罪加以处罚。

（二）德、日刑法对于诈骗行为理解的新动向：诈骗行为概念的规范化

如前所述，在错误汇款等场合行为人利用该款项的并不应构成诈骗罪。在判断基准上德、日理论运用了危险分配的规范化原理，但这种规范化如何与诈骗概念相衔接，是理论上不得不解决的难题。为此，德国刑法学在近些年来逐渐用规范化路径理解诈骗行为本身，将诈骗行为的本质不单单理解成"与真实相反的陈述"，而是将其看作是对真实情况说明义务的违反。根据 Pawlik 教授的观点，只有在行为人对被害人产生的错误具有管辖的情况下才能肯定其说明义务。① 据此，被告人的行为是否引起了被害人的错误并不重要，重要的是被告人没有履行告知被害人真实情况的义务。在这种规范化的诈骗概念的视野之下，作为或者不作为的区分并不重要，因为无论属于何者，只有在违反作为义务的场合下才能肯定诈骗行为要件的成立。

这种观点为诈骗行为的理解开辟了新的道路。首先，如果将诈骗分为明示的诈骗、推断的诈骗和不作为的诈骗三种类型，而将前两者归于作为，那么要区分推断的诈骗和不作为的诈骗本身就是很困难的。不仅如此，正如上述案件中德国联邦法院运用危险分配原理解决推断的诈骗的问题那样，在作为之中仍然考虑了规范化的要素，这就说明推断的诈骗和不作为的诈骗在本质上有相同的特征，因此区分两者的意义也是极为有限的。事实上，将推断的诈骗看作其举动有一定的说明内容，这一论断本身就是值得怀疑的。比如去餐厅吃霸王餐，点菜行为本身并未表示出吃饭后是否支付对价，只是通过一般的社会准则推断出这一结论罢了。如果用规范化的观点理解诈骗行为，将在点菜时不告知店员自己没有支付能力理解为真实告知义务违反，那么就无须再纠结于作为与不作为区分的难题。其次，对诈骗行为进行规范化理解，有助于解释不作为诈骗等

---

① Pawlik, Das unerlaubte Verhalten beim Betrug, 1999, S. 65ff.

价值性的问题。如果将欺诈行为仅仅理解成引起他人认识错误的行为，那么如何解释不作为诈骗的可罚性就成了一个颇有难度的问题，尤其在我国没有规定如德国刑法第 13 条这样条款的情况下，处罚不作为的诈骗不免面临着罪刑法定主义上的困难。但如果将诈骗行为理解为违反真实说明义务行为的话，该问题就可以迎刃而解，因为该定义无疑可以包括作为和不作为两种样态，而且可以以同样的归责原理包括两者，从而解决等价值性的问题。再次，运用规范化的诈骗行为概念，对作为的诈骗的成立范围也可以进行合理限定。诈骗概念规范化的支持者 Kindhäuser 指出，诈骗罪不仅侵害了被害人的财产权，同样侵犯了被害人的自由处分权（dispositionsfreiheit），因此并不是所有的欺骗行为都跟诈骗罪有关，只有与自由侵害相关的欺骗行为才能构成诈骗罪，即行为人的活动领域不被允许地延伸到被害人的自由领域并使其承受负担的场合。举例来说，古董商急于卖掉滞销品时，为了不使客人讨价还价而谎称该商品已被其他客人预订因此不能接受降价。尽管该行为表示了与事实相反的信息，但由于商人的营销策略并没有侵害到法律上被保护的顾客的自由领域，因而不构成诈骗行为[①]。从实质的、规范的观点理解诈骗行为，可以合理地排除不应处罚的营销行为。由此可见，通过规范的观点理解诈骗行为可以为问题的解决提供一种全新的、富有意义的路径。

五、结　语

本文介绍并分析了德、日刑法实践中关于错误汇款及错误记账场合下取出或使用该金钱的判例，并对相关学说进行了考察。重点介绍了诈骗行为规范化的路径，在不存在明示的欺骗行为的场合着重考虑行为人与被害人之间的风险分配，由此得出在上述场合中诈骗行为不成立的结论，并为我国诈骗行为的研究指出了一条新的途径。

[①]　Kindhäuser，Täuschung und wahrheitsanspruch beim Betrug，ZStW 103(1991)，S. 399f.

转化型抢劫罪及其加重情节的
司法认定规则考量

赵拥军　周涛*

摘　要：转化型抢劫罪及其加重情节的司法认定,应当以其严重侵犯他人财产权利及人身权利这一法益侵害的后果为标准。在具体的定罪及其法定刑升格的认定中应当慎重,特别是对于入户盗窃等情节而言,如果仅因为一些实际危害程度一般的(转化型)抢劫罪发生在户内或者公共交通工具上等原因,就一律判处 10 年以上有期徒刑,则刑罚畸重,违背罪刑均衡的刑法基本原则。通过对转化型抢劫罪基础罪名、转化型抢劫中的暴力或暴力威胁的手段程度、使用目的以及关联性等进行具体考量,并在罪刑法定、罪刑均衡等原则下对"户"等要素的界定进行利益保护平衡的双重性考量与禁止重复评价等规则的考量,对转化型抢劫罪及其加重情节进行妥当的司法认定。

关键词：转化型抢劫　入户抢劫　罪刑均衡

当前的司法实务中,2000 年最高人民法院《关于审理抢劫案件具体应用法律若干问题的解释》(简称《抢劫解释》)、2005 年最高人民法院《关于审理抢劫、

***

* 赵拥军　上海市徐汇区人民法院刑庭调研助理,法学硕士;周涛　中华人民共和国蛇口出入境边防检查站干警,法学硕士。本文系 2014 年度国家社会科学基金项目"财产犯罪基础理论、审判实践的本土化考察(项目批准号 14BFX153)"的阶段性成果之一。

抢夺刑事案件适用法律若干问题的意见》（简称《两抢意见》）以及 2016 年最高人民法院《关于审理抢劫刑事案件适用法律若干问题的指导意见》（简称《抢劫指导意见》）在一定程度上对《刑法》第 269 条所规定的转化型抢劫及其加重情节的认定起到了很好的规范与指导作用，但是，纷繁复杂的实务案件却并未因上述解释的明确而停止"案情创新的步伐"，实务使转化型抢劫及其加重情节的认定变得更加"乱花渐欲迷人眼"。诸如转化型抢劫的前提一定是《刑法》第 264 条、第 266 条和第 267 条规定的盗窃罪、诈骗罪和抢夺罪吗？行为人抢夺既遂后对正当防卫的被害人实施暴力，最终被害人将财物抢回的，转化型抢劫是既遂还是未遂？对于行为人入户盗窃，特别是入户仅盗窃少量财物或尚未窃取财物，为抗拒抓捕而当场使用暴力的行为，能否转化为抢劫或者入户抢劫？《抢劫指导意见》中的："对于以摆脱的方式逃脱抓捕，暴力强度较小。"何为摆脱方式？是否需要考虑其"摆脱"的主观故意？如此等等。可见，妥当认定转化型抢劫罪及其加重情节对于司法实务的重要意义不言而喻。笔者将对上述相关问题展开探讨，以期有裨于司法实务中对该类行为的认定。

一、转化型抢劫罪司法认定的基本问题

我国《刑法》将抢劫罪分为第 263 条的普通抢劫罪和第 269 条的转化型抢劫[①]，或者称为事后抢劫或准抢劫（罪名仍然为抢劫罪）[②]，并对其规定了较为严格的认定标准。在司法实务中，需要注意以下几个基本问题。

（一）转化型抢劫罪的前提罪名是犯盗窃、诈骗、抢夺罪

根据《刑法》第 269 条，转化型抢劫必须是行为人先"犯盗窃、诈骗、抢夺罪"。司法实践中出现争议的问题是，所谓的"犯盗窃、诈骗、抢夺罪"，一定是《刑法》第 264 条、第 266 条和第 267 条规定的盗窃罪、诈骗罪和抢夺罪吗？对此，有观点认为，应当从严格的罪刑法定立场上进行解释，只有行为人满足这三种罪的构成要件才能成立。同理，由于转化型抢劫和盗窃等罪皆属于侵犯财产类犯罪，如果犯刑法分则其他章节中比如盗伐林木罪、合同诈骗罪或者抢夺国有档案罪等特殊类型的，在刑法没有明文规定的条件下，认为实施该类犯罪也

---

① 高铭暄、马克昌主编：《刑法学》，北京大学出版社、高等教育出版社 2007 年版，第 561 页；苏惠渔主编：《刑法学》，中国政法大学出版社 2001 年版，第 650 页。

② 张明楷：《刑法学》，法律出版社 2016 年版，第 975 页。

可转化为抢劫罪同样是违反罪刑法定原则的。[①] 也有观点认为,由于抢劫罪的成立不以数额较大为前提,转化型抢劫也是以抢劫罪论处,所以只要行为人实施了盗窃等行为,满足了转化其他条件的,即可构成转化型抢劫,[②]这样既能够有效的打击犯罪,也更符合《刑法》第 269 条的立法本意。[③]

笔者认为,从刑法解释整体协调角度来看,在普通盗窃、诈骗、抢夺罪中,要求行为人客观上有窃取、骗取和夺取数额较大财物的可能性(当然扒窃、入户盗窃、携带凶器盗窃和多次抢夺是由于立法规定的情形除外)以及主观上也要具有获取较大财物的故意,否则也不能以犯罪论处。如果在转化型抢劫中仅仅由于实施了暴力或者暴力威胁的就认定为抢劫罪,可能会造成明显的处罚失衡。因为在转化型抢劫中,并不要求暴力或者暴力威胁造成伤害后果,即便根据《两抢意见》第 5 条以及《抢劫指导意见》中的规定,存在要求暴力造成轻微伤或轻伤以上后果的情形,但是单纯的故意伤害轻微伤一般不以犯罪论处,轻伤以上的才构成犯罪,法定刑也只是 3 年以下有期徒刑、拘役或管制,而抢劫的法定刑最低便是 3 年以上,其间的刑罚差异由此可见。所以,对于转化型抢劫中的前提行为,即犯盗窃、诈骗、抢夺罪的解释应当与普通的盗窃、诈骗、抢夺罪的解释相当,但也不能将其解释为只有构成严格意义上的盗窃罪、诈骗罪和抢夺罪既遂。正如张明楷教授所言:"虽然扩大解释会扩大处罚范围,在此意义上说不利于保障行为人的自由;但是,不只是为了保障行为人的自由,还要保护一般人的法益,两者之间必须均衡;当不进行扩大解释就不足以保护法益,而且扩大解释无损国民的预测可能性时,理所当然应当进行扩大解释。"[④]因此,对于转化型抢劫基础罪名的犯盗窃、诈骗和抢夺罪,应当是行为人客观上实施了可能构成盗窃、诈骗、抢夺罪的行为,主观上也有犯盗窃、诈骗和抢夺罪的故意,且并不局限于犯罪既遂。

此外,如果行为人实施的是刑法分则其他章节中比如盗伐林木罪、合同诈骗罪或者抢夺国有档案罪等特殊类型的盗窃、诈骗、抢夺行为的,如果能将这些特殊类型的盗窃、诈骗和抢夺行为评价为侵犯财产罪的盗窃、诈骗和抢夺罪的,则完全可以成立转化型抢劫,否则便不能转化。具言之,在必要时,为了刑罚的公平正义,还可以将普通的抢劫行为评价为盗窃罪,或者视情形评价为抢夺行

① 刘明祥:《财产罪比较研究》,中国政法大学出版社 2001 年版,第 146—147 页。
② 郑泽善:《转化型抢劫罪新探》,《当代法学》2013 年第 2 期。
③ 许金玉、冯建晓:《转化型抢劫犯罪定义应精确》,《人民法院报》2006 年 2 月 19 日第 004 版。
④ 张明楷:《刑法分则的解释原理》,中国人民大学出版社 2011 年版,第 102 页。

为，使其也可以再成立转化型抢劫罪。[①]

（二）犯盗窃、诈骗和抢夺罪无需要求达到犯罪既遂的标准

首先，转化型抢劫罪也是抢劫罪，作为侵害财产类犯罪，必然要以财产损害的结果为既遂的必要。《两抢意见》第 10 条规定，抢劫罪侵犯的是复杂客体，既侵犯财产权利又侵犯人身权利，具备劫取财物或者造成他人轻伤以上后果两者之一的，均属抢劫既遂；既未劫取财物，又未造成他人人身伤害后果的，属抢劫未遂。在解释论上可以将该条看作是对财产类犯罪既遂标准的一种例外性补充规定。因此，行为人入户盗窃尚未窃取到财物，正欲离开而被主人回家发现，为抗拒抓捕而将主人打成轻伤的，也应属于转化型抢劫罪的既遂。

其次，转化型抢劫要以财产损害的结果为既遂的必要，但并不以行为人最终获取到财物为必要。"刑法学是最精确的法学，而精确的刑法理论以及由此产生的精确的刑法规定，就是在为社会及其成员规定精确自由程度。"[②]因此，通过规范的设定，犯罪既遂就应当是一个点，一个精确的、瞬间的点。在对具体的犯罪既未遂进行认定的时候只能进行形式的而不能是实质性的判断，其规范评判标准的实质就是通过规范的方式设定的，而不能通过生活事实上的情状来认定。[③] 如行为人抢夺被害人拎包中的手机后逃跑，被害人即大声呼救并追赶，行为人即被人赃俱获。此种情形下，在行为人将手机抢夺在自己的手中并逃跑之际，其抢夺行为已然既遂，不能因为手机最后被人赃俱获而认定未遂。进而，转化型抢劫罪是在犯盗窃、诈骗、抢劫罪的基础上，为了窝藏赃物、抗拒抓捕或者毁灭罪证而采取暴力、暴力威胁的行为，只要基础罪名达到既遂状态，即便最终由于被害人或者第三人的反抗等原因导致行为人还是没有获取财物，不影响既遂的认定。一方面由于转化型抢劫中的为了窝藏赃物、抗拒抓捕或者毁灭罪证是一种目的，行为人以暴力或暴力威胁的行为防止其所盗窃、诈骗、抢夺的财物被被害人夺回作为一种目的是否达成，并不当然地影响犯罪既遂与否。[④] 另一方面，在财产犯罪情况下，行为虽已经既遂，但在现场还来得及挽回损失的，即被当场发现并同时受到追捕的财产犯罪的侵害行为，一直延续到不

---

① 张明楷：《刑法学》，法律出版社 2016 年版，第 979 页。

② ［德］克劳斯·罗克辛：《德国刑法学总论》（第 1 卷），王世洲译，法律出版社 2005 年版，第 1 页。

③ 杜文俊、赵拥军：《财产犯罪财产犯罪既遂标准中的控制说及其司法认定》，《上海政法学院学报》2015 年第 2 期。

④ 比如，行为人为了满足其性欲的目的，当采取暴力方式强行奸淫妇女后并未射精，此时目的未达成但并不影响强奸罪既遂的认定。

法侵害人将其所取得的财物藏匿至安全场所为止,应当认为不法侵害尚未结束,①追捕者可使用强力将财物取回。如抢劫犯使用暴力强取财物后,抢劫罪虽已既遂,但在当场对抢劫犯予以暴力反击夺回财物的,应认为是正当防卫。② 可见,在财产犯罪正当防卫的情形下,行为人最终未获取财物并不影响其犯罪既遂的认定,在转化型抢劫罪中亦是如此。否则,在转化型抢劫罪中,当盗窃、诈骗、抢夺罪已经既遂,行为人为了窝藏赃物、抗拒抓捕或毁灭罪证而采取暴力的,若最终财物仍被夺回则转化型抢劫未遂,③财物未被夺回则转化型抢劫既遂。这等于表明,此种情况下行为人犯罪的既遂与否取决于被害人能否夺回财物,显然不妥。此外,如果行为人在实施盗窃、诈骗、抢夺过程中,尚未占有被害人的财物时就被他人发现,行为人为了非法占有(强取)财物(不是出于《刑法》第 269 条规定的目的)而使用暴力或者暴力相威胁的,应直接适用《刑法》第 263 条,认定为普通抢劫罪。④

(三) 转化型抢劫罪的共犯问题

一般的转化型抢劫罪共犯的认定问题在共犯原理下基本没有争议。比如,行为人甲乙约定去丙家盗窃,甲在外望风见丙回家,见通知乙已经来不及便逃走。乙盗窃出门后被丙拦住,遂以暴力抗拒抓捕,后被邻居抓获。乙属于转化型抢劫,但甲不属于转化型抢劫,属于实行过限,理论和实践也基本没有异议。争议在于,当诈骗犯 A 实施诈骗行为既遂后,被害人察觉欲夺回被骗财物,A 采取暴力抗拒。此时非诈骗犯 B 经过时,A 实情相告后并与 B 达成分赃约定,B 遂与 A 一起实施暴力。此时 B 是否与 A 构成转化型抢劫的共犯?

如前所述,转化型抢劫罪作为侵害财产类犯罪,必然要以财产损害的结果为既遂的必要,但并不以行为人最终获取到财物为必要。因此,其先前的盗窃、诈骗、抢夺罪既遂的,只要为了窝藏赃物、抗拒抓捕或毁灭罪证而实施暴力或暴

---

① 犯罪既遂意味着不法侵害已经结束,原则上便不存在正当防卫的条件。财产犯罪既遂后,在现场尚能挽回损失的可以正当防卫,其"实质上是一种自救行为,但我国刑法中又没有明文规定自救行为,所以一般将其理解为正当防卫"。(黎宏:《刑法学》,法律出版社 2012 年版,第 132 页脚注)否则,当行为人抢劫被害人财物既遂后,被害人又暴力夺回财物而将行为人打成轻伤的,由于没有正当的合法化事由而对其定罪,便明显地违背了公平正义。易言之,突破正当防卫要求"正在进行的不法侵害"的规定,允许财产犯罪既遂后的正当防卫,可以说是一种对公平正义的补救。

② 张明楷:《刑法学》,法律出版社 2016 年版,第 202—203 页;持相同或类似观点的请详见:周光权:《刑法总论》,中国人民大学出版社 2016 年版,第 206 页;黎宏:《刑法学》,法律出版社 2012 年版,第 132 页;高铭暄、马克昌主编:《刑法学》,北京大学出版社、高等教育出版社 2011 年版,第 133 页。

③ 周光权:《刑法各论》,中国人民大学出版社 2016 年版,第 107 页。

④ 张明楷:《刑法学》,法律出版社 2016 年版,第 984 页。

力威胁的便应认定为转化型抢劫罪的既遂。既然如此，当诈骗犯 A 诈骗行为既遂后，面对被害人欲夺回被骗财物而采取暴力抗拒之时，A 的转化型抢劫罪实行行为便已经从开始着手到完成既遂。根据承继的共犯理论，由于 B 加入时，A 的盗窃行为已经既遂，没有空间留给 B 以承继的共犯身份加入，故 B 不可能成立 A 转化型抢劫罪的承继的共犯。[①] 即此种情形下，B 在 A 盗窃后，帮助了 A 更便捷地实现了其窝藏赃物、抗拒抓捕或毁灭罪证的目的，就如同行为人实施盗窃等行为后，手持砍刀的情形总比没有手持砍刀的情形更容易窝藏赃物、抗拒抓捕或毁灭罪证而已。所以，B 不具有转化型抢劫罪要求的犯盗窃等罪的客观行为及主观故意，便不能承担此种罪责，故 B 不能认定为 A 的共犯。

二、转化型抢劫罪的司法认定规则考量

根据《刑法》第 269 条，转化型抢劫罪的前提罪名，即犯盗窃、诈骗、抢夺罪，只能是行为人客观上实施了可能构成盗窃、诈骗、抢夺罪的行为，如果行为人只是想小偷小摸或者抢夺价值数额不大的财物，且根据客观情况，行为人也不可能非法占有数额较大的财物的，即便为了窝藏赃物、抗拒抓捕或者毁灭罪证而当场使用暴力或者以暴力相威胁的，也不能认定为转化型抢劫。[②] 此外，从转化型抢劫罪的目的以及暴力程度等方面来看，在解释论层面存在以下几个问题。

（一）考量是否以窝藏赃物、抗拒抓捕或者毁灭罪证为目的

转化型抢劫罪中行为人的目的，即"窝藏赃物、抗拒抓捕或者毁灭罪证"，既不能狭义地从其字面意思进行解释，也无需行为人必须要实施极为典型的窝藏赃物、抗拒抓捕或者毁灭罪证等行为。在实际案件中则主要针对行为人的主观意图，分析其行为的目的是否满足转化型抢劫罪的目的要求。例如，某日凌晨

---

① 同时，该问题还涉及到对于转化型抢劫罪是否属于身份犯的问题。鉴于文章的篇幅及重点，不再赘述。由于笔者亦赞同转化型抢劫罪是由两个行为组成，即先前的盗窃等行为和事后的特定目的下的暴力或暴力威胁行为。如果将先前的盗窃等行为理解为一种身份，则不仅扩大了身份的范畴，也使得转化型抢劫罪在身份的基础上，仅存暴力或暴力威胁，进而失去财产犯罪的特性。所以笔者持身份犯否定说观点。

② 2005 年最高人民法院《关于审理抢劫、抢夺刑事案件适用法律若干问题的意见》第 5 条规定，行为人实施盗窃、诈骗、抢夺行为，未达到"数额较大"，为窝藏赃物、抗拒抓捕或者毁灭罪证当场使用暴力或者以暴力相威胁，情节较轻、危害不大的，一般不以犯罪论处；但具有下列情节之一的，可依照《刑法》第 269 条的规定，以抢劫罪定罪处罚：（1）盗窃、诈骗、抢夺接近"数额较大"标准的；……若满足该条规定的接近"数额较大"的情形除外。

3 时许,姜某、龙某在长途客车上趁女乘客王某熟睡之机扒窃,盗得王某4 000 余元,在准备下车时被醒来的王某发觉。龙某先下车,姜某被王某和同行的陈某抓住不放,要求其还钱,同时驾驶员把车门关上并堵在车门口。姜某见不能脱身,便将盗来的部分现金退还,王某接钱后仍抓住不放。此时,姜某在龙某的配合下强行打开车门,龙某将姜某拖下车,姜某的衣服被撕破。两人下车后,见王某仍在车上骂,遂对其威胁:“你要钱,老子打死你。”接着先后冲上车拖拉、殴打王、陈两人,随后下车逃离。后龙某自动投案,如实供述了上述事实。①

　　本案的争议焦点在于两被告人再次上车对受害人实施威胁和殴打行为的主观目的是否属窝藏赃物、抗拒抓捕或毁灭罪证?本案中两被告人下车后见受害人王某仍在骂,便冲上车拖拉、殴打。王、陈两人的行为属于暴力行为,应无异议。存有异议的是其实施拖拉、殴打王、陈两人的目的。首先,毁灭罪证是指为了逃避罪责,湮灭作案现场遗留的痕迹、物品以及销毁可以证明其罪行的各种证据。可以肯定的是,本案中被告人实施拖拉、殴打受害人的暴力行为不是为了毁灭罪证。其次,所谓的抗拒抓捕,是指犯罪分子抗拒司法机关依法对其采取的拘留、逮捕等强制措施,以及在犯罪时或犯罪后被及时发现,抗拒群众将其扭送到司法机关的行为。② 由此可见,不论是抗拒司法机关的强制措施,还是抗拒群众的扭送,都必须是现实的正在发生着的、尚未发生的,仅仅是基于一种抗拒抓捕、扭送可能性的,则不能认定为抗拒抓捕。而本案中的被告人龙某把姜某拖下车后,受害人王某只是在车上骂,只是一种不满情绪的发泄而已,并无其他任何抓捕或者扭送行为,所以被告人也不是为了抗拒抓捕而实施暴力。最后,窝藏赃物是指为了保护已经到手的赃物不被追回,③ 而转移、隐匿盗窃、诈骗、抢夺所得到的公私财物的行为,④ 其目的主要是使盗窃等犯罪所得不被恢复到应有状态,⑤ 或者说保护已经取得的赃物不被返回、追缴。⑥ 本案中,被告人姜某只是将窃得的部分现金还于受害人王某,王某在姜某下车后的责骂,其实也不能排除王某想要回剩余钱款。但是,关键问题是,仅仅局限于“想”而

　　① 于天敏、任永鸿:《如何认定该起转化型抢劫罪》,《人民法院报》2003 年 9 月 7 日,中国法院网,http://www.chinacourt.org/article/detail/2003/09/id/80825.shtml,2016 年 10 月 3 日访问。
　　② 全国人大法制工作委员会刑法室编:《中华人民共和国刑法条文说明、立法理由及相关规定》,北京大学出版社 2009 年版,第 562 页。
　　③ 高铭暄、马克昌主编:《刑法学》,北京大学出版社、高等教育出版社 2001 年版,第 500 页。
　　④ 全国人大法制工作委员会刑法室编:《中华人民共和国刑法条文说明、立法理由及相关规定》,北京大学出版社 2009 年版,第 562 页。
　　⑤ 黎宏:《刑法学》,法律出版社 2012 年版,第 726 页。
　　⑥ 张明楷:《刑法学》,法律出版社 2016 年版,第 984 页。

已，受害人王某及其他人并无任何现实的恢复被盗现金于应有状态的行为。因此，被告人也并不是为了保护赃物被追回而实施暴力，因为不存在任何追回赃物的实际行为。所以，"被告人使用暴力和以暴力相威胁不是为了窝藏赃物、抗拒抓捕或者毁灭证据，而是为了泄愤"，[1]因而不满足转化型抢劫罪的目的条件，故不能认定为转化型抢劫罪。

综上，不以窝藏赃物、抗拒抓捕或者毁灭罪证为目的的不能转化。对于转化型抢劫罪中的目的，应当在实际案例中进行具体分析而不能认为行为人犯盗窃、诈骗、抢夺罪后，只要有暴力或暴力威胁就笼统地认为是为了窝藏赃物、抗拒抓捕或毁灭罪证。[2] 所以，转化型抢劫罪为了窝藏赃物而实施暴力行为必须存在受害人夺回赃物、恢复赃物于原状的行为。但是，窝藏不要求达到使赃物不能被人发现或者难以被人发现的程度，更不需要达到成立相应窝赃犯罪的要求；[3]抗拒抓捕必须要面对现实的而非尚未发生的、想象中的抓捕；毁灭罪证则是毁灭可以证明其犯有盗窃、诈骗、抢夺罪的证据。

（二）考量是否当场使用暴力或者以暴力相威胁

行为人犯盗窃、诈骗、抢夺罪后为了特定的目的而当场使用了暴力或者以暴力相威胁，其危害程度堪比抢劫罪，因此立法确立了转化型抢劫罪，按照抢劫罪定罪处罚。所以，其中的"当场"和"暴力或者暴力相威胁"应当与抢劫罪中的标准作等同理解。

首先，当场是指实施犯罪的现场，[4]但不能等同于犯罪现场。一方面，一般情况下在盗窃等犯罪的作案现场使用暴力或者暴力威胁的属于当场，理当没有疑问。但是，此中默认的一个前提是盗窃等犯罪与暴力行为之间具有紧密的时间连续性，盗窃等侵财行为与其后的暴力或者暴力威胁行为在时间上没有间断。意即，行为人实施盗窃等犯罪行为后离开现场又回来而被发现的，则不属于当场。同理，行为人入户盗窃后没有立即离开而是在户内睡了一觉，第二天准备离开时，遇到回家的主人而使用暴力抗拒抓捕的，盗窃行为与暴力行为也是由于缺乏时间上的连续性而不能转化。另一方面，由于财产犯罪既遂后在现

---

① 《本案是否应定为转化型抢劫——与于天敏、任永鸿同志商榷》，《人民法院报》2003年10月20日。
② 本案的二审法院就笼统地认为："被告人的上述行为主观上是为抗拒受害人及其同伴的抓捕并继续非法占有余款，属于为窝藏赃物、抗拒抓捕而当场使用暴力和暴力威胁的行为。"金泽刚、张正新：《抢劫罪详论》，知识产权出版社2013年版，第450页。
③ 周光权：《刑法学》，中国人民大学出版社2016年版，第107页。
④ 周道鸾、张军主编：《刑法罪名精释》，人民法院出版社2013年版，第628页。

场还来得及挽回损失的可以实施正当防卫,所以行为人犯盗窃等罪被当场发现并同时受到追捕的其当场可以一直延续到行为人将其所取得的财物藏匿至安全场所为止。所以,《抢劫指导意见》中指出,当场是在盗窃、诈骗、抢夺的现场以及行为人刚离开现场即被他人发现并抓捕的情形。即在空间上,转化型抢劫罪中的当场便包括盗窃等行为现场和被发现后立即追捕过程中的场所。

所以,"当场"不是一个纯粹的时空概念,必须结合行为人的暴力或暴力威胁手段与被害人的身体与精神强制方式、程度以及与取得财物之间的内在联系。[①] 但是,若行为人在盗窃等犯罪时或逃离犯罪现场没有被发现,而是在其他场所被发现,或者行为人在被追捕过程中完全摆脱追捕后又被偶然发现的,进而对他人施以暴力或暴力相威胁的,则不能认定为转化型抢劫罪。

其次,使用暴力或者以暴力相威胁要达到足以让行为人实现窝藏赃物、抗拒抓捕和毁灭罪证的程度。既然转化型抢劫罪按照抢劫罪定罪处罚,则其暴力或暴力威胁程度要与抢劫罪中足以压制对方的反抗程度等同。

普通抢劫罪中的暴力要求,与抢夺罪中的暴力以及敲诈勒索罪中的暴力等都是不一样的。因此,刑法中的不同罪名中的暴力程度是有差别的。不同程度的暴力,其结果轻重有别,轻者有损身体健康,重者危及生命直至死亡。所以有的国家在刑法中便明文规定抢劫罪中的暴力是指"危及健康或生命的暴力"。由于我国刑法没有规定具体的暴力内容,所以对于抢劫罪中的暴力要求的解释便只能通过类比抢夺、敲诈勒索等罪名中的暴力程度,进行最狭义上的具体的实质性解释,以达到罪刑关系的协调。比如,以轻微的无损于健康(或者能给健康带来损伤威胁)的暴力夺取财物的,一般可以评价为抢夺罪和敲诈勒索罪中的暴力。对于事实能够证明行为人对他人实施暴力(包括使用拳脚)的目的,是使被害人不能或不敢反抗,以便夺取其财物,不论事实上是否能够抑制或者排除被害人的反抗,[②]在实质的综合考虑该暴力的程度的基础上,作出是否评价为抢劫罪中的暴力。

普通抢劫罪和转化型抢劫罪中的暴力要求应当是等同的。但由于主观主义刑法观念根深蒂固,往往有人认为,行为人在实施盗窃、诈骗、抢夺罪时,已经表明了其行为或结果的无价值,而后为了窝藏赃物、抗拒抓捕或者毁灭罪证,竟然又使用暴力或者以暴力相威胁,更加征表出行为人的"恶",于是,只要有哪怕

---

① 最高人民法院刑一、二、三、四、五庭:《中国刑事审判指导案例(侵犯财产罪)》,法律出版社 2012 年版,第 111 页。

② 王作富主编:《刑法分则实务研究》,中国方正出版社 2013 年版,第 925 页。

是轻微的暴力也不加区分地以转化型抢劫罪中的暴力认定。所以在评价转化型抢劫罪中的暴力的时候，应当考虑此处（转化型抢劫罪）的暴力如若发生在普通抢劫时，是否也会被认定为抢劫罪中的暴力。如果是否定的，则不能被评价为（转化型）抢劫中的暴力。比如，行为人郑某深夜入室盗窃，被主人李某发现后追赶。当郑某跨上李某家院墙，正准备往外跳时，李某抓住郑某的脚，试图拉住他。但郑某顺势踹了李某一脚，然后逃离现场。对于郑某这个踹脚的行为便不能够认定为抢劫罪中的暴力行为。尽管郑某踹李某一脚的行为可以认为是一种暴力，但并不是足以转化为抢劫罪的暴力。"抢劫罪中的暴力通常是指为了达到取财的目的，而采取的具有攻击性的强烈行动，包括对人身实施强烈的打击或强制，包括殴打、捆绑、伤害等，使被害人处于不能反抗或不敢反抗的状态，是行为人为了排除或者压制被害人的抗拒，以便当场非法占有财物而采取的，存在着主观与客观的特定联系。"①因此，行为人郑某入室盗窃后以不足以抑制对方反抗的轻微暴力逃脱的，不能认定为转化型抢劫罪。同时，若行为人犯盗窃等罪被侦查人员当场用手臂锁喉的方式抓捕，行为人情急之下用嘴咬了其手臂一口而挣脱对方控制的，即便造成了轻微伤，也不宜认定为转化型抢劫。因为当行为人被锁喉后，在呼吸紧迫的情形下咬一口，实为人的一种本能的应激反应。正如《抢劫指导意见》中指出，"对于以摆脱的方式逃脱抓捕，暴力强度较小，未造成轻伤以上后果的，可不认定为'使用暴力'，不以抢劫罪论处"。其中的"以摆脱的方式逃脱抓捕"，在笔者看来主要就是指当人处于危急关头的一种本能的应激反应行为，即便造成轻微伤也不宜被评价为暴力。

再次，转化型抢劫的暴力针对的对象是特定的人。一方面，所谓的特定的人，即只要是行为人为了窝藏赃物、抗拒抓捕、毁灭罪证而使用了暴力或者暴力威胁所针对的人。另一方面，抢劫罪侵犯的是财产权和人身权的双重法益，而行为人在实施盗窃等侵犯被害人财产权益的行为后又实施了针对人身的暴力，此行为性质就发生了根本性变化，因此对行为人按照比处罚单纯的财产犯罪更重的抢劫罪来定罪量刑，以此体现保护公民人身权利用的重要性。②

（三）考量先前的盗窃等犯罪与暴力或者暴力威胁之间是否具有关联性

在转化型抢劫罪中，如果行为人先前在一个概括的财产类犯罪故意下连续

---

① 高铭暄、马克昌主编：《刑法学》，北京大学出版社、高等教育出版社2011年版，第498页。
② 涂卫东、刘琼：《转化型抢劫罪中暴力行为的司法认定》，《民主与法制时报》2016年8月25日第007版。

犯盗窃、诈骗、抢夺，或者盗窃等行为是连续犯的情形下，仅在最后一次实施盗窃等行为时被发现，而当场使用暴力或者暴力相威胁的，一般而言只能是最后一次的盗窃等行为成立转化型抢劫罪，并与前几次盗窃等行为（独立成罪的情形下）并罚。比如行为人在一个下午，先后以"赶场子"的方式，在某一购物商圈内，连续盗窃多家商店价值2万余元的财物，在最后一家商店盗窃价值5000元的财物完毕后被店主发现，遂使用暴力抗拒抓捕，则行为人最后一家的盗窃行为成立转化型抢劫罪，数额便是5000元，并与前几次的2万余元盗窃罪并罚。此时，在行为人看来仅需保护最后一家的"盗窃成果"，且其使用暴力行为也仅与最后一家的盗窃行为存在紧密关联性。但是，若行为人在第一家商店盗窃后，就被商场中的便衣警察发现，遂跟踪其盗窃行为，待其盗窃最后一家商店后，开始抓捕，则一方面在行为人看来，其使用暴力抗拒抓捕的目的是为了保护此前所有的"盗窃成果"；另一方面其暴力行为与前几次的盗窃行为均具有了时空上的紧密关联性。例如，被告人贺某开始在快餐店内窃得正在用餐的陈某钱包后随即离开，又至附近另一个商厦的快餐店内盗窃未果。当其正欲离开商厦时，早已跟踪伏击的治安执勤人员即上前抓捕，贺某便使用暴力抗拒抓捕，后在众人协助下将其制服。在其身上搜出被害人陈某的钱包，内有人民币2000余元等财物。本案中贺某从第一家快餐店至另一商厦的快餐店以及其后使用暴力抗拒抓捕的场所皆为"当场"，因此被告人贺某应当认定为转化型抢劫罪。[①]

需要注意的是，先前的盗窃等行为是成立一罪还是成立数罪是一个问题，暴力行为是否属于"当场"实施则是另一个问题。不能因为先前的多个行为被评价为一罪，其中一次行为与暴力行为之间具有时空上的紧密关联性，就据此认定暴力行为与先前的多个行为之间均存在时空上的紧密关联性。[②] 至于何种情形下可以认为具有紧密关联性，需进行如上的判断。

三、转化型抢劫罪加重情节的司法认定规则考量

（一）对"户"界定的双重性考量

由于入户盗窃作为盗窃罪的一种入罪标准，不需要数额较大的限制，只要是入户盗窃了值得刑法保护的财物即可。因此，就整个盗窃罪的入罪标准而

---

① 卢方、贺平凡主编：《经济、财产犯罪案例精选》，上海人民出版社2008年版，第277—278页。
② 张明楷：《刑法学》，法律出版社2016年版，第983页。

言，入户盗窃降低了盗窃罪的入罪门槛。进而，在界定"户"时，就不能再进一步地扩展或延伸"户"的范围，否则就有不当扩大刑罚范围的可能。同时，刑法中关于"入户抢劫"中"户"的界定，为了保持刑法用语的统一性，以及国民对"户"的一般认识和合理的法律预期，不应延伸和扩展"户"的范围。所以，对相同或相似的问题进行相同或相似的解释，要贯穿在对"户"的解释中。即，严格按照《关于办理盗窃刑事案件适用法律若干问题的解释》第3条规定，即供他人家庭生活，与外界相对隔离的住所的，应当认定为"户"。尽管要对"户"做严格的限制解释，但更需要明白的是，"户"是一个栖身之所，所以《唐律疏议·贼盗》中赋予了"户"的主人面临"诸夜无故入人家者，登时杀之，勿论"[1]的权利。因此，"凡一个人主观上的灵肉与财产的守护堡垒，是灵魂飘荡的归宿，堪做安身立命的基地"，[2]都可以认为是"户"。比如非法进入他人以违章建筑（尚未被合法拆除之前）为安身立命之所内盗窃的，应当认为是入户盗窃。[3]

但众所周知，立法将入户盗窃等特殊型的盗窃行为单列入罪，正是反映了风险社会的刑罚理念。在风险社会中，刑罚的目的从"报应"转向"一般预防"，刑法体系在目的层面向预防的转变，深刻地影响着传统的刑法体系。[4] 刑法对行为的干涉不需要等到重大利害结果发生之时，即刑法关心的问题从"发生了什么危害结果"转向"权利被侵害的危险是否存在"来逐步降低盗窃罪的犯罪门槛，将所有可能威胁公私财产安全、能以盗窃评价的行为纳入重新编织的盗窃罪的严密法网中，将刑法的保护前置化。在这个意义上，危险犯，特别是抽象危险犯的立法，正是刑法对社会保护前置化的产物。

与其说立法者是将入户盗窃入刑，倒不如说是在将"入户"入刑。即只要在盗窃行为中含有"入户"的因素，此时的着眼重点便不再是（或很少再是）财物，只要所盗窃的财物满足最小（值得刑罚的）标准，即构成犯罪。从这一点来讲，立法者实质上已经将"入户"行为推定成为一种（极有）可能侵犯或威胁到户内人员的人身安全的危险，是一种不需要对行为人每次"入户"行为是否会导致户内人员

---

[1] 曹漫之主编：《唐律疏议译注》，吉林人民出版社1989年版，第654—655页。

[2] 林东茂：《刑法综览（修订五版）》，中国人民大学出版社2009年版，第247页。

[3] 因为其完全符合上述"户"的两个特征。同时，也可以看出，判断是否为"户"，是看是否与外界相对隔离，供其用作家庭生活之用，重点不在所有权上。如对于房屋承租人在将房屋出租后，私自进入房屋盗窃的，当然应认定为入户盗窃。承租人在将房屋出租后，出租人在支付了房租后，就享有对该房屋的占有使用权，房屋当然地具有了相对独立性，即便未及时缴纳房租，也不影响"户"的两个特征的认定。

[4] 劳东燕：《风险社会中的刑法——社会转型与刑法理论的变迁》，北京大学出版社2015年版，第8页。

人身危险的判断，①而是一种立法推定的抽象危险，在司法认定中不需要司法者在具体的入户行为中再行判断是否会导致户内人员的人身安全受到威胁。当行为人入户盗窃时，就推定入户行为有危险，即实际上并非每次入户盗窃都会发生按照立法旨趣要保护的户内人员的人身安全的危险情形的发生时，"入户盗窃"的法条内涵便已经得到了满足。

值得探讨的是，以嫖娼为名进入卖淫女的住所实施抢劫的，能否认定为入户抢劫？比如，被告人顾某、雍某经预谋后，以嫖娼为名联系被害人李某并获知其住址。顾某、雍某遂结伙至李的住处，诱骗李开门，进入室内，对李实施捂嘴、捆绑双手的暴力行为，并以喷雾剂喷瞎双眼相威胁，李某被迫将全部现金交出。本案中的两被告人能否认定为入户抢劫的最大争议焦点便是卖淫女的住所能否认定为"户"。一审法院认为，被害人虽在租借的涉案房屋内进行卖淫，但亦在其中居住，并不完全对外开放，属兼具非法经营性和日常家居性场所，在被告人进入该房前或没有进行卖淫嫖娼时，具有供被害人生活并与外界相对隔离的特性，理应认定为刑法意义上的户，且户的认定也不以是否一人居住或家庭成员多人居住而改变，故两被告人以嫖娼为名，有预谋地携带作案工具骗开被害人住所房门后进行抢劫，具有入户的非法性，依法应认定为入户抢劫。② 一审判决后，被告人提出上诉。二审法院认为，被害人的住处兼有家庭生活及卖淫嫖娼两种功能，在被害人不从事卖淫活动时，房屋主要用于被害人个人生活起居，其符合户的功能性特征无疑。但在卖淫期间，房屋的功能则由生活起居转变为从事非法活动，不再具有户的功能性特征。在被害人允许顾某等人进入房屋之时起，就可以视为被害人开始实施约定的卖淫活动，其住处也失去了家庭生活这一户的功能性特征。同时，被害人通过网络向不特定的多数人发布招嫖信息，其他人只要以嫖娼为名联系被害人，很容易就能进入被害人的住处。故在从事卖淫活动时，被害人实际上主动放弃了对其住处私密性的保护，其住处仅有公民住宅的外形，而实质上与其他用于非法经营活动的开放性场所没有本质区别。因此，被害人李某租住的房屋在约定从事卖淫活动期间不属于刑法意义上的户，上诉人顾某等人以嫖娼为名进入李的住处并采用暴力、威胁手段劫取李的财物，其行为构成一般抢劫而非入户抢劫。③

可以肯定的是，当兼有家庭生活及卖淫嫖娼两种功能的卖淫女住所在其不

---

① 即（具体案件中）当户内无人的时候，由于不充足构成要件，就不构成入户盗窃。
② 参见上海市徐汇区人民法院刑事判决书，案号(2014)徐刑初字第 382 号
③ 参见上海市第一中级人民法院刑事判决书，案号(2014)沪一中刑终字第 1301 号。

从事卖淫活动时，房屋主要用于其个人生活起居，其符合户的功能性特征无疑。但当其从事卖淫活动时，其住所是否就如同二审法院认为的那样，"在被害人允许顾某等人进入房屋之时起，就可以视为被害人开始实施约定的卖淫活动，其住处也失去了家庭生活这一户的功能性特征"？按照二审法院的观点，卖淫女的住所在其从事卖淫期间不属于"户"，就在于其开门"接客"，其中包含开门动作和将要"接客"行为。对于既是小卖部又是户的烟酒小卖店，当营业结束后，半夜有人敲门买烟，主人起身开门后，是否就意味着又处于营业中？此时行为人进入店内抢劫一般就不认为入户抢劫。理由好像就因其为营业场所。那么，由此看来，对于这样的住所里的主人而言，开门行为就意味着将户的性质改变？无论是什么时候，只要有人买烟，或者是以买烟为借口让主人把门打开进去抢劫，就不算是入户抢劫？所以，仅仅的一个开门动作应当是无法将其住所的性质变为卖淫场所的。因为开门只是表示允许进入而已。就如同行为人敲门冒充修水表的，主人开门允许其进入后，行为人便抢劫，此时不能认为主人允许其进门便不认定为入户抢劫一样！那么，此时不外乎就是将卖淫女即将的"卖淫"行为将其住所的性质变了。问题是，如果贩卖毒品的人在其住所内贩毒，行为人知晓后，冒充购毒者进入后，实施抢劫，能够否定其属于入户抢劫吗？如果答案是否定的，实施贩毒的犯罪行为都未改变其住所的性质，那么实施性质更轻的卖淫违法行为又何以改变了住所的性质了呢？

更进一步的疑问是，如果认定卖淫女的住所在其从事卖淫期间不属于"户"，则等于是在宣示，以卖淫女为抢劫对象的，就算是想入户抢劫，一定要其卖淫期间抢劫，先嫖个娼或者假装嫖娼后再抢劫，如此便可以认定为普通抢劫。或者当卖淫女不想卖淫的时候（不在卖淫期间的住所属于"户"基本没有多大的争议），若行为人意图规避"入户抢劫"，便以高出市场很多倍的价格为引诱而让卖淫女开门后而实施抢劫的，也认定为普通抢劫，其背后隐含着"谁叫你是卖淫女"的标签化歧视的嫌疑相当明显。

因此，笔者认为，由于"户"通常是一个相对封闭的环境，犯罪行为不易被发现，被害人孤立无援，入户抢劫更易得逞。[1] 所以，入户抢劫的实质危害在于当行为人在一个封闭的空间中对被害人实施暴力劫取财物时，处于其中的被害人无法向外界求救。正是因为"户"是安身立命之所，才导致一般人不能随意进入。而《抢劫指导意见》中指出的"因访友办事等原因经户内人员允许入户后，

---

[1] 最高人民法院刑一、二、三、四、五庭：《中国刑事审判指导案例（侵犯财产罪）》，法律出版社 2012 年版，第 62 页。

临时起意实施抢劫,或者临时起意实施盗窃、诈骗等犯罪而转化为抢劫的,不应认定为'入户抢劫'"。此处的重点不应放在"户内人员允许入户",而应关注"因访友办事等原因"。即只有与"因访友办事等原因"具有等同性质的客观上可以反推的原因,后经户内人员允许入户后进行的盗窃、抢劫等图财犯罪才不认定为入户盗窃或者入户抢劫。否则,只要是"户内人员允许入户"的就不认定为入户抢劫的话,势必导致行为人想方设法采取手段让户内人员允许入户而规避法律。所以,"对于白天从事经营,晚上用于生活起居的场所,行为人在停业时间以购物为名骗开房门入内抢劫的,应认定为'入户抢劫'"。① 而案例中的卖淫女在其居所从事卖淫行为后,只有特定的嫖娼人员才被允许进入,尽管是对不特定的多数人开放,但也只是对欲进入嫖娼的人开放。换句话说,当欲嫖娼的人进入卖淫女的居所后,其他想嫖娼的不特定人员也只能在外面排队等候,而不可能像一般的商店等营业场所那样,基本没有限制地进入卖淫女的住所,也即当卖淫女的住所处于"营业"状态时,包括一般人也是不能随意进入(包括后续的嫖娼者)的。此时,卖淫女的居所何来开放性?行为人一旦以嫖娼为名进入进行抢劫的,卖淫女所处的情境与一般人在户内所处的情景没有区别,其住所并没有因其卖淫而改变其相对封闭的特点。此时行为人抢劫时,卖淫女同样处于孤立无援而丧失了向外界求救的可能。所以,"自宅卖淫者的住处,虽然兼具性交易实施地点的用途,但主要发挥的还是家庭生活功能,因而应当认定为刑法意义上的'户'"。②

进而,《抢劫指导意见》指出,以侵害户内人员的人身、财产为目的,入户后实施抢劫,包括入户后实施盗窃、诈骗等犯罪而转化为抢劫的,应当认定为"入户抢劫"。"当行为人在主观上是借嫖宿之名欲行抢劫之实,并在客观上以嫖宿为名进入卖淫女的住所时,只要行为人未明确放弃劫取财物的概括性目的,无论本次嫖宿活动持续多长时间,也不管行为人在本次嫖宿期间有无出入户的行为,只要行为人在嫖宿过程中或在嫖宿结束后,在户内实施了抢劫行为,就应认定为入户抢劫"。③

综上,刑法对"户"的保护显然与户主的性别、职业等因素无关,只要符合刑法对"户"保护的立法旨趣,就应当无差别地进行保护。在对"户"的界定时,既不能为了打击犯罪而随意认定为"户",也不能不考量被害人的法益保护而不认定为"户",而应在被告人和被害人之间进行利益保护平衡的双重性考量。

① 周道鸾、张军主编:《刑法罪名精释》,人民法院出版社 2013 年版,第 630 页。
② 程昊:《卖淫者的住处是否属于刑法意义上的"户"》,《人民法院报》2010 年 10 月 21 日第 007 版。
③ 蔡丽明、陈柱钊:《进入卖淫女住所嫖宿数天后再行抢劫之定性》,《人民司法(案例)》2010 年第 10 期。

（二）禁止重复评价与罪刑均衡的考量

转化型抢劫罪加重情节在实践中争议较多的莫过于在户内和公共交通工具上犯盗窃、诈骗、抢夺罪后，为窝藏赃物、抗拒抓捕或者毁灭罪证而当场使用暴力或者以暴力相威胁的，能否转化为入户或在公共交通工具上抢劫，或者犯盗窃、诈骗、抢夺罪后，为窝藏赃物、抗拒抓捕或者毁灭罪证而当场使用携带的枪支的，是否转化为持枪抢劫等情形。对此，在具体案例中可以运用禁止重复评价原则与罪刑均衡原则进行考量。

实践中对于入户盗窃少量财物或尚未窃取财物，为抗拒抓捕而当场使用暴力的行为，能否转化认定为入户抢劫的存有争议。一种观点认为，根据《抢劫解释》第1条第2款的规定，对于入户盗窃，因被发现而在户内使用暴力或者以暴力相威胁的行为，应当认定为入户抢劫。至于行为人窃取财物数额较小以及使用暴力程度较轻，均属于法定刑幅度内的量刑情节问题，不影响入户抢劫的认定，但这些因素在认定为入户抢劫的前提下，可以从轻处罚。另一种观点认为，入户抢劫是抢劫罪的加重犯，应由基础的抢劫罪与非法侵入他人住宅的行为复合构成。从罪质上讲，入户抢劫本身应当对公民的人身或财产法益具有严重侵害性或者至少具有相当的危险性，复合非法侵入他人住宅的行为一并判处10年以上有期徒刑之重刑才具有内在合理性。

在《刑法》第263条加重情节中的"入户抢劫"没有明确排除转化型抢劫罪的情况下，根据《抢劫解释》第1条第2款、《两抢意见》第1条以及《抢劫指导意见》的规定，均明确了"入户抢劫"当然可以包含转化型抢劫。但行为人入户盗窃能否再次转化为入户抢劫，不能一概而论。首先，需要考量入户盗窃后使用暴力或者以暴力相威胁的程度，一旦将此处的"暴力或者以暴力威胁的"评价为抢劫罪中的暴力或以暴力相威胁的，则可以转化为抢劫罪。其次，需要考量对"入户"情节是否进行了双重评价。如前所述，转化型抢劫罪，不要求其前提行为一定要构成犯罪，即只要行为人实施了盗窃、诈骗和抢夺行为的，为了窝藏赃物、抗拒抓捕或者毁灭罪证，使用暴力或者以暴力相威胁的，也构成转化型抢劫罪。对此，《两抢意见》第5条规定也已明确。[①] 但由于2011年修订的《刑法》第

---

① 行为人实施盗窃、诈骗、抢夺行为，未达到"数额较大"，为窝藏赃物、抗拒抓捕或者毁灭罪证当场使用暴力或者以暴力相威胁，情节较轻、危害不大的，一般不以犯罪论处；但具有下列情节之一的，可依照刑法第269条的规定，以抢劫罪定罪处罚；（1）盗窃、诈骗、抢夺接近"数额较大"标准的；（2）入户或在公共交通工具上盗窃、诈骗、抢夺后在户外或交通工具外实施上述行为的；（3）使用暴力致人轻微伤以上后果的；（4）使用凶器或以凶器相威胁的；（5）具有其他严重情节的。

264 条规定的盗窃罪除了盗窃一般财物,数额较大和多次盗窃之外,新增了入户盗窃、携带凶器盗窃和扒窃三种行为类型后,入户盗窃不以数额较大作为构成要件要素,但需以"入户"作为构成要件要素。而 2005 年《两抢意见》中的入户盗窃不是一个能独立成罪的盗窃类型,必须满足数额较大的标准。所以,若行为人实施入户盗窃行为,其"入户"这一情节若已经用作情节严重的因素被评价过了,进而转化为抢劫罪时,则基于禁止重复评价原则,不能再评价为"入户抢劫"。

由上可以认为,一方面,在 2011 年《刑法》修订之前,入户盗窃尚未达到"数额较大"的"既遂"情形的,为窝藏赃物、抗拒抓捕或者毁灭罪证当场使用暴力或者以暴力相威胁的,未有人身伤害的,其暴力程度若评价为抢劫罪的暴力的,则根据《两抢意见》第 5 条的规定,"入户"便可作为其转化为抢劫罪的情节之一。此时,根据禁止重复评价原则①,不可转化为入户抢劫。同时,根据举重以明轻的当然解释规则,入户盗窃尚未达到"数额较大"的"未遂"情形的,即入户盗窃尚未窃取财物的,也不可转化为入户抢劫。另一方面,在 2011 年《刑法》修订后,由于入户盗窃没有数额要求,则入户盗窃少量财物也直接构成盗窃罪,则根据《两抢意见》,当入户盗窃(少量财物)直接构成犯罪时,当然地可以转化为抢劫罪。但由于"入户"情节是在立法上被用作独立入罪(无需数额较大)的因素,亦被评价过,故也不能再次被评价为"入户抢劫"中的情节因素。

因此,对于入户盗窃少量财物或尚未窃取财物,为抗拒抓捕而当场使用暴力的,在本质上并不符合入户抢劫罪的罪质特征。若其暴力或者暴力威胁符合转化型抢劫罪的要求,则对其行为直接转化认定为抢劫罪,且在 3—10 年有期徒刑的幅度内判处刑罚,完全能够做到罪刑相当,故以不认定入户抢劫为妥。同样,由于在公共交通工具上抢劫与入户抢劫同属于抢劫罪的加重情节,尽管目前没有司法解释等文件要求在公共交通工具上抢劫需要在登上公共交通工具前具有抢劫等犯罪的故意,但基于等同解释的方法,不宜将在公共交通工具上产生的抢劫等财产犯罪故意(如同在户抢劫)认定为在公共交通工具上抢劫这一加重犯。即便抢劫等侵财故意在进入公共交通工之前就具有,如果获取财物数额较小,情节不严重的也不宜认定为在公共交通工具上抢劫。

此外,根据禁止重复评价原则,对于行为人身着警服实施诈骗后使用暴力或暴力威胁后也不能转化为冒充军警人员抢劫。因为行为人身着警服冒充警

---

① 在禁止重复评价原则下,转化前已经评价过的一些犯罪事实或情节不得在转化后再次予以评价。但同时,罪刑均衡原则也会决定着在转化前没有评价的一些犯罪事实或情节就一定可以在转化后予以评价。

察的行为,已经被评价为其实施具体诈骗行为的构成要件要素,即其身着警服冒充警察行为已作为构成要件要素在转化前的行为中得到过一次充分评价,因此不宜再作为加重情节在转化后的抢劫罪中予以量刑上的考虑。并且在冒充军警抢劫和冒充军警诈骗中,前者是为了更加有效地排除受害人的抵抗意志,增加心理威慑力,后者是为了使受害人基于职业身份的信任而自愿处分财物,两者在人身危险性和社会危害程度上都有显著不同。①

但如果一个情节没有被转化前的侵财行为充分评价,即依然存在"剩余情节",如果能够达到法定刑升格的要求,则完全可以在转化后的法定刑升格中继续评价。比如行为人盗窃后,为抗拒抓捕便使用随身携带的枪支向联防队员头面部射击而致其轻伤的,其持枪行为在转化性抢劫中的暴力评价要素便属于"情节剩余"。相比于拿着凶器示威性地比划一下,或者持木棍喊道"不想死就躲开"之类的暴力或暴力威胁,持枪并且实际朝着联防队员头面部射击的行为已经远超出了使用暴力或暴力威胁的基本要求。在此情形下,如果持枪情节未能在转化前的盗窃行为或者转化后的抢劫行为中得到充分评价,便违反了罪刑均衡原则,因此应当充分考虑并在转化后的抢劫罪中作为加重量刑情节予以评价。②

综上,作为法律拟制的抢劫罪,转化型抢劫罪在司法实践中的认定,应当以其严重的侵犯财产犯罪这一法益侵害的后果为标准,特别是其加重情节的认定。毕竟 10 年以上有期徒刑直至死刑的刑罚,如果被告的行为没有严重的法益侵害性的话,罪刑便难以相当。因此,在司法实践中,对于转化型抢劫罪及其加重情节的认定理当慎重。特别对于入户盗窃等其他情节而言,如果仅因为一些实际危害程度一般的(转化型)抢劫罪发生在户内或者公共交通工具上等原因,就一律判处 10 年以上有期徒刑,则刑罚畸重,违背罪刑相当的刑法基本原则。所以,为了使罪刑相当原则在实际个案中全面得到贯彻、实现,运用限制或缩小等刑法解释方法,适当紧缩入户抢劫等(转化型)抢劫罪加重情节的认定范围就显得十分必要。③ 唯有如此,刑罚才能在轻罪轻判、重罪重判、罚当其罪中体现其内在的公平与正义。

---

① 袁博、荣学磊:《禁止重复评价原则在转化型抢劫罪加重情节适用中的指导规则》,《中国检察官》2014 年第 8 期。

② 袁博:《对转化型抢劫中持枪情节的评价》,《人民司法(案例)》2016 年第 17 期。

③ 黄祥青:《刑法适用要点解析》,人民法院出版社 2011 年版,第 259 页。

从他人遗忘在 ATM 机的信用卡中取款、转账行为的性质认定

王佩芬*

摘 要：发现他人遗忘在 ATM 机中且仍处于取款、转账、修改密码等可操作界面的信用卡后，从中取款、转账的行为，在性质认定上存在着一罪与数罪、此罪与彼罪的重大分歧。就罪数认定而言，该行为属于出于同一犯罪故意且行为性质相同的连续犯，应认定为一罪；就行为性质认定而言，该情形下行为人取得信用卡及卡内款项，是由于信用卡合法持有人因遗忘而对信用卡及其卡内财物失去控制，与以非法手段将处于他人控制之下的财物非法据为己有的盗窃罪不同，不应认定为盗窃罪；该情形与"拾得他人信用卡后又在柜员机上使用"的情形存在区别，也不构成信用卡诈骗罪，而应当认定为对他人遗忘物的侵占。

关键词：遗忘物 信用卡诈骗罪 盗窃罪 侵占罪 罪数

一、问题的提出

在信用卡高度普及的今天，捡拾他人遗失的信用卡的情形时有发生。对于

---

* 王佩芬 上海社会科学院法学研究所科研人员，法学博士。

常见的捡拾他人的信用卡之后，又在自动柜员机（ATM 机）上使用捡拾的信用卡的情形，根据 2008 年 4 月 18 日最高人民检察院《关于拾得他人信用卡并在自动柜员机上使用的行为如何定性问题的批复》，属于《刑法》第 196 条第 1 款第 3 项规定的"冒用他人信用卡"，其行为构成"信用卡诈骗罪"。这在刑法理论上已初步达成共识。但是，对于另外一种特殊情形，即捡拾到他人遗忘在 ATM 机中且仍处于取款、转账、查询、修改密码等可操作界面中的信用卡，并从信用卡中进行取款或转账的行为，其性质应当如何认定，目前理论界仍异见纷呈，司法适用中也存在认定不一、量刑不均的现象。

以近年来在全国发生的多起实际案件为例，如：2012 年上海杨浦区某高校一名硕博连读学生发现他人遗忘在 ATM 机中的信用卡后，从中取款 6 000 元，检察院认为其行为构成信用卡诈骗罪，后双方当事人达成刑事和解，检察院以相对不起诉处理。① 2009 年嘉定区发生的一起类似案件，周某从他人遗忘在 ATM 机中的信用卡中取现 6 000 元，因具有自首情节，检察院也以相对不起诉处理。② 类似的还有，2008 年西安市民杨某从他人遗忘的信用卡中取款 6 900 元，涉嫌信用卡诈骗，检察机关认为情节显著轻微，不予批捕，并对其作出不起诉决定；③2007 年河南淅川发生的一起同类型案件，高中生姚某从他人遗忘的信用卡中取款 6 000 元，法院以盗窃罪判处有期徒刑一年，缓刑二年；④2009 年浙江湖州郑某从他人遗忘在 ATM 机中的信用卡中取款 8 000 元，法院以盗窃罪单处罚金 16 000 元；⑤2008 年深圳陈某从他人遗忘的卡内取款 1.4 万元，以信用卡诈骗判处 4 个月拘役，罚金 2 万元；⑥2012 年惠州的一起同类案件，取款 1.9 万元，以信用卡诈骗罪判处有期徒刑 1 年，罚金 2 万元；⑦另外，山东济宁一男子从他人遗忘的信用卡中取了 1.3 万元后，随即后悔，就将卡与现

① 史耀可：《杨浦知名大学硕博连读高材生盗取他人银行卡 6 千元》，http://sh.sina.com.cn/news/s/2012-11-22/083621849.html，2017 年 10 月 10 日访问。

② 李淑平：《男子从遗失卡中取现构成诈骗》，http://news.163.com/09/0929/10/5KCF8EP3000120GR.html，2017 年 10 月 10 日访问。

③ 岳红革等：《西安版"许霆案"引发热议》，《检察日报》2008 年 4 月 16 日第 001 版。

④ 曾国清：《ATM 机里惊现银行卡盗取他人钱款落法网》，http://old.chinacourt.org/html/article/200805/19/302352.shtml，2008 年 5 月 19 日访问。

⑤ 郭文利等：《利用他人遗忘在 ATM 机内已输好密码的信用卡内取款应构成盗窃罪》，《人民司法》2010 年第 2 期。

⑥ 刘晓燕：《捡到信用卡取款被判拘役四个月》，http://www.oeeee.com/a/20090114/685883.html，2009 年 1 月 14 日访问。

⑦ 陈海燕：《用他人遗忘信用卡取款 1.9 万获刑一年》，http://news.sina.com.cn/c/2012-04-06/093424229635.shtml，2017 年 10 月 10 日访问。

金交给民警,并谎称是其所捡拾到的,后发现真相,民警念其初犯偶犯,对其仅教育了一通了事。[1]

从上述列举的案例中可以看出,这些性质同一、情节相近的案件,在法律适用上却出现严重的司法不一现象,所涉罪名从盗窃罪、信用卡诈骗罪到侵占罪,甚至无罪;量刑上从判处有期徒刑、缓刑、拘役、单处罚金、相对不起诉,到仅教育了事。同时,理论界对于该情形的性质认定,也分别存在构成信用卡诈骗罪、盗窃罪与侵占罪之争。为什么会出现如此大的差异,其背后存在的问题是什么,对于这种行为性质究竟应当如何认定,财产犯罪中的盗窃罪、诈骗罪、侵占罪究竟应当如何界分等,都是值得我们进行深入探讨与分析的问题。

在此,笔者以司法实务中刑法学专家研讨的一则疑难案件为例,对从他人遗忘在 ATM 机的信用卡中取款并划账行为性质所涉相关问题展开剖析。

案情简介:2004 年 4 月 4 日,荣某到工商银行一自动取款机处取钱,却发现取款机的插卡口中有一信用卡,同时显示屏上仍然显示的是操作过程中取款、查询等业务的界面。荣某意识到这是他人在操作后没有将卡拿出,就试着按了一下查询键,发现卡中尚有余额人民币 2.72 万元。于是,荣某分三次按取款键,共取出人民币 4 000 元。为了把卡中的钱全部占为己有,荣某在取款机上将密码改为"000000"后将卡取出。后荣某在逛商场时又用该卡取了 200 元。当天下午,荣某担心时间一长,卡里的钱就取不出来了,便到工商银行将捡到的信用卡中的 2.3 万元钱转到了自己的牡丹灵通卡中,随后将捡到的信用卡扔在了银行的垃圾筐内。公安人员根据荣某在银行用信用卡转钱时留下的记录查到荣某的踪迹,并于 2004 年 4 月 9 日,在荣某再次到工商银行储蓄所取钱时将其抓获。荣某承认了上述事实。[2]

对于该案在行为性质认定上的分歧,主要表现为以下几个问题:(1)一罪与数罪的问题。荣某从他人遗忘在 ATM 机中的信用卡中取款、修改密码、转账到自己账户的行为,是否为几个独立的行为?构成一罪还是数罪?(2)此罪与彼罪的问题。荣某从他人遗忘在 ATM 机中的信用卡中取款、划账的行为应当认定为构成信用卡诈骗罪还是盗窃罪?还是对他人遗忘物的侵占?(3)罪与非罪的问题。即如果是对他人遗忘物的侵占,构成犯罪需要"拒不归还"的要件,对于不具备"拒不归还"构成要件的,是否构成犯罪。

---

[1] 岳茵茵:《偷取 13 000 元,又找民警退回》,http://news.cntv.cn/20120427/120888.shtml,2017 年 10 月 10 日访问。

[2] 郭晓明:《取款机内拾卡狂取钱》,http://news.sina.com.cn/c/2004-11-14/01574230289s.shtml,2017 年 10 月 11 日访问。

二、行为性质认定上的观点分歧

对于上述荣某从他人遗忘的信用卡中取款、修改密码并转账至自己账户一案，北京东城区检察院特别邀请了北京大学法学院杨敦先教授、中国人民大学法学院王作富教授、清华大学法学院张明楷教授三位刑法学专家进行研讨。本文即围绕三位专家的观点展开讨论。①

（一）杨敦先教授的观点

杨敦先教授的观点是，荣某的行为构成信用卡诈骗罪一罪。理由是：如果荣某从取款机上取出信用卡，不拿它去银行取钱，根据我国《刑法》第 196 条的规定不构成犯罪。但荣某取钱时发现取款机插卡口有一信用卡，意识到是他人遗忘在取款机中的信用卡。荣某明知信用卡是捡来的、是他人的，却冒充持卡人从信用卡中取款。提款机认卡不认人，只要有密码，提款机就出款，实际是银行职员误以为荣某是持卡人或经过其同意，所以未能扣押这张信用卡，结果使持卡人的钱被骗走，构成了诈骗。因此，荣某发现遗忘在取款机中的信用卡后从中取款 4 000 元的行为，其性质为信用卡诈骗。其之后的行为包括在取款机上更改信用卡密码，将原卡中的 2.3 万元转账到自己的牡丹灵通卡内，这些行为都是前面诈骗行为的后续行为或者称为是继续行为，不构成独立犯罪。因此，荣某的行为构成信用卡诈骗罪一罪。

（二）王作富教授的观点

王作富教授的观点是：荣某的行为应分为两个阶段进行分析，荣某第一阶段的行为属于对遗忘物的侵占，第二阶段的行为构成盗窃罪。第一阶段，荣某在自动取款机上取款时，发现取款机插口内有银行卡没有退出，显示屏仍然处于运作之中，显示的是操作过程中可以进行取款、查询、修改密码、转账的界面。这就是说，此时只要按下取款键立刻就可以取出钱来。荣某轻而易举地取出4 000 元，据为己有。对此应属于侵占遗忘物，而不能定为盗窃。因为盗窃是指采用秘密的方法将他人控制下的财物，非法转归为自己或第三者所有。而本案事实是，失主自己将卡遗忘在取款机内未退出，并且使其处在可以当即取款的

---

① 来源：http://blog.tianya.cn/blogger/post_read.asp? BlogID = 3074004&PostID = 25526350，2017 年 10 月 11 日访问。

状态,不仅是失主对卡失去了控制,而且由于在该状态下任何人都可取出钱来,这就是说,卡上的钱虽然还在取款机中,实际上已被荣某控制,他想取就可以取。易言之,荣某从取款机中取出 4 000 元,与他捡拾他人遗忘在取款机旁的钱包据为己有,本质上没有什么区别。如果归还,就不构成犯罪,拒不归还,则构成侵占罪。第二阶段,对于荣某取出 4 000 元后,为了将卡上余额全部据为己有,在取款机上修改密码并转账至自己账户的行为,这一行为与前行为不仅时空不同,更重要的是荣某对该卡做了手脚后,其行为性质发生变化,应当独立进行评价。针对本案荣某在转款时,对于所捡到的卡没有销户,银行工作人员一般并不承担核实持卡人身份的责任,也不要求出示该卡所有人的身份证,只要密码无误,银行就会付款。既然如此,取款人也无义务向银行提供相关证明,那么,也就不存在银行被欺骗的问题,银行也不会对被害人的损失承担赔偿责任,因而不构成诈骗罪。但是,毕竟被害人的存款是在其不知情的情况下被荣某秘密取走的,因此,荣某的上述行为宜定盗窃罪。

(三)张明楷教授的观点

张明楷教授的观点是,荣某构成盗窃罪和信用卡诈骗罪两罪,应当数罪并罚。其一,荣某取 4 000 元的行为构成盗窃罪。张教授认为,取得信用卡相当于取得了房门钥匙,在取款机上得到信用卡就可以得到卡上的现金。取得了信用卡并在提款机上取钱,相当于进入房间盗窃财物,属盗窃行为。即荣某从他人遗忘的信用卡中取款 4 000 元构成盗窃罪。其二,荣某后一行为则是冒充持卡人取得存款的诈骗行为。荣某本人不是信用卡的主人,冒充卡主,又未经卡主同意,银行职员应当扣押这张信用卡,但银行职员误以为荣某是卡主或者经过了其同意,这就构成了诈骗,尽管荣某什么也不说,但他的行为就是诈骗。本案中被害人与被骗人不是同一个人,银行被骗,卡的所有人受害。因此,荣某构成盗窃罪和信用卡诈骗罪两罪,应当并罚。

三、行为性质认定中几个关键性问题的分析

从上述三位专家的观点可以看出,本案主要涉及以下关键性问题。

(一)一罪与数罪的判断标准

罪数问题是关于定罪是否准确、量刑是否适当的一个重要问题,对于其判断标准,历来存在行为标准说、法益标准说、犯意标准说、构成要件说、综合说等

的争论。但在具体案例中，究竟是一罪还是数罪、实质一罪还是处断一罪，都需要理论的支持以及对具体情形的细致探讨。

就本案所涉行为的罪数问题，笔者认为：荣某从他人遗忘在 ATM 机中的信用卡中取款、转账或修改密码的数个行为构成一罪，而非数罪；该情形应当属于连续犯，而非持续犯；属于处断的一罪，而非实质的一罪。①

刑法理论认为，连续犯是指行为人基于同一或者概括的故意，连续实施性质相同的独立成罪的数个行为，且数个行为之间具有连续性，触犯同一罪名的犯罪形态。而持续犯则是作用于同一对象的一个犯罪行为，即数个举动只形成一个行为。例如，在许霆案中，其多次从 ATM 机中重复取款的行为，就属于持续犯，而非连续犯。但本案中荣某从卡内取款 4 000 元的行为，与之后的修改密码、划账到自己账户的行为，虽然作用于同一对象，但取款与划账在行为方式上并不相同，不能视为同一个行为，因此不能认定为持续犯。但从行为性质上来说，行为性质并不因时空的不同而改变，荣某取款的行为与修改密码、划账的行为，都是基于要将他人遗失的信用卡内的款项非法据为己有的同一故意，行为性质没有发生变化。易言之，如果荣某在发现他人遗忘在 ATM 机中的信用卡后，不是进行取款而是直接修改密码将卡拿走，或者当时就将卡内款项全部转账到自己账户，或者取一部分款、转一部分款后再修改密码，其行为性质都与取款无异，且都可以独立成罪，因此应认定为连续犯，属处断的一罪，荣某的行为构成一罪而非数罪。认为荣某的行为构成数罪的观点，则是割裂了荣某几个行为之间的联系，忽略了几个行为共同存在的前提。

（二）他人遗忘在 ATM 机中运作的信用卡是否为遗忘物

遗忘物是指基于所有人或占有人的意思，将其暂放于某一地方之后忘记带走而失去控制的动产。遗忘物的特点为：（1）动产；（2）物主对其失去控制；（3）失去控制是由于物主的疏忽大意；（4）物主对失去控制是不自愿的。有观点认为完全失去控制的是遗失物，而遗忘物尚未完全失去控制，仅仅是控制关系的松弛或减弱。笔者不赞同这一观点。就"遗忘"和"控制"来说，两者是矛盾的，不可共存于一物。遗忘的财物，就不可能还处于物主的控制之下，处于其控制之下，就不可能是遗忘。只不过遗忘物与遗失物相比，物主对于遗忘的时间、地点基本可作较为准确的回忆，因此恢复占有的可能性也比遗失物较大。

---

① 杨敦先教授对于本案也持一罪的观点，但可能是由于记录方面的问题，对于杨教授所说的荣某之后的转账行为"是前行为的后续行为或继续行为"，不知其意是否是指实质的一罪中的继续犯或持续犯。

是否将他人遗忘在 ATM 机中的信用卡认定为遗忘物,关键还是看物主是否对该信用卡失去控制。有观点认为,对于他人遗忘在 ATM 机中的信用卡,属于处于特定场合或特定保管人处的财物,信用卡合法持有人遗失在 ATM 机中后,应视为处于银行的控制之下。笔者认为,这一说法欠妥。尽管一般 ATM 机都设置有吞卡保护功能,即信用卡在相应的时间内(视银行不同时间设置为 30 秒至 3 分钟不等)未进行任何操作,柜员机便视为被持卡人遗忘而会将信用卡吞入机器内进行保管,此时信用卡便处于银行的控制之下。但是在信用卡合法持有人遗忘后至信用卡被 ATM 机吞卡之前,信用卡虽然仍处于 ATM 机中,但信用卡及其卡内款项显然是处于失去控制的状态,任何人发现该遗失的信用卡,都可以不用输入密码而从卡内取出钱款,这与捡拾其他遗失物并无区别。由此可见,他人遗忘在 ATM 机中运作的信用卡应为遗忘物。

(三)盗窃罪与侵占罪的界分

盗窃是指采取秘密的方法将他人控制下的财物,非法据为己有。物主对于财物的控制存在强弱之分,例如:物主有意识将包放在胸前,对物的控制性较强,所以扒窃所反映出的主观恶性就比较大;若物主在街上与其他人说话,将皮箱放在几米开外,时不时顾盼一下,其控制性就较弱。但无论如何,行为人应当明确该物是处于物主的控制之下,而产生非法占有的故意。

侵占罪则是行为人基于某种原因对财物已具有"实际持有、支配或控制权",比如职务上的便利、受托保管或捡拾到他人遗忘物等,而后又对已居于自己持有或控制之下的财物产生了非法占有的故意。但是,是不是说,门未关好,或者你的口袋手指可以伸得进,小偷就具有了"实际支配与控制权"呢?当然绝非如此。侵占行为对于他人财物的实际持有、控制、支配权的取得,绝不能是通过非法手段获得,而门未关好,或手伸进他人口袋,都是采取非法的手段达到非法占有的目的。张明楷教授认为,"取得信用卡相当于取得房门钥匙,在取款机上得到信用卡并取款,相当于进入房间盗窃"。这一比方显然并不恰当。作为动产的信用卡可以被遗失或遗忘,而作为不动产的房间及房间内保管的财物则不可能被遗失或遗忘。遗失或遗忘了一把房门钥匙,并不能就此认为房间内的财物也就成为遗忘物或遗失物,捡到房门钥匙的人就可以对房间内的财物拥有实际的控制权。因此,如果使用捡到的钥匙开启他人的房门,仍然是非法的手段与行为。相反,如果行为人捡到一个上锁的皮箱,并不因为其之后的撬锁行为而成为非法取得的行为,虽然行为人损坏皮箱的完好可能在归还时负有相应的赔偿义务,但并不能因为行为人的撬锁行为而认为其构成盗窃罪。

是否采用秘密窃取的手段,是盗窃罪区别于诈骗罪的行为特征。而盗窃罪与侵占罪相区别的关键,并不在于手段上是否采取不为他人所知的秘密手段,而是看在行为人取得财物之前,该财物是否处于物主的控制之下。侵占罪也可能发生在不为他人所知的秘密情形之下,但是如果行为人取得的是合法持有人失去控制的财物,也就是说行为人并非是以非法的手段取得财物,其行为的性质就不应当认定为盗窃。不仅如此,盗窃罪与侵占罪所体现的主观恶性程度也不同。尽管两者同样是出于"非法占有的目的",同样是侵害到公私财物的所有权,但行为人为达到犯罪目的所使用的手段不同,所体现的主观恶性程度也就不同,所造成的社会危害性大小也就不同。对于盗窃罪来说,行为人非法占有他人财物故意的产生,是自发的、主动的,是积极采用非法手段去追求非法占有的结果,因此对盗窃未遂的行为也要进行惩治;而对于侵占罪来说,则是行为人基于在代管、委托或捡拾遗忘物的情况下,公私财物因此已先居于行为人的实际支配、持有或控制之下,而正是这种对财物的实际持有与控制,让行为人受到诱惑,临财苟得。人性的弱点使其萌发了贪念,其非法占有恶意的起因是被动的、偶然的,因此所体现的主观恶性与社会危害性也就相对较小。这也就是为什么侵占罪要以"拒不归还"作为入罪的要件。

(四) 对"拾到他人信用卡并使用"的理解

2008 年 4 月 18 日最高人民检察院《关于拾得他人信用卡并在自动柜员机上使用的行为如何定性问题的批复》(简称《批复》),认为对于捡到他人的信用卡后,又在 ATM 机上进行使用的,属于《刑法》第 196 条第 1 款第 3 项"冒用他人信用卡"的情形,以信用卡诈骗罪处理。由此有观点认为,从他人遗忘在 ATM 机中的信用卡中取款、转账的行为,属于该批复中所说的"拾到他人信用卡并使用"的"冒用他人信用卡"的情形,应当认定为信用卡诈骗罪。

如何理解上述《批复》中的"拾到他人信用卡并使用"的情形? 有观点认为这包括以下三种情形:(1) 行为人在自动柜员机外部拾得信用卡,将该信用卡插入自动柜员机并输入密码的行为;(2) 信用卡已被合法持有人插入自动柜员机,尚未输入密码或者虽曾输入密码,但因已退出操作而需重新输入密码才可使用,此时行为人输入密码并使用的行为;(3) 信用卡已被合法持有人插入自动柜员机,已输好密码,可以直接操作,但行为人将该密码予以修改,然后退出信用卡重新插入、输入密码并取款的行为。[①]

笔者认为，上述第（3）种情形，以及本文所讨论的从他人遗忘在 ATM 机运作的信用卡中取款、转账的行为，都不属于《批复》中的"拾到他人信用卡并使用"的情形。理由为：

第一，两者作为遗忘物包含的内容不同。上述第（1）、（2）种情形，行为人都是只捡拾到他人信用卡的卡片外形，因无信用卡密码，并不能必然占有信用卡内的款项，因此遗忘物只包括不具有什么价值的信用卡卡片。虽然合法持有人遗失了信用卡，但因为设有信用卡密码，卡内的款项并未失去控制，仍处于银行的控制之下。信用卡的卡片为他人遗忘物，但信用卡内的款项并不属于遗忘物。但第（3）种情形则完全不同，由于信用卡合法持有人已输入密码，信用卡处于可以直接取款、转账、修改密码等操作界面，行为人无论是取款、转账，还是通过修改密码后退出卡再进行取款或转账，此时取得的不仅仅是信用卡的卡片外形，还包括信用卡的卡内款项。即，此情形下信用卡内的款项处于合法持有人与银行的控制之外，信用卡的卡片与卡内款项都成为遗忘物。

第二，两者的行为性质不同。在第（1）、（2）种情形中，行为人捡拾他人信用卡的行为，与之后的使用行为，是两个不同性质的行为。前一行为即捡拾他人信用卡的行为，是合法的不受处罚的行为，而应受刑事处罚的是冒用合法持有人身份使用信用卡的行为。而第（3）种情形是在合法持卡人自行输入密码之后忘记取卡而离开，因信用卡正处于操作界面，因而行为人并不存在需要冒名进入的情况，行为人此时将他人遗忘在 ATM 机中的信用卡内的款项，无论是修改密码转为处于自己的控制之下，其退卡、再插卡输入密码、取款等行为，还是直接取款或者转账，其行为性质同一，都是侵占他人遗忘物的行为。

第三，第（3）种情形无需输入银行密码进行银行验证，不应认定为"冒用他人信用卡"的行为。对于第（1）、（2）种捡到他人的信用卡卡片的情形，正如刑法学专家指出，"并不等于获得信用卡上的资金，信用卡充其量只是记载财产内容的一种载体，其本身并不等于财产，如果要转化为财产必须要有兑现的过程"，"无论如何，行为人要真正占有财产还必须通过冒用行为"。[②] 即行为人使用拾到的信用卡，需要输入密码通过验证，让银行或 ATM 机程序误以为行为人为信用卡合法持有人而将卡内款项予以交付。但第（3）种情形则是由信用卡合法

---

① 郭文利等：《利用他人遗忘在 ATM 机内已输好密码的信用卡内取款应构成盗窃罪》，《人民司法》2010 年第 2 期。

② 刘宪权：《信用卡诈骗罪若干疑难问题研究》，《政治与法律》2008 年第 10 期。

持有人已输入密码,在银行或由 ATM 机进行密码验证时,并不存在冒用的情形。行为人捡到信用卡后,同时就可以取得对卡内款项的控制,无论其取款还是转账,或是修改密码之后再进行取款或转账的行为,都是其侵占他人遗忘物的行为,不应认定为"冒用他人信用卡"的行为。

第四,与第(3)种情形相类似的是,行为人如果捡拾到未设置密码的信用卡,或是捡拾到的信用卡背面写着信用卡的密码,或者行为人同时捡拾到物主的身份证与信用卡,而该信用卡的密码又与身份证号码相同,在此情形下,信用卡合法持有人丢失的则不仅仅是信用卡的卡片外形,还包括失去了对信用卡卡内款项的控制权。对此,捡拾人都是在未使用非法手段的情形下取得他人遗忘的信用卡卡内款项的控制权,因此都应认定为是侵占他人遗忘物的行为。

四、对荣某行为性质的认定

通过上述关键性问题的分析,笔者认为荣某行为性质应认定如下:

（一）荣某的行为构成一罪而非数罪

荣某从他人遗忘在 ATM 机运作的信用卡中取款、转账的行为,或是修改密码后将卡退出,再进行取款或转账的行为,虽行为方式不同,但行为性质上并无不同,都是对他人遗忘物即信用卡卡内款项的侵占,并不因时空的变化而变化。荣某以上数个行为应当认定为连续犯,应当以处断的一罪论处。

（二）荣某的行为不构成盗窃罪

其理由是：(1) 荣某之所以会取得他人信用卡内的款项,是由于信用卡合法持有人的疏忽而失去了对卡及卡内款项的控制,荣某并非是通过非法的手段或方式获得,不符合盗窃罪以秘密的方法将他人控制下的财物非法据为已有的要件。信用卡作为一种电子载体,是可以进行取款、转账的一个条件,但并非必要条件,因为在网络也可以进行无卡转账业务。而信用卡密码俗称"电子密钥",信用卡合法持有人失去了信用卡密码,便失去了对卡内款项的控制。一般情况下遗失信用卡并不一定遗失信用卡密码,因此也不会失去对卡内款项的控制。但在特殊的情形下,如本案中将信用卡遗失在 ATM 机中且仍处于运作状态,信用卡及卡内款项就同时失去控制。此时捡到信用卡的行为人取得卡及卡内款项的方式并不是非法的,因此不构成盗窃罪。(2) 从主观恶意方面来说,侵占他人遗忘物非法占有故意的产生,是由于物主失去了对物的控制,行为人可以轻易地对失控物进行占有;而盗窃罪的非法占有故意,则是行为人明知他人财物处于控制状态之下产生的。在主观恶性方面,盗窃罪的主观恶性显然大于侵占他人遗忘物的主观恶性,所反映的社会危害性与再犯可能性也显著不同。这也是之所以区分盗窃罪与侵占罪的意义所在。

（三）荣某的行为不构成信用卡诈骗罪

荣某捡到他人遗忘在 ATM 机中运作的信用卡,与一般情形下仅捡到信用卡卡片以及虽遗忘在 ATM 机中但已退出操作界面的情形不同。在后一种情形下,捡到的仅仅是信用卡,并不能取得卡内款项。如果行为人使用该卡,冒充信用卡合法持有人身份而通过密码验证,则属于"冒用他人信用卡"的情形,构成信用卡诈骗罪。但从他人遗忘在 ATM 机中且仍处于操作界面的信用卡,则没有进行输入密码验证的行为,也就不存在"冒用他人信用卡"的行为。其从他人遗忘在 ATM 机中且处于运作的信用卡中进行取款、转账,或者修改密码后退出信用卡,之后再进行取款或是转账,都是其侵占他人遗忘的信用卡卡内款项的行为,而非冒用他人信用卡的行为,因此并不构成信用卡诈骗罪。

（四）荣某的行为属于对他人遗忘物的侵占

（1）遗忘在 ATM 机中运作的信用卡属于遗忘物。荣某之所以可以取得信用卡,是由于信用卡所有人的疏忽而失去对信用卡的控制,虽然该信用卡仍在 ATM 机内,但由于 ATM 机并不能识别取款人的不同,也未达到设定的未操作时间长度而发生吞卡,所以信用卡脱离合法持有人的控制之后,也未处于银行的控制之下。

（2）荣某并非以非法占有的手段取得他人遗忘的信用卡。由于信用卡处于可操作界面,该情形下信用卡及其卡内款项都处于失去控制的状态,任何人发现该遗失的信用卡,都可以不用输入密码而从卡内取出钱款。这与捡拾其他遗忘物并无区别,并非采取非法手段取得。

（3）荣某发现他人遗忘在 ATM 机中的信用卡,可直接占有对该信用卡内的款项,这与捡到信用卡片不能直接占有卡内款项的情形不同。荣某对该唾手可得的款项产生非法占有的故意,与盗窃他人控制下的财物或利用捡到的信用卡再试图冒用的情形,存在性质上的差别,其非法占有故意是出于对他人遗忘物的侵占。

　　综上，从他人遗忘 ATM 机运作的信用卡中取款、转账，其行为性质是对他人遗忘物的侵占，与盗窃罪、信用卡诈骗罪存在区别。如果其行为符合"拒不归还"的要件，则应当构成侵占罪。

域外法**传真**

经济刑法
Economic Criminology

德国贿赂犯罪的基本类型与反腐刑法的最新发展[*]

[德] 汉斯·约格·阿尔布莱希特[**]　韩　毅[***]译校

这是一个深具现实意义的课题，涉及德国的反腐政策、实体刑法规定及其发展趋势。本研究议题的现实意义在于，该领域在近年来经历了尤为显著的发展，它们能够揭示不同体系之间的区别，并且直接凸显反腐刑法中各种腐败的特殊之处。人们对于腐败（korruption）的理解当然大相径庭，作为结果，各国刑法对于腐败及其各种表现形式的反映也是各异其趣。

一、导论：关于腐败结果的思考

言及腐败，一般都是有问题（probleme）引发了刑事监管，构成其获刑的事由，进而成为讨论的对象。然而，大家所看到的往往是太过背景化的东西。事实上，腐败是与特定的"好处"（译者按：原词 vorteil，意指"惠利"）相联的。本文拟在德国以及国际讨论的框架内，先谈及腐败的消极结果。

---

　* 原系 2017 年 3 月在华东政法大学的讲演（德语）。现经作者授权由译者整理并译成中文发表。
　** 汉斯·约格·阿尔布莱希特　德国马克斯·普朗克外国刑法与国际刑法研究所所长，法学博士、教授。
　*** 韩毅　华东政法大学讲师，德国科隆大学法学博士。

　　腐败的结果主要体现在经济方面，其中一项就是交易成本被提高。腐败是一场交换，这主要是一种商业交易。因此，腐败就意味着惯常附着于交易的成本被哄抬。另一个经济结果就是滋生一种平行经济或曰"影子经济"（schattenökonomie），此类案例不胜枚举。影子经济的特点就是不透明，款项收支情况不明。这是影子经济生成的典型样态。在 20 世纪 90 年代的欧洲大行其道，意大利首当其冲。第三种经济结果是在特定情形下，公众抑或私人款项被误导，被用在了规定以外的地方，而这当然会引致若干经济后果。第四种经济结果是，鉴于腐败行为本身强烈的交互性，①在某些情形下，会导致一定的脆弱性。于是各方就此被绑定在一起，到了特定关头便身不由己，无法做出经济上有利的决定。这种交互关系促成了特定的决断机制，而很容易引致伤害。

　　腐败还可能造成社会和政治上的不良后果。无论在欧洲还是在德国，一个与腐败如影随形的结果就是不信任（mißtrauen），其下又分为横向和纵向两种。因为一旦有了腐败，便再无法看清是何人基于何种目的而做出了该决定。究其根本，则因决断的依据显然已不再是业绩或功勋，而是外人无法理解的关系与联结。此外，尚有一个政治后果，即如果腐败严重到了一定程度，还会产生不可控的政治与管理权力。通过腐败做出的决定无法监控，因为它遵循的不是国务或者行政活动本应奉行的标准，而是其他各种心机与算计（kalküle）。

　　那么，腐败是否存在"好处"呢？当然并非没有，只是一方面的受益必然意味着另一方正在受损——这就是前述的交互性、双向关系。大家收到礼物都很高兴，但它同时也在对我们课以义务。因为人之常情使然，在给予的同时必然期望得到回馈。其在任何社会的作用都不容小觑，但是，在中国发展成了一个颇为有效的体系，即"关系"。这在本质上就是合作（kooperation），而其最重要的依托，就是我知道自己在跟别人合作，要为他付出一些代价，然后我能得到若干补偿，失之东隅收之桑榆，如此"礼尚往来、合作愉快"的各方把它叫做"社会资本"，这也确实行之有效。中国经济能够取得如此成就，其原因之一显然就是这种默契在经济领域里大行其道。而在西方社会，例如，在德国，人们会把这叫做"给器械涂点润滑油"（das getriebe schmieren）。实则任何送礼与施惠，都是在给未来的合作积攒动力。

　　基于这些对腐败的结果与前提的观念，当然也衍生了诸多的区别。如果把

---

　　①　译者按：原词 reziprozität，本意是倒数关系，即两个数相乘等于 1；在这里指一方实施给付是为了从对方那里得到对待给付，即民法上的"双务"关系。

目光转向德国,(我们便会看见)腐败首先是在马克斯·韦伯(Max Weber,1864—1920)意义上被理解的,即,以一个中立而高效的行政为背景。韦伯指出,行政作为国家管理的一个部分或曰领域,是恪守中立并以客观标准为定位的,这便是德国人解读"腐败"问题的出发点。行政本身中立而强干,一旦遭遇腐败就要变得低效,从而失去存在的意义。当然,对腐败的这种理解,只能在自始便拥有一套高效行政体制的国家内产生。但是,与此相反,世界上有许多国度从未发展出一套高效的行政系统,而腐败却鸠占鹊巢见怪不怪,以致它们对腐败的理解当然与德国大相径庭。唯有像后者这样的国家,才能以一个中立而高效、唯客观标准是从的吏治系统为基准。一个值得关注的问题是,德国刑法中"腐败"的行为构成自1870年《帝国刑法典》的最初版本生效以来,直到20世纪90年代都完全没有改动过。换言之,19世纪(中期)形成的要件一直沿用了100多年而依然保持不变,而其他个罪的行为构成早已历经了沧桑巨变。相比之下,反腐刑律的这般屹立不倒显得尤为难能可贵。直到1990年以后情况才开始发生变化,德国的反腐刑法及其相关思考才开始改弦更张。但是,对此起到决定作用的是腐败在国际社会上所受关注的巨大发展,而德国本身却并未卷入其中,大可谓事不关己。

二、德国腐败治理立法的改革

自20世纪末以来,可以看到四项重大的国际发展。首先是"经济合作与发展组织"(英文缩写OECD,汉语简称"经合组织")于1997年出台了一部打击外国官员在国际商务关系中受贿与腐败的公约。① 德国加入了该公约。其次,同是在1997年,欧盟(Europäische Union,EU)也拟定了一部重点打击欧盟官吏

---

① 即指由经济合作与发展组织(The Organization for Economic Co-operation and Development, OECD),其前身是1947年由美国和加拿大发起、成立于1948年的欧洲经济合作组织,该组织成立的目的是帮助执行致力于第二次世界大战以后欧洲重建的"马歇尔计划",后来其成员国逐渐扩展到非欧洲国家。1961年改名为经济合作与发展组织,取代了以前的欧洲经济合作组织,于1997年11月21日在巴黎通过了《禁止在国际商业交易中贿赂外国公职人员公约》(Convention on Combating Bribery of Foreign Public Officials in International Business Transaction)。该公约共17条,分别规定了行贿外国公职人员罪(第1条)、法人的责任(第2条)、制裁(第3条)、司法管辖权限(第4条)、执行(第5条)、诉讼时效法规(第6条)、洗钱(第7条)、会计制度(第8条)、公认的法律援助(第9条)、引渡(第10条)、负责机关(第11条)、监视与后续行动(第12条)、签字与加入(第13条)、批准与保管机关(第14条)、生效(第15条)、修改(第16条)、退出公约(第17条)。根据该公约第15条关于"生效"的规定。——译者注。

与公职人员腐败的公约，①并且做出了一系列（对成员国）课以义务的决定，后者规定的刑法适用范围超出了德国迄今的实践惯例。再次，欧洲议会（Europarat）也在 90 年代通过了一部包括民法与刑法内容的反腐败公约②。最后，联合国于 2003 年颁布了著名的《联合国反腐败公约》③，至今仍是国际反腐合作的重要基础。这些发展最终触动了德国刑法中腐败行为构成要件的改革，而几个概念能够一目了然地揭示重点之所在；如"卷入""欧盟官员""外国官员""外国公职人员""私人领域""私人行贿"等，这些都是在截至当时的德国刑法中不太可能专门作为问题被提出来的概念。许多德国企业的业务遍布全球，诸如克虏伯（Krupp）、大众（Volkswagen）等，但是，最著名的还是西门子（Siemens）。西门子公司推广业务的手段之一是在必要时向目标国享有管理职责的部长许诺给予一定的金钱，促使后者与其签订合同。此类事件在希腊、土耳其和韩国都真实地发生过，而这在 20 世纪 90 年代引起了激烈的讨论。平心而论，这种做法起初在德国根本不算问题，毕竟按照当时的反腐败刑律，构成要件无法满足。德国刑法保护的是德国而非韩国行政（的廉洁），韩国行政（的廉洁）是韩国刑法保护的客体，希腊行政（的廉洁）是希腊刑法保护的客体，但是，德国刑法不会越俎代庖去干涉别国内政。不仅如此，截至大约 20 年前，诸如西门子公司支付给希腊官员的款项都还能享受税收豁免，因为它们不被视为贿金，而是叫做"有益的支出"，因此可以免税。

但是，基于国际环境的影响，德国的改革最终还是被引发了，主要体现在三个方面：一是腐败罪行的构成要件扩展到了外国官员、欧盟官员与公职人员、外国与欧盟以及国际法官与国际法庭，还有外国议会的成员；二是私人以及商业活动中的腐败被一并入罪；三是议员腐败也要获刑，无论是在联邦还是州的层面上。

---

① 即指由欧洲联盟理事会（Council of the European Union）于 1997 年 5 月 26 日通过的《打击涉及欧洲共同体官员或欧洲联盟成员国官员的腐败行为公约》（Convention on the Fight against Corruption Involving Officials of the European Communities or Officials of Member states of the European Union）。该公约共 16 条，分别规定了定义（第 1 条）、消极腐败（第 2 条）、积极腐败（第 3 条）、同化（第 4 条）、处罚（第 5 条）、企业负责人的刑事责任（第 6 条）、管辖权（第 7 条）、引渡与起诉（第 8 条）、合作（第 9 条）、一事不二审（第 10 条）、国内法律规定（第 11 条）、法院（第 12 条）、生效（第 13 条）、新成员国的加入（第 14 条）、保留（第 15 条）、交存机关（第 16 条）。——译者注。

② 即指由欧洲联盟理事会于 1999 年 1 月 27 日于斯特拉斯堡通过的《反腐败刑法公约》（Criminal Law on Convention on Corruption）和《反腐败民法公约》（Civil Law on Convention on Corruption）。前者共有五章 40 条，后者共有三章 23 条。——译者注。

③ 即指由第 58 届联合国大会于 2003 年 10 月 31 日通过的《联合国反腐败公约》（United Nations Convention against Corruption）。该公约共八章 71 条。——引者注。

20世纪90年代以来，欧洲腐败治理立法方面的改革在德国的推进下也取得了一定的成效，首要的原因在于，欧洲议会开发并引入了一项卓有成效的手段，使得欧盟各国在反腐刑法与防止腐败的改革中达成了共识，形成了一致的标准。具体而言，就是为学术界所称道的"同行评议"系统，业内人士对此大多有所耳闻。待发表的论文，必须经过同行的审阅，并被认为足够好，才能见诸报端。如今，在高端杂志上，几乎已不再有未经同行评议便得付梓的文章了。这套"同行评议"制度，如今被引入欧盟腐败监控制度的建设之中，这就意味着，加入这一体系的所有国家（事实上所有的欧盟成员国均已加入）每隔特定的时间便要接受其他国家对其反腐力度与效率的评估与检查，检查的结果会被公布出来。这就形成了一种压力，被检测国不得不努力推进将适用于欧洲的反腐败立法标准在本国得到实现。同行评议的影响力被激活，取得了显著的成效，并在其他领域也得到了贯彻，而这也有经验数据作为支撑。国际上有一个遏止腐败的数据排行（指由国际透明组织所公布的"清廉指数"——译者注），德国一直排在第10名左右，个别情况下排名落到过第12位或者第14位。总之，这是一个相对靠前的名次，亦即至少按照这些数据反映的情况，不太容易受到腐败的影响。

　　欧盟的统计局会不定期地举行调查问卷，而其内容偶尔会涉及欧盟各国的腐败状况。在问及公众态度与经验时，从调查问卷所反映的情况来看，德国的结果是排行于欧洲的中游。2013年的问卷得出了一个颇为有趣的结果。当时的问题是："腐败在下列领域中扩散得严重吗？"选项有"是""否"和"不知道"。如果观察一下德国居民给出的答案，便会发现被认为最腐败的是各大政党和各路政客，紧随其后的是私营企业，而鉴于前述关于德国公司卷入外国腐败的讨论，这一感觉也不难理解。如果放大考查范围至行政领域，则会发现，被认为贪腐最多的当然是那些有着较高的（经济）刺激与腐败机会的部门。换言之，就是享有发布许可或者禁令的权力部门，尤其是建筑审批。在德国，建筑审批非常重要，且在绝大多数情况下都将直接决定着会导致巨额开销或者利润的结果。一旦如愿获得建筑许可，那么，施工方往往有暴利可图。招标部门也是如此。例如，某个城市为了修路或者有其他建筑事宜而发布招标，人们认定，在这些关键部门发生的腐败肯定最多。而被认为最廉洁的部门，显然是德国长期以来的传统观念深入人心的结果：执行部门被认为是中立的，警察更被认为根本不会腐败；同样，被视为洁身自好的还有法官、法庭、检察机关等。由此可见，在德国民众的心目中，还是政党政客以及把持经济利益的部门最容易腐败，为自己谋取不正当的好处。

　　总而言之，如今德国的腐败治理已经形成了一个由四大支柱支撑的体系，而这也做到了与国际接轨。其中，第一支柱是预防。这主要是指为机关、企业等制定行为守则，先行在这些部门引入内部监控机制。第二支柱是惩戒。主要是依靠实体刑法。第三支柱是国际合作。因为显然有一部分腐败罪行是以跨越国境的手段来实施的。第四支柱是追缴。即，把因贿赂而产生并已转移至境外的赃款收归本国所有——中国近年来在这个方面也做出了非常大的努力。

三、德国腐败犯罪的类型与刑法中构成要件的结构

（一）德国刑法所规定的腐败犯罪的基本类型

腐败有各种不同的形式，至少在德国它们被划分为以下类型：①

（1）行政腐败。这是德国刑法迄今（截至 20 世纪 90 年代）主要关注的样态。②（2）司法腐败或曰法官腐败。鉴于最近增设了许多调解庭、仲裁庭与调解员、仲裁员，该种犯罪的适用范围也得到了大幅扩张。③（3）政治腐败。又分为两种具体形态：一是政党与选战的资助，这里最常见的主体是公司，而美国大选系其认知度最高的案例。要想当选总统，就必须获得经济的资助，而这些经济资助主要来自于公司或经济界，有时也来自特定的势力团体。二是议员腐败，即收买议员及其在议会中的决策行为。（4）私人腐败或曰商业腐败，亦即没有行政机关卷入其中，而是发生在私法主体（例如公司）之间的腐败行为。

（二）腐败行为的构成要件规定

德国刑法中腐败行为的构成要件有着最为简单的基本结构。只要齐备三种要素，就能决定每起个案应当如何归类。

---

① 值得注意的是，根据汉斯·约格·阿尔布莱希特教授对腐败所做出的具体类型划分，德国刑法所规定的腐败犯罪主要是指贿赂犯罪。

② 《德国刑法典》第 331 条第（1）项和第 332 条第（1）项是关于行政受贿的规定。其中，第 331 条第（1）项规定："公务员或对公务负有特别义务的人员，针对履行其职务行为而为自己或他人索要、让他人允诺或收受他人利益的，处 3 年以下自由刑或罚金刑。"第 332 条第（1）项规定："公务员或对公务负有特别义务的人，以已经实施或将要实施的、因而违反或将要违反其职务义务的职务行为作为回报，为自己或他人索取、让他人允许或收受他人利益，处 6 个月以上 5 年以下自由刑或罚金刑。情节较轻的，处 3 年以下自由刑或罚金刑。犯本罪未遂的，亦应处罚。"——译者注。

③ 《德国刑法典》第 331 条第（2）项和第 332 条第（2）项是关于司法受贿的规定。其中，第 331 条第（2）项规定："法官或仲裁员，以其已经实施或将要实施的裁判行为作为回报，为自己或他人索要、让他人允诺或收受他人利益的，处 5 年以下自由刑或罚金刑。犯本罪未遂的，亦应处罚。"第 332 条第（2）项规定："法官或仲裁员，以已经实施或将要实施、因而违反或将要违反其裁判义务的裁判行为作为回报，为自己或为他人索要、让他人允诺或收受他人利益的，处 1 年以上 10 年以下自由刑；情节较轻的，处 6 个月以上 5 年以下自由刑。"——译者注。

一是要有"给予"和"收取"的行为，或曰提供与索取。总之，就是有两方，一方施予，一方收受。

二是要有"交易"。即，给予是因为对方实施了某种行为，或为了让对方从事某种行为。

三是要区分所实施的行为究竟是符合还是违背法律。这意味着也存在向官吏或者其他公职人员施予好处，但是，他们为此而被请求实施的行为本身并无瑕疵的情况。即便如此，依然构成贿赂，是为不以违法行为或者决定为标的的施予与收受好处。当然，如果这种"给予"与"收取"关系指向的是违法的行为或决定，亦即律典令行禁止的内容，那么，其所应受的刑罚是需要加重的。

以上就是德国刑法中关于腐败罪行的基本结构：给予与收取、合法与不合法，以及特定的交易关系。

就刑法所规定的属于行政腐败的受贿犯罪而言，其基本行为构成是，有人提供、应允或者施予某种财物，因为对方实施了某个"事物"或者为了使对方实施某种"事物"，这里就蕴含着一种交易关系，即，一方提供好处，无论这里的"某种事物"是钱款抑或其他，为的是让官员或者其他公职人员实施（特定的职务）行为。其法定刑为两年以下有期徒刑，或者处以罚金。当然，行为构成规定得如此宽泛，其中肯定也包含了很多的问题。下面还会对此进行详细的分析。第二类腐败罪行的构成要件是，并非为了获得一个合法的行为而"平白"地实施给付行为，而是专门为了让官员或者其他公职人员做出违背自己职责义务的决定，才向其施予或允诺好处。此类犯罪的法定最高刑为 5 年，或者处以罚金。两者之间决定性的区别在于，这里的"好处"指向的是违法的决定或行为。情节严重的，刑期还可升至 10 年。至于何谓"严重"，存在几项既定的标准，例如数额特别巨大（原则上为五万欧元以上）、多次实施腐败行为、当事人是黑社会成员或者从事商业行为，等等，亦即典型的有组织犯罪，通过腐败来对特定的行政领域施加影响。

提及这种经典的腐败罪行的构成，有一起典型案例值得关注，其影响也已跨出国门。时任下萨克森州（niedersachsen）州长、后来担任德国联邦总统的克里斯蒂安·伍尔夫（Christian Wilhelm Walter Wulff）曾因实施腐败行为而受到指控。然而，这并非意味着他在先前的州长岗位上做出过违法决定而收受了若干好处。起诉书指控的主要事实是，克里斯蒂安·伍尔夫接受了一位制片人的要约，在啤酒节期间（每年从 9 月初到 10 月 3 日的"十月节"，世界上最大的民俗节，全城此间酒肆爆满，一房难求——译者注）在慕尼黑住了两个晚上，而该制片人也确曾从下萨克森州的政府决议中获取了收益，其间，当然也受到了州长的支持，而其所获得的支持均是合理合法的。检方认为，制片方向被告施予在慕尼黑住宿，并趁机参加啤酒节的惠利（总涉案金额在 300—400 欧元），是作为对其治下的下萨克森州政府此前行为的回馈。这一切虽然合法，但是，贿赂犯罪的法益（rechtsgut）并非涉案行为是否合法，而是决定的透明与中立。如今通过这种做法，决定的透明度与中立性必然遭受妨碍或损害。尤其具有讽刺意味的是，伍尔夫担任下萨克森州长期间还颁布过一项行政规定，严禁官员及其他公职人员收受价值 5 欧元（按当下汇率约合人民币 38 元——译者注）以上的赠与。"好处"无需多大，一束花、一板巧克力，都能满足"好处"的犯罪构成要件。如此一来，问题就来了：作为伍尔夫的辩护方，怎样论证才能帮他脱罪？从刑法的视角来看，这很好理解。如前所述，在这种类型的受贿罪中，刑法所要保护的法益是决定的透明度与中立性，而作为中立的决断者或者裁判机关的效用应当属于这一法益内容的题中应有之义。认识到这一点，便不难找到减轻罪责的切入点，这就是德国刑法学中的"客观归责理论"（theorie der objektiven zurechnung）。在本案如此轻量级的施予和收受的语境下，这一点很好理解。辩方也确实主张，那不是为被告在担任州长期间的所作所为才回馈给他的好处，而是朋友之间的赠与。如此一来，性质就发生了变化。毕竟州长也是人，也有亲朋好友，而大家逢年过节都要彼此馈赠，这种公序良俗并非任何实证法所能禁止的。只要采信这一说辞，客观归责便告成立。检察机关坚辞不信，法院夹在中间左右为难，但是，还是按照程序提醒检方：既然你们主张归责，那就要负起举证义务；如果提不出足够的证据，那就无法排除辩方"客观归责"的论证。实则在德国，熟人之间时值诸如圣诞节之类的日子都有互赠礼物的习惯，没人会想着对方拥有公职身份并因此而望而却步。这一切都归于典型社会行为的框架之内（in den rahmen des sozial üblichen），因此，并不具备损害法益的属性。总之，通过本案可以看出，反腐败刑法可以被理解得极为宽泛，进而，造成风声鹤唳的后果。

与此相类似的还有一起案件，因其在德国也引发了大范围的讨论，值得在此提及。众所周知，2006 年世界杯足球赛在德国举行。德国足协在德国国家队比赛的站点发放了若干免费球票，其中，有些就给了场馆所在地的市长们。后者当然笑纳，并且他们当中的绝大多数也确实在比赛当天入场观战比赛。然而，此事引发了检察院在多个城市启动的调查程序，事由便是市长以及其他行政人员系因自己的（公职）行为而收受了好处——否则，为什么这些免费球票不是落在平民百姓的手上？起诉书的大意是，被告是因自己的行为才获得了这些好处的；他们虽然没做什么错事，但是，腐败的行为构成也并未以此为必要条件;免费球票属于"好处",而这已充分满足施予和收受好处的行为构成。这当然引发了激烈的讨论乃至争论。市长们自我辩护的主要立场是,他们那样做并非收受好处,而是在为这一普天同庆的足球盛事发挥某种公共宣传的作用,而这是无论如何也不能解读成一己私利的。因为情节过于轻微,检察院最终撤回起诉。虽则如此,本案仍然足以令人窥见,如果咬文嚼字地适用(德国刑法中经典的行政性)腐败犯罪的行为构成,其杀伤范围可能会有多么恐怖。

司法腐败在德国刑法中也按照同样的结构加以适用,亦即因收受好处而实施某一审判行为,或者专门做出一个错误甚至违法的判决。即便如此,这一规定的性质还是一个特殊的行为构成,其实是在前述行政腐败行为构成的扩张过程中引入的。究其根本在于,由于法官并非行政执法系统的官员,因而,其并不属于通常意义上的公务员,作为"第三权力"(亦即立法和行政之外的司法)而独立存在。唯其如此,才必须有专门的规定来直接针对他们非法行使司法权的行为。然而,就事而论,新旧两条规定的结构并不存在根本的区别。

20世纪90年代以后,由于一系列国际公约的通过,引发了德国反腐刑法的改革,在这些公约中,首推欧盟的指令;改革的基本趋势是不断扩张刑法的适用范围,将德国反腐刑法适用于外国官员与公职人员、外国法官(尤其是欧盟法官)。2015年生效的一部新法案,使德国的腐败罪行构成实际上已经适用于所有的外国法官、官员和公职人员。这一发展,大大超出了人们的预料。作为结果,刑事准据法(strafanwendungsrecht)也在很多方面获得了延展。例如,即使是远在中国发生的案件,也有可能适用德国的反腐刑法,并依此获刑,为此,唯一的前提便是任意一家德国企业卷入其中。这些行为构成的大幅扩张还有一个去向,便是得以适用于欧盟各大法院的成员(包括但不限于设在卢森堡的"欧洲法庭"),惩治各种国际法院(例如联合国核问题国际法院、国际刑事法庭)法官的腐败,而所有外国法官、国际调解员与仲裁员的腐败也在其中。也就是说,德国的反腐刑法进行了地毯式的扩张,得以适用于外国的司法人员。

政治腐败在德国可谓是一个源远流长的话题,但其着眼点主要是对于政党及其选战的资助,而议员腐败的问题被关注得相对较少。至于部长级别的腐败,则已不在政治腐败的讨论之列,因为他们是作为行政体系的成员,依法应当按照典型的行政腐败罪行论处。关于对政党的资助,《政党法》做出了可谓简洁明了的规定:首先,政党主要是依靠国家税收来维持其活动的。只要它们获得了一定数量的选票(译者按:5%,这是各党进入议会的"门槛"),便能依其获得的票数总额来分得相应的税金,作为自己的经费来源。此外,如果政党为了选举抑或其他事由受到了捐赠,则无论是来自公司还是个人,它们都有义务将其记录在案,并向联邦或州的议会管理部门申报。一旦前者怠于履行这一义务,则后者有权收回前述公共财政的拨款。当然,这种惩戒并非刑法的性质,而更多地是一种财务上的处分。

对于议员受贿,德国刑法在 2014 年以前的态度可谓相当保守,能获罪的只有出卖选票这一种行为,亦即针对一场在国会或州议会中举行的特定表决,某位议员收受了他人或公司的钱款或者其他好处,从而按照他们的意思进行投票。这一规定的局限性当然很大,难以与国际接轨,尤其是联合国以及欧盟的反腐败公约。但是,德国之所以能够长期坚持这样的传统,其主要论据之一在于,要保护立法免受行政的干涉。因为一旦议员腐败的行为构成被扩大化,那么相应的刑法规定(在政治斗争中)被滥用的风险还是相当高的。例如,前述伍尔夫州长那种小恩小惠的来往,便都会引发调查程序。出于这些原因,德国在相当长的历史时期内都成功地避免了(议员涉嫌腐败)刑事追究的扩大化。然而,时至 21 世纪,大家还是接受了罪刑的扩张,相关法案已于 2014 年生效①。虽然其扩张的范围并没有像对官员以及其他公职人员的那么广泛,但是,至少收受或者索取好处,从而按对方的旨意或者请求来实施议会行为,确已成为刑法惩戒的对象。这比起简单的在表决时出卖选票,确实是前进了一步。2015 年的刑法修订中②,再次对反腐败刑法做出修正,根据修正案,若德国公司向外国议员施惠,请求其在议会中实施某种特定行为,则无论是德方公司还是该外国议员,均会成为德国刑法追究的对象。据此,刑法的管辖范围也扩张到了外国议会成员。

德国新近讨论的一个热点,在中国也许尚未受到普遍的关注,其关键词是"施罗德案"。盖尔哈德·施罗德(Gerhard Schröder)是德国前任联邦总理,卸任赋闲六七年后决定重新出山,接受一份报酬极为优厚的工作。俄罗斯"天然气工业开放式股份公司"(Gazprom,简称"俄气")提供了一份巨额合同,想聘请他担任顾问。此时的问题在于,俄罗斯公司为什么会偏偏聘请他来担任顾问?显然,看重的并非他的专业知识,施罗德对天然气或曰整个能源产业可谓一无所知。既然如此,唯一合理的解释便是,他广泛的人脉关系,能"敲开许多扇门",能够对决策形成影响。然而,棘手的问题在于,现行刑法对此完全束手无

---

① 根据《德国刑法典》第 108 条 e 的规定,(1) 在欧洲议会、联邦、州、区或区联盟的选举或表决中,买卖选票的,处 5 年以下自由刑或罚金刑;(2) 犯第 1 款之罪者,法院除判处行为人 6 个月以上自由刑外,还可剥夺其从公开选举中获得权利的资格,以及在公共事务中的选举权和表决权。——译者注。

② 即指 2015 年 11 月 26 日生效的《打击腐败法》(BGBl. I S. 2025),旨在贯彻欧洲层面的协议与决议。其第 1 条修正、新增了《刑法典》共 20 个条文,大幅扩张了对腐败犯罪的制裁范围。——译者注。

策,因为施罗德在此接受的薪俸并非对他此前在总理位置上的作为或者决定的报答。此时,他早已不问国事,现在的身份就是"俄气"公司的雇员。即便如此,他还是与政界的各种头头脑脑多有相识,能够在他们的领域内继续活动。迫于这般局势,联邦政府于2015年2月引入了一部行政条例,规定前政府成员在卸任后至少12个月内不得与私营经济签订任何合同。至于此类案件会否遭遇更为严厉的刑事立法,则是另外一个问题。

腐败的最后一种类型,是私人腐败或曰商业腐败。但在德国刑法中,相应的条款原来主要针对的是不正当竞争。其行为构成的出发点并非保护经济利益,而是确保市场竞争能够不受阻碍地自由进行下去。这便有一个问题凸显了出来:一定程度上的馈赠与激励,算不算是受合同自由所保障的自由市场经济的组成部分? 具体到构成要件,则犯罪主体是私营企业或者贸易中的雇员,客观行为是索取、收受、允诺或者施予好处,以便这家或者那家公司在缔结合同的过程中享受到某种优待。这条规定源自反不正当竞争法,其行为构成也足够简单。然而,时至2015年这一局面也发生了变化,而且法律扩张的方式也值得关注:并非又一种违反竞争的行为变种被囊括了进来,而是干脆引入了一个新的行为构成,其所惩戒的是允诺或者接收违背自己作为雇员义务的好处。此举当然引致了一些批评,因为它显然与"违背忠诚义务"(untreue,即"不忠")的行为构成发生竞合。后者是德国刑法中的既存规定,惩戒的就是这里损害他人财产利益的行为,而这实则并非腐败。

最后一次扩张腐败罪行构成的法律修订,把矛头指向了医药行业。在西方社会,尤其是在德国,医生和制药厂商形成了一种关系,即后者体系化地为前者提供激励,令其在给患者开方时总是指定本厂的药品,或者不要推荐竞争对手的产品。至于激励的具体形式,则从提取所开药剂利润的特定比率作为回扣,到药厂邀请医生们乘坐游轮,等等,五花八门不一而足。但这样做的结果是把看病的花销炒得很高,因为这一切费用终究是由(译者按:全民强制的)法定医疗保险来买单的。只是自营诊所的医生既非公职人员,也非法定抑或私营保险公司的聘用的职工。不仅传统的腐败罪行为构成与他们风马牛不相及,就连最新关于私人腐败的规定都对他们一筹莫展。面对这种奇案,德国不得不专门开展了一项名为"保健系统中的贿赂"(Bestechung im gesundheitssystem)的改革。相关法案已在2016年生效,医生若为缺少正当来源的好处而开具特定药方或指定疗程,便可能获罪,刑期则参照其他各种收受好处的量刑标准。其实,医生开具的药方也可能在医学上是完全正确的,但只要他为此收受了好处,就会成为新的反腐刑法追究的对象。

四、结　论

综上所述，可以得出以下基本结论：

一是德国刑法近年来就腐败犯罪的行为构成进行了若干改革，以此满足了国际条约在控制腐败方面对其课以的基本义务。

二是无论从属人原则还是属地原则的角度，德国的反腐败刑法都得到了大幅度的扩张。刑法的效力范围超出了国境，外国公务员、法官等都能成为被追究刑事责任的对象，而这一切都是国际反腐法律发展及与世界标准接轨的结果。

三是国际潮流及其标准所带来的一切，并非当然适用于文化与经济条件千差万别的世界各地。因此，对于相关反腐败标准与相应反腐败法律的执行，人们的反应也相去甚远。有些收效远非预期的结果，而这最主要体现为书本上的法律与当地实践大相径庭。然而，后者在文化上根深蒂固，前者远不能大笔一挥便令其改弦更张。

匈牙利的内幕交易、经纪丑闻与 Questor 案件

［匈］加尔·伊斯特万·拉斯洛*　魏昌东　译**

摘　要： 由经济刑法的二次调整性所决定，内幕交易罪的成立首先要满足行政违法性的基本要求。《匈牙利资本市场法》对内幕交易及其主体范围均做出了明确的规定。刑法典所规定的内幕交易罪，以股票市场交易行为的机会平等权为犯罪所侵害的客体。其实行行为包括：（1）利用内幕信息来完成涉及金融证券的买卖；（2）委托他人根据其持有的金融证券的内幕信息，完成相关金融证券的交易；（3）向任何未经授权的人披露内幕，以获取金钱或利益。而其核心则在于，对内幕交易行为交易过程封锁性的重视与强调。内幕交易罪的司法适用，存在诸如对行政违法性前提、"利益""罪数"与主观故意认定的具体障碍。

关键词： 内幕交易罪　行政违法性　构成要件

---

* 加尔·伊斯特万·拉斯洛　法学博士，匈牙利佩奇大学法学院刑事法中心主任、教授，上海社会科学院法学研究所欧洲刑事法中心外方主任。本文受匈牙利国家科学院 János Bolyai 研究奖学金的资助。

** 魏昌东　上海社会科学院法学研究所刑法室主任、欧洲刑事法研究中心主任，法学博士，教授，博士生导师。

1989 年以前，匈牙利与其他东欧国家①一样实行的是社会主义制度，在经济运行模式上奉行计划经济体制。1989 年匈牙利发生了国家基本政治制度的重大转变，②脱离了以苏联为中心的社会主义阵营。然而，值得注意的是，在国家政治制度转型后，于 1978 年颁布的刑法典却并未被立即废止，在其后相当长的时间内，刑法典处在一边被立法修正、一边被继续施用的状态，直至由 2013 年 7 月 1 日起正式施行的《匈牙利新刑法典》所正式取代。③

自社会制度发生重大转型以来，匈牙利的刑事犯罪总量开始发生重大变化，刑事案件从 200 000 件/年激增至 500 000—600 000 件/年，这意味着在如今施行资本主义制度的匈牙利，犯罪的数量翻了一番；④不仅犯罪的数量大幅增长，犯罪所涉及的经济价值也比过去高出许多。本文的目的在于，分析匈牙利刑法中内幕交易罪的基本特征，通过案例介绍，展示在市场经济体制下该罪所

---

①　"东欧"是一个地理范围十分模糊而政治身份又非常特殊的概念。就其政治身份而言，"东欧"在冷战时期是一个有特定所指的概念，具体即指波兰、捷克斯洛伐克、匈牙利、南斯拉夫、保加利亚、罗马尼亚、阿尔巴尼亚、德意志民主共和国 8 个社会主义国家。1945 年，伴随雅尔塔体系的形成，这些国家被纳入苏联的势力范围，此后三年曾实施过短暂的联合政府政策；欧洲冷战打响后，便放弃了通过人民民主走向社会主义的国家发展目标，转而采行苏联模式的社会发展道路。1989 年，首先从波兰开始，东欧各国发生了连锁性政治剧变，自此走上了向"民主化""市场化"和"欧洲化"转型的漫漫长路。参见郭洁：《东欧的政治变迁——从剧变到转型》，《国际政治研究》2010 年第 1 期。——译者注。

②　由于苏联的剧变，社会主义经济和政治制度迅速以出人意料的方式在欧洲前社会主义体系内被瓦解，由此所造成的严重经济危机也尤其引人注目。20 世纪 80 年代后半段，匈牙利国民生活水平不断下降，通货膨胀不断加剧，国家债务几近达到不可控制的程度。为了避免无政府状态的延续，必须采取相应的经济调控措施。在东欧国家的制度转型过程中，由于匈牙利的经济政策相较于其他东欧国家更为独立、自由和开放，使得一些经济领域的改革措施得以不断实施，包括在工业和服务业，经济协会、分工厂的副业是以自身利益为基础的，在农业联营之外，社员们有自己的田产，可以进行私有的生产和出售行为。

③　1878 年第 5 号法律文件，即人们所说的《柴迈吉法典》，是匈牙利在民主化之后颁布的第一部刑法，它曾一度满足了当时的全部立法需求。《柴迈吉法典》是一部值得后人认可的重要法学典籍，其总则部分在匈牙利司法实践中的适用一直持续到 1950 年，而其分则部分的适用则一直持续到 1962 年。在《柴迈吉法典》之后颁布的下一部刑法是 1961 年通过的第 5 号法律。这部法律把当时社会主义体制下的基本原则和价值体系同截至那时已经成文的刑法原则结合起来。但是事实证明这部刑法的使用并没有持续多长时间，到了 1978 年就被另一部更新的刑法，即第 4 号法律替代了。从形式上看，1978 年出台的这部刑法截至 2013 年 7 月 1 日都为有效状态；但是从内容上看，在匈牙利颁布过的全部刑法文件当中，这也是修改幅度最大的一部。其原因是不言而喻的，因为在这段时间里匈牙利先是经历了一次大的国家体制变革，后又加入了欧盟。自 1979 年以来，这部刑法共经历大约 120 次修订，而其中仅在体制变革之后所作的修订就超过了 100 次。这些修订不仅涉及相关的法律分则，还反映了不一样的刑法政策和价值取向。但同时，整体刑法体系却越来越受到单调呆板的处理方式和悬而未决的连贯性问题的制约，这些制约进而构成了种种刑法适用性障碍。参见［匈牙利］珀尔特·彼得著：《匈牙利新〈刑法典〉述评》（第 1—2 卷），郭晓晶、宋晨晨译，上海社会科学院出版社 2014 年版，序，第 3 页——译者注。

④　在政治体制变革后，支撑计划经济体制的法律制度也迅速进行了转变。一项又一项的法律源源不断地出台，如：涉及税务规则、破产和清算程序、会计、市场不当行为和不正当竞争，信贷机构和金融企业、资本市场，等等。

可能造成的严重危害。下文中所重点关注的"Questor 案"堪称匈牙利犯罪史上最大的一起经济犯罪案件,该案与内幕交易罪之间存在关联性,涉案总值占到匈牙利当年国民生产总值的 1%。[①] 内幕交易罪是匈牙利新刑法中一种典型的经济犯罪,[②]然而,在社会主义时期的刑法典中并不存在该罪的规定。

一、问题的提出:匈牙利内幕交易大案

在新西兰、美国等众多国家,内幕交易被认为是违法行为。为了约束和控制内幕交易,这些国家投入了大量的资金,以保证监管机构和市场监测系统可以有效、可靠地运行。国外许多经济学家就内幕交易罪对一国经济、市场诚信、投资者利益保护和平等所造成的负面影响,进行过广泛而深入的研讨,在国外司法实践中,也采取了对内幕交易行为追究责任、实施严厉制裁的应对措施。

近年来,匈牙利也发生过公司因存在可疑金融行为而被提起刑事诉讼的案件,尽管无论在匈牙利还是在国外,内幕交易均已被视为一种常发的犯罪类型,而且内幕交易被作为一种独立的犯罪自 1990 年起就已被纳入匈牙利《刑法典》规制的范围,然而,在现实的司法实践中,近 30 年来真正对此类犯罪启动刑事调查程序的却为数不多。[③] 下述案例发生于匈牙利启动国家制度转型之后的 1994 年,之所以成为司法实务中的一个典型,在于在对犯罪行为性质的认定上采取了回避的策略。[④]

匈牙利国家总检察长办公室在起诉书中指控[⑤]:第二被告 X 公司总经理在将该公司股票投入到海外股票交易所的操盘员市场之前,与当地一家经纪公司商谈过股票投入市场事宜,且已经预见到该行为会导致股票价格的上涨。两个月后,该经理才向公司董事会提交了相关报告,并于当天获得了公司董事会的批准。提交报告前的第 9 天,第一被告和第二被告授权 Y 公司和 Z 公司为 X

---

① 根据全球宏观经济数据网发布的数据,2016 年匈牙利国民生产总值 1 243.43 亿美元。——译者注。

② 为了与经济领域、社会领域,以及其他前置性法律的变化相适应,匈牙利刑法典(指 1978 年制定的第 4 号法律)相应章节中的经济犯罪规定也做出了调整。这些调整主要包括:废除原有刑法所规定的犯罪,如从货物运输、外国票据和贵重金属垄断权中牟取暴利的行为,侵害货币法律的行为;而洗钱、计算机诈骗、内幕交易罪等,则因为符合国际上的通行规定被刑法纳入规制的范围。

③ 根据匈牙利学者的研究,自 1990 年刑法明文规定内幕交易犯罪以来,仅有 3 起案件进入到法庭审判阶段,最终只有 2 起案件被定罪量刑。值得注意的是,这些案件最终却并未以内幕交易罪被定罪处刑。事实上,在过去 25 年中,匈牙利并没有任何内幕交易案件的刑事诉讼。参见 Kaszás Ágnes Roxán:《内幕交易罪的理论和司法实务》,佩奇,2006,手稿第 3 页。

④ Kaszás Ágnes Roxán,《内幕交易罪的理论和司法实务》,佩奇,2006,手稿第 10—13 页。

⑤ 总检察长办公室 G.7465/1994 号起诉书。

公司购买 1.5 万股该股票,价格以 900—1 800 弗林(匈牙利货币名称——译者注)为限,这一价格以之前的预估为基础,目的是实现股票收益。此项交易发生之前,X 公司的股票仅在布达佩斯证券交易所市场上进行过少量的商业交易。

由于第一被告是根据第二被告所提供的内幕信息进行了证券的购买,从开始购入到国家证券监督局颁布许可批准将该股票投入到海外证券交易所交易,X 公司的股票价格从每股 600 弗林上涨至 2 400 弗林。股市交易 6 天后,上述两名被告人又通过另外两名被告人——K 公司和 L 公司,以每股 3 600 弗林的价格售出股票 7 370 股。K 公司和 L 公司系由 M 公司在马尔代夫注册的两家公司,他们根据第一被告的预算进行利益分配,第一被告用其妻子和母亲的名义出售该股票 7 080 股,这些股票则被 Y 公司所购买。检方据此指控,第一被告成立《匈牙利刑法典》第 300 条 A① 所规定的侵犯银行秘密罪的实行犯,第二被告成立该罪的共犯。

一审法院的判决基本确认了起诉书所指控的事实,②同时还在判决书中提及了其他相关的信息。判决书指出,20 世纪 90 年代初,X 公司的市场资源耗尽,随着市场的萎缩,信贷量不断增加,该公司因此推出了一个重组联营的方案,以摆脱公司当时所面临的困境。联营公司在生产效率方面得到了提高,公司也因此于 1993 年清偿了银行贷款,但是,市场并没有因公司经济状况的积极改变而做出利好的反应,此后不久,公司在资产负债平衡和经济数据方面的努力都付诸东流。本案中,由于被告的交易行为,X 公司获得了 1 700 万弗林的利润,并有能力执行股本的增发。以此为基础,该公司成功地清偿了 B 银行 3 亿福林的债务。其原因在于,该家银行愿意通过认购 X 公司股票的形式以抵消债务。此后,上述被告人共同在一间半独立的房屋中设立了前述的空壳公司——K 公司和 L 公司,并以参与股票交易作为公司的主要业务。在被指控后,被告人均否认自己的行为构成犯罪。第一被告辩称,他没有使用内幕信息购买股票,而只是通过目睹第二被告偿还债务,帮助公司走出困境的事实,而产

---

① 此案适用的是 1978 年第 4 号法律所通过的《匈牙利刑法》。该法第 300 条 A 规定的是侵犯银行秘密罪。第 300 条 A 规定:

1. 有义务保守银行秘密的人,让无法律资格的人获悉属于银秘密的资料的,构成轻罪,处 2 年以下监禁、公益劳动或者罚金。

2. 如果犯罪行为的实施具有下列情形之一的,构成重罪,处 3 年以下监禁:

a) 为了获取非法利益;

b) 对金融机构或者第三人造成损害的。

参见陈志军译:《匈牙利刑法典》,中国人民公安大学出版社 2008 年版,第 146 页。——译者注。

② 佩斯中心地区法院 2.B.5401/1994/16 号判决书。

生了股票价格会上涨的确信,并据此购买了股票,而不是因为第二被告的内幕信息。第二被告也否认向第一被告提供过内幕信息,并声称,没有从他们的利润中得到分成。虽然他承认,被取证的笔记是他做的,但是,那仅是后来的计算结果,而不是为第一被告的收益所进行的预估。法院并没有接受被告人的上述辩解。在裁判理由部分,法院指出,股票交易的时机与将 X 公司的股票投入到海外证券交易所市场并非偶然的巧合。此外,在交易期间,第一被告以自己的名义委托更多的与 X 有联系的公司去购买股票也绝非巧合,即使案件的相关证人在当时即警告他这么做会引起人为操作下的股票价格的上涨。法院接受了 M.彼得教授的意见,该教授认为,在上述股票进入市场交易的 5 周之前,股票价格增长的节奏已经比过去整个阶段都要明显增快,而这一现象如果不是因为有利用被告人所称的简单的"基本信息"进行交易是不可能出现的。法院的裁判理由在被告人的个人资料之后还包括对证券交易所的定义、简短的历史和功能,表明当前证券交易行为还处于初级阶段。此外,法院还考虑到一个加重情节,即,"布达佩斯证券交易所的状况相对不发达"。

一审法院根据 1978 年《匈牙利刑法》的规定,认定第一被告成立犯罪,判处监禁 10 个月,缓刑 2 年,并处罚金 100 000 弗林;认定第二被告的行为更加严重,因此,以本罪的教唆犯①判处监禁 1 年零 2 个月,缓刑 2 年,并处罚金 200 000 弗林。法院认为,第二被告对第一被告产生了支配性的影响。显然,判决与起诉书的观点有所不同。

总检察长办公室以刑法适用错误为由对该案提出抗诉。检方希望对两名被告人加重处罚,并在抗诉书中增加了犯罪对社会危害的内容,认为,该行为导致对证券交易的失信,进而对整个经济产生了破坏性的后果。而本案的判决将会形成对今后此类案件的先例。检方认为,非常有必要通过本案的判决以树立典型,从而使一般的社会公众意识到,而不再重蹈覆辙。被告方律师则提出上诉,请求法院改判被告人无罪,要求推翻一审法院对第一被告人的判决,理由是,法院仅在庭审中确保被告部分行使了辩论权,而这一诉讼瑕疵,对整个案件

---

① 在 1978 年第 4 号法律所通过的《匈牙利刑法》第 19 条中,犯罪行为人被划分为正犯和共犯(共同正犯、教唆犯和从犯)两种类型。根据《匈牙利刑法》第 21 条:1. 教唆犯,是指故意唆使他人实行犯罪的人。2. 从犯,是指故意为犯罪的实行提供帮助的人。3. 为正犯规定的刑罚条款,也应当适用于共犯。参见陈志军译:《匈牙利刑法典》,中国人民公安大学出版社 2008 年版,第 6 页。

而根据匈牙利学者的观点,罗马法中把教唆犯称为"犯罪的根由",用"auctor"(拉丁文,意思是"发起者、支持者")一词来表示,而一些早期刑法规定,如《柴迈吉法典》也都沿袭了这一理解,并对教唆犯处以比正犯更严厉的刑罚。参见[匈牙利]珀尔特·彼得主编:《匈牙利新〈刑法典〉述评》(第 1—2 卷),郭晓晶、宋晨晨译,上海社会科学院出版社 2014 年版,第 79 页——译者注。

的判决造成了严重影响。

二审法院认为，一审法院判决中的犯罪事实认定是有效的，但是，由于不能证明第二被告对第一被告产生了决定性的影响，[①]因此，其只能被认定为从犯。法院对案件的事实进行了如下陈述：第一被告通过从家人和债权人处获得贷款以进行股票的购买；债权人知道被告人借钱的用途，他们没有设定一个最后的还款期限，还与他一起进入证券交易所市场从事交易活动。据此，二审法院认为，如果没有内幕交易的信息，第一被告显然不会以此种方式进行贷款；第二被告的笔记不可能是事后的计算，因为它没有包含股票的确切数量。同时认定一审判决的刑罚不合理，因此，将监禁刑的期限缩短为 6 个月，同时，对缓刑的时间作了相应的调整。罚金的数额则根据犯罪所涉的金额、犯罪收益以及被告人的财产情况而增加，因为二审法院认为一审判决罚金刑量刑畸轻。

二、匈牙利关于内幕交易罪法律规定的历史发展

(一) 关于内幕交易罪的立法及其发展

匈牙利刑法关于内幕交易罪的规定，最初形成于 2012 年第 100 号法律所通过的《匈牙利新刑法》。[②]

《匈牙利新刑法》第 410 条规定：任何人：a) 利用内幕信息来完成涉及金融证券的买卖；b) 委托他人根据其持有的金融证券的内幕信息，完成相关金融证券的交易；或 c) 向任何未经授权的人披露内幕，以获取金钱或利益。构成重罪，可以判处三年以下监禁。[③]

如前所述，在 1990 年匈牙利发生政治体制变革之前，刑法典中并不存在关于内幕交易罪的规定，尽管如此，匈牙利立法对此罪名的关注，相较于其他国家的立法进程而言，并未表现出较大的立法迟滞性。从其他国家立法的情况来

---

① 首都法院 26.Bf.8686/1995/4 号判决书。

② 2012 年匈牙利刑法典是匈牙利进入民主化时代以后的第四部刑法典。"在 2001—2009 年，为了满足司法机关的实践需要，国家共成立过四届立法委员会，其共同目的就是为了出台一部新刑法。尽管在当时已经有了不只一篇总则的草稿，但是由于国会没有展开讨论，立法工作也就没有了下文。后来，到了 2010 年，这一立法工作在行政和司法部得到了延续。尽管这次没有成立单独的立法委员会，但行政和司法部的专家团对之前拟订草稿给予大力支持。……2012 年 6 月，这部新《刑法典》连同其修改方案一起被国会代表予以通过。"参见［匈牙利］珀尔特·彼得著：《匈牙利新〈刑法典〉述评》(第 1—2 卷)，郭晓晶、宋晨译，上海社会科学院出版社 2014 年版，序，第 4 页——译者注。

③ 根据 2012 年《匈牙利新刑法》第 5 条："犯罪分为重罪和轻罪。重罪是指按本法规定应当判处徒刑两年以上有期的故意犯罪，除此之外其余一切犯罪行为均属轻罪。"

看,美国于1934年首次设置了内幕交易的法律规定,英国于1981年设置该罪,德国于1994年开始施行相关法律(证券市场在德国有着悠久的历史),欧盟于1989年制订了相关原则,包括禁止内幕交易规定。[1]

匈牙利立法中关于内幕交易罪的表述最早形成于2005年,现行立法中的表述,比之前的规定简短了许多,例如,"被禁止的证券交易"和"内部证券交易",然而,犯罪对象的范围却大为拓宽,不仅证券,而且其他金融工具也可以成为本罪的犯罪对象。现行立法取消了关于内幕信息的定义,因为该定义已经被作为内幕信息的背景性规范之一。

2001年匈牙利《资本市场法》(The Act on Capital Market of 2001, Tpt.)为内幕交易罪提供了背景性规范,这项法规对国家金融机构监督局的管理工作提供了有力的授权,还专门成立了"交易市场管理处"作为处理内幕交易行为的独立部门。如果行为人违反、逃避、不履行或者迟延履行该法的规定,或者其他依据该法而制定的法律,以及国家银行的法令或者细则,匈牙利国家银行被授权对内幕交易和市场影响行为提起诉讼,要求处罚。[2] 对内幕交易或市场影响行为的处罚,可以是100 000—100 000 000弗林(约折合400—400 000欧元),或最大400%可追溯的违法所得。该处罚规定,可以在多种情形下对潜在犯罪人起到威慑作用。公告义务也是该法的一项新内容,该义务适用于怀疑存在内幕交易的情形(该公告行为须由投资服务商履行)。不过,法律没有对不履行该义务规定刑事处罚,因此,该行为并不构成犯罪。

根据该法规定,服务商需任命专门人员负责报告事宜,这与反洗钱的情况相类似;有所不同的是,被指定的人必须将公告送达匈牙利国家银行,匈牙利国家银行根据报告再决定是向警察提出指控,还是根据自己的权限作出处罚。

(二)内幕交易罪的犯罪构成及其理论争议

犯罪构成要件要素内容的准确把握,是正确认定犯罪的基础与前提。由于在匈牙利现实的司法实践中,该罪的发案率较低,因而,学理界对本罪也缺乏应有的关注度。

1. 内幕交易罪的犯罪构成

第一,内幕交易罪的犯罪客体是交易行为的机会平等权,这是股票市场交易的本质所在,而且间接地也是公平市场的本质。

---

[1]　István Vajda:《内幕交易》,《经济学刊(50年特辑)》2003年,第235—253页。

[2]　处理投资管理工作的组织必须制定一部独立的内幕交易有关的细则,这和反洗钱细则是类似的。

第二，内幕交易罪的构成要件行为是内幕交易行为。作为一种交易行为，内幕交易的最大特点在于对交易过程的封锁性，该犯罪也可能在股票交易市场之外实施。"封锁交易"一词，并不意味着只有犯罪人本人实施才符合，事实上，这也不是内幕交易罪的典型情形；行为人通常需要借助于经纪人或佣金商人的协助来实施犯罪行为，因而投资服务商如果不知道交易的内幕特征，就可以免除刑事责任。但是，如果只需尽到一般的注意义务，即应当认识到属于内幕交易的，则金融机构监督局可以对其判处罚款。在前述第 410 条的前两项规定中，内幕交易的结果，即取得收益或者取得收益的目的，都不是构成要件的事实。因此，即使行为人在交易中遭受损失也构成本罪。

匈牙利刑法典对内幕交易罪规定了三种实行行为方式，其中，第三种是指为了取得收益而提供内幕信息，实际上就是指出卖内幕信息的行为。至于"利益"是否仅局限于财物，还是也包括其他无形利益，如晋升机会或者性利益等，在学界尚存有争议。对此，笔者认为，采广义说的观点更具有正当性，即"利益"应当包括财产性或者非财产性利益。但是，在实践中，第三种行为方式并非行为人所选择实施的常见形式。而第一项的行为方式是"使用内幕信息"，第二项是"根据所拥有的内幕交易信息"。为了解释这一点，我们需要具体说明内幕信息的定义，对此，匈牙利《资本市场法》中设有明确的规定。

根据匈牙利《资本市场法》第 199 条规定，内幕信息包括：

1. 涉及金融证券（不包括以实物为基础衍生的交易）的重要信息：[1]

（1）该信息尚未公开；

（2）该信息与金融证券或者金融证券的发行方有直接或者间接关系；

（3）该信息公布后，将对金融证券的价格产生巨大的影响。[2]

2. 被安排来执行有关该金融证券交易的人员（除 a 项所列人员外）受客户委托所处理的金融证券，与该重要信息有关

3. 涉及以实物为基础衍生的交易的重要信息：

（1）该信息尚未公开；

（2）该信息直接或者间接地与实物为基础衍生的交易有关；

（3）根据普遍接受的市场规则，该信息应该和所有市场主共享；

（4）该信息通常是市场主体共享的。

---

[1]　重要信息：有关事件或者情形的所有信息，已经发生的或者可以合理期待的，而且内容足够具体，可以凭借该信息对事件或者情形对特定的金融证券价格的可能影响作出结论。

[2]　影响涨跌率的信息：投资者作出投资决定时可能利用的所有信息。

第三，内幕交易罪的犯罪主体通常是内部人士。即任何获知内幕信息的人。内部人士的范围，可以在相关的背景性规范中找到。

根据匈牙利《资本市场法》第199条规定，内部人士包括：

（1）发行者的首席官员和监事会成员。

（2）发行者对其直接或者间接拥有25%及以上股份，或者对其享有投票权的法人或者无法人人格的合伙组织的经理、首席官员和监事会成员。

（3）拥有发行者10%以上股份，或者投票权的法人或者合伙组织的首席官员、监事会成员、经理。

（4）依据vii条参加发行或者组织公众认购的机构的经理、首席官员、监事会成员；这一规定进一步扩大为凡是在上述机构参与发行的雇员，该雇员从参与发行的一年工作中获取到了内幕信息。

（5）直接或间接拥有发行者10%及以上股份的自然人。

（6）发行者会计信用机构的经理、首席官员和监事会成员。

（7）由于工作或职责的原因，在工作或日常事务或其他方式中，收到了内部信息者。

（8）通过犯罪获取内幕信息者。

（9）a—h项所列的人员的近亲属或生活密切相关者。

第四，内幕交易罪只能由故意构成。其中，第410条前两项是未必故意（间接故意），第三项由于带有目的，只能是直接故意。

2. 关于内幕交易罪犯罪构成的争议

2012年刑法典的规定使司法的适用变得更加困难，原因在于，其中所涉及的一些重要理论问题尚未得到完整、明确的解决，因此有必要对内幕交易罪的罪数问题、取得收益问题、证明问题进行重新阐释。既然我们认为内幕交易行为会对国家的经济活动造成严重的危害，就值得对上述问题进行深入研究。对此，所涉及的重点问题有：

第一，关于"利益"的定义。在利益的定义中，存在两种截然不同的观点。一种观点认为，利益可以是一种服务，如性接触；也可以是无形价值，如对现有状况的改善，而不仅仅表现为金钱。① 司法部长的说明印证了这一观点。该说明认为，利益传送者和受益人的获益并不重要，利益是金钱还是一种个人的收益也不重要。由于部长的说明在匈牙利仅仅是作为法理解释的一种，因而并没有直接的法律约束力。尽管如此，却可以对司法适用提供一种观念上的支持，

---

① Erdösy-Földvári-Tóth：《匈牙利刑法分论》，Osiris Kiadó Budapest 出版社2007年版。

当然，说明本身并没有法律约束力。部长的说明实际上是对立法意图的解释。① 由于这一解释是对传统观点的否定，因而，对司法实践的适用造成了观念上的冲击。传统的司法适用层面，即另一种观点通常只承认金钱为"利益"，因为行为人的意图是为了谋取巨额利润，或者是为了避免价格损失。司法实务上更支持这种对利益的解释，因为多数司法人员认为，如果内部人违反义务是为了其他利益，那就是一种腐败犯罪。

第二，关于罪数的认定与计算。对此，也存在矛盾的观点。一种观点认为，罪数是由内幕信息所涉的经济组织的数量所决定的，这一数量，最终取决于上述经济组织作为对象公司的股份持有者时的数量。这一观点意味着使用更多内幕信息，或者进行更多的交易，仍然是一个罪。按此观点，为了计算罪数，我们可以将同一主体的行为统一作一个罪认定，而不将同一主体的连续内幕交易行为分别计算罪数。相反的观点则认为，犯罪的数量是由内幕信息的数量决定的，而不是由交易的数量来决定，用同一内幕消息持续进行内幕交易的，仅构成一个罪。② 当然，我们不能确定何种情况可以认定数个交易行为可以认定为一个罪，这在不同的犯罪中认定标准时是不一致的。③ 内幕交易是一种犯罪行为，在这种犯罪行为中，取得巨大收益的结果会强烈地激励犯罪者，使他们在伤害其他投资者意图的支配下，在短时间内使用一种内幕信息进行多次交易。

第三，关于内幕信息的定义。尽管 Tpt.直接规定了内幕信息的定义，但仍存在一定的问题。原因在于，现有定义中包含两个不确定的定义。其中一个是"未公开信息"的设定。内部人士通常会采取这样的变通方法，即：内部人在从特定网站上获取了重要的信息，而投资者们不会去经常访问该网站，因此他们不会获得这些信息。

在这种情况下，检控方不能控告该内部人士向他人发布该信息的行为，因为该信息客观上是每个人都可以访问的，尽管不会有太多的投资者会从该网站得到这些信息。还可能存在的典型情况是，内部人士无法选择哪些投资者可以获得内幕信息④，但要证明内部人士的主观意图并非易事。同样，有关价格的敏感信息的定义也是个问题，不好确定一个信息会在什么程度上对价格

---

① József Földvári：《匈牙利刑法总论》，Osiris Kiadó Budapest 出版社 2006 年版。
② Erdösy-Földváry-Tóth：《匈牙利刑法分论》，Osiris Kiadó Budapest 出版社 2007 年版，第 443 页。
③ József Földvári：《匈牙利刑法总论》，Osiris Kiadó Budapest 出版社 2006 年版，第 220 页。
④ Mihály Tóth：《经济刑法的司法实践》，ELTE Law Continuation Institution 出版社，第 212 页。

产生影响[1]。信息对价格影响的敏感度取决于公司的行为以及公司的市场作用。[2] 此外,比上述方面更为重要的一个问题在于:在从未良好准备、事务琐碎、存在不良操作规则的主体中,或是确信基于足够经济资料推测得出的内幕信息,以及刑法默认观念中认可"合法化"的内幕信息,都不会进入刑事调查机关的视野。

第四,关于犯罪故意的分析与证明。例如,厨房烹饪的员工是否能意识到其在询问公司的领导时实际得到了内幕信息。在某些简单的案例中可以很轻易地确定,但是,在大多数情况下,这是一项艰巨的任务。正因如此,对于未尽注意义务的内幕交易行为进行处罚可能更切合实际。

由于匈牙利国家银行证券管理方面的规定被赋予了可以对既往的行为进行溯及适用的效力,从而能够对过去发生在匈牙利的内幕交易进行制裁。因此,在过去的几年中,内幕交易的案件有所增加。目前,股票市场的工作也逐渐成熟,形成了相应的交易惯例。

(三) 欧盟规则对匈牙利内幕交易罪的促进

上述问题在 2016 年得到了一定程度的解决。2016 年欧盟打击内幕交易和操纵市场的新规则生效[3],其出台是为了保证欧盟金融市场更加有效和透明,增加对投资者的保护和信心。欧洲议会和欧盟委员会 2014/57/EU 指令规定了成员国对操纵市场行为的最低处罚限度,要求成员国有义务对市场滥用行为采取更为严格的刑法规则。作为欧盟成员国,匈牙利根据欧盟指令颁布第 CIII 号法令对《刑法典》进行了修正,增设两项新的罪名,以满足该指令的司法

---

① István Vajda:《内幕交易》,《经济学刊》2003 年 3 月,第 254 页。
② Laura N. Beny:《内幕交易法律和世界股票市场:理论法学和经济学的实证分析》,密西根大学约翰·M. 欧林法律与经济学研究中心 2006 年版,第 335 页。
③ 欧盟的指令是其针对成员国的立法形式之一。通常,指令会对立法的目标或者政策进行设定。之后,成员国必须通过相应的国内立法,从而使得指令的内容可以在指令规定的期限内(通常是 2 年时间)在成员国内生效。欧盟的指令通常是用来加强欧盟内的自由贸易、自由迁徙和自由竞争规则。欧盟指令有时也会被用来设定普遍的社会政策,从而影响到就业、劳动法、工作条件、职工健康和安全等问题。因此,指令可以对商业行为产生很大影响。其可以设定欧盟的最低标准。最低标准是每个成员国都须遵守的,当然成员国也可以制定更为严格的法律,只要相应的立法不与自由迁徙和自由市场规则相抵触。欧盟的指令一旦被接受上升到欧盟法律层面,那么即使成员国的国内法没有进行相应的立法,也可以在这些国家内直接适用。(http://www.europeanlawmonitor.org/what-is-guide-to-key-eu-terms/eu-legislation-what-is-an-eu-directive.html 11.07.2017.)

协调要求，该立法修正已于 2016 年 10 月 28 日正式生效。[①]

匈牙利刑法典所采取的立法修正包括在第 410 条后增加 410/A 条"非法披露内幕罪"，和第 411 条"非法市场操纵罪"。第 410 条 c 项规定的"内幕交易罪"已经成为一个单独的罪名，对于非法披露内幕信息，目前该行为只是作为轻罪处罚。[②] 不过，在匈牙利以及欧洲刑事法院的实践中，内幕交易罪案件并不多见。[③] 欧洲两个比较有名案件分别是 Knud Krongaard and Allan Bang 案件（C - 384/02）[④]和内华达斯佩克特摄影集团案件（C - 45/08）。[⑤]

三、Questor 案

在大多数情况下，经纪丑闻与内幕交易有关。匈牙利最著名的经纪丑闻案毫无疑问是 Questor 案。

本案中，一家匈牙利公司所实施的一系列金融诈骗行为对众多客户产生了直接影响，造成了巨大的经济损失。该公司由 Csaba Tarsoly 领导，在 Quaestor

---

[①] 第 410/A 条：

任何人向未经授权的人披露内幕信息，以获取非法利益或者造成非法损失的，构成轻罪，判处两年以下监禁。

第 411 条：

任何人：

a) 进行交易、下达交易的指令或者取消、修改上述指令，对自己账户的交易制定、取消、修改推荐信息，给他人造成金融证券或者相关现货交易的供应、需求、价格变化的误导信号的，来达到价格保持在不正常或者人为操作水平的。

b) 对金融证券使用捏造手段或采取其他欺骗形式，影响金融证券或者相关现货交易的价格的。

c) 传送或散布虚假或误导性的信息，或提供虚假或误导的记录或参与任何其他操纵计算基准的行为；构成重罪，判处 3 年以下监禁。

(2) 任何人为了获得经济收益，在公众场合随意传播或者散布有关金融证券或者相关的现货交易的供应、需求、价格的虚假的或者误导性的信号，或者确保价格维持在不正常或者人为操纵的水准的，应依第 1 款规定处罚。

(3) 任何人通过披露或者公告有关证券公司、该证券公司的执行官的职位变动、该证券公司运作相关的金融证券的虚假信息或者隐瞒相关信息，来诱使他人进行新的资本投入、增持现有证券、出售或者减持资本的，应依第 1 款规定处罚。

[②] http://europa.eu/rapid/press-release_IP-16 - 2352_en.htm (02.11.2016).http://eur-lex.europa.eu/legal-content/EN/TXT/? uri=CELEX%3A32014L0057,2016 年 2 月 11 日访问。

[③] Karsai Krisztina：《刑法典评论》，布达佩斯，Complex Kiadó 出版社 2013 年版，第 870 页。

[④] http://curia. europa. eu/juris/showPdf. jsf; jsessionid = 9ea7d0f130d520db87396efc47f3abbaac015dd72e32. e34KaxiLc3eQc40LaxqMbN4PaxuSe0?text=&docid=56135&pageIndex=0&doclang=EN&mode=lst&dir=&occ=first&part=1&cid=383091,2017 年 11 月 7 日访问。

[⑤] http://curia.europa.eu/juris/document/document.jsf? text=&docid=77184&pageIndex=0&doclang=EN&mode=lst&dir=&occ=first&part=1&cid=383785,2017 年 11 月 7 日访问。

集团中建立了一个传销计划,该公司尽管在账面上收支平衡,但是与平均市场收益率(约为 3% 的利率)相比,他们提供了高而有吸引力的利率。该集团试图利用这些小投资者的储蓄来用于公司的大量业务(即房地产开发项目)。该公司于 2015 年破产。根据匈牙利国家银行的说法,Quaestor 集团破产是因为他们出售的债券比发行的债券多。他们申请了价值 700 亿弗林的债券项目,实际发行了 600 亿弗林的债券,但是,却出售了 2 100 亿弗林的债券(相当于匈牙利国内生产总值的 1%),因此,他们实际多发行了价值 1 500 亿弗林的债券。根据债券发行招股说明书,Quaestor 不需要为证券流动性二级市场提供担保,但是,为了维持公司信用,并对债券的风险进行担保,他们一方面不断认购债券,另一方面不断地赎回手中的债券。当出现市场恐慌,许多客户想要取回他们的投资时,他们本应该暂停认购,但是,他们却没有这样做,因而他们最终无法履行承诺的义务。本案中蒙受损失的当事人的数量超过 3 万,其中包括不少地方政府和行政机构。①

　　Questor 案与内幕交易罪的关联点在于,不少刑事律师向匈牙利的报社和电视台爆料,称在刑事调查开始前的一天,有人从 Questor 拿回了自己的投资,因为他们掌握了内幕信息,故犯有内幕交易罪。此外,高级别的政府官员命令国家机关把政府的投资从破产前的经纪公司那里取回。在笔者看来,政府机关没有犯内幕交易罪。在匈牙利,犯罪概念的本质之一是社会危害性,在此方面,与中国一致。如果政府官员目的在于挽回政府的损失,就不能认为是对社会造成了危害,因此,不能作为犯罪看待。前任布达佩斯总检察长 Endre Bócz 博士也持此观点。②

　　除了对储蓄者和投资者的危害外,这桩丑闻很可能会产生很长期的恶劣影响。案件导致上千的公司陷入彼此的债务之中,对政府造成了额外的行政负担,对投资者的信心造成了极大的打击。案件直接导致对金融实施更为严格的监管,但这同时也给从业公司和政府造成了严重的负担。民众的投资习惯也开始改变。从这个事件以后,很多人更倾向于将钱存在储蓄账户里,或者选择投资艺术品或者不动产。③

　　① http://www.eco.hu/hir/brokerbotrany-osszefoglalo/(30.08.2016). http://www.portfolio.hu/vallalatok/ki_az_orszag_legnagyobb_penzugyi_csaloja.212879.html,2016 年 8 月 30 日访问。

　　② http://rtl.hu/rtl2/magyarul/quaestor-ugy-bennfentes-informaciok,2017 年 7 月 11 日访问。

　　③ According to famous Hungarian economist, Mária Zita Petschnig of financial research firm, named Pénzügykutató Zrt. (http://budapestbeacon.com/public-policy/brokerage-scandal-engulphs-hungary/21158), 2017 年 7 月 11 日访问。

互联网**金融**专题

互联网金融创新发展中的
刑事犯罪风险及司法防控对策

顾海鸿 *

摘　要： 互联网金融的快速发展，在促进金融创新和提高金融资源配置效率的同时，相应的刑事风险也伴随而生。第三方支付、P2P网络借贷和众筹融资作为互联网金融的主要业态，充分表现出其"普惠""便捷"和"廉价"等特点。然而，这些业态背后隐藏着巨大的刑事风险，可能会引发洗钱、集资诈骗以及擅自发行股票和企业债券等犯罪行为。加强涉互联网金融刑事犯罪司法工作是规制互联网金融刑事风险的重要任务，在司法工作中，应呼吁行业自律和行政监管减少刑事犯罪；加大涉互联网金融犯罪违法所得的追缴清偿力度；建立健全处置涉互联网金融犯罪的相关工作机制；强化涉互联网金融投资风险的司法宣传和法制教育。

关键词： 互联网金融　刑事风险　司法建议

随着经济全球化、文化多样化、社会信息化深入发展，"互联网＋"正驱动我国加速向信息社会转型，并对我国经济、政治、文化和社会的发展产生日益

---

* 顾海鸿　上海市人民检察院第一分院副检察长。

深刻的影响。互联网与金融的快速融合，进一步促进了金融创新，提高了金融资源配置效率。互联网金融创新模式众多，规模扩张迅速，相应的问题和风险亦随之显现。本文以互联网金融的主要业态为重点，对可能涉及的刑事犯罪风险进行探讨，并就加强涉互联网金融刑事犯罪司法工作提出建议。

一、当前互联网金融发展中的主要业态及其特征

互联网金融是利用互联网技术和信息通信技术等工具，实现资金融通、支付、投资和信息中介服务的新型金融业务模式，其主要业态包括互联网支付、网络借贷、众筹融资等，是传统金融行业与互联网结合的新兴金融服务领域。[①]

（一）互联网金融的主要业态

尽管理论界对中国互联网金融的主要形态存在不同分类方法，但当前业界仍比较公认如下三种主要模式：第三方支付、网络借贷和众筹融资。鉴于多数涉罪司法问题集中在这三种模式，故本文主要针对该三种模式展开分析。

1. 第三方支付

2015 年 7 月 18 日，中国人民银行、公安部、财政部、银监会、保监会等十部门联合出台《关于促进互联网金融健康发展的指导意见》（简称《互联网金融指导意见》），将互联网支付定义为：通过计算机、手机等手段，依托互联网发起支付指令、转移货币资金的服务，强调第三方支付的中介性质，并接受中国人民银行监管。2010 年央行《非金融机构支付服务管理办法》从广义上定义了第三方支付，是指非金融机构作为收、付款人的支付中介所提供的网络支付、预付卡、银行卡收单以及中国人民银行确定的其他支付服务；[②]而狭义上的第三方支付则是指具备一定实力和信誉保障的非银行机构，借助通信、计算机和信息安全技术，采用与各大银行签约的方式，在用户与银行支付结算系统间建立连接的电子支付模式。[③] 之所以称之为"第三方"，是因为这些平台并不涉及资金的所有权，只是起到中转作用。

---

① 2015 年 7 月 18 日中国人民银行、公安部、财政部、银监会、保监会等十部门联合出台《关于促进互联网金融健康发展的指导意见》，对互联网金融的概念作出界定。笔者在此定义基础上增加互联网金融的主要业态作为必要的概括补充。

② 《详解互联网金融六大热门发展模式》，http://finance. ce. cn/rolling/201309/17/t20130917_1512965.shtml，2014 年 4 月 11 日访问。

③ 曹红辉、李汉：《中国第三方支付行业发展蓝皮书》，中国金融出版社 2012 年版，第 6 页。

2. P2P 网络借贷(Peer to Peer Lending)

又称点对点信贷,是指行为人搭建第三方网络平台,由借、贷双方通过该第三方网络平台进行"个体对个体"的直接借贷模式。在该情形下,第三方网络平台本应是单纯的中介媒质。但在实践中,基本上演化成第三方网络平台通过吸收客户资金,形成了一定规模的资金池,利用互联网向资金需求方发放小额贷款的模式。在该模式下,第三方网络平台已并非单纯的中介服务性质。

3. 众筹融资(Crowd Funding)

又称大众融资或群众融资,是指创意人或小微企业等项目发起人利用互联网向不特定公众宣传并展示其项目的内容、目标、计划等,从而获得公众资金援助的一种融资模式。根据投资回报形式的不同,众筹融资主要分为捐赠型众筹、预售众筹、借贷众筹和股权型众筹等类型。实践中,主要的法律问题集中在债权众筹及股权众筹两种模式。《互联网金融指导意见》将股权众筹定义为通过互联网形式进行公开小额股权融资的活动。股权众筹必须通过股权众筹中介机构平台进行,融资方须向投资人履行如实披露等相关义务。

(二)互联网金融的主要特点

互联网金融不是简单的"互联网技术的金融",而是基于互联网思维的金融。互联网金融通常具有自下而上、去中心化、契约自由等表现形式。互联网金融行为是点对点、网格化的共享互联,形成信息交互、资源共享、优劣互补。无论是资金需求者还是资金供给者,每个人的需求都会在互联网这种点对点、网格化的互联共享中得到充分的挖掘和满足,这决定了互联网金融与传统金融模式相比具有如下特点:

1. 互联网金融是一种"普惠"金融

基于互联网开放、共享、平等的基本特征,互联网金融区别于传统金融模式的最大特点就是普惠金融。面对"大众创业、万众创新"的社会需求,互联网金融对服务对象没有身份歧视,没有资金歧视,没有"情绪化"的人为阻隔。传统金融模式因为信息的不对称、资金的高标准、操作技术的严苛性等,容易将普通民众拒之门外。因此,互联网金融是一种"普惠"金融。

2. 互联网金融是一种"便捷"金融

互联网金融主要是通过电脑、手机、平板电脑等网络终端来实现金融交易,金融参与者可以足不出户即完成金融交易。如第三方支付的"快捷支付",用户出门甚至不需要随身携带银行卡，只需一部手机即能完成付款，即可实现生活消费的目的。而传统金融受限于直接的、面对面的传统交易模式，仍然通过用户至指定的金融机构采用直接购买的方式实现金融交易，相比较互联网金融模式，传统金融模式显得笨拙、繁琐。

3. 互联网金融是一种"廉价"金融

互联网金融是基于第三方搭建的开放平台，利用大数据和信息流，依托电子商务公开、透明、数据安全完备等优势，做到数据贯通、信息共享。由于其没有交易限额，交易环节清楚、明了、直接，交易成本大大降低。相比传统金融模式，小微企业在互联网金融模式下以更高的几率、更低廉的成本和更快的时间获得融资资金。同样规模的资金池，会以更快的速度周转循环利用，提高了资金的使用效率，节省了大量服务成本。例如，普通民众即使仅有一元钱，亦可参与到"余额宝"投资中，并从正当的金融活动中得到收益。故将互联网金融称之为一种"廉价"金融也并不为过。

二、当前互联网金融创新发展中可能引发的主要刑事犯罪风险

当前，我国互联网金融在展现其蓬勃生命力的同时，由于自律行为欠缺，行政监管乏力，存在着严峻的刑事法律风险。

（一）第三方支付可能引发的犯罪风险

作为互联网金融的第三方支付，致力于资金支付结算环节，其发展历程可概括为线下支付、线上支付和移动支付三个阶段。当前，互联网金融中的第三方支付发展迅猛，交易规模达 14 万亿余元，同比增长 55.4%，[1]其中移动支付持续爆发。如此巨大的支付市场，相应的刑事犯罪风险主要来自于挪用、侵占、流转"沉淀"资金的行为。

1. 资金沉淀可能引发职务犯罪

互联网金融的第三方支付在日常的资金流入、流出过程中，账户中总留有一定数量的资金，这部分资金数量比较稳定，通常称之为资金沉淀。我国央行2013 年 6 月 7 日实施的《支付机构客户备付金存管办法》，将沉淀的资金称为备付金，指因交易过程中的迟延支付、迟延清算行为而产生的资金。如在"支付宝"结算中，消费者的资金进出总有一定的时间差，因此必定会有一部分钱款被

---

① 参见京北投资 2016 年 1 月 28 日发布的《2015 年互联网金融投融资报告》。

"沉淀"。以支付宝平均每单交易周期 7 天计算,支付宝平台沉淀的资金为 295.53 亿元,若以一年期定期存款利息计算,支付宝沉淀的上述资金一年的利息收益即高达 9.75 亿元。① 在实践中,由于大多数第三方支付服务商对沉淀资金有着绝对控制权,故可能引发相应的职务犯罪,如职务侵占、挪用资金、盗窃等犯罪。这些犯罪的共同特点是对第三方支付产生的巨额沉淀资金主观上具有非法占有的目的,客观上实施侵占、挪用、盗窃等行为。由于这些资金的归属尚处于未结算阶段,极易引发消费者和互联网金融服务提供者、第三方支付服务提供商之间的财产纠纷,并侵犯消费者的合法权益,干扰社会稳定。

2. 资金流转可能引发洗钱犯罪

由于第三方支付平台存在交易的匿名性、隐蔽性和信息的不完备性,使得交易资金的真实来源和去向很难辨别,极易成为资金非法转移的工具。互联网金融活动中,任何涉及资金流转的环节都可能涉及洗钱犯罪。无论是通过基金销售、保险销售、证券经纪、P2P 网贷的中介业务,还是微信网络红包的网银转账业务,经营机构只要将他人上游犯罪所得的赃款转入第三方支付机构的网络平台,再通过该平台转出相应资金,那么赃款的来源和性质便得以漂白。② 以支付宝为例,通过网络交易平台可以轻易实现资金的自由转移,非法交易成本极低,用户完全可以在平台上同时充当买方与卖方,将走私、贩毒、赌博等非法取得的资金变为合法财产。为此,《支付宝服务协议》对洗钱行为发出禁止性声明;央行在《反洗钱报告》中指出,网上银行在银行业务中占据的比重上升很快,而且交易大都通过电话、计算机网络进行,银行和客户很少见面,这给银行了解客户带来很大难度,已成为洗钱风险的易发、高发领域。③ 若第三方支付经营机构或者行为人明知他人非法资金而利用互联网金融为其提供转账服务,则可能触犯《刑法》第 191 条规定的洗钱犯罪。

3. 技术滞后可能引发其他犯罪

随着我国互联网的高速发展,利用计算机实施犯罪的行为亦不断增加,尤其是非法侵入计算机信息和破坏计算机信息系统的犯罪。当前,互联网金融第

---

① 《支付宝年沉淀现金 300 亿利息 10 亿该归谁?》,http://news.liao1.com/newspage/2015/01/4844486.html,2016 年 2 月 25 日访问。

② 刘宪权:《互联网金融面临的刑事风险》,《解放日报》2014 年 5 月 7 日第 005 版。

③ 郑初阳:《浅议互联网第三方支付的法律风险》,http://wenku.baidu.com/link? url = 76kw0V20JjzebU894b9r8hxfKayNPW6Qft79MIDPbEsQrf5K2VoObcS-PEyXO10yZMnlfTwwKDYw _ aqLEXEccGFz-P0SLfkgYu,2014 年 4 月 16 日访问。

三方支付平台做好防黑客攻击的技术保障十分必要。① 就第三方支付平台而言，一旦被黑客侵入，其中的经营资金、沉淀资金均可能直接被窃取，甚至还包括第三方支付参与者的账户信息，所造成的严重后果亦可能直接导致破产。② 由于互联网金融中囊括诸多投资者、消费者的个人身份信息，互联网支付的参与者或者第三方实施侵犯公民个人信息的行为，即可能触犯刑律。根据我国《刑法》第 253 条原条文规定，出售、非法提供公民个人信息罪和非法获取公民个人信息罪的犯罪主体是特殊主体，即仅限于国家机关或者金融、电信、交通、教育、医疗等单位及其工作人员；之后的《刑法修正案（九）》第 17 条将上述两罪的犯罪主体扩大至一般主体及单位，即凡是达到法定刑事责任年龄的个人及任何单位，均可能因涉嫌实施侵犯公民个人信息的行为而被追究刑事责任。对于因履行职责或者提供服务以外的其他方式合法地获得公民个人信息后，又将该信息出售、非法提供给他人的行为，当时的刑法并没有相关处罚的规定，但根据《刑法修正案（九）》规定也可能触犯相关刑事犯罪。

（二）P2P 网络借贷可能引发的犯罪风险

根据《2015 年互联网金融报告》，当年 P2P 网贷成交量 9 823.04 亿元，同比增长 288.7%；累计成交量 13 652 亿元，预计 2016 年全年成交量超过 3 万亿元。③ P2P 网贷成为互联网金融中发展最为迅速、规模最为庞大的一个业态。但由于行业自律和政策监管的缺失，P2P 网贷已经成为互联网金融中刑事犯罪最为高发的一个领域，有些已经因为非法吸收公众存款、集资诈骗、非法从事金融信贷业务以及非法经营等犯罪行为被追究刑事责任。

1. P2P 违规吸资可能涉嫌非法集资犯罪

从形态上看，P2P 网贷作为第三方网络平台，借、贷双方之间通过该平台进行直接的借贷。但若第三方网络平台通过吸收客户资金，在形成一定规模的"资金池"后，又利用互联网开展贷款发放、基金、保险等理财产品销售、许诺高额回报的，很可能触犯我国刑法及司法解释所规定的非法集资犯罪。根据刑法

---

① 《全球最大比特币交易平台 Mt. Gox 申请破产系黑客盗窃所致》，全球最大的比特币交易平台 Mt. Gox 曾遭遇黑客攻击，导致平台内价值 875 万美元比特币被盗。http://finance. ifeng. com/a/20140301/11780529_0. shtml，2016 年 2 月 25 日访问。

② 《全球最大比特币交易平台 Mt. Gox 申请破产系黑客盗窃所致》，http://finance. ifeng. com/a/20140301/11780529_0. shtml，2016 年 2 月 25 日访问。

③ 参见京北投资：《2015 年互联网金融投融资报告》。

和司法解释的规定①,构成非法集资犯罪有 4 个特征:公开性、社会性、利诱性和非法性。公开性是指通过媒体、推介会、传单、手机短信等途径向社会公开宣传;社会性是指向社会不特定人员吸收资金;利诱性是指承诺在一定期限内以货币、实物、股权等方式还本付息或者给予固定②回报;非法性是指未经有关部门依法批准或者借用合法经营的形式吸收资金。司法实践中,绝大部分问题P2P 网贷平台所实施的行为,均符合上述 4 个特征,涉嫌非法集资犯罪。

当前,P2P 网贷在我国互联网金融发展中占有较大的比重,亦是非法集资犯罪的重灾区。"e 租宝"③"大大宝"都是迄今为止 P2P 网贷平台涉嫌非法集资的大案。据报道,截至 2015 年 10 月底,P2P 网贷问题平台累计达 1 078 家,其中"跑路"和停业且注册资本金在 5 000 万以上的问题平台有 112 家④。这些问题、"跑路"平台的演绎过程为:吸资理财后初显提现困难,继而投资人承兑困难,再到平台主要负责人失联以及网站无法正常打开,最后投资人报警。2014 年 7 月,深圳市罗湖区法院判决的全国首例 P2P 网贷平台"东方创投"非法吸收公众存款案⑤以及被称为"P2P 网贷跑路第一案"的"优易网"案件⑥就是两起利用 P2P 网贷平台非法集资的典型案件。据资料发现,在"优易网"案之

①　我国央行《关于取缔非法金融机构和非法金融业务活动中有关问题的通知》规定,非法集资是指单位和个人未依法定程序经有关部门批准,以发行股票、债券、彩票、投资基金证券或其他债权凭证的方式向社会公众募集资金,并承诺在一定期限内以货币、实物及其他方式向出资人还本付息或给予回报的行为;最高人民法院 2010 年 12 月 13 日《关于审理非法集资刑事案件具体应用法律若干问题的解释》明确了非法集资犯罪的构成要件和几种特殊的犯罪方式;最高人民法院、最高人民检察院、公安部 2014 年 3 月 31 日《关于办理非法集资刑事案件适用法律若干问题的意见》对于界定非法集资行为作出了更为细致的规定,并对"向社会公开宣传"作出扩充解释,即包括以各种途径向社会公众传播吸收资金的信息,以及明知吸收资金的信息向社会公众扩散而予以放任等的情形。

②　根据司法解释,这里的固定回报,是指相对固定的回报,即对投资人而言属于保本不亏损的投资。

③　《e 租宝:买空奢侈品店 1 个月发 8 亿工资》:"e 租宝"的主要犯罪嫌疑人肆意挥霍投资人的钱款,包括在境外多次买空奢侈品店商品、购买上亿元的私人房产、赠送他人上千万元的钻戒、随意奖励个人资金几亿元,其中必然涉及集资诈骗罪。http://mt.sohu.com/20160203/n436736417.shtml,2016 年 2 月 25 日访问。

④　《2015 年 P2P 死亡榜:触目惊心! 跑路成灾!》,http://business.sohu.com/20151109/n425692316.shtml,2016 年 2 月 25 日访问。

⑤　参见深圳市罗湖区人民法院刑事判决书,案号(2014)深罗法刑二初字第 147 号。被告人邓亮以非法吸收公众存款罪被判处 3 年有期徒刑,被告人李泽明以非法吸收公众存款罪被判处有期徒刑 2 年缓刑 3 年。

⑥　该案于 2015 年 7 月宣判,平台经营者以集资诈骗罪被判处有期徒刑 14 年。该平台在经营过程中借款人的增长速度远远落后于投资人的增长速度,为留住投资人,优易网的经营者通过炒期货企图弥补现投资人回报而造成的资金漏洞,但因为期货亏损,最后携款 2 000 万元投资人资金潜逃。详见《"网贷第一案"优易网案件正式宣判法人获刑 14 年》,http://www.askci.com/news/2015/07/17/10731oxjz_2.shtml,2016 年 2 月 25 日访问。

前，P2P 网贷平台的涉罪行为都以非法吸收公众存款罪被判刑的较多，刑期从缓刑至 3—5 年有期徒刑不等，最高不超过 10 年，而以集资诈骗罪被判刑的较少。"优易网"案件的司法判决及媒体报道，似乎并没有对之后创设的 P2P 网贷平台产生强大的司法震慑，"e 租宝""大大宝"的案发即是佐证。

2. P2P 虚假设立可能涉嫌诈骗犯罪

根据网贷之家的数据，2014 年诈骗平台的增长率高达 2 400%。所谓诈骗类 P2P 平台即纯粹以诈骗为目的而开设的平台，此类平台开设虚假网站骗取投资人的资金，没有实质真实的接单业务，甚至没有实际的固定的营业场所，存续的时间也非常短。① 不少诈骗犯罪分子混迹于 P2P 网贷平台之中，通过花费极少量的资金购买或者开发网贷平台，通过拆东补西式的高额回报宣传，在骗取到投资人钱款后，即携款"跑路"，根本没有进行所谓投资，亦没有任何收益，其设立平台的目的就是通过虚构事实、隐瞒真相骗取投资人的钱款，实现"庞氏骗局"。绝大部分 P2P 网贷公开宣称的所谓投资项目、优良资产、实物抵押、银行债券等往往都是子虚乌有，如深圳"科迅网"网贷和"网金宝"事件。②

纯粹以实施诈骗为目的而设立的 P2P 网贷平台，因为没有利用网贷平台开展资金撮合业务，故不能称之为真实的网贷平台。从刑事规制角度分析，该类平台存在很大的社会危害性，根据其所侵犯的法益，可能涉及的刑事犯罪包括：一是诈骗罪，即平台经营人员将平台作为实施诈骗犯罪的工具，采用虚构事实、隐瞒真相的方式直接骗取投资人的钱款；二是合同诈骗罪，即平台经营人员虚构事实、隐瞒真相，采用签订经济合同的方式骗取投资人钱款；三是平台经营人员采用以非法占有为目的向社会不特定对象公开非法吸收公众资金，则可能涉嫌集资诈骗罪等。

3. P2P 违规经营可能涉嫌非法经营等犯罪

P2P 网络借贷平台作为纯粹的中介机构，在提供媒介服务过程中是否承担

---

① 《去年 P2P 诈骗平台量增 24 倍今年 P2P 诈骗或频发》，http://money. 163. com/15/0316/02/AKPURGKU00254SUA.html，2016 年 2 月 25 日访问。

② 《科讯网和网金宝跑路事件启示录》：科讯网上线仅 4 个月即关闭，涉及被骗者千余人，金额超 5 000 万元。科迅网的营运团队身份造假，团队人员照片竟然是从别的网站抄袭；宣传资料造假，早在其成立一个月余时便有投资人曝光网站的合作项目是 PS 得来的；公司注册地址造假，注册地址上根本不存在这家公司，系一较为典型的诈骗平台。但这些既未引起政府监管部门的高度警觉，也未引起投资人的重视。当时的科迅网获得百度加 V 认证和百度财富推广，投资人却趋"利"避"害"，沉睡在美丽的发财梦中不能自拔。"网金宝"是北京地区第一例 P2P"跑路"案件。根据百度快照信息，截至 2014 年 5 月 5 日，"网金宝"累计成交金额达 2.6 亿余元。网金宝同样是办公地址虚假；对外宣称的合作担保公司否认与其的合作关系；其宣称平台与中国人民银行正式签署战略合作，但经专业人士认证图片是经过 PS 的。http://finance. sina. com. cn/money/lcp2p/20140613/154019406886.shtml，2016 年 2 月 25 日访问。

有关的民事责任,实践中需要司法评判。2015年9月1日,最高人民法院《关于审理民间借贷案件适用法律若干问题的规定》第22条第1款规定:"借贷双方通过网络贷款平台形成借贷关系,网络贷款平台的提供者仅提供媒介服务,当事人请求其承担担保责任的,人民法院不予支持";该条第2款规定:"网络贷款平台的提供者通过网页、广告或者其他媒介明示或者有其他证据证明其为借贷提供担保,出借人请求网络贷款平台的提供者承担担保责任的,人民法院应予支持。"根据该规定和诚实信用原则,若平台明示作出有利于借贷双方利益保护而进行担保服务时,借贷双方当然可以依法追究借贷平台的相应民事责任。

2015年12月28日,作为P2P网贷监管部门的我国银监会会同工业和信息化部、公安部、国家互联网信息办公室等部门研究起草的《网络借贷暂行办法》,是规范P2P网络借贷平台的第一部行政规章。《网络借贷暂行办法》不仅对P2P网络借贷平台的性质作出明确界定,而且还具体规定经营范围以及不能触犯的12条底线。据此,P2P网贷只能作为借贷中介从事相应中介服务业务,重申网络借贷平台从业机构作为信息中介的法律地位,[①]即P2P网贷平台是以互联网为主要渠道,为出借人和借款人提供信息搜集、信息公布、资信评估、信息交互、借贷撮合等中介服务的互联网平台。《网络借贷暂行办法》第3条采用负面清单的方式,规定"网络借贷信息中介机构按照依法、诚信、自愿、公平的原则为借款人和出借人提供信息服务,维护出借人与借款人合法权益,不得提供增信服务,不得设立资金池,不得非法集资,不得损害国家利益和社会公共利益"。P2P网贷平台超越上述权限开展金融业务,则可能涉嫌我国刑法规定的非法经营、擅自设立金融机构、伪造、变造、转让金融机构经营许可证、批准文件罪等刑事犯罪。对打着网贷旗号从事非法集资等违法违规行为,要坚决实施市场退出或依法取缔;对涉嫌刑事犯罪的要按照相关法律和工作机制,依刑事司法程序处理。

(三)众筹融资可能引发的犯罪风险

根据《2015年互联网金融报告》,截至2015年12月底,全国共有正常运营的众筹平台共283家,比2014年增长99.3%,是2013年数量的近10倍。仅

---

① 《网络借贷暂行办法》第2条规定:网络借贷是指个体和个体之间通过互联网平台实现的直接借贷。个体包含自然人、法人及其他组织。网络借贷信息中介机构是指依法设立、专门从事网络借贷信息中介业务活动的金融信息中介企业。该类机构以互联网为主要渠道,为借款人与出借人(即贷款人)实现直接借贷提供信息搜集、信息公布、资信评估、信息交互、借贷撮合等服务。

2015 年即成功筹集资金 11 424 亿元,同比增长 429.38%。① 如前所述,众筹融资有多种类型,其中的捐赠型众筹是投资者和项目发起人之间的赠与合同,受到我国《公益事业捐赠法》和《合同法》中有关条款的约束;预售众筹则是具体商品的买卖或者特定服务的提供,双方之间的合同权利义务关系应通过众筹平台的项目说明加以明确。上述两种类型的众筹,本质上与资金的跨期配置并不相同,因此,就互联网金融意义上的资金众筹而言,主要还是指借贷众筹和股权众筹。② 而借贷众筹与 P2P 网贷基本类似,故不再赘述。这里以众筹融资行为可能涉嫌的刑事犯罪进行分析。

1. 股权众筹的违规行为可能涉嫌擅自发行股票、公司、企业债券犯罪

根据我国刑法规定,擅自发行股票、公司、企业债券罪是指未经国家有关主管部门批准,擅自发行股票或者公司、企业债券,数额巨大、后果严重或者其他严重情节的行为。众筹融资平台及其工作人员若在众筹融资过程中违规擅自发行股票或者公司企业债券并触犯刑律的,可能构成此罪。2014 年初,美微传媒在淘宝店"美微会员卡在线直营店"出售会员卡,购买会员卡即为购买公司原始股票,单位凭证为 1.2 元,最低认购单位为 100,只需要花 120 元下单就可以成为持有美微 100 股的原始股东。此事曾引起法律界及互联网行业深度讨论。有法律人士认为,按照《公司法》规定,有限责任公司股东人数不能超过 50 人,只能实行股份代持方式。同时,根据《证券法》规定,向不特定对象发行证券、或者向特定对象发行证券累计超过 200 人的,均属公开发行,需经证券监管部门核准才可进行。③ 通过在互联网上售卖原始股权而沸沸扬扬的美微传媒,最终被证监会以叫停的方式结束了这样一场"闹剧"。美微传媒公开承认不具备公开募股主体条件,退还通过淘宝等公开渠道募集的款项,进而引发"叫卖式"融资方式是否属于非法集资的争议。证监会关于《淘宝网上部分公司涉嫌擅自发行股票的行为》,界定美微传媒利用淘宝、微博等互联网平台擅自向公众转让或者成立私募股权的投资行为涉嫌变相非法发行股票。目前,股权类众筹是存在最大刑事风险的众筹模式。根据司法解释,若众筹活动的发起人向社会不特定对象发行股票 30 人以上,或向特定对象发行股票累计超过 200 人,即可构成公

---

① 参见京北投资:《2015 年互联网金融投融资报告》。

② 肖凯:《论众筹融资的法律属性及其与非法集资的关系》,《华东政法大学学报》2014 年第 5 期,第 31 页。

③ 《美微传媒筹资被叫停背后:众筹在中国是否可行》,http://tech.sina.com.cn/i/2013 - 03 - 22/09578172527.shtml,2016 年 2 月 10 日访问。

开发行,可能涉嫌擅自发行股票、公司、企业债券犯罪。①

2. 融资平台违规募集资金可能涉嫌非法吸收公众存款等犯罪

虽然从罪名分类上而言,擅自发行股票、公司、企业债券同样属于非法集资犯罪的一种表现形式。但笔者这里所讲的非法集资是指非法吸收公众存款罪和集资诈骗罪。在众筹融资中,还出现通过融资平台发行基金的行为,即可能涉嫌非法集资犯罪。因为《刑法》第 179 条只是规制擅自发行股票和债券的行为,若行为人擅自发行基金或者以非法占有为目的发行基金,则可能触犯非法吸收公众存款、变相吸收公众存款或者集资诈骗等犯罪。

2013 年 6 月 1 日施行的《证券投资基金法》规定了公募基金和私募基金的发行要件。就公募基金而言,该法第 51 条第 2 款规定:"公开募集基金,包括向不特定对象募集资金、向特定对象募集资金累计超过 200 人,以及法律、行政法规规定的其他情形。"根据上述规定,公募基金包括两种情形:向不特定对象公开募集和向特定 200 人以上的对象公开募集资金。《证券投资基金法》第 51 条第 1 款规定:"公开募集基金,应当经国务院证券监督管理机构注册。未经注册,不得公开或者变相公开募集基金。"据此,若行为人未经注册,向不特定对象公开募集和向特定 200 人以上的对象公开募集资金的,就可能构成非法吸收公众存款罪;若行为人具有非法占有的目的,就可能构成集资诈骗罪。当然,若行为人向特定对象募集资金少于 200 人的,因为并非公开募集,不符合非法集资犯罪所要求的社会性即向社会不特定对象非法集资的行为,故可排除非法集资犯罪。就私募基金而言,《证券投资基金法》第 88 条第 1 款规定:"非公开募集基金应当向合格投资者募集,合格投资者累计不得超过 200 人。"笔者认为,私募基金系向特定的合格投资者募集资金,且人数少于 200 人。据此,同样因为不符合非法集资犯罪所要求的社会性的要件,不构成本罪。

3. 特殊众筹中因主体适格可能涉嫌非法发行证券犯罪

2015 年 4 月出台的《证券法(修订草案)》将股权众筹纳入其调整范围。其

---

① 最高人民检察院、公安部于 2010 年 5 月 7 日联合颁布《关于公安机关管辖的刑事案件立案追诉标准的规定(二)》第 34 条规定:"未经国家有关主管部门批准,擅自发行股票或者公司、企业债券,涉嫌下列情形之一的,应予立案追诉:(1) 发行数额在五十万元以上的;(2) 虽未达到上述数额标准,但擅自发行致使三十人以上的投资者购买股票或者公司、企业债券的;(3) 不能及时清偿或者清退的;(4) 其他后果严重或者有其他严重情节的情形。"最高人民法院 2010 年 12 月 13 日《关于审理非法集资刑事案件具体应用法律若干问题的解释》第 6 条规定:"未经国家有关主管部门批准,向社会不特定对象发行、以转让股权等方式变相发行股票或者公司、企业债券,或者向特定对象发行、变相发行股票或者公司、企业债券累计超过 200 人的,应当认定为刑法第 179 条规定的'擅自发行股票、公司、企业债券'。构成犯罪的,以擅自发行股票、公司、企业债券罪定罪处罚。"2015 年 4 月 20 日出台的《证券法 (修订草案)》第 12 条同样将公开发行证券分为两种:(1) 向不特定对象发行证券;(2) 向特定对象发行证券累计超过 200 人的。

第13条规定："通过证券经营机构或者国务院证券监督管理机构认可的其他机构以互联网等众筹方式公开发行证券，发行人和投资者符合国务院证券监督管理机构规定的条件的，可以豁免注册或者核准。"按照上述规定，互联网众筹中只要通过证券经营机构或者国务院证券监督管理机构认可的其他机构公开发行证券，且发行人和投资者符合规定条件的，即可豁免注册或者核准，从而排除认定为擅自发行股票、公司、企业债券中"擅自"的前提认定，使适格主体可能引发"非法发行证券"的风险得以化解。但由于上述规定尚只是修订草案，目前尚未正式发布生效，因此，在《证券法（修订草案）》正式生效实施前，我国的股权众筹行为在刑事司法实践中仍然有可能被评判为涉嫌擅自发行股票、公司、企业债券犯罪。况且，细读上述规定，未经证券经营机构或者国务院证券监督管理机构认可的非"适格主体"，仍可能因"非法发行证券"而涉嫌犯罪。

三、加强涉互联网金融刑事犯罪司法工作的建议

研究涉互联网金融的刑事规制，一方面是为及时立案侦查涉罪行为、准确惩罚犯罪、保护被害人合法财产服务；另一方面是通过研究涉互联网金融的刑事犯罪风险和刑事司法相关问题，促进互联网金融行业自律，完善行政规章和行政监管，实现刑罚一般预防的功能。

（一）呼吁行业自律和行政监管，减少刑事犯罪

实践中，解决部分涉互联网金融刑事犯罪的刑法适用等法律问题，一般都离不开相关涉罪行为在该领域的行政法律评价。因此，尽快建立完善互联网金融行政规章和相关司法解释，是加强涉互联网金融刑事司法工作的必要前提。

一是要尽快改变目前我国的互联网金融相关立法空白期导致监管不力的现状。以适度、有效的金融监管规则将各种互联网金融活动和行业业态纳入监管体系，对于互联网金融创新实践者而言，能起到减少刑事法律风险的作用。

二是要建立互联网金融行业自律的完善制度。据悉，中国互联网金融协会已于2016年3月25日成立，首批单位会员400多家。行业自律架构以及相关自律规范的逐步建立完善，还有赖于单位会员的不懈努力，并抓紧出台互联网金融的行业标准。

三是要明确互联网金融自律惩戒机制，强化行业规则、行业标准的约束力，不断提高守法、诚信、自律意识，尽快树立起从业机构服务经济社会发展的形象。

（二）加大涉互联网金融犯罪违法所得的追缴清偿力度

在办理涉互联网金融刑事案件中，除依法追究刑事责任外，还要做好追赃清偿工作，这是化解矛盾、维护社会稳定的重要途径，也是切实保护被害人合法权益、减少广大受害群众财产损失的重要手段。目前，绝大部分刑事案件处理后能够追缴的款物经常不足以全额返还被集资人，能够追偿的比例一般只有10％—20％，甚至更低。在不完全追赃的情况下，如何将有限的赃款公平公正地依法分配给案件被害人，必须从司法制度上作出明确安排。

一是要把握好非法所得的具体追缴原则及赃款赃物分配原则。就加强追赃清偿工作而言，司法机关可通过提前介入案件、锁定账款去向、及时采取冻结、查扣等手段，尽最大限度挽回被害人的财产损失。根据民法善意第三人的原则，对于基于正常的债务或者市场活动而以正常的市场价格接受非法吸收的资金及其转换的财物，应当从有利于维护既定社会关系原则，不能一追到底、非法追缴。只有主观上明知是非法吸收的资金及其转换的财物，或证明是恶意取得的，才能被依法追缴。

二是要明确按比例返还的原则。非法集资案件往往涉案金额大、范围广、人数多，对涉案财物的处置应当遵循严格规范的操作流程，防止因仓促返还或者返还不均引发新的矛盾。从法律层面确定统一处置和按比例返还的原则，有利于依法公正地处置涉案财物，消除可能出现的不稳定因素。具体而言，投资人的清偿款＝清退基数×清退率。其中，清退基数是投资者本金减去投资人从平台已经收回的本金和利息、分红等投资回报；而清退率是司法机关追回的款项数额除以应当清退的款项总额。无论投资的金额有多少，是大户还是小户，只要是同一集资性质，都是同一顺序同一比率清偿，也不论集资款返还时如理财合同到期与否，均按同一标准同一顺序同一时间返还。

三是严格遵循追缴非法所得的司法程序原则。为防止涉案财物因贬值、腐烂变质、保管困难等原因导致损失扩大，对于查封、扣押、冻结的易贬值及保管、养护成本较高的涉案财物，可以在相关司法诉讼终结前依照有关规定变卖、拍卖，所得价款由查封、扣押、冻结机关予以保管，待案件判决生效后一并协商处置。

四是对涉刑、民事案件予以妥善处理。刑事案件中若涉及民事案件的，司法人员应避免就案办案、孤立办案，要依法做好涉案财物的权属认定和返还工作，在同一法律事实下，刑事案件应当优先于民事案件，并根据不同诉讼程序和环节分为三个层次，依法处理：其一，对于公安机关、检察院、法院正在侦查、起诉、审理的非法集资刑事案件，有关单位或者个人就同一事实向法院提起民事诉讼或者申请执行涉案财物的,法院应当不予受理,并将有关材料移送公安机关或者检察机关。其二,法院在审理民事案件或者执行过程中,发现有非法集资犯罪嫌疑的,应当裁定驳回起诉或者中止执行,并及时将有关材料移送公安机关或者检察机关。其三,公安机关、检察院、法院在侦查、起诉、审理非法集资刑事案件中,发现与法院正在审理的民事案件属同一事实,或者被申请执行的财物属于涉案财物的,应当及时通报相关法院。法院经审查认为确属涉嫌犯罪的,依照前款规定处理。

（三）建立健全处置涉互联网金融犯罪的相关工作机制

由于互联网金融企业的主要业务均在互联网的线上完成,案件往往涉及多地同时案发等情况。为此:

一是要明确跨区域涉互联网金融刑事犯罪案件司法管辖的协商工作机制。按照有利于查清犯罪事实和司法公正的原则,先行立案侦查。在全国有影响的重大复杂案件,可由公安部、最高人民法院、最高人民检察院协商相关地区司法机关按照便利诉讼、属地管辖原则或集中或分案的依法指定管辖。二是完善维稳工作机制。要克服地方保护主义,从维护金融秩序、国家金融安全和社会稳定大局出发,同心协力,做好追赃和赃款赃物依法处置工作,及时保护被害人的合法权益不受侵犯。三是充分发挥行政执法与刑事司法协商工作机制作用,加强"两法"衔接,强化金融司法与金融监管部门之间有关涉互联网金融犯罪案件的信息交流,健全相关联席会议制度,为刑事司法奠定基础。四是针对涉互联网金融犯罪所暴露出的利益输送和权力寻租等"金融腐败"案件,检察机关要切实依法履行好侦查、逮捕、起诉等司法职能,治腐肃廉,及时惩罚利用职务之便进行贪污贿赂的犯罪分子。

（四）强化涉互联网金融投资风险的司法宣传和法制教育

在互联网金融加速发展的背景下,面对行政监管和刑事规制所涉风险具有滞后性和局限性,需做到:一是结合涉互联网金融刑事犯罪典型司法案例,积极开展对互联网金融从业人员、从业机构诚信、守律的法制教育。二是结合司法实践,加强对投资人审慎投资的引导和理性投资教育,强化社会民众依法投资的风险意识。三是政府职能部门可利用云计算等大数据,建立互联网金融三种形态社会融资的警示制度,及时向社会公众发布三种形态的投资风险,给投资客一个客观真实的风险提示。

互联网金融的刑事风险规制

——以集资类犯罪为例

曹坚　陆玔*

摘　要： 互联网金融与传统金融在本质上并无区别，但有其开放与便捷的特点，其间出现的刑事犯罪依靠刑法现有罪名体系完全可以应对和覆盖，关键是厘清正当的互联网金融创新与假借互联网名义行刑事犯罪之实的"伪互联网金融"。刑事规制互联网金融犯罪要充分考虑到其产生的场域特征，在罪名认定、证据提取和固定及刑事政策调整时均要有相应的针对性。

关键词： 互联网金融　罪名　刑事政策

一、互联网金融及其刑事法律风险

（一）互联网金融内在规定性与基本形态

1. 互联网金融及其内在规定性

互联网金融是指在传统的金融模式之外，基于互联网技术的特点，金融行为以点对点、网格化共享互联为基础，以此形成的信息交互、资源共享、优劣互

---

* 曹坚　上海市人民检察院第一分院公诉处副处长、高级检察官，全国检察业务专家，法学博士；陆玔　上海市人民检察院第一分院公诉处检察官助理，法学硕士。

补的新兴金融交易模式。作为一种新型金融交易模式，互联网金融有别于传统金融的最大特点在于，资金需求者与供给者的需求在互联网的共享互联中得到充分挖掘和满足，具有普惠、便捷、低廉等特点。① 各种金融模式发展迅速的当下，网络集资以其便捷、快速的优势吸引了大量的使用人。

互联网金融②的本质还是金融，是金融借助于互联网技术和信息技术的一种创新模式。然而，这并非仅是一种技术上的改变，更是互联网"开放、自由、平等、普惠、分享、协作"的精神渗透到传统金融业态，是一种新的参与形式，对原有金融模式产生极为重大的影响，并衍生出创新的金融服务方式。

2. 互联网金融的基本形态

理论界对互联网金融的主要形态有不同分类方法。有观点认为，互联网金融分为第三方支付、P2P 网络借贷、大数据金融、众筹、信息化金融机构和互联网金融门户六类；有观点依据互联网金融的主要功能，将之分为支付结算类、融资类和投资理财保险类；还有观点从信息经济学的视角，将互联网金融分为金融网店模式、资金撮合模式、B2C 电商小贷模式、金融百度模式和网络金融信息挖掘模式。《关于促进互联网金融健康发展的指导意见》中将互联网金融分为互联网支付、P2P 网络借贷、股权众筹融资、互联网基金销售、互联网保险、互联网信托和互联网消费金融。综合各方观点，理论界所公认的模式主要包括，第三方支付、③P2P 网络借贷④及众筹融资。⑤ 其中，第三方支付工具主要是以国

---

① 以"余额宝"为例，普通大众即使仅只有一元钱，亦可参与到金融投资中，根据公开的信息资源合理判断自己的金融投资取向，并从正当的金融活动中获益，是一种普惠金融；"余额宝"可以通过电脑、手机、平板电脑等网络工具作为媒体来实现金融交易，金融参与者可以足不出户即可完成金融交易，是一种便捷金融；同时，其没有交易限额，亦减少很多交易环节，有别于传统金融模式受限于直接的、面对面的传统交易模式，交易成本大大降低，还节省了大量服务成本。

② 《关于促进互联网金融健康发展的指导意见》中对于互联网金融进行了概念界定，认为互联网金融是传统金融机构与互联网企业利用互联网技术和信息通信技术实现资金融通、支付、投资和信息中介服务的新型金融业务模式。中国人民银行、公安部、财政部、银监会、保监会等十部门联合出台了《关于促进互联网金融健康发展的指导意见》参见（2015 年 7 月 18 日）（简称《指导意见》）。

③ 第三方支付（Third Party Payment），是指非金融机构以中介机构的身份，在收付款人之间提供的全部或部分转账服务，主要有三种类型即是银行卡收单、预付卡的发行与受理和网上支付。

④ P2P 网络借贷（Peer-to-Peer Lending），又称点对点信贷，是指行为人搭建第三方网络平台，该平台应是单纯的中介媒质，由借、贷双方通过该第三方网络平台进行"个体对个体"直接借贷模式的网络借贷。

⑤ 众筹融资（Crowd Funding），又称大众融资或群众融资，是指创意人或小微企业等项目发起人利用互联网和 SNS 传播的特性，向不特定公众宣传并展示其项目的内容、目标、计划等，从而获得公众资金援助的一种融资模式。根据投资者投资回报的不同形式，众筹融资主要可以分为捐赠型众筹（公益众筹）、预售型众筹（奖励众筹）、借贷型众筹和股权型众筹四种类型。《指导意见》中对股权众筹进行了界定，股权众筹主要是指通过互联网形式进行公开小额股权融资的活动，并规定股权众筹必须通过股权众筹中介机构平台进行，融资方须向投资人履行如实披露义务。

内的"支付宝""财付通",美国的"Paypal"等为代表的支付结算平台;P2P 网络借贷主要是以国内第一家成立的"拍拍贷"和全球第一家英国的"Zopa"为业界代表;众筹融资的国内模式始于"点名时间"以及后续发展起来的"追梦网""天使汇"等,典型代表则是美国的"Kick starter"。①

(二)互联网金融的刑事法律风险

自互联网金融进入公众视野、获得大规模增长以来,陆续暴露出无准入门槛、无行业标准、无监管机构的问题,资金安全风险加速暴露,大案要案高发频发,非法集资案件遍及全国,东部地区为高发地区,中西部地区增势明显,特别是网络借贷成为案件多发领域,因监管技术困难和法律空白,现实中存在的一些不具有任何投资意义的欺诈项目,②如发生的 e 租宝、③泛亚、申彤大大、中晋等案件,引发对互联网金融刑事法律风险的关注。诸如,P2P 网络集资存在哪些刑事风险,是否涉嫌非法集资,何种情况下构成犯罪,P2P 网络集资平台开展非法集资活动应如何定性等问题,有必要通过摸清互联网金融中存在的风险系数,依法进行分类处理,就网络非法集资行为刑法规制及监管等问题进行深入研究。

基于目前司法实践的反馈,第三方支付主要涉及的刑事法律风险集中在诈骗犯罪、洗钱犯罪、偷税犯罪等领域;P2P 网络借贷的刑事法律风险高发区域为资金池模式、不合格借款人模式、平台假标自融模式,可能极易涉及非法集资类相关犯罪;④众筹融资中的刑事法律风险集中在股权众筹和债券众筹两

---

① 参见夏恩君等:《国外众筹研究综述与展望》,《技术经济》2015 年第 10 期,第 10—16 页。

② 公安部数据显示,2014 年,各地报送涉嫌非法集资新发案数量 3 500 多起,涉案金额近 1 600 亿元,参与集资人数逾 70 万,其中公安机关立案近 3 300 起,司法审理 243 起,审结 52 起。2015 年全国非法集资新发案数量近 6 000 起,涉案金额近 2 500 亿元,参与集资人数逾 150 万人;2016 年一季度,立案数达 2 300 余起。2015 年全国非法集资新发案数量、涉案金额、参与集资人数同比分别上升 71%、57%、120%,达历史最高峰值,跨省集资人数上千人,集资金额超亿元案件同比分别增长 73%、78%、44%。

③ "e 租宝"案中涉案人员 21 名。"e 租宝"平台共有充值并投资的会员 1 090 多万个,累计充值 580 多亿元,累计投资 745 亿元,涉及近 500 亿元非法集资款、波及近 90 万名投资者。

④ 根据数据显示,P2P 网贷平台一方面从 2013 年开始井喷式发展,但伴随而来的是问题、跑路平台的不断涌现。2015 年 1 月 57 家,2 月 49 家,3 月 50 家,4 月 54 家,5 月 59 家,6 月,新增问题平台 123 家,7 月,新增问题平台 109 家,8 月,新增问题平台 81 家,9 月,新增问题平台 55 家,10 月,新增问题平台 47 家。其中跑路和停业且注册资本金在 5 000 万以上的问题平台都有 112 家之多,上海和广东的数量最多,均为 20 家,第三为北京 18 家。截至 2015 年 10 月底,累计问题平台达到 1 078 家。P2P 网络借贷在互联网金融发展中占有最重要的比重,亦是非法集资犯罪的重灾区。前文提到的"e 租宝"、"大大宝"都是迄今为止 P2P 网络借贷平台涉嫌非法集资的大案。以"e 租宝"为例,该案的被告人肆意挥霍投资人的钱款,包括在境外多次买空奢侈品店商品、购买上亿元的私人房产、赠送他人上千万元的钻戒,随意奖励个人资金几亿元,其中必然涉及集资诈骗罪。另外这些问题、跑路品台共同体现出了从提现困难、继而投资人意识到问题,再到平台主要负责人失联以及网站无法正常打开,最后投资人报警的事故链条。"众贷网"网贷公司自 3 月 10 日开业尚不足一月,甚至在首月的投资回款未到期时,即自称风控不严,被迫倒闭,该网贷公司有 30 多名投资(转下页)

个方面。①

1. 第三方支付的刑事法律风险

第三方支付是互联网金融领域内最早为公众认识的一种交易支付渠道,虽然其在互联网金融业务中占比较小,但其中牵涉的犯罪方式和手段却更具多样性。例如,行为人假借第三方平台偷税、利用第三方交易的隐蔽性进行信用卡诈骗或洗钱、利用交易平台的网络特性盗窃网银、利用买方对交易规则的不熟悉欺骗付款等。许多传统犯罪手段披着互联网的外衣呈现出新类型的犯罪手法,第三方支付中利用偷换微信二维码骗取支付款,其性质认定基于互联网的特点产生了争论。此外,第三方支付企业利用监管漏洞进行非法集资,还可能涉及非法吸收公众存款和非法集资犯罪的法律风险。

2. P2P 网络借贷的刑事法律风险

P2P 网络带宽平台是一种借助于互联网开展金融服务的中介机构,借贷双方通过平台进行直接的借贷,平台只能开展信用认定、信用撮合、信息配对、利率制定以及法律文本起草等业务,不能实施准金融机构或者实质金融机构从事的吸储、放贷、担保等金融业务,不能介入借贷交易,更不能替出借人分担借款人的信用风险。因此,若超越 P2P 平台的权限范围开展金融业务,通过吸收客户资金形成一定规模的资金池,利用互联网开展贷款发放、基金、保险等理财产品销售、许诺高额回报行为,则可能涉嫌非法经营罪,擅自设立金融机构罪,伪造、变造、转让金融机构经营许可证、批准文件罪等。P2P 网络借贷平台私自设立自有资金池则涉及非法吸收公众存款罪,因不合格借款人而导致涉及非法集资的法律风险;如果平台的经营者发布虚假的高利借款信息募集资金,并在前期采用"拆东墙、补西墙"的方式,将募集的资金挪作自用则构成"庞氏骗局"。

纯粹以实施诈骗为目的而设立的平台,本质上因为没有利用网贷平台开展资金撮合业务,故不能真正称之为 P2P 网贷平台。但因该类平台亦是客观存在且具有较大危害性,所以从研究刑事规制的角度而言,该种纯粹的诈骗类平台可能涉及的刑事犯罪包括普通诈骗罪、合同诈骗罪和集资诈骗罪。其中集资

(接上页)者,涉及 200 多万元投资资金。2014 年 7 月 29 日,深圳市罗湖区法院判决的全国首例 P2P 网贷平台"东方创投"非法吸收公众存款案,就是一起典型利用 P2P 网贷平台非法集资的案件。2012 年 12 月被称为"P2P 网贷跑路第一案"的"优易网"案件,于 2015 年 7 月宣判,平台经营者以集资诈骗罪被判处有期徒刑 14 年。该平台在经营过程中借款人的增长速度远远落后于投资人的增长速度,为留住投资人,优易网的经营者通过炒期货企图弥补因为兑现给投资人回报而造成的资金漏洞,因为期货亏损,最后携款 2 000 万元投资人资金潜逃。

　① 李永升、胡冬阳:《P2P 网络借贷的刑法规制问题研究——以近三年的裁判文书为研究样本》,《政治与法律》2016 年第 5 期。

诈骗罪的表现形式就是平台经营人员采用非法吸收公众存款罪中公开性、社会性等方式骗取资金的行为模式。

3. 众筹融资的刑事法律风险

众筹融资可细分为捐赠众筹、①预售众筹、②借贷众筹③和股权众筹④四类。前两类的众筹本质上与资金的跨期配置并不相同,因此就互联网金融意义上的资金众筹而言,主要是指借贷众筹和股权众筹两类。而我国目前实践最多且存在最大刑事风险的当属具有"公开、小额、大众"特征的股权众筹。实践中,众筹融资平台及其工作人员若在众筹融资过程中出现擅自发行股票或者公司、企业债券等行为,例如,发起人向社会不特定对象或向特定对象 200 人以上发行股票即可构成公开发行,触及擅自发行股票、公司、企业债券罪。⑤ 鉴于《刑法》第179 条只规制擅自发行股票和债券的行为,若行为人擅自发行基金或者以非法占有为目的发行基金,则可能分别涉及非法吸收公众存款罪和集资诈骗罪。因为根据刑法规定,若行为人未经注册,向不特定对象公开募集或向特定 200 人以上的对象公开募集资金的,就可能构成非法吸收公众存款罪,若具有非法占有的目的或行为,就构成集资诈骗罪。当然,若行为人向特定对象募集资金少于 200 人的,⑥因为并非公开募集,不符合非法集资犯罪所要求的社会性,可排除非法集资犯罪的成立空间。

此外,值得注意的是,根据最高人民法院、最高人民检察院、公安部、证监会2008 年 1 月 2 日《关于整治非法证券活动有关问题的通知》,中介机构非法代理买卖非上市公司股票、涉嫌犯罪的,应当以非法经营罪追究刑事责任;所代理的非上市公司涉嫌擅自发行股票,构成犯罪的,以擅自发行股票罪追究刑事责任;非上市公司和中介机构共谋擅自发行股票,构成犯罪的,以擅自发行股票罪的共犯论处。

---

① 捐赠众筹是投资者和项目发起人之间的赠与合同,受到我国《公益事业捐赠法》和《合同法》中有关条款的约束。参见中国人民银行等十部委于 2015 年出台的《关于促进互联网金融健康发展的指导意见》。

② 根据中国人民银行等十部委于 2015 年出台的《关于促进互联网金融健康发展的指导意见》,预售众筹是具体商品的买卖或者特定服务的提供,双方之间的合同权利义务关系应通过众筹平台的项目说明加以明确。

③ 根据中国人民银行等十部委于 2015 年出台的《关于促进互联网金融健康发展的指导意见》,借贷众筹与前文所述的 P2P 网贷基本类似。

④ 根据中国人民银行等十部委于 2015 年出台的《关于促进互联网金融健康发展的指导意见》,股权众筹融资主要是指通过互联网形式进行公开小额股权融资的活动。

⑤ 根据我国《刑法》规定,该罪是指未经国家有关主管部门批准,擅自发行股票或者公司、企业债券,数额巨大、后果严重或者其他严重情节的行为。

⑥ 《证券投资基金法》第 88 条第 1 款规定:"非公开募集基金应当向合格投资者募集,合格投资者累计不得超过 200 人。"私募基金系向特定的合格投资者募集资金,且人数少于 200 人,不符合非法集资犯罪所要求的社会性的要件,不构成非法集资犯罪。

二、互联网金融的刑事风险规制

（一）域外规制手段的滥觞及发展

域外关于规范互联网金融的实践主要集中于平台运营方的申请注册、资质审查、风险提示、劝诱禁止、资金转移、项目发起人的信息披露、企业性质、筹资金额、筹资期限、筹资用途、资金支持者的适格条件、资料获取、认购额度、投资奖励、撤回投资权利等方面。[1] 具体如下：

1. 英美法系国家

英国是 P2P 网贷的发源地，也是目前最大的 P2P 市场，2005—2011 年，英国既无行业自律又无政府监管。2011 年起成立了自律协会，2012 年确定了金融行为监督局为其主要监管者，2014 年实施了《关于网络众筹和通过其他方式发行不易变现证券的监管规则》，对 P2P 网贷行业运营细则进行规定。英国还设置了客户资金管理与争议解决及补偿机制，规定客户资金必须与公司资金隔离，单独存放于银行账户，如果平台没有二级转让市场，投资者可以在 14 天内取消投资而不承担违约责任，但投资者不能享受类似存款保险的保障。P2P 借贷要遵守《消费者信贷法 1974》。英国 2014 年出台《FCA 对互联网众筹与其他媒体对未实现证券化的促进监管办法》，对监管规则设置了"最低审慎资本"要求；对"客户资金保护"设置了客户资金第三方单独存管；对"信息披露"一方面是关于平台的信息，另一方面是关于平台提供服务的信息，重视风险披露。同时规定，定期向 FCA 报告财务状况、客户资金、投资情况、投诉情况；"消费者单方合同解除权"规定，如果包含二级市场，消费者不享受解除权；如果不包含二级市场，则平台应该依法维护消费者的后悔权；"平台倒闭后借贷管理安排"规定平台倒闭时，确保贷款能够继续得到管理；"争端解决规定"则要建立投诉程序，规定平台在 8 周时间内审查并回应，如果投资者对结果不满，可以向金融申诉专员(FOS)投诉解决纠纷。

美国作为 P2P 网贷迅速崛起的后起之秀，在借鉴英国经验的基础上形成了自己的模式。一是设置较英国更高的准入门槛，限制市场的盲目发展，最终形成了目前的寡头垄断市场。二是建立较英国更加严格的信息披露制度，要求平台定时披露财务状况及重大事项，及时向贷款人披露借款人的信息，用于法律诉讼时证明是否存在错误信息误导消费者。三是设置破产后备计划，规定如

---

[1] 黄震等：《英美 P2P 监管体系比较与我国 P2P 监管思路研究》，《金融监管研究》2014 年第 10 期，第 48—53 页。

果平台面临破产,第三方机构可以接管继续经营,使投资者的投资不受损失(英国则是由原来的平台继续合理管理已存续的借贷合同)。美国并未制定针对P2P监管的专门法律,主要依靠其较完善的基础性立法对P2P行业进行监管,具体监管则由联邦和州政府相关监管机构实行双重监管。

2. 大陆法系国家

意大利是欧洲地区首个专门为众筹立法的国家,其议会于2012年通过第221号法案《初创型创新企业法》及后续出台的操作细则《初创型创新企业通过门户网站筹资的相关规定》,明确只有满足特定条件且在证券交易委员会注册过的网站,方可提供线上融资服务,且对企业的主营业务、主营地、总产值、股权持有方式、利润分配方式、团队成员资质、实筹资金认购方式等提出了一系列要求。

法国于2013年通过金融市场监管局公布《2013—2016年之战略:金融获新意》的咨询文件,通过金融审慎监管局公布了互联网众筹指导性意见;2014年经济部和财政部正式发布《众筹融资法令》,涵盖了股权类融资、实物类融资、P2P借贷的运作规范等内容,明确了平台运营方须向金融市场监管局申请注册,并提供服务的过程中要尽到适格审查、项目筛选的合理注意义务。

(二)域内的刑法规制手段

在我国,非法集资行为并不是刑法上的具体罪名,而是一类罪名的统称,包含"非法吸收公众存款罪""集资诈骗罪""非法经营罪""擅自发行股票、公司、企业债权罪"以及"欺诈发行股票、债权罪"4个罪名。当然,互联网金融刑法规制讨论中,除核心罪名外,还可能触及非法经营罪、诈骗罪、洗钱罪、擅自设立金融机构罪以及组织、领导传销组织罪等。实践案例显示,集资类犯罪主要集中于"非法吸收公众存款罪""集资诈骗罪""擅自发行股票、公司、企业债权罪"三项。本文重点论述此三项犯罪的刑法规制并提出针对性的意见和建议。

1. 集资类犯罪的特点

根据相关法律法规,[①]构成集资类犯罪须具备四个要件,即公开性、社会性、利诱性和非法性。公开性是指通过媒体、推介会、传单、手机短信等途径向

① 我国央行《关于取缔非法金融机构和非法金融业务活动中有关问题的通知》规定:"非法集资是指单位和个人未依法定程序经有关部门批准,以发行股票、债券、彩票、投资基金证券或其他债权凭证的方式向社会公众募集资金,并承诺在一定期限内以货币、实物及其他方式向出资人还本付息或给予回报的行为";最高人民法院2010年12月13日《关于审理非法集资刑事案件具体应用法律若干问题的解释》(简称《非法集资解释》),明确非法集资犯罪的构成要件和几种特殊的犯罪方式;2014年3月31日,最高人民法院、最高人民检察院、公安部又下发《关于办理非法集资刑事案件适用法律若干问题的意见》(简称《非法集资意见》),对于界定非法集资行为作出更为细致的规定。《非法集资意见》对《非法集资解释》中"向社会公开宣传"作出扩充解释,即包括以各种途径向社会公众传播吸收资金的信息,以及明知吸收资金的信息向社会公众扩散而予以放任等情形。

社会公开宣传；社会性是指向社会不特定人员吸收资金；利诱性是指承诺在一定期限内以货币、实物、股权等方式还本付息或者给予固定回报；非法性是指未经有关部门依法批准或者借用合法经营的形式吸收资金。

2. 核心罪名分述

（1）非法吸收公众存款罪的刑法规制。作为《刑法》规定的集资类的罪名之一，该罪主要针对不具有资格的主体且不具有不法所有的主观目的。所以，如果行为人或金融机构具有吸收公众存款资格违规或违法擅自恶意竞争、高息揽储的行为，按照《商业银行法》处置，不认定为刑事犯罪。

讨论的中心是本罪的存废。在实务中，对比适用该条罪名的诸多案例，如杨梅峰非吸案，[①]韩长柏、胡顺长非吸案，[②]伍水军、钟杰、龙某国非吸收案，[③]陶秀义非吸案，[④]熊刚非吸案，[⑤]张某甲非吸案，[⑥]徐某某非吸案[⑦]等，大部分案件的被告人在被追究刑事责任时，难免有陷入结果导向论的嫌疑，在犯罪嫌疑人非法占有的主观目的难以证实的情况下，由于确实导致了巨额资金难以归还投资人的结果，必须要承担其先前行为所导致的后果，除非其归还了钱款。所以，近年来，理论与实务界因该罪严重遏制民间融资的发展而一直广受诟病，如今又因涉嫌遏制互联网金融发展而重新进入讨论的中心。虽有学者提出，非法吸收公众存款罪是一个带有计划经济体制色彩的罪名，在市场经济体制发达的今天，其不符合经济发展的要求。但笔者认为，废除非法吸收公众存款罪的时机尚不成熟。一是互联网金融中涉嫌非法吸收公众存款罪较多，绝大部分投资人的投资款均无法追回，取消该罪将更加不利于规范市场，由此给投资人带来的巨大损失将促使投资人成为社会不稳定因素。在此情形下，若不对犯罪行为人启动刑事诉讼程序追究刑事责任，社会不稳定因素可能会集中爆发，不仅不能规范刚发展起来的互联网金融，还会带来许多后患。二是我国诚信体系建设尚不完善，取消该罪不利于诚信体系的逐渐完善。根据互联网金融市场的统计数据，造成"跑路"、兑付困难以及涉嫌刑事犯罪的互联网金融行为，主要原因是行为人缺乏相应的诚信基础。若仅依靠民事责任的承担，可能无法起到保护投资人和规范市场的目的，保留非法吸收公众存款罪能起到后盾保障作用。三是投

---

① 参见山东省德州市庆云县人民法院刑事判决书，案号(2015)庆刑初字第 74 号。
② 参见山东省泰安市泰山区人民法院刑事判决书，案号(2015)泰山刑初字第 283 号。
③ 参见广东省深圳市中级人民法院刑事判决书，案号(2014)深中法刑二初字第 273 号。
④ 参见安徽省铜陵市中级人民法院刑事判决书，案号(2015)铜中刑终字第 00039 号。
⑤ 参见江苏省淮安市中级人民法院刑事判决书，案号(2016)苏 08 刑终 11 号。
⑥ 参见山东省潍坊市寒亭区人民法院刑事判决书，案号(2015)寒刑初字 314 号。
⑦ 参见上海市闸北区人民法院刑事判决书，案号(2015)闸刑初字第 700 号。

资人的趋利性不应成为行为人出罪的理由。投资人虽在主观上确系为了追求一定程度上的高收益，然而，投资人的不理智不能成为犯罪人出罪的理由。对犯罪人的评价，必须按照我国刑法规定的犯罪构成要件，只要行为人实施非法吸收公众存款罪的行为，就应被追究刑事责任。

（2）集资诈骗罪的刑法规制。集资诈骗罪是《刑法》集资类的罪名之一，主要针对不具有资格的主体且具有不法所有的主观目的。集资对象可以是公众或者特定群体。有学者认为，利用 P2P 网络平台以及通过众筹活动实施非法集资行为，以集资诈骗罪予以打击本无可厚非，但对集资诈骗罪主观要件"以非法占有为目的"的认定则必须慎之又慎，不能武断地进行扩张解释，以免误将一些因经营失败而无法归还投资的互联网金融行为纳入刑法打击范畴。正是由于司法实践中对"以非法占有为目的"的认定较为宽松，才导致许多非法吸收公众存款行为被错误地认定为集资诈骗罪。因此，通过对"以非法占有为目的"的限定，可以有效限制集资诈骗罪的适用。笔者认为，集资诈骗罪的"非法占有目的"在实践认定中是十分慎重的，例如付龙、付家兴集资诈骗案，[①]崔立柱、宋某集资诈骗案，[②]翁某某、杨某某集资诈骗案，[③]泮苏良集资诈骗案，[④]缪忠应、王永光集资诈骗案，[⑤]朱宵靖、贡俊权集资诈骗案[⑥]等，只有在证据十分充足的情况下才能做出认定。根据最高人民法院《非法集资解释》第 4 条[⑦]的规定，其中对第 3—7 项的认定，理论与实务界几无分歧，行为人一旦实施上述行为可基本判断其主观上不具有归还投资款，亦即具有非法占有的目的。就第二种情形而言，比较典型的是泛鑫案。[⑧] 对非法占有目的认定，争议较大的是司法解释第一种情形中"集资后不用于生产经营活动或者用于生产经营活动与筹集资金规

---

① 参见河北省承德市承德县人民法院刑事判决书，案号(2016)冀 0821 刑初 74 号。
② 参见安徽省亳州市利辛县人民法院刑事判决书，案号(2015)利刑初字第 117 号。
③ 参见浙江省丽水市莲都区人民法院刑事判决书，案号(2015)丽莲刑初字第 645 号。
④ 参见浙江省杭州市中级人民法院刑事判决书，案号(2015)浙杭刑初字 131 号。
⑤ 参见江苏省南通市中级人民法院刑事判决书，案号(2015)通中刑二终字第 00074 号。
⑥ 参见浙江省杭州市中级人民法院刑事判决书，案号(2015)浙杭刑初字 166 号判决书。
⑦ 根据最高人民法院 2010 年 12 月 13 日《非法集资解释》第 4 条的规定，以下 8 种情形可以认定为具有非法占有的目的：(1) 集资后不用于生产经营活动或者用于生产经营活动与筹集资金规模明显不成比例，致使集资款不能返还的；(2) 肆意挥霍集资款，致使集资款不能返还的；(3) 携带集资款逃匿的；(4) 将集资款用于违法犯罪活动的；(5) 抽逃、转移资金、隐匿财产，逃避返还资金的；(6) 隐匿、销毁账目，或者搞假破产、假倒闭，逃避返还资金的；(7) 拒不交代资金去向，逃避返还资金的；(8) 其他可以认定非法占有目的的情形。
⑧ 2013 年 8 月，上海保险中介巨头泛鑫保险代理公司出现资金链断裂，高管陈怡(女)携巨款潜逃海外，最终被警方押解回国。2014 年，陈怡与该公司另一出逃的高管江杰以集资诈骗罪分别被判处死缓和无期徒刑。该案中，陈怡和江杰一起携巨款出逃境外，主观上明显不具有归还集资款的故意，可依据司法解释，直接认定行为人具有非法占有的目的。

模明显不成比例"中对"明显不成比例"的认定,以及对"经营活动"的限定。刑法与司法解释均未明确规定"明显不成比例"的具体标准,亦未对何谓"经营活动"作出解释。从字面上理解,"明显不成比例"至少应超过 50% 方可认定,若仅根据行为人存在将集资款用于个人消费或挥霍的情形就认定"以非法占有为目的",从而使那些将大部分集资款用于投资或生产经营活动而仅将少量用于个人消费或挥霍的行为人被认定为构成犯罪,无法推出"以非法占有为目的"的主观内容。对此,笔者认为,应根据集资款用途的比例,即至少应当在行为人将集资款用于个人消费或挥霍的比例超过其用于投资或生产经营活动的比例时,才能考虑认定行为人具有非法占有的目的,而不应仅依据存在将集资款用于个人消费或挥霍的事实,就判定其"以非法占有为目的",继而认定成立集资诈骗罪。另外,就经营活动而言,若行为人所经营的就是一家投资公司,其将大部分集资款用于个人经营期货并致亏损,是否亦应认定为用于经营活动而排除非法占有目的的认定。对此,理论与司法实务界均存在争议。一种观点认为,因为司法解释强调的是生产经营活动,而对于经营期货而言,属于高风险投资,应该排除在生产经营活动范畴之外;另一种观点认为,认定生产经营活动应当从行为人本身所从事的生产经营活动范围来进一步界定。若本身就是从事高风险的投资,则将投资款用于期货、股票、贵金属交易等,仍然属于生产经营活动;相反,行为人本身并非从事这类投资,而是经营房地产、钢材生产等,却将集资款用于期货、股票等高风险投资,即不能认定为生产经营活动,此时即具有认定非法占有目的的空间。笔者认为,认定生产经营活动不能一概而论,而应做具体分析。就上述第一种观点而言,首先应考虑行为人本身所从事的生产经营活动的范畴;其次,还应考虑行为人所投入生产经营活动的比例与明显具有非法占有目的情形,如肆意挥霍、携款潜逃、用于违法犯罪活动等相比较,如此综合考虑才能得出正确的结论,避免在非法占有目的认定上的客观归罪。

值得探讨的还有经营性集资诈骗罪的认定问题。所谓经营性集资诈骗犯罪,是指行为人将所集资的投资款全部或者主要用于生产经营活动,因经营失败导致无法归还集资款的,在此情形下如何认定其集资诈骗犯罪值得明确。有观点认为,如因扩大生产投入大量资金而导致暂时无法收回成本或因经营不善而破产导致集资款无法返还,若不分青红皂白一概推定为行为人"以非法占有为目的",则无疑属于客观归罪。因此,判定是否"以非法占有为目的"的关键,是要分析导致其"无法返还"结果的是主观上的原因还是客观上的原因,若是客观原因,就不应考虑认定。但笔者认为,即使纯粹客观原因导致经营失败无法归还,仍存在认定集资诈骗罪的空间,但应严格限定其具体标准,从客观行为表现探究其主观目的,例如:如果存在行为人在吸收资金时没有偿还能力,行为人的投资或者经营回报低于吸收资金时承诺的回报或者根本没有投资或者经营回报,行为人具有虚构投资盈利、隐瞒亏损的情形,行为人的行为造成投资人实际损失等情形。在经营性非法集资行为中,行为人明知自己没有归还能力,亦确定无法兑现非法集资时所承诺的回报,虽然将钱款用于投资或者经营,但又没有确定的经营能力或者盈利手段,反而隐瞒始终亏损的事实,吸引更多的投资人加入到非法集资的行列中,客观上造成投资人损失的,系滥用投资人投资款的行为,可推断行为人主观上具有非法占有的目的,应当构成集资诈骗罪。

(3)擅自发行股票、公司、企业债券罪的刑法规制。擅自发行股票、公司、企业债券罪是集资类的罪名之一,如果行为未达到情节要求,按《证券法》相关规定处置。如前所述,互联网金融股权众筹中,往往面临涉及擅自发行股票、公司、企业债券罪的风险。尽管 2015 年修订后的《证券法》第 13 条①将部分股权众筹行为排除在擅自发行股票、公司、企业债券外,但未来合法化的股权众筹行为仍要符合一定的主体要件方可豁免注册或者核准,因为不符合非法集资犯罪中"非法性"要件从而排除涉嫌擅自发行股票、公司、企业债券行为。至于合格投资人②的界定,多数平台在向非特定人群推广众筹项目时,尽管设置认证门槛,但实际操作中,除注册会员、上传身份信息、绑定银行卡及第三方支付工具外,对有效验证投资人的金融资产不低于 300 万元、最近 3 年个人年均收入不低于 50 万元等资质上没有严格把握,且实际验证亦存在困难,甚至多数平台并无验资过程,只是在平台的投资承诺书中提及,极易混淆私募股权融资行为和公募股权众筹,故而监管机构对于股权众筹实行牌照制,分开管控股权众筹和互联网非公开股权融资,证监会也出台通知规定:"未经国务院证券监督管理机构批准,任何单位和个人不得开展股权众筹融资活动",从而防止公私股权融资混淆不清,杜绝私募股权融资活动涉及公募股权业务的现象。

(三)司法实务中的疑难问题

司法部门办理网络非法集资案件存在难题,即基于网络的虚拟性,存在行

---

① 根据《证券法》第 13 条的规定,排除擅自发行股票、公司、企业债券罪的要件必须包括:(1)必须通过证券经营机构或者国务院证券监督管理机构认可的其他机构公开发行;(2)发行人和投资者符合国务院证券监督管理机构规定的条件。

② 根据《中华人民共和国证券法》第 16 条规定,个人投资者需要满足"年收入不低于 50 万元、金融资产不少于 300 万元、具有 2 年以上证券、期货投资经验"的标准;"投资公司或者其他投资管理机构"以外的其他企业要满足"实缴资本或者实际出资额不低于 500 万元、净资产不低于 500 万元"的条件。

为人主观目的证实难、被害人指认被告人难、投资者诉求复杂化等问题。需要明确互联网金融下非法集资类犯罪与传统非法集资类犯罪的差异性,结合办案实际提出办理该类案件的思路和方式。

1. 非法占有目的的主观证明

非法占有目的的认定存在相当的困难。众所周知,主观目的的证明不能以行为人的口供为依据,而必须建立在客观事实的基础上,因此有必要采取司法推定方法,根据客观事实推断行为人的主观目的。[1] 所谓推定,是指根据事实之间的常态联系,基于某一确定的事实推断出另一不明事实的存在。其中,已查明事实为基础事实,未查明、需要推定的事实为推定事实。非法占有目的推定表现为根据基础事实推断推定事实。当推定事实无法直接证明或者直接证明成本过高时,就可以通过证明基础事实的存在而间接证明推定事实的存在。

司法实践中,行为人主观要素的证明未能很好解决,司法人员一是缺乏主观要素的证明意识,二是即便有意识也往往缺乏证明手段,造成认定错误或无法认定。对此,已有学者提出,对主观要件的认定可采推定的方法,[2]即通过客观行为来推定其主观罪过,非法占有目的的证明要坚持主客观相一致、综合考虑、全面分析、重视反证的原则,使基础事实与推定事实之间具有高度盖然性,达到刑事证明的要求。在判断行为人主观心理态度时,以其实施的活动为基础,综合考虑事前、事中和事后的各种因素进行整体判断,排除其他可能。推定的一个特点就是允许被告人反驳,以被告人不反驳或反驳无理才能成立。英美法系国家因采对抗式诉讼模式,被告人的抗辩权能得到很好保障,[3]但我国对抗式诉讼模式尚未完全建立,不利于被告人抗辩权的充分行使,被告人与强大的国家强力无法抗衡,因而我国审判人员更应该重视被告人提出的反证,不能单纯地因为被告人没有反驳或反驳不力而简单地加以认定。

非法占有目的证据证明的重点:(1)要证实犯罪嫌疑人在实施犯罪时具备

---

[1]　陈兴良:《目的犯的法理探究》,《法学研究》2004 年第 3 期。

[2]　何家弘:《论司法证明中的推定》,《国家检察官学院学报》,载 2001 年第 2 期。值得注意的是,1996 年 12 月 18 日,最高人民法院颁布《关于审理诈骗案件具体应用法律的若干问题的解释》,第一次明确规定了几种通过客观行为推定行为人非法占有目的的情形。2000 年 9 月长沙会议形成的《全国法院审理金融犯罪案件座谈会纪要》,在肯定了金融诈骗犯罪非法占有目的之后,列举了可以推定金融诈骗犯罪具有非法占有目的的几种情形。

[3]　参见鲁珀特·克罗斯、菲利普·A.琼斯:《英国刑法导论》,赵秉志等译,中国人民大学出版社1991 年版。

相应的经济能力,包括归还利用职务便利所得财物、偿还金融机构贷款、履行合同①等方面的能力,在犯罪嫌疑人同时还具有其他客观行为事实时,该因素则是进行综合认定的重要依据之一,具有重要的刑事推定价值。实践中应通过以下途径针对犯罪嫌疑人的经济能力开展取证工作:②一是侦查人员可以通过犯罪嫌疑人所在单位或亲友调查其经济收入或其他经济能力;二是到犯罪嫌疑人开户银行调查了解其以往资金往来记录及现有资金水平,以此判断其是否具备相应的经济能力;三是到犯罪嫌疑人的住宅或经营场所进行实地调查,了解其实际经济状况或企业经营规模是否能够满足从事贷款、履行合同等某种经济活动的基本要求,或者确保犯罪嫌疑人有能力偿还非法所得;四是应当通过勘验检查会计资料,更加准确地了解犯罪嫌疑人的经济实力或企业的生产经营规模。在经济诈骗犯罪案件侦查过程中,侦查人员还应特别注意,对在签订合同时不具备相应经济能力的犯罪嫌疑人,应进一步查明其在签订合同之后,是否能够在规定期限内合理地筹集到必需的资金、物资。如果犯罪嫌疑人具备这种事后能力,则不能认定其非法占有目的。(2)要关注犯罪嫌疑人的作案手段。作案时的主观心理活动直接影响其实施犯罪时的行为方式,如涂改、隐匿或销毁账目、隐瞒重要事实、提供虚假证明文件等。在实现犯罪嫌疑人主观目的的同时,也为侦查人员调查、推定其是否具有非法占有目的提供了重要途径。应审查犯罪嫌疑人是否实施了例如以不合理的低价甩卖利用职务之便或者诈骗所得标的物,携款物潜逃,供个人挥霍,特别是用于豪华旅游、送子女出国留学等不可恢复性消费,致使涉案标的物无法返还。③ 实践中,还有相当一部分嫌疑人虽表示要承担责任,但却以种种理由进行拖延,如准备借钱偿还、等待他人偿还债务、完成其他交易后再还款等,但并不能给对方当事人实际减少损失。对此,司法人员要进一步核实"理由"的真实性。

2. 被害人的保护

刑事诉讼以被告人为中心,对被害人权利却存在忽视的问题,导致刑事被害人包括财产权在内的权利得不到应有保护。刑事司法制度的功能要从原来单一的处罚犯罪功能逐渐扩展到恢复刑事被害人人身、财产和精神的损害等方面。互联网金融犯罪中,被害人的保护主要体现在对财产权益的保护上。根据

---

① 赵秉志、于志刚:《合同诈骗罪犯罪目的之分析与认定》,《黑龙江省政法管理干部学院学报》1999 年第 2 期。

② 贺平凡:《刑事推定规则及其司法应用》,《华东刑事司法评论》2003 年第 4 期。

③ 叶自强:《事实上的推定与法律上的推定》,《人民法院报》2001 年 10 月 26 日第 003 版。

《刑事诉讼法》和相关司法解释规定,刑事诉讼中对财产权救济主要有提起刑事附带民事诉讼,追缴、责令退赔和另行提起民事诉讼。虽然 2012 年《刑事诉讼法》扩大了提起附带民事诉讼的主体范围,明确了财产保全措施及规定了违法所得没收程序,这些修改对被害人财产权保护具有积极意义,但仍存在不足。司法实践中,法院一般不会受理关于继续追缴或责令退赔的执行申请,而法院拒绝的原因则是刑事判决书中的财产部分并不属于民事执行范围,导致追缴和退赔在大多数情况下都无法兑现,对被害人财产权保护不利。目前我国对被害人的保护存在问题有刑事附带民事诉讼的规定过于原则、另行提起民事诉讼并没有发挥实质性的救济功能、追缴和责令退赔的执行缺乏充分有效的保障、被害人合法财产的发还机制有待完善等,①另外存在涉众型犯罪中多被害人案件发还标准不统一的问题。

3. 涉案赃款、赃物的追缴及处理

侦查阶段只限于对发现的、可以用以证明被告人有罪或者无罪的各种物品和文件进行扣押,而未对保护民事当事人利益作出明确规定,造成需要给被害人赔偿而得不到赔偿的情况较多。其重要原因之一就是没有对上述财物及时控制。所以,司法机关在办理案件的同时,应同步完善赃款赃物追缴中财产权救济制度。在刑事诉讼中,及时追缴涉案财物,对于被害人财产权恢复有着重要意义,就能避免因刑事诉讼而造成的物权价值与功能的减损。② 在公民财产权易受不法侵害的赃款赃物追缴中,让被害人可以获得救济,充分发挥程序对权力规制及权利保障功能,使赃款赃物追缴以人们能看得见的方式予以实现。

根据赃款赃物追缴职权的内容不同,可将其分为决定权与执行权。前者负责审查决定是否有必要对他人款物实施强制追缴,后者则指对他人款物实施扣押、查封、冻结的权力。实务中要对决定权和执行权予以合理配置,以平衡保障公民的财产权与惩罚犯罪。应赋予侦查机关及其侦查人员在紧急情形下可先行采取强制性追缴措施的权力,但在事后应及时将有关情况报告检察机关,由检察机关实行监督,一旦发现有违法情况,即可通知侦查机关予以纠正。另外,由于赃款赃物追缴中引发争议的解决有赖于证据,而被追缴人收集证据的能力往往十分有限,因此,刑事诉讼法或司法解释有必要规定赃款赃物追缴时,司法人员有义务告知当事人有权自行或申请采取保全证据措施的权利,确保当事人

---

① 龙建明：《赃款赃物追缴的程序控制》,《青海师范大学学报(哲学社会科学版)》2016 年第 3 期。

② 李长坤：《刑事涉案财物处理制度研究》,上海交通大学出版社 2012 年版,第 47—55 页。

的知情权。① 在追缴过程中,应采取扣押与犯罪有关的物证和扣押赔偿损害物相结合的措施。侦查机关的扣押具有双重目的和任务,一方面要防止能够用来查明案件真相的证据丧失,另一方面要保证受害方的损失得到最大限度的补偿。例如意大利,②刑事诉讼法就将扣押作为收集证据的方法加以规定,同时又以专章规定了对与犯罪有关的物的预防性扣押和保全性扣押;又如蒙古,为了保证附带民事诉讼或者可能没收财产,侦查员或调查员依法应当冻结被告人、嫌疑人或者对被告或嫌疑人的行为依法有物质责任的人的财产。

三、经济新常态下互联网金融监管模式的构建

中国互联网金融在实现高速发展与金融创新的同时,也引发了情节恶劣、影响重大的刑事犯罪。刑事规制前,有必要重视民事、行政的规制手段,减少投资人的损失,起到预防犯罪、保护我国市场经济秩序的作用。

(一)刑事司法政策的调整与应对

当前中国经济进入新常态,经济增长从高速转为中高速,结构不断优化,经济发展从要素驱动、投资驱动转向创新驱动。政府放权,鼓励市场主体真正放开手脚,充分发挥市场的决定性作用,激发企业和社会活力。但是,放权不等于放任,创新不等于乱为。金融刑事司法政策要适应经济新常态的大背景,对已经暴露出的系统性、局部性金融风险从刑事预防与惩处的角度出发,积极履职,依法严厉打击各类金融犯罪行为,维护金融安全。③ 针对金融领域内的刑事风险,必须探索建立互联网金融下非法集资的风险防控机制,从而达到维护金融体系安全与稳定,促进金融机构平稳运行、安全功能的发挥的目的。

1. 刑事司法政策应突出对新型严重金融犯罪的关注

要依法严厉打击社会危害性严重的涉众型金融犯罪。对被害人人数众多、涉案金额巨大、犯罪涉及面广、社会危害性严重的非法集资类金融犯罪,司法机关应持依法严厉打击的基本立场。互联网金融的创新与发展,既要依法保护、不挫伤良性金融活动的积极性,也要加强监管、及时发现和查处违法乃至犯罪

① 龙建明:《赃款赃物追缴的程序控制》,《青海师范大学学报哲学社会科学版》2016 年第 3 期。
② 黄怡:《试论在经济犯罪案件侦查中赃款赃物认定和追缴的法律问题》,《江西公安专科学校学报》2001 年第 2 期。
③ 参见《2015 年度上海法院金融商事审判白皮书》。

行为。加强互联网金融监管，是促进其健康发展的内在要求。《意见》提出，要坚决打击涉及非法集资等互联网金融犯罪，防范金融风险，维护金融秩序。以金融创新为名行非法集资之实的所谓互联网金融，应当受到刑事法律的调整。刑事司法介入的重点应当放在互联网领域内的集资诈骗与非法吸收公众存款犯罪。对从事违法个体网络借贷（即 P2P），未按《意见》要求的"明确信息中介性质，主要为借贷双方的直接借贷提供信息服务，不得提供增信服务，不得非法集资"，以高额利息为诱饵，大规模吸收公众资金的，应及时依法予以查处，尽量减少投资人损失，缩小金融犯罪对社会的负面影响。

2. 刑事司法政策应强调对金融犯罪分子区别对待的原则

司法机关应当积极运用宽严相济刑事政策妥善处理涉众型金融犯罪。互联网领域的非法集资犯罪，多采取线上线下合作的模式，借助网络的隐蔽性与便快捷特点，传播速度快、受众面广，对社会金融秩序的破坏亦相应较大，因而强调从严惩处。集资诈骗罪相对于非法吸收公众存款罪而言是重罪，最高可判处无期徒刑。在罪名认定时，要坚持区别对待原则，对以非法占有为目的主犯，要依法认定为集资诈骗罪；对不以非法占有为目的，而以获取工资薪金为主的次要人员，要依法认定为非法吸收公众存款罪。此类犯罪多为共同犯罪，对参与犯罪者要实行分层处理，区分主从犯。对首要分子和积极实施犯罪的主犯，要作为刑事追诉的重点对象；对起次要作用的，认罪悔罪态度较好，能够积极退赃的，可依法从宽处理；对于一般参与人，特别是本身也是受害者的，要本着惩罚与教育挽救相结合的原则进行认定和处理。

3. 刑事司法政策应坚持对金融违法犯罪刑法干预的及时性和谦抑性

《意见》强调，互联网与金融深度融合是大势所趋，将对金融产品、业务、组织和服务等方面产生更加深刻的影响。互联网金融对促进小微企业发展和扩大就业发挥了现有金融机构难以替代的积极作用，为大众创业、万众创新打开了大门。作为新生事物，互联网金融既需要市场驱动，鼓励创新，也需要政策助力，促进发展。要通过鼓励创新和加强监管相互支撑，促进互联网金融健康发展，更好地服务实体经济。互联网金融监管应遵循"依法监管、适度监管、分类监管、协同监管、创新监管"的原则，科学合理界定各业态的业务边界及准入条件，落实监管责任，明确风险底线，保护合法经营，坚决打击违法和违规行为。司法机关在处理新型金融领域刑民交叉案件时，必须坚持刑法干预的及时性和谦抑性相济原则，厘清案件问题的关键和行为的本质，正确分析研判案情，既不放纵金融犯罪行为，也不不当阻碍合法金融活动的创新与发展。传统刑法理论认为，刑法仅是将社会危害性最为严重的一部分金融违法行为升级为犯罪，是

"社会防卫的最后一道防线"，能够运用民事的、行政的法律手段调整的社会关系，不应当由刑法越位。强调刑法的谦抑与克制，符合刑法的内在特点，但是不能因此将刑法的谦抑性与打击犯罪行为的及时性对立起来。谦抑与及时是有机统一的，谦抑针对的是合法的行为或者虽不合法但未触及刑法的行为，及时针对的是违反刑法的犯罪行为，谦抑与及时都是在罪刑法定原则的统率之下。对于已经发生或者正在发生的金融犯罪行为，必须及时启动刑法，充分发挥刑事司法的威慑性。在决定刑法是否干预时，司法机关要严格把握金融犯罪与金融违法违规之间的界限，防止出现金融犯罪的泛化倾向。同时，对于明显触犯刑事法律的金融犯罪行为，要坚决和及时地予以查处。在金融创新活动中，民事行政法律缺位的可能性确实存在，但是这种缺位并不能绝对排斥刑法的介入。刑法的判断标准独立于民事行政法律，是否构成犯罪，构成何种犯罪，应当严格依据刑法总则的原则规定与刑法分则罪名的具体犯罪构成。对于已经涉嫌构成非法集资犯罪的金融行为，刑法不能借口民事行政法律不完善而拒绝介入，刑事司法机关对此应当有客观理性的认识。

（二）风险防控机制的构建

1. 加强行政监管，从源头上减少刑事犯罪可能性

互联网金融风险主要涉及非法集资犯罪。刑事规制的实施，根据最高人民法院2014年《非法集资解释》第1条规定，行政违法并非系追究行为涉嫌非法集资犯罪的前提条件。据此，预防互联网金融刑事规制时，并非一定要强调行政规章的先行。笔者认为，该观点值得商榷。上述解释只是强调追究非法集资犯罪行为的刑事责任时并不一定需要行政部门的事先认可，而本文研究刑事规制，不仅仅强调打击犯罪，而且亦注重刑罚的一般预防，尤其是事先预防。监管部门出台相应的行政规章，正如2015年12月28日银监会《网络借贷信息中介机构业务活动管理暂行办法（征求意见稿）》中规定的12条P2P网贷不能触碰的底线，完全可以将一部分已经或者正在甚至即将触碰该底线的P2P网贷平台排除在正规的网贷平台之外。[①] 一旦监管部门发现此类网贷平台，即可通过各种披露途径告知公众，告诫投资者慎入、不入该平台，从而预防和减少网贷平台中违法犯罪的发生。一旦出台监管行政法规，即可将不符合入行门槛的互联网金融企业和个人予以剔除，投资人亦可以根据行政规章，在投资时选择符合规章制度的合格经营者，从而在一定程度上降低投资风险，有利于互联网金融

---

① 刘宪权、金华捷：《P2P网络集资行为刑法规制评析》，《华东政法大学学报》2014年第5期。

的正常和健康发展。

又以股权众筹的监管为例。① 2014年起，中国证券业监督管理委员会就开始密集地对国内股权众筹平台进行调研，大小近百场，对于股权众筹的积极意义，已经得到国家肯定，规范股权众筹行业推进"大众创业，万众创新"已成为共识。证监会检查股权众筹平台看似在限制股权众筹行业的发展，实际是通过检查进行摸底，为后期规范股权众筹行业、监管股权众筹平台提供事实依据，亦为后期正规化发展股权众筹平台扫清障碍，一些借用股权众筹名义进行其他形式的投资，甚至实施违规活动的平台将会被限制，而真正服务于实体经济的不同领域的股权众筹将会有相对应的法规进行监管，促进股权众筹平台正规化发展。如此，同样可以减少互联网金融领域刑事规制手段的运用。

2. 完善行业自律体系，引导行业健康发展

我国对互联网金融坚持"一行三会"的监管体系，证监会负责监管股权众筹和以第三方支付机构与基金公司合作运营为理财模式的互联网金融理财；银监会负责监管集资业务和网银转账业务；中国人民银行负责监管网络支付和网络货币。为确保互联网金融的健康发展。除上述行政部门监管外，还应重视行业自律组织的建设和发展，通过行业协会，制定适合当地的规范和准则，采用会员、理事等入会方式并予以公开，投资者即可通过行业公告获取互联网金融企业的诚信度和经营业绩等，避免投资风险。同时，通过行业自律组织，甚至可以在某一地区或者某一范围之内，通过试点限定互联网金融企业的准入门槛，加大宣传力度，可为投资者在选择互联网金融投资时更好地作出判断，从而降低投资风险。另外，互联网金融行业自律组织的建设，亦可以在某种程度上改变目前鱼龙混杂的局面，将一部分明显不符合行业规定标准、实施违法犯罪行为的互联网金融企业采用过滤和自然淘汰的方式使其退出，可使互联网金融企业朝着更健康的方向发展。2013年8月，我国首家互联网金融行业协会——中关村互联网金融行业协会成立，采用信用信息查询，共享各企业信用信息降低成本，建立评分机制、实现信用审核标准化等方式，确保协会成员的诚信和合法经营。同年11月，"中国互联网金融行业协会"成立，作为互联网金融行业和互联网金融工具，能帮助企业、机构转型升级，提高盈利能力和打造核心竞争力，一定程度上起到引导行业发展的重要引领作用。之后，包括上海市、广东省、山东省、广州市、宁波市等省市均相继成立互联网金融行业协会，通过发布自律公告、会员名单等方式，自我规范互联网金融经

---

① 刘宪权：《互联网金融股权众筹行为刑法规制论》，《法商研究》2015年第6期。

营,在一定程度上促进当地互联网金融的健康发展。

3. 加强投资人审慎投资的宣传和教育

在目前的大环境下,一旦在某一行业出现重大问题,包括违法和犯罪行为,惯性思维即建议或者呼吁监管部门加强监督,出台行政管理法规,司法机关通过刑事规制予以介入,形成打击合力,威慑犯罪。但必须面对的是,在互联网金融加速爆发的背景下,以行政监管、刑事规制为主导的风险控制显然不切实际,而且往往具有滞后性。目前更为重要的是,要加强对投资人审慎投资的引导和教育。互联网金融中出现众多夸大收益率宣传,但仍有众多投资者趋之若鹜,足以表明投资者对于互联网金融交易中的合理预期收益率缺乏认识,对于投资风险完全没有认知。五大银行系的民生易贷、开鑫贷、陆金所、小马 bank 和招商银行小企业 E 家的 P2P 网贷平台,与普通 P2P 平台最直观的差异就是产品收益率。普通 P2P 平台动辄 10％甚至远超 10％的年化收益率的产品和承诺早已屡见不鲜,但上述银行系 P2P 平台产品的年化收益率超过 6％即属高收益。互联网金融领域的虚假信息,无孔不入的虚假宣传,口口相传的"信任"交易,直接影响投资者的判断和决策。如此,只能说明投资者自身没有对互联网金融、对现实的投资风险有一定的判断和认识,没有谨慎对待投资风险。正如广告语所宣传的"没有买卖就没有杀戮",具体到互联网金融领域,没有投资就没有违法犯罪。当然,这里的投资主要是指在违法犯罪引导下的盲目投资。因此,为预防互联网金融领域的违法犯罪,加强投资人对风险的判断、对投资理性的宣传显得尤为重要。

4. 坚持刑法最后底线,审慎适用刑事规制手段

规范互联网金融可通过民事、行政和刑事的三种方式提供立体保护。这三种保护方式之间的关系,犹如一座冰山,浮出水面的冰山一角是刑事规制,水面以下是行政责任和民事责任,其中尤以民事责任为基础。反观我国目前的法律现实,资本市场上的民事责任由于诉讼机制的局限,投资者难以通过司法程序寻求充分及时的救济,而行政监管又存在比较明显的监管效率、监管漏洞和监管"俘获"的问题,这造成了我国资本市场上,刑事规制从后台走向前台。其实,刑事规制作为最后一道防线,更应该起到预防违法犯罪行为的作用。仅就目前而言,在民事责任和行政监管缺乏明显效用的前提下,刑事规制显得尤为重要。但正因为刑事规制手段的严厉性和终身性,导致在适用时必须坚持审慎的原则,防止为保护投资者而出现客观归罪、违反罪刑法定的情形。

互联网金融犯罪现状及
刑法介入探析

宦彦峰[*]

摘　要: 互联网金融作为一种新生事物,已成为金融领域的"异军",其具有高效、便捷、创新、普惠性等特点,对我国金融体制改革有着独特的推进意义。然而互联网在创新发展的同时,存在着一些远超过现有体制阈限的行为,打着创新的旗号、披着创新的外衣,追逐非法利益或监管套利。这些行为无疑会影响金融安全和社会稳定,甚至会影响到互联网金融的成长。因此,在一定意义上说,互联网金融在创新的过程中需要刑事法律的适时介入。但是在打击互联网金融犯罪的同时,也应当充分尊重金融市场的运行规律,正视金融本身的正常风险,不宜也不应非理性地扩大刑罚的适用。

关键词: 互联网金融　犯罪现状　刑法介入　调整思路

随着互联网技术的不断发展和更新,金融行业逐渐与互联网进行嫁接和融合,形成了一种新型的金融模式——互联网金融。2012 年国内掀起了互联网金融创新的热潮,被誉为互联网金融的元年;2013 年互联网金融持续升温,互

---

[*] 宦彦峰　上海市黄浦区人民检察院金融犯罪案件检察科代理检察员,法学硕士。

联网巨头纷纷渗透到中国的金融行业中；①从 2014 年起，伴随互联网金融的不断创新，许多新的风险、新的问题逐渐浮上台面，尤其是互联网金融的行为，使司法实务界面对巨大的挑战。本文以互联网金融犯罪行为的现状以及刑法调整为主线，就互联网金融犯罪行为进行探讨，以期开拓研究思路，并对司法实践有所裨益。

一、互联网金融概述

（一）互联网金融的含义

通说认为，互联网金融是指有别于传统直接和间接融资模式，利用互联网技术，在创制的网络平台上进行各种金融活动的总称。互联网金融是互联网和金融行为的结合，其不仅具有支付、融资、投资、存贷等功能，还能有效弥补传统金融"普惠性"的不足。从本质上看，互联网金融并没有超过金融的范畴，其只是金融概念的一个分支。

（二）互联网金融的主要模式

1. 传统金融机构的网络化

银行业运用互联网信息技术，对传统运营模式、金融产品和服务进行重塑和创新，形成了网络银行、网上银行和金融电商平台三种模式。

网络银行仅利用网络进行金融服务的金融机构，因互联网的无界限性，网络银行具有较高的便捷性和较快的交易速度；又因其不设立实体经营网点，从而节省了人员和店铺的办公成本，也节省了客户的交易成本；再因其能够根据市场需求及时创新产品，能更好地服务于中小客户群体和小微企业。②

网上银行是传统银行业务电子化的网络形式，是指在传统银行业务的基础上，新设立电子银行或者网上银行业务。网上银行的客户来源于传统银行业的庞大客户资源，利用互联网对资源内的客户进行高效、快捷的服务，是对传统银行业务的有效补充。

金融电商平台是我国新出现的一种互联网金融模式，主要指向以建设银行"善融商务"电子金融服务平台和泰康人寿保险电子商务平台为代表的银行、证

---

① 宋书钰：《互联网金融法律监管机制研究》，山东财经大学 2015 届硕士论文，第 1 页。

② Forester Research，"European Information And Communications Technology Market 2012 To 2013"，2012：12 - 14.

券和保险等传统金融机构设立的电商平台。[1]

2. 第三方支付模式

第三方支付是指具备了一定经济实力和信誉保障的非银行机构，借助通信、网络等设备和手段，在用户与结算银行之间建立电子支付模式，具体又可分为独立第三方支付和交易平台的担保支付。

独立第三方支付是完全独立于电子商务网站，不具有担保功能，仅仅只为用户提供支付服务，其平台前端联系着多种支付方式供商户和消费者自行选择，平台后端则与众多结算银行连接，平台负责与各结算银行之间的账务清算。这种第三方支付模式的优势在于，能够积极响应不同企业，甚至行业的个性化服务需求；其劣势则在于，这种支付模式极易被复制。

有交易平台的担保支付是指第三方支付平台与大型的电子商务网站进行捆绑，并与结算银行建立合作关系，凭借企业自身的经济实力、资产和信誉充当交易双方的支付和信用中介，在商家与消费者之间搭建安全、快速和低廉的资金划拨通道。这种第三方支付模式的优势在于，具有积累虚拟账户的价值，能够利用自身的信任环境和企业优势笼络到庞大的客户群；其劣势则在于，一旦企业出现经济或者信誉危机，极易出现经营困难，甚至倒闭。

3. P2P 网贷平台模式和众筹模式

P2P 网贷又称为点对点信贷，俗称"个人对个人"信贷。P2P 企业则是指从事点对点信贷中介服务的网络平台。其中，网贷平台仅为借贷双方提供信息交流、投资咨询、资信评估、资金撮合、法律手续办理等中介服务；有些平台还会提供利率指导、资金转移和结算、债务催收等增值服务。相对于传统金融模式而言，P2P 模式的创新价值不仅存在于个体对个体的信息获取和资金流向，而债权债务关系却脱离传统金融媒介的情况，还存在配置和"借道"私募而参与股市的模式。

众筹模式又称为大众筹款或群众筹资，即任何个人都可以向不特定的社会大众募集或筹集资金。众筹大致可分为三类：其一，回报类模式，采用"预售＋团购"的模式；其二，捐赠类模式，主要是从公益慈善机构获取帮助；其三，股权众筹模式，将需要募集的资金等分为"股份"，向社会大众以"转让股份"的方式募集。

（三）互联网金融在金融领域的地位

鉴于互联网金融带来的种种创新，以及对传统金融行业的挑战，我们可以用一句话总结互联网金融在金融领域的地位：互联网金融作为互联网和金融

---

[1] 宋书钰：《互联网金融法律监管机制研究》，山东财经大学 2015 届硕士论文，第 13 页。

的嫁接与融合,它不仅借助互联网技术和移动通信技术实现资金融通支付和中介的功能,而且对现行金融运营壁垒与金融管理体制有所冲击和突破,其迅速发展被视为金融领域突起的"异军"。①

二、互联网金融犯罪的现状考察

相对传统金融而言,互联网金融积聚风险的隐蔽性、突发性、传染性和广泛性也更为严重,极易滋生违法犯罪行为。据报道,金融领域中的互联网案件占全国互联网案件的61%,②有必要对互联网金融的现状进行考察。

(一)以互联网金融为主体的犯罪

所谓犯罪主体,是指实施犯罪行为的个人或企业。在这个意义上,互联网金融作为犯罪主体的犯罪,也就是互联网金融企业或机构本身实施的犯罪。主要存在以下几种类型:

1. "理财-资金池"模式中涉及资金池的犯罪行为

有些互联网金融企业或机构,通过将借款设计成理财产品出售给放贷人,或者先归集资金再找寻借款对象等方式,将放贷人的欠款保存在平台的中间账户上,形成资金池。此类模式下,极易涉嫌非法吸收公众存款罪。比如,湖州金元宝投资咨询有限公司涉嫌非法吸收公众存款案,该公司从成立到案发仅5个月,吸收2 500余人共计近2亿元资金,对外宣称的年化收益率达22.4%。③

2. 不合格借款人导致非法资金风险而引起的犯罪行为

所谓不合格借款人主要是指为募集资金而在宣传中涉及虚假的项目或者虚假的借款人。此类模式下,极易涉嫌非法吸收公众存款罪,其至集资诈骗罪。比如,浙江温州德赛财富网贷平台案,该平台设立空壳公司、虚构第三方担保、虚构借款项目和借款人,并以高额利息为诱饵向不特定公众吸收资金达2 000余万元。④

3. 典型的"庞氏骗局"引发的犯罪行为

通俗来说,"庞氏骗局"就是"空手套白狼"或者"拆东墙补西墙",利用新投

---

① 2015年3月5日第十二届全国人民代表大会第三次会议《政府工作报告》。
② 郭华:《互联网金融犯罪概说》,法律出版社2015年版,第58页。
③ 王春:《P2P行业亟需明确监管部门》,《法制日报》2014年8月13日第008版。
④ 张银燕:《借"空壳公司"吸收公众存款,警方查处7家P2P网贷》,http://news.66wz.com/system/2014/12/05/104292122.shtml,2017年10月1日访问。

资人的钱来向之前的投资者支付利息、本金，或是短期回报，以造成赚钱的假象来骗取更多的投资。此类模式下，极易涉嫌集资诈骗罪。比如，北京善安合投资有限公司案，该公司从成立到跑路仅 44 天，累计交易资金超过 2.6 亿元。[①]

4. 无相关行业许可证引发的犯罪行为

有些互联网金融企业或机构在缺乏准入条件、缺少国家行政审批许可的情况下，涉及证券、基金等行业。此类模式下，极易涉嫌非法经营罪，擅自发行股票、公司、企业债券罪，擅自设立金融机构罪等。

（二）以互联网金融为对象的犯罪

这类犯罪主要是指犯罪分子针对互联网金融企业、机构或者平台而实施诈骗、盗窃等犯罪活动，互联网金融企业、机构或者平台处于"被害人"的地位。主要的表现形式：

第一，非法侵入计算机系统而造成系统的损坏，以及非法侵入网络系统盗取资金的犯罪。由于互联网技术和计算机系统存在一些固有的缺陷或者管理上的漏洞，犯罪分子侵入网络或计算机系统内部，通过篡改数据等方式将互联网金融的在途资金或自有资金占为己有。

第二，截获客户、互联网金融企业或者机构，以及他们之间相互交流的信息，获取账户名、盗窃账户密码从而实施划拨资金的犯罪。互联网金融企业和机构与客户通过网络进行交流，其中可能会包含一些隐秘的信息。犯罪分子利用计算机截获这些信息的数据包，进行解密，将暗码转化为明码，从而利用这些信息或者信息中的隐秘内容实施犯罪。

第三，伪造、变造金融凭证而实施的犯罪。犯罪分子通过设置钓鱼网站和平台，或者在正规的互联网金融平台上设置非法连接，又或者通过互联网直接伪造或变造客户的对账单等凭证，从而实施金融诈骗的犯罪。

第四，黑客攻击。犯罪分子对互联网金融企业的计算机系统或者平台实施攻击，或者为他人提供专门用于黑客攻击的程序或者工具，从而使互联网金融企业和机构的重要信息系统程序和计算机运行环境发生重大故障和事故。[②]

（三）以互联网金融为犯罪工具的犯罪

这些犯罪主要就是利用互联网金融的便捷性和隐蔽性等特点，将互联网金

---

① 李冰：《北京第三家 P2P 跑路，10 月份网贷平台或再现倒闭潮》，《证券日报》2014 年 8 月 2 日第 B01 版。

② 殷宪龙：《我国网络金融犯罪司法认定研究》，《法学杂志》2014 年第 2 期。

融作为转移资金的手段，较为典型的就是洗钱罪。互联网金融中的洗钱行为主要可归纳为以下几种：利用网上银行实施地下钱庄的犯罪活动；利用第三方支付平台转移网络赌博和非法集资的犯罪资金和违法所得；网络炒汇、炒金；涉及证券、期货的犯罪活动；银行卡网络支付的犯罪活动；网络制假销假；网络传销。

此外，最新出现的违规使用第三方支付平台，将信用卡金额充值到特定账户后提现，或者通过制造虚假的网络交易来实现信用卡钱款的套现。比如，浙江东阳耿继威等人诈骗案，在该案中，耿继威等人经营一个虚假的贵金属交易平台后，制作或购买了虚假的印章、授权书、汇款凭证等工具或文件，并通过QQ、网络宣传等手段谎称该平台与国际市场接轨，诱骗他人至该虚假平台上开户，注入资金，骗取钱款。[①]

（四）互联网金融犯罪的发展趋势

1. 互联网金融犯罪可能呈高发态势

互联网金融经历了第三方支付、P2P网贷，从众筹到"红包"，甚至出现了所谓的"第四方支付"模式，其快速、便捷和创新的特质虽然给众多"草根用户"带来了融资的便利，同时也带来了新的风险。当风险不断累积，且无法转移或释放的时候，会使互联网金融发生变异，逐步向新的违法犯罪方向发展；当配套制度缺失，金融创新的环境逐渐恶劣，一些打着创新的旗号、以合法形式掩盖非法目的的违法犯罪行为也会逐渐增多。

2. 犯罪类型和犯罪方法发生变化

随着互联网金融的发展，电信诈骗等利用传统通信工具的犯罪行为开始向互联网转移，互联网金融作为理财场所有可能成为广大民众被犯罪行为侵害的"最大阵地"。随着移动支付工具的发达，尤其是一些新兴技术的加入——APP应用、手机支付功能等，非但不会降低互联网金融犯罪的风险，反而会加剧犯罪风险，移动支付领域很有可能成为互联网金融犯罪的"重灾区"。[②]

3. 黑客攻击类的犯罪有可能呈多发态势

黑客类犯罪具有作案时间短、手段隐蔽、专业性强、易毁灭证据等特点，因此一些犯罪分子无法被及时发现，有些即使被发现，侦查难度也相当大。这些问题在一定程度上会刺激一些不法分子利用互联网金融进行犯罪，或者通过直接攻击互联网平台的方式进行犯罪，同时还极可能会刺激市场参与者通过"打

---

① 参见浙江省东阳市人民法院刑事判决书，案号(2013)东刑初字第 130 号。
② 袁蓉君：《全球互联网犯罪日益威胁金融业》，《金融时报》2015 年 5 月 9 日第 008 版。

擦边球"的方式，或者在其他灰色地带从事不正当交易。鉴于这些行为缺乏明确的规制，其蕴含的巨大的金融风险一旦释放，则极可能被认定为违法犯罪。[①]

三、互联网金融刑法介入的基本思路

（一）刑法基本理论对互联网金融犯罪认定的影响

1. 刑法谦抑理论

顾名思义，刑法谦抑就是指刑法的谦让和抑制，具体可分为立法谦抑和司法谦抑。[②] 立法谦抑是指凡其他法律足以抑制某种违法行为或者保护社会法益，就不要另行犯罪化，凡适用较轻的处罚足以抑制某种犯罪行为，就不要科以较重的处罚。司法谦抑则是指司法机关在自由裁量的范围内，对立法机关和行政机关的谦让和自我克制。

当涉及互联网金融新生事物时，刑法谦抑理论要求无论是立法机关还是司法机关，均应考虑到互联网金融作为金融创新的特殊性，考虑到互联网金融在发展初期的螺旋上升的阵痛，考虑到民间融资的正当需求，即使在融资中出现监管套利，或在经营活动中赚取利差，或因正常经营失败导致资金链断裂而背负巨额债务，不宜简单套用刑法规范进行处罚。在一些涉众案件中，广大投资者的利益遭到了损失，遂而引发舆论非议，此时仍应考虑到投资与风险之间的对应关系，不能以互联网金融企业或机构不能兑付或单纯因无法兑付而被迫"跑路"等结果，就直接将其纳入犯罪范畴。

当然，刑法的谦抑并非无限度的，对于那些因欺诈而造成严重恶果的行为，应当坚决犯罪化处理；因立法滞后性，某些行为必须借用司法力量予以犯罪化处理，也是可行的。这种例外情况并不违反刑法的谦抑理论；相反，它是对刑法谦抑理论的尊重，也是其精髓所在。

2. "立罪至后"理论

所谓的"立罪至后"就是指刑法立罪应当在民事责任和行政制裁之后，否则不得对不良后果作犯罪化处理。从立法层面而言，对于互联网金融首先应当考虑建立完善的非刑罚责任制度，即通过民事赔偿和行政处罚的手段进行调整，只有在充分设置的非刑罚手段和配套制度不足以有效遏制违法犯罪行为时，才对互联网金融进行刑事规制，对个别行为进行犯罪化处理。这样可以避免刑事

---

① 毛玲玲：《金融犯罪的新态势及刑法对应》，《法学》2009 年第 7 期。
② 郭华：《互联网金融犯罪概说》，法律出版社 2015 年版，第 97 页。

立罪不当扩张,对金融违法行为的遏制会更为有效。①

　　上述论述确有一定的道理,但是就我国目前互联网金融的现状而言,有些要求是很难做到的。一方面,我国目前互联网金融的立法处于空白期,亟待民事和行政法律加以规制,尤其是监管方面的规制。传统的监管模式和立法虽可对互联网金融进行规制,但并不具有针对性和有效性,监管的缺位、错位、失位屡见不鲜。另一方面,如前所述,互联网金融的违法犯罪行为呈高发态势,在今后的若干年甚至十数年间,互联网金融犯罪仍将是犯罪行为的集中区域。因此,在民法和行政法配置缺失,或者未完全到位的背景下,在互联网金融违法犯罪行为高发的态势下,刑法可以直接对一些通过承担民事和行政责任不足以遏制的严重侵害国家和公民财产权利的行为进行适当干预,通过犯罪化处理予以合理的调控,还是必要的。

3. "二次性违法"理论

　　"二次性违法"理论是指刑法只有在行为人既违反其他部门法,又违反刑法,即存在二次违法的情况下才能介入。有学者将其形象地喻为"出于他法而入于刑法"。② 金融犯罪从性质上来说,属于行政犯或者法定犯,因互联网金融与传统金融本质的一致性,其犯罪化也应考虑双重违法性,即具备行政违法和刑事违法,行政违法和刑事违法是一种递进式的基础和实质关系。③

　　然而,就我国现有法律体系而言,"二次性违法"理论中的"前置法"并非总是存在的,因为刑事立法和其他部门法的立法并不是同步的。尤其在金融体制改革与转型时期,金融市场的发展速度、金融衍生产品的开发速度远大于立法的速度。在司法实务中经常会发生这样的问题:某些行为严重违反其他部门法,对社会有较大的危害性,但是刑法没有对该行为侵害的利益进行保护,根据罪刑法定原则,不能对该行为进行刑事处罚;某些行为受到了刑法的规制,被犯罪化处理了,但是其他部门法却没有对该行为侵犯的利益进行保护。因互联网金融法律规制的缺失,这样的问题表现得尤为明显。此时一味拘泥于所谓的"前置法",不仅会使我国立法现状和司法实务相脱节,而且司法活动和现实生活的差距也会拉大,导致司法实践不能与现实相对应,司法失去了"社会最后保障"的作用。

　　① 胡启忠:《金融刑法立罪逻辑论——以金融刑法修正为例》,《中国法学》2009 年第 6 期。
　　② 杨兴培:《犯罪的二次性违法理论探究》,刘伟俊主编:《社会转型时期的刑事法理论》,法律出版社2004 年版,第 415 页。
　　③ 张建:《醉驾型危险驾驶罪的反拨与正源》,《华东政法大学学报》2011 年第 5 期。

在这样的背景下，就互联网金融犯罪而言，"二次性违法"理论的应用关键不在于是否能找到所谓的"前置法"，而是在于当我们在司法实践中无法找到对应的"前置法"时，如何遵循这一理论的精神，科学理性地适用这一理论。

（二）互联网金融违法行为出、入罪的认定

在司法实践中，只有纯理论依据是不够的，还需要对互联网金融违法行为出、入罪设定必要的考量标准。这些需要考量的标准大致有以下方面：

1. 破坏金融管理秩序标准

就互联网金融作为犯罪主体而言，从我国刑法的体例设置不难发现，相关金融犯罪置于"破坏金融管理秩序罪"和"金融诈骗罪"的框架下，犯罪行为多集中于吸收存款、支付结算、贷款、银行中间业务等领域，即刑法保护的是传统金融对金融业务的垄断秩序。

互联网金融注定是突破传统金融的领域和范畴，在判断"破坏金融管理秩序"是否可作为互联网金融行为入罪标准时，我们首先要明确互联网金融违法犯罪行为真正的危害性在哪里。互联网金融不仅仅风险多于传统金融，而且易于被犯罪分子利用，作为犯罪工具或犯罪对象，此外互联网金融企业或机构为加速发展而放松自身监管，有的甚至不惜以扩大披露、宣传一些不实的信息，或者干脆提供虚假项目来吸引投资者，并导致广大社会散户盲从，进一步引发领域内的过度投机行为。在散播大量虚假"噪声"信息的背景下，[1]出现"羊群效应"。当"噪声交易"和"羊群效应"叠加，不仅会加剧模糊金融消费者和投资者的利益视线，还会引发一些影响金融稳定的因素，进一步诱发一些诸如欺诈等利用信息不对称，或者诸如投机等高风险而实施的犯罪行为。因此，互联网金融其实是因为其会产生欺诈和高风险，侵害到不特定的多数人群的利益而具有危害性，并非是给传统金融秩序带来冲击和挑战，甚至危及金融机构的利益而具有危害性。如果不能清醒地认识到这一点，那么刑法就会过于强势地介入到绝大部分的互联网金融中，使互联网金融，尤其是民间金融成为永不可触摸的"高压线"。[2]

---

[1] 噪声交易理论是正在兴起的行为金融学的一个重要内容，是指在有效市场假说中，证券价格与价值之间存在一个偏差，这个偏差就是噪声。由于证券市场中的交易者依靠信息对交易品种的价值作出判断，尽管价值是先于价格的产生而客观存在的，但在实际交易过程中对价值的判断表现为一种"共识"，"价值发现"就是对价值的"共识"达成一致的行为，共识达成受到众多的投资者行为的影响，所以这种一致的认识即价值判断的标准无法实现静态的均衡，同时无法先验地判断哪些信息与价值有关、哪些信息与价值无关，于是价格和价值之间就出现了偏差，噪声由此产生。

[2] 姜涛：《互联网金融所涉犯罪的刑事政策分析》，《华东政法大学学报》2014年第5期。

因此,对互联网金融行为犯罪化的评判应当从多维度进行考虑,不宜也不应单纯以危害传统金融管理制度的维度来判断。

2. 非法性标准

对于金融犯罪,无论是传统金融还是互联网金融,法律或司法解释在入罪问题上均设置了"未经有权机关批准""违反国家金融管理法律规定"等类似的前提性限制,即违法性始终作为金融领域犯罪的判断标准。

鉴于目前刑法对互联网金融犯罪的认定远远落后于金融市场网络化的发展,诸多领域存在"准入"和"监管"的空白,单纯以"不符合法律规定""未经审批",或者仅仅以出现了不良后果,就视为"具有非法性",那么互联网金融在很多方面存在必然的"非法性"。但是这种必然的非法不具有社会基础,不被社会大众所认同,刑法背负着扼杀金融创新的"恶名"。[①]

因此,在"非法性标准"的认定上,应当持审慎和理性的态度。通常认为,可将互联网金融纳入适度监管框架中,只要该行为能符合相应的监管规则,那么就可以排除"非法性"的认定,脱离犯罪化处理的深渊。这种出、入罪的抉择有利于互联网金融的创新发展,也能保持互联网金融有效地服务经济实体。

3. 严重危害社会性标准

社会危害性是指行为人对于我国的社会关系造成的损害或者是可能造成的损害。[②] 那么就互联网金融行为而言,何为"严重的社会危害性"? 有观点认为,我们应该将行为所产生的社会危害性为依据,将异化的 P2P 网贷行为等对金融秩序破坏较大的行为认定为具有严重社会危害性,将传统信息中介式的P2P 网贷行为等视为具有较小的社会危害性。[③] 也有观点认为,严重社会危害性是指传统金融机构的利益受损,或者是投资者的利益受损。[④] 我们必须考虑到,我国现行对于互联网金融规制的法律是在非互联网时代制定的,其并没有考虑到互联网金融的产生会带来这么多的制度突破,也没有考虑到 P2P、众筹等融资模式在互联网时代所产生的制度示范效应。因此,上述的观点虽然都有一定的理论依据,但是并不完全妥当。

从实践中看,虽然互联网金融中存在了大量的"非吸"现象,但除了民众热议之外,并没有被官方取缔甚至以非法吸收公众存款罪来追究相关行为的

---

① 毛玲玲:《发展中互联网金融法律监管》,《华东政法大学学报》2014 年第 5 期。
② 郭华:《互联网金融犯罪概说》,法律出版社 2015 年版,第 114 页。
③ 刘宪权、金华捷:《P2P 网络集资行为刑法规制评价》,《华东政法大学学报》2014 年第 5 期。
④ 姜涛:《互联网金融所涉犯罪的刑事政策分析》,《华东政法大学学报》2014 年第 5 期。

刑事责任。① 央行对于之前炒作的沸沸扬扬的"二维码终支付和虚拟信用卡业务"不仅没有作出处罚，也没有明确表示取缔，只是仅仅要求"暂停"而已。何为暂停？暂停只是表现为现在的停止，目前不再继续，不代表未来不会解封。这些信号在一定程度上表明了国家的立场，国家对于互联网金融创新模式的包容态度，同时也表示着，基于不同的社会危害程度，对于一些民刑交叉与冲突的问题，选择民事处理方式更为适宜。

因此，在金融创新过程中，对于互联网金融行为是否具有严重的社会危害性的考虑、衡量和判断更应面向未来的发展，不宜仅仅局限于现实，更不能为了个案而影响互联网金融的创新和发展。

（三）互联网金融犯罪的认定思路

对于互联网金融创新过程中出现的新问题，刑事法律规制应当适当放宽，尽量通过行政和民事法律法规进行调整。虽然最高人民法院、最高检察院、公安部于 2014 年 3 月颁布的《关于办理非法集资刑事案件适用法律若干问题的意见》在一定程度上对互联网金融犯罪化处理进行了扩张，但这只是因为互联网金融犯罪行为呈高发态势，司法不得不加大介入力度。从长远考虑，司法在涉互联网金融违法犯罪的问题上，仍应秉持审慎的态度。

在司法实践中，对于互联网金融犯罪的认定还应注意以下几个方面：

首先，当金融界与法学界对于互联网金融行为是创新还是犯罪工具存在不同认识时，应当从金融学与经济规律的角度出发，对互联网金融行为进行分析和认知，在此基础上尽量运用行政手段予以规制和调整，不宜借用或直接动用刑事手段来解决纷争。换言之，对于互联网金融行为在形式上或表象上确实触碰了违法犯罪的红线，也不宜过分强调刑事惩罚的压制功能，更不宜通过犯罪化处理来平息纷争。

其次，当刑法学界与民法学界对于互联网金融行为存在罪与非罪的不同认识，以及存在法律适用的竞合时，应当优先适用民事法律或者侧重民事法律的选择。由于现行法律体制对于互联网金融缺乏针对性、专门性的规定，互联网金融作为新生事物也处在一种"在试错中成长"的状态，国家对于新生事物持包容的态度，在一定程度上对于"自我试错"行为持"默许"的态度。因此，能够通过民事手段温和处理的，就尽量适用民事法律进行规制和调整，不宜采取强硬

---

① 林洋：《互联网金融行为刑法观——以互联网金融的典型模式分析为视角》，刘宪权主编：《刑法学研究》（第 11 卷），上海人民出版社 2014 年版，第 145—146 页。

的刑事手段进行"一刀切"式的犯罪化处理。

再次，当刑法学界本身对于互联网金融行为存在此罪和彼罪的不同认识时，应当充分考虑该行为本身的社会危害性和危害结果，以及行为人的出发点和主观态度，秉持主、客观一致的原则，对互联网金融行为进行定性分析，不宜采取客观归罪的方式或者仅仅从危害结果出发进行定罪。无论最终认定为轻罪还是重罪，在量刑上都尽量向"轻刑化"靠拢。

最后，对于不构成传统金融犯罪的互联网金融行为，不宜采用普通罪名予以认定。比如，某一互联网金融行为的性质符合集资诈骗罪的构成要件，但金额虽未达到追诉标准的起刑点，但达到了普通诈骗罪的起刑点，此时不宜将该行为认定为普通诈骗罪。虽然集资诈骗是一种面向社会公众的犯罪行为，其社会危害性明显大于普通诈骗罪，但仅为了刑事处罚该行为而将其强行定性为性质不同的普通诈骗罪，缺乏合理性。[①] 此时，若将该行为无罪化处理，转而通过其他法律途径进行维权，并无不妥。

四、结　论

在全面推进依法治国的大背景下，应当以法治思维认真分析待互联网金融的创新，正视互联网金融对现有法律制度和交易规则的冲击，理性对待互联网金融对传统金融秩序的影响，通过不断实践来合理界定金融创新的边界，用司法理念来熨平法律滞后和金融创新之间的褶皱，为互联网金融创新提供足够宽阔和宽容的发展空间。

---

① 　刘彬：《集资诈骗罪犯罪数额研究》，《湖南警察学院学报》2012 年第 5 期。

金融**刑法**研究

经济刑法

Economic Criminology

金融改革背景下
对操纵证券交易价格罪的防治

张雅芳[*]

摘　要：操纵证券交易价格达到一定程度会造成社会危害。为抑制操纵证券交易价格行为的频繁发生，刑法的干预是必要的。在金融改革不断推进的时期，操纵证券交易价格行为与正常的投资行为有时较难区分。为保障我国经济的稳定发展，防止游资对市场进行过度炒作，需正确区分操纵证券交易价格罪与正常投资行为的界限。为此，有必要对操纵证券交易价格行为的发展历程和行为特征进行研究，并针对金融改革的时代背景提出切实可行的策略。

关键词：金融改革　操纵证券交易价格罪　罪质界限　防治策略

---

[*]　张雅芳　上海市普陀区人民检察院研究室，法学硕士。

一、操纵证券交易价格罪的一般行为方式

(一) 刑法规制的操纵证券交易价格罪客观表现

《刑法》第182条和《证券法》第71条对操纵证券交易价格的行为作了相同的规定,具体有如下表现:

1. 单独或者合谋,集中资金优势、持股优势或者利用信息优势联合或者连续买卖,操纵证券交易价格

操纵证券交易价格的行为如果与一定的资源优势,如资金优势、持股优势或者信息优势相结合,对证券市场危害性极大,其操纵证券交易价格的行为也更容易实施。利用资源优势操纵证券交易价格通常有两种表现形式:一是联合操纵;二是连续交易。联合操纵是指两个或者两个以上的利益主体,按照事先约定的分工,通过各种操纵市场手段共同操纵市场。① 在我国主要有以下几种形式:机构与机构之间、大户与大户之间以及机构与大户之间,为了共同的不法利益,利用通信或者同一交易场所的便利,联合起来操纵某一种或者某一类证券的价格;为地方利益,有地方政府或者某承销商出面组织证券投资者,共同操纵某类证券的价格;证券发行公司与证券承销公司之间,为了共同的利益,共同操纵某类证券价格,以达到证券顺利发行目的;利用内部消息,企业界、管理界、金融界、新闻界等联手操纵证券价格。② 连续交易是指以影响行情为目的,对某种证券连续买进卖出,以显示该证券交易"活跃",造成见涨或见跌的声势,诱使其他投资者上当受骗。行为人则通过该行为达到抬高或者压低证券交易价格的目的,从中渔利。这有两种形式:连续以高价买进;连续以低价卖出。实践中,连续交易往往与联合操纵等行为结合,才能对市场构成影响。

2. 与他人串通,以事先约定的时间、价格和方式相互进行证券交易或者相互买卖并不持有的证券,影响证券交易价格或者证券交易量

这具体包括两种情况:一是通谋买卖;二是相互买卖并不持有的证券,即虚假买卖。所谓通谋买卖,是指行为人与他人串通,以事先约定的时间、价格和方式相互进行证券交易。例如,行为人意图影响证券市场价格,与他人通谋,以约定的价格在自己卖出或者买入证券时,使约定人在交易同时实施买入或者卖出的相对行为的情况。通谋买卖行为反复进行,就可抬高或降低某种证券的价

---

① 白建军:《证券欺诈及对策》,中国法制出版社1996年版,第64页。
② 陆世有等:《证券市场与证券犯罪探论》,立信会计出版社1995年版,第164页。

格。行为人可以在高价位时抛售该种证券,以获取暴利。这种行为给其他投资者造成一种该证券交易活跃的假象,导致对证券交易价格产生极大误解,作出错误的投资判断而遭受损失,对证券市场秩序的破坏力很大。[1] 在行为人并不持有证券的情况下,进行证券交易或者相互买卖,行为人从中谋取非法利益,广大投资者对虚假的证券交易价格或者证券交易量产生误解而进行不利于自己的证券交易,从而受到损失。

3. 以自己为交易对象,进行不转移证券所有权的自买自卖,影响证券交易价格或证券交易量从而制造证券交易的虚假价格

具体操纵方式有三种:冲销转账、拉锯和洗售。冲销转账是连续交易人利用其不同身份开设两个以上的户头,以冲销转账的方式反复作价,将证券价格压低或者抬高,行为人实际支出的是部分手续费用;拉锯即以拉锯的方式反复作价。连续交易行为人在不同的证券代理商处开设账户,以同一笔或者数笔证券反复通过某个证券商处买进,然后通过另一证券商卖出,造成交易活跃的假象,引诱小额投资者盲目跟进;洗售是连续交易行为人为了造成虚假的行情,在卖出了某种证券后,又会买入同样数量的同类证券,诱导小额投资者跟进。在自买自卖的情况下,证券的买主和卖主是同一个人,自己买入的证券正是自己卖出的证券,或者相反。可见,这种证券交易事实上并没有转移证券所有权,是一种不转移证券所有权的虚假交易,以此来抬高或降低某种证券的价格。

4. 以其他方法操纵证券交易价格

主要有如下几种情况:一是以散布虚假信息等手段影响证券发行、交易。有关证券交易的信息直接影响到个别证券价格甚至证券价格指数的变化,这种信息对广大投资者来说,是一个十分重要的参考因素和依据。操纵者利用人们的这种心理,散布虚假的证券信息,诱使他人买卖某种证券,有意造成证券价格的涨跌,从而达到操纵证券交易价格从中谋利的目的。二是上市公司买卖或与他人串通买卖本公司的股票。上市公司为了抬高本公司股票价格,违法买卖本公司股票,制造虚假的证券交易价格,不真实地反映本公司的经营状况和效益状况,误导投资者作出错误投资决定。三是操纵者采用声东击西的方式,操纵某类型证券中的一种,以达到操纵同类型其他证券的目的。由于证券具有可比性、地区性、同行业性及关联性,会形成所谓"概念股",而这种概念股中又几乎都有各自的领头股,这种领头股不一定都是业绩最好的或发展最快的,而往往是盘小有题材的证券。操纵者就经常操纵领头股来达到操纵证券交易价格的

---

[1] 张继辉等:《中华人民共和国证券法释义与适用》,中国人民公安大学出版社 1999 年版,第 284 页。

目的。四是银行或者其他金融机构违法、违规，用周转资金或银行筹备金，拆借给证券公司和允许透支用于炒股。

（二）操纵证券交易价格行为在实践中的表现

2014 年起，我国证券市场开始呈现繁荣的景象，股价不断上涨，投资热情高涨。随着"牛市"的出现，操纵股价的黑手也按捺不住，开始动作。

2014 年 8 月，证监会通报了 3 起操纵股价典型案例，分别是浙江恒逸集团操纵市场案、苏颜翔和王建森操纵市场案。[①] 专家表示，不是所有的操纵市场行为都能达到预期的效果，但牛散和资深职业股民很容易操纵小盘股，一般能形成标准的操纵市场流程。利用中国小散们崇尚找庄、跟庄、抬庄等，诱导散户跟进，抬高价格，从中牟利，[②]股价操纵成了人们热议的话题。

时隔不久，证监会在 2014 年底对股价涉嫌被操纵的 18 只股票进行调查，被点名的股票连续大跌，疑似被操纵的股票也遭遇投资者抛盘。而股价操纵这一经常被市场提及却已然被市场所接受的违规交易行为，再次开始引发投资者的思考。然而，证监会最近严查的 18 起操纵股票行为只是 A 股股价操纵违规交易的冰山一角。因为对于 A 股而言，股价操纵有着更好的寄生温床。由于 A 股以散户投资者为主，在专业操作方面大多容易受市场行为所干扰，因而部分市场主力资金在经过精心布局之后，就可以吸引大批散户跟风入场，待疯狂过后便获利出逃，最终只剩下站在山顶向下俯视的受骗散户。而市场由来已久的投机风格更是为操纵股价获利者提供了有利条件。同时，由于国内投资者专业技能水平普遍较低，因而同样的股价操纵行为无论是操纵失败的概率还是操纵所耗费的财力，都远低于其他健全的资本市场。[③]

上述这些违规股价操纵行为不仅对证券市场的正常秩序有着较大危害，还可能对投资者形成二次伤害。对于投资者而言，在主力资金布局第一次股价操纵期间，股价的大幅波动很可能对不知真相的投资者造成第一次投资利益的损

---

① 浙江恒逸集团有限公司财务负责人楼翔在定向增发过程中指使他人操作账户拉抬"恒逸石化"股价。这是证监会首次对上市公司定向增发的特定目的操纵行为进行处罚。证监会决定对恒逸集团处以 60 万元罚款；对楼翔给予警告，并处以 10 万元罚款。苏颜翔短线操纵推高股价，获利 380 余万元。证监会决定没收苏颜翔违法所得 380 余万元，并处 380 余万元罚款。王建森操纵"ST 中冠 A"，共计买入 4 620 万元，累计亏损 32 万元。证监会决定对王建森处以 60 万元罚款。

② 金彧《"牛散"苏颜翔操纵市场被罚没 761 万，专家：应打老虎》，http://finance.ifeng.com/a/20140823/12983240_0.shtml，2017 年 10 月 1 日访问。

③ 《证监会：已对 18 只股票操纵案进行调查》，http://money.163.com/14/1220/06/ADSVPVUP00253B0H.html，2017 年 10 月 5 日访问。

害。而更为重要的是,由于目前证监会对于股价操纵行为稽查的滞后性,让操纵者获得了全身而退的时间,而往往让新进接盘的投资者成了第二次伤害的对象。等到一段时间监管层查清事实,认定某上市公司涉嫌被操纵股价之后,利空消息将再次让上市公司股票承压,而这将让投资者再次受到伤害①。这可能对投资者造成巨大打击,危害十分严重。

二、理性看待操纵证券交易价格罪

操纵股价行为到底给证券市场带来了什么? 是积极效应还是负面影响,对其应禁止还是应容忍,在理论界一直存在争议。一些学者认为证券操纵推动了资本市场的繁荣,使资本市场充满生机和活力,并催生投资者的投资兴趣,尤其是在股市萎靡不振、投资者积极性受挫时,证券操纵行为常给沉闷的股市带来新鲜和动力,因此应允许操纵行为的存在。另一些学者则认为,股市操纵是在人为扭曲市场的供求关系,使股票价格过度偏离股票价值,并严重背离资本市场的公开、公平和公正精神,负面影响非常深远,所以,必须杜绝这种行为。

如何看待两种截然不同的观点,既关系到能否科学对待操纵股价行为,也与制度构建和法律完善密切相关。因此,剖析证券操纵行为的内在属性非常重要。从资本市场的发展规律与固有本质来看,只要有资本市场,就会有操纵证券价格的行为,原因在于资本市场并不是完全有效的市场,存在严重的信息不完全、信息不对称以及噪声交易及监管滞后等。人类社会中的各种违法犯罪行为都是客观存在的,而人类能做的就是将违法犯罪行为控制在社会可容忍的限度之内,并利用违法犯罪的有利因素推动社会发展。从资本市场产生和发展的历史进程予以考察,证券交易价格操纵行为也具有客观性和必然性。在落后的资本市场上,源于制度缺陷和管理滞后,各种证券操纵行为层出不穷;在成熟的资本市场上,虽然制度相对完善,但也从来不乏操纵证券交易价格的行为。

证券交易所并不是天然地反对操纵股价行为。"由于交易所的主要功能是设计合理的交易机制,组织交易活动的正常开展,维持交易的正常秩序,这种身份决定了它从本质上并不反对庄家炒作,从而推动成交量规模的扩大和股价指数的上升。"②作为一个提供资本产品竞价交易的场所,股价操纵行为是其促使证券交易额大幅上升的重要路径。个人投资者也不都是完全反对操纵股价行

---

① 董亮:《诡异暴跌 复旦复华或涉股价操纵》,《北京商报》2014 年 12 月 26 日第 006 版。
② 马广奇:《资本市场博弈论》,上海财经大学出版社 2006 年版,第 109 页。

为的。因为他们并不是都在进行价值投资，部分主体也希望通过资本投机获取预期利益。如果市场上缺乏股价操纵行为，个人投资者就很难在短期内完成低吸高抛的套利行为。特别是散户的特点决定了其投资策略一般是"跟庄"，即通过技术分析或小道消息观测庄家的动向，搭庄家的"便车"完成一轮交易，实现投资收益，而证券操纵行为可以为其提供谋利的好机会。监管层也不会完全禁止股价操纵行为。"监管部门的多重效用目标决定了它对待市场的态度和行为是：市场低迷时，放纵券商和交易所的违规行为，以活跃市场；当市场过热、泡沫过多时又会采取严厉的措施打击市场操纵等违规行为。"①另外，根据俘虏理论，随着时间的推移，监管者会越来越迁就某一部分被监管者的利益，越来越忽视社会公共利益，最终成为这一小部分被监管者利益的代言人，成为少数人"合法地剥夺"多数人的制度守护。所以，有理由相信，监管在限制垄断方面已经变得越来越没有效率，监管机构往往被某些行业巨头所俘虏，成为他们的总管家，他们的监管行为将严重地损害正常合理的资源配置，导致行业和部门之间的投资以及其他要素的不合理搭配。② 因此，从交易所、个人投资者、监管层等主体与做市商的博弈关系来看，股价操纵行为有客观存在的环境和理由。

股价操纵行为是资本市场的必然现象，也是资本市场的有机组成部分，意图借助法律消灭此类行为是不现实的。那么，面对这一客观现象，我们是否束手无策或置之不理呢？回答是否定的。"社会控制与犯罪现象是密切联系的，犯罪现象愈来愈严重，其重要原因之一就是社会控制机制失灵或功能弱化，因而科学适宜的社会控制是有效预防和减少犯罪的重要手段。"③因此，只要通过法律手段强化社会控制机制，就可以将证券操纵行为抑制在一定限度之内，使其与人类社会和谐共存。④

三、操纵证券交易价格罪与非罪的辨析

在证券交易实践中，符合前述操纵证券交易价格的行为很多，但考察境外司法实践，真正作为犯罪处理的却极少，如日本迄今为止只有数件实例。究其原因，是因为证券交易价格形成机制本身极为复杂，并且证券投资本身就具有

① 马广奇：《资本市场博弈论》，上海财经大学出版社 2006 年版，第 111 页。
② B.M.Owen，R.Braeutiqam. *The Regulation Game*. BaillingerPub—lishing Company，1981.21.
③ 赵晓光：《社会控制弱化与证券违法犯罪》，《河北法学》2005 年第 6 期
④ 赵运锋：《操纵证券交易价格行为刑法对策——兼论前置法律责任的构建》，《福建金融管理干部学院学报》2008 年第 5 期。

极大的投机性和风险性,各种操纵行为与合法行为相交错,或者以合法交易行为作为掩护来进行,这样,操纵行为与合法交易行为、一般违法与犯罪行为的界限不易区分。在实践中,准确认定操纵证券交易价格罪,首先应从行为人客观方面的表现和主观方面的内容结合起来区分罪与非罪。也就是说,客观上要考察行为人是否实施了《刑法》第182条所列举的操纵市场的行为;同时主观上要考察行为人是否出于直接故意,并且具有谋取不正当利益或转嫁风险、避免损失的目的。如果行为人在客观上虽有操纵证券交易价格的行为,但主观上是出于过失,如相关的证券管理知识欠缺;或者虽然操纵行为是故意的,但行为人不具有谋取非法利益或转嫁风险,避免损失的目的,便无法认定犯罪。其次,由于操纵证券交易价格罪以情节严重作为其成立的必要构成要件,认定罪与非罪,也要重视准确把握全案情节。

在情节严重认定标准这个方面理论上有很多的观点,有学者将操纵证券、期货交易价格罪归入以数量为必备特征的证券、期货犯罪,即该犯罪必须在数量方面达到一定程度才能说明其社会危害性和主观恶性;有学者认为,可以将控制价格行为的完成作为是否构成操纵证券交易价格罪的情节认定标准;也有学者认为,没有必要对情节严重的标准进行具体的设定,"在刑法实现其强制机制的作用时,起到关键作用的应当是犯罪圈的扩大,而非法定性的提高"。[1] 笔者认为,认定情节严重的标准应当以对经济生活的积极影响和消极影响来进行认定,即如果在市场流动性十分充裕,股价飞涨的时候对股票进行炒作进一步推高股价、吹大泡沫或者对某个业绩很差的股票在没有真实基本面好转的情况下进行炒作,将市场资金引入价值不真实的上市公司,又或者操纵行为对广大股民投资利益造成重大损失的,这些操纵行为会对国家经济和广大股民的利益产生重大的消极影响,对此应当严格以操纵证券交易价格罪来进行处罚;而如果在市场持续低迷、人民普遍对后市缺乏信心的时候,有资金对市场中的上市公司中比较优秀的,现在由于市场的非理性下跌导致市值严重被低估的股票进行介入并推动股票价格的上行,在这种情况下该行为不应当以操纵证券交易价格罪来定罪处罚。虽然该行为在客观行为上符合操纵证券交易价格的行为特征,而且其目的可能也是为了短期的投机而非鉴于价值的低估进行长期的投资;但是因为在市场低靡的时候,相关资金对证券交易价格进行操纵推动其价格上行,会对市场的信心产生提振作用,可以聚集市场人气,对国家金融稳定、经济发展都可以起到一定积极作用。因此,在这种特殊的条件下对这种操纵行

---

① 鄢梦萱:《论证券犯罪中的"操纵"行为》,《中国人民公安大学学报(社会科学版)》2007年第2期。

为不应当以操纵证券交易价格罪来认定处罚。

综上所述，笔者认为，操纵证券交易价格行为对经济生活的影响应当成为衡量行为情节严重与否的重要标准。该罪作为刑法规定犯罪的一种特殊犯罪，其特殊之处在于犯罪界限调节的高频率性和变动的周期性。

四、金融改革背景下操纵证券交易价格罪防治策略

综观国际金融局势，中国金融业面临着巨大的国际压力。一方面，全球金融海啸的余威仍在肆虐，世界经济在失衡结构中继续增长乏力，欧洲主权债务危机持续影响到欧元区整体的经济活力，以及银行业的稳健性，甚至会进一步损害长期以来由美元与欧元主导的国际货币体系的稳定，可能对我国的金融产业产生消极影响。另一方面，近年来中国和其他崛起的新兴市场国家陆续加入到经济全球化的国际分工体系中，依靠美元与欧元所提供的巨大流动性，逐步确立了本国对外贸易和外商直接投资拉动经济增长和就业的发展模式，而欧美经济需求的疲软和美元与欧元的波动给中国等新兴市场国家的经济带来了巨大的挑战。

面对这种不利局势，自 2013 年以来，我国涉及金融改革的政策出台节奏明显加快，无论是贷款利率下限松绑还是人民币自由兑换进程加速，或是各种金融创新品种的次第推出等，都预示着作为经济体制改革重要组成部分的金融改革已经开始推向深入。这些措施带动了资本市场的活力，股票市场从熊转牛，资本市场的流动性增强又为实体经济的发展提供了丰富的能量。但是在这种形势下我们也应当更加警惕资本市场上泡沫的出现。目前资本市场中，一些个股股价虚高，没有反映上市公司真实价值，这很大程度上是由操纵者所引诱的热钱集体抬高的。这种状态是一种不稳定的状态，市场上一旦有利空消息，市场信心就将出现动摇，相应的市场的价值也将出现振荡。

现在我们正处于一个特殊的时刻，金融危机的阴影仍未消除，国际金融局势动荡不安，人民对后市经济的信心仍不坚定，影响着经济体制改革的全局，证券市场的活跃与稳定同等重要。正如前述，笔者认为操纵证券交易价格行为在某些特殊的时刻可以起到配合国家政策、对金融业发展可以起到积极推动的作用，不能盲目"一刀切"。但是如果对恶意操纵证券交易价格行为不加以预防和处罚，必将对中国金融改革、金融产业发展，甚至实体经济产生负面影响。因此，我们在对待操纵证券交易价格罪时应当把握好一个"度"。具体来说，在金融改革背景下认定操纵证券交易价格罪应当注意以下几点。

（一）做好行政执法和刑事司法相衔接的工作

"两法衔接"是指行政机关在处理行政违法案件过程中，发现违法行为涉嫌犯罪而向司法机关移送线索和案件的制度。中国证券监督管理委员会设有稽查队伍是具有行政执法权的机关，其应加大力量将专业监管人员派往证券交易所，通过交易所内部了解信息，监督市场交易状况。一旦出现异常交易状况，及时向稽查部门报告。异常交易状况的确定要根据市场交易的实际情况作出判断。稽查部门应根据证券监管员或公众举报的有关操纵市场行为的线索进行初步调查。首先调查证券发行公司有无违法经营状况，或者作出了何种重大决议而未通过正常方式予以公布；然后再对证券交易者进行调查，如询问交易者在某上市公司未有重大消息披露的情况下大量买进该公司证券的原因，如果交易者不能作出令人信服的解释，即可初步认定该证券交易行为的违法性。对查明确有操纵市场行为嫌疑的，应移送司法机关。在查处过程中涉及强制措施等法律手段时，应向司法机关申请协助执行。要授权稽查部门抽查证券交易所账目，并对可疑上市公司进行深入调查，以监控上市公司参与操纵市场行为。

（二）加大对特定行为的稽查打击力度

对证券交易价格的操纵行为应把握好一个"度"，对恶意的操控行为，应当加大打击力度。第一，在现今情况下对市盈率已经很高、出现股价虚高泡沫的个股，运用或者制造各种题材、概念对个股进行炒作，实际又没有真实良好业绩支撑的操纵情况，应当严格地按照操纵证券交易价格罪来处理。第二，制造有关上市公司虚假的信息，以操纵证券交易价格的手段推高上市公司股票价格的上升，吸引市场中的资金进入不良资产的，应当严格按照操纵证券交易价格罪来进行处理。因为这种证券操纵行为使得市场上的资金改变了原有的流入和流出方向，而且不利于市场中优质上市公司的发展，对经济发展产生消极影响。第三，操纵某只股票获利并在抛售该个股后引起该个股价格大幅下跌，使得广大中小股民投资利益受到较大损失，引起社会不稳定的情况，应当严格按照操纵证券交易价格罪进行处理。这种证券操纵行为所引起的后果已经不限于经济生活领域，而且很有可能对社会稳定大局起到消极的作用，因此有必要坚决地对这种操纵证券交易价格行为进行定罪处罚。

（三）加强检察机关对证券监管部门的监督

检察机关是法律监督机关，其监督职权在金融领域应当发挥其应有作用。

一方面，检察机关行政执法监督，是指检察机关作为负有监督职责的专门的法律监督机关对行政执法主体实施的行政执法行为，对是否符合行政法律法规所规定的内容、程序进行监督，既监督行政执法行为的合法性，又监督行政执法行为的合理性。目前，行政执法行为因其具有自由裁量性、单方意志性、直接效力性和直接强制性等诸多特征而受到社会关注。党的十八届四中全会提出检察机关应当对行政执法行为进行监督，这是一个很好的契机。可以建立相关机制，将检察监督强化和落实，对金融领域相关部门的监督也是其中的重要组成部分。另一方面，金融监管部门，在证券价格遭到恶意操纵时，如果发生怠于监管、监管不力等问题，造成严重损害的，检察机关可以对其进行职务犯罪调查，督促金融监管有序、有效运转。

抢帽子交易刑法规制的全球考察

——比较法视野下我国市场操纵犯罪刑事立法完善的启示

谢杰　祖琼*

摘　要：世界各国经济刑法均以市场操纵犯罪条款规制抢帽子交易，这为我国刑事立法与司法把握抢帽子交易的属性与构成要素，从结构上完善我国刑法操纵证券、期货市场罪提供了有益参考。我国刑法应明确操纵证券、期货市场罪"兜底条款"的解释机制，通过精准设定实体标准与建构实用的司法程序，以提高惩治市场操纵犯罪的实效，并将利用信息操纵市场投资者从事相关证券期货交易进而影响资本市场的行为明确纳入规制范围，但应当对信息影响投资者行为、资本配置影响市场价格的实体构成要件予以刑事程序证明。

关键词：抢帽子交易　操纵证券　期货市场罪　信息型操纵

一、概　　述

抢帽子交易通常是指证券公司、证券咨询机构、专业中介机构以及相关投

---

* 谢杰　上海交通大学凯原法学院副教授，法学博士、博士后；祖琼　上海交通大学凯原法学院 2015 级本科生。

资咨询专业人员，先行买卖或者持有相关证券、期货合约，并对相关证券、证券发行人、上市公司等公开评价、预测或者提出投资建议、研究报告，通过期待的市场反应取得经济利益的行为。

由于我国刑法操纵证券、期货市场罪并未明示禁止抢帽子交易行为，导致我国刑法理论与实务对抢帽子交易是否具有市场操纵犯罪的性质产生了极大争议。尽管汪建中抢帽子交易案最终经过一审、二审被认定为构成犯罪，判处有期徒刑 7 年，罚金人民币 125 757 599.5 元，[①]使得抢帽子交易问题在定性争议上得到了一定程度的解决。但是，抢帽子交易行为本身一直在我国资本市场中频繁发生，且在法律适用中存在诸多争议。例如，2012 年，某证券公司经纪人朱某觉得自己辛苦拉客户买卖证券赚取佣金的收入太低且不稳定，欲寻"发财"之路。某财经频道一档股评节目发布了招聘股评嘉宾的广告，朱某向该频道投出了自己"美化"后的简历，并通过了节目组面试，顺利坐上股评节目嘉宾主持的座椅。从此，朱某不仅定期上节目侃侃而谈分析股市大盘及个股，还经常出席一些讲座或见面会，拥有大量粉丝。公安机关经侦部门接报后，经过侦查发现，2013 年 3 月至 2014 年 8 月，犯罪嫌疑人朱某在担任某证券公司经纪人期间，实际控制多个证券账户，采取对多只股票先行买入，于当日或次日在某股评节目中对这些股票公开作出评价、预测或投资建议，造成节目中评价或推荐的多只股票在节目播出后第一个交易日成交量明显放大。之后，朱某再于节目播出后 1 至 2 个交易日将所控制的股票全部卖出，交易金额约 4 000 万元。[②] 此类案件中，对于行为人的实际交易行为、公开评价与建议对于投资者行为心理的影响、证券市场价格实际波动量化测算、操纵证券市场罪"情节严重"的认定等问题，刑法理论与实践中仍然存在较大的认识分歧与争议。

现阶段我国刑法理论对操纵证券、期货市场罪以及抢帽子交易刑法规制问题的比较研究并不全面、深入。尤其是抢帽子交易法律标准问题，基本停留于德国联邦最高法院 2003 年抢帽子交易案。[③] 事实上，近年来国际金融创新迅猛发展，世界各国证券期货市场法律监管规范进行了相应调整，对抢帽子交易等证券期货违规行为，已经建构了相对完善的实体法律标准。因此，有必要准确分析当前国际社会主要证券期货市场的反操纵刑事法律及其刑事司法经验，

---

① 参见北京市高级人民法院刑事判决书，案号 (2011) 高刑终字第 512 号。
② 简工博：《上海破获首起"抢帽子"操纵股市案》，《解放日报》2016 年 10 月 26 日第 006 版。
③ 高基生：《德国最高法院"抢帽子交易"案的判决及其启示》，《证券市场导报》2006 年第 9 期。

在互动性思考中研析抢帽子交易刑法规制的国际标准与中国现实,从中获得我国抢帽子交易刑法规制完善的启示。

二、域外抢帽子交易法律性质的立法规定

(一)德国经济刑法:授权监管机构确认抢帽子交易的操纵性质

根据德国《证券交易法》规定,禁止以下影响本国或者欧盟成员国证券交易、金融工具价格的市场操纵:(1)发布对金融工具价值评估具有或者可能具有重要影响的虚假性、误导性信息;(2)从事对证券、金融工具交易市场供求关系进行信息误导、欺诈的发行或交易;(3)实施其他对本国或者欧盟成员国证券交易价格具有潜在影响的欺诈行为。[1] 市场操纵犯罪的法定刑为5年以下监禁或单处罚金。[2] 关于其他欺诈性操纵行为的范围,德国《证券交易法》授权联邦财政部经联邦参议院同意发布规定;联邦财政部可授权联邦金融监管局(Bafin)具体负责相关规章的制定。[3] 德国联邦金融监管局《市场操纵认定规章》明确将抢帽子交易规定为其他欺诈性市场操纵行为:制作或传播虚假的金融分析报告或投资建议,误导投资者形成错误的经济形势观点,尤其是歪曲特定金融工具供求关系状况的,构成其他欺诈性市场操纵。[4]

德国经济刑法明确将抢帽子交易规定为市场操纵的犯罪。这种刑事责任没有直接渊源于《证券交易法》的刑事罚则,而是基于《证券交易法》的法律授权,由德国金融监管机构按照法律规定的程序对《证券交易法》规定的"其他"操纵市场的犯罪行为类型进行具体解释。经过法律授权的德国联邦金融监管局有关操纵市场犯罪的责任认定规则对抢帽子交易行为的司法认定具有实体法效力。德国经济刑法与我国刑法中的证券期货犯罪实际上具有构成要件结构清晰、法律解释逻辑严密的特点,但是,德国经济刑法在立法技术上更加专注于构成要素刑法解释的体系性、科学性与前瞻性。即使经济刑法条文对相关构成要素采取了"兜底条款"的规定模式,但仍然可以通过授权机制,通过反应更为敏捷的行政法律、法规、规章等填充开放性较强的构成要件内容。对于同属刑法法典化依赖程度较高的中国刑法而言,具有较高的借鉴价值。

---

[1]　Wertpapierhandelsgesetz – WpHG § 20a Verbot der Marktmanipulation (1).

[2]　WpHG § 38 Strafvorschriften (2).

[3]　WpHG § 20a Verbot der Marktmanipulation (5).

[4]　Marktmanipulations-Konkretisierungsverordnung – MaKonV § 4 Sonstige Täuschungshandlungen (2).

（二）美国证券法：市场操纵犯罪的实体标准与程序操作

美国 1934 年《证券交易法》规定证券发行与交易过程中的欺诈属于非法行为，从反欺诈原则的层面规定了操纵证券市场的违法性；[①]同时，《证券交易法》第 9 条明确禁止操纵证券价格行为：证券经纪人、承销商或其他任何人基于拉升或打压证券交易价格的目的发布信息信息诱使投资者买卖相关证券，构成证券市场操纵；[②]构成犯罪的，单处 20 年以下监禁，或单处 500 万美元以下罚金，或两者并处。[③]

期货交易方面，美国 1936 年《商品交易法》是规制期货市场操纵违法犯罪的核心法律规范，其第 6 条设置了禁止欺诈性、操纵性期货、期权、互换等交易的原则性规定。2010 年《金融改革法案》对《商品交易法》进行了重大修改，在《商品交易法》第 6 条（c）款 1 项中增设虚假信息型操纵：明知相关信息系虚假、误导性、不准确的报告，或者不计后果地漠视相关信息属于虚假、误导性、不准确的报告，仍然通过传递或者促成此类虚假信息传递的手段实质性地影响州际期货交易的价格以及市场反应，同时从事相关期货交易的，构成期货市场操纵。[④]

后金融危机时代背景下的美国证券期货法不仅延续了反欺诈条款一般性地禁止证券期货操纵违法犯罪行为的法律规定，而且细化了不同类型的反市场操纵法律条文，明确了金融机构从业人员发布不实投资咨询信息，操纵证券期货市场的刑事责任。但是，美国证券交易委员会（SEC）执法效率有限，以及联邦各级法院对市场操纵的本质与构成法律分歧明显等因素，共同导致美国联邦法律系统鲜见抢帽子交易操纵刑法规制的判例成果。

美国各州对金融投资咨询机构及其分析师实施的抢帽子交易行为进行了有效的检控实践探索。例如，纽约州查处的投资银行所罗门美邦（Salomon Smith Barney）及其分析师格拉布曼抢帽子交易、虚假陈述案积累了办理此类案件的实践经验：1999 年末，美国电话电报公司（AT & T）分拆无线业务独立进行首次公开发行。为了维持股价，AT & T 董事请托所罗门美邦电信行业明星研究员格拉布曼调整 AT & T 证券评级。格拉布曼便将原来的"中性"评级调整为"买入"，从而帮助所罗门美邦从 AT & T 获取大量投资银行业务。

---

① 15 U. S. C. § 78j(b) (2007).

② 15 U. S. C. § 78i(a) (2007).

③ 15 U. S. C. § 78ff(a) (2007).

④ Wall Street Reform and Consumer Protection Act § 753.

2003 年,所罗门美邦被处以 3 亿美元罚款;格拉布曼被处以终身市场禁入以及 1 500 万美元罚款。纽约州检方办理的一系列虚假陈述、市场操纵刑事指控引发了投资银行业信息隔离与风险内控制度的全面改革。然而,基于市场操纵犯罪的实体标准分歧明显、证明难度极高、指控成本过高等原因,上述抢帽子交易案件均以巨额罚款的刑事和解方式结案,并未形成判例。

美国虽然属于判例法国家,但是,随着刑法法典化程度的不断深入,美国相关证券期货法律对市场操纵犯罪也进行了相对完善的法律规范。特别是金融改革法案对《商品交易法》进行了重大修改,以相对原则性的规定方式禁止抢帽子交易行为并规定了严苛刑事责任。尽管原则性的刑法禁止明显区别于中国刑法中的"兜底条款",但两者实际上都具有模糊立法的因素。这种刑事模糊立法在很大程度上是罪刑法定原则在司法认定具有高度困难的证券期货犯罪领域的"折价"。但应当注意到,美国通过特有的辩诉交易程序,在司法实践中缓解了罪刑法定原则与模糊立法之间的紧张关系,采取"不定罪、严处罚"的实用性方式,不仅解决了市场操纵犯罪刑法控制问题,而且实质性地保护了被告人的实体权益。美国在司法程序上的实用性价值选择与操作经验,值得我国刑事司法实践参考。

（三）欧盟法：清晰准确的反操纵立法指令

欧盟《内幕交易和市场操纵（市场滥用）指令》（简称《市场滥用指令》）对市场操纵的构成要件及其典型行为类型进行了详尽的规定。[①] 根据《市场滥用指令》,市场操纵是指以下情形之一:（1）引发或可能引发虚假性或误导性的金融工具供求关系或价格信号的交易或交易指令,或者单独或联合控制一个或数个金融工具并使其处于反常或人为水平的交易或指令。例如,单独或联合对一个或数个金融工具的供求关系施加支配性影响,直接或间接设定交易价格或者制造其他不公平的交易环境。（2）使用虚假策略或其他欺诈方法执行的交易或交易指令。例如,在即将收市时买卖金融工具形成收盘价,误导投资者以此收盘价为基础从事金融工具交易。（3）通过包括网络形式在内的各种媒体发布与金融工具有关的虚假性或误导性信息,包括行为人明知或应知相关信息具有虚假性或误导性而发布谣言或虚假信息。例如,事先建构特定金融工具交易仓位,通过传统或电子媒体发表与该金融工具或其发行人有关的意见,同时没有

---

① Directive 2003/6/EC of The European Parliament and of The Council of 28 January 2003 on insider dealing and market manipulation (market abuse), Article 1(2).

通过正当或有效的方式向市场披露利益冲突，利用该意见的市场影响以及金融工具的价格变化谋取交易利润。市场操纵构成要件应当具有灵活性与适应性，保证其能够将全新的行为类型纳入市场操纵范畴进行评价。同时，欧盟委员会尊重各国根据《市场滥用指引》以及现实需要执行金融监管规范，尤其是打击与市场滥用相关的金融犯罪，各国根据《市场滥用指引》独立制定内幕交易和市场操纵犯罪的权利不受侵害。

欧盟《市场滥用指令》不仅规定了利用虚假信息操纵证券市场的行为模式，而且明确将抢帽子交易作为此类信息型操纵的典型表现。同时，《市场滥用指令》提出了市场操纵刑事立法的必要性及其犯罪构成的灵活性与适应性。欧盟成员国普遍以"兜底条款"将法律未予明示的操纵行为认定为市场操纵犯罪。例如，意大利《金融市场法》第181—187条规定，市场操纵是通过传播虚假信息、实施虚假交易或其他方式对证券价格产生重大影响的行为；构成市场操纵犯罪，处以3年以下监禁，罚金，或两者并处；葡萄牙《证券法》第379条规定，传播虚假、不完整、夸张或误导的信息，或者从事虚假交易，或者以其他欺诈方法妨碍金融市场（包括柜台交易市场）发挥正常功能的，构成市场操纵，构成犯罪的，处以3年以下监禁或罚金。

欧盟法高度精确的立法措辞代表了欧盟的整体刑事立法水平与刑法规范的前瞻性能力。证券期货犯罪区别于一般刑事犯罪，相关法律术语的解释必须极为精密且符合资本市场实务操作规范与惯例。针对证券期货犯罪的特点，不断提升本国立法机关拟定证券期货犯罪刑法条文的水平，是欧盟法对我国刑法完善最为重要的启示。

（四）香港地区证券及期货条例：建构完整的反市场操纵刑法规范体系

香港2003年《证券及期货条例》（简称《条例》）对市场操纵犯罪进行了相对全面的规定，将本罪分为三种不同层次的罪行分别予以规制。《条例》第295条规定了"虚假交易的罪行"，禁止行为人制造或意图制造交投活跃的虚假或具误导性的表象，或在行情或买卖价格方面的虚假或具误导性的表象，在香港市场或透过使用认可自动化交易服务交易证券或期货合约。《条例》第296条规定了"操控价格的罪行"，禁止行为人在香港或其他地方直接或间接订立或履行任何当中不涉及实益拥有权转变的证券买卖交易，或者使用虚构或非真实的交易或手段，维持、提高、降低或稳定在有关认可市场或透过使用认可自动化交易服务交易的证券的价格，或者引致该等证券的价格波动。《条例》第298条规定了"披露虚假或具误导性的资料以诱使进行交易的罪行"，禁止行为人在香港或其他地方披露、传递或散发在某事关重要的事实方面属虚假或具误导性的资料，或因遗漏某事关重要的事实而属虚假或具误导性的资料，诱使他人在香港进行证券或期货合约交易。《条例》第 299 条"操纵证券市场的罪行"规定，禁止行为人意图诱使另一人交易或者不交易某法团或其有连接法团的证券，而在香港或其他地方直接或间接订立或履行 2 宗或多于 2 宗买卖该法团的证券的交易，而该等交易本身或连同其他交易影响或相当可能会影响任何证券的价格。

可见，香港地区通过不同的犯罪类型调整不同的证券期货市场操纵行为，虚假交易、连续交易、发布虚假信息误导投资者等影响证券期货市场交易价格的行为均以特定的罪名予以规制。在香港证券期货犯罪的规范框架下，抢帽子交易实际上归属于"披露虚假或具误导性的资料以诱使进行交易的罪行"这一犯罪类型。

三、市场操纵犯罪比较分析对我国刑法完善的启示

（一）我国关于规范证券、期货市场的规定

我国《刑法》第 182 条操纵证券、期货市场罪明确规定了连续（联合）交易、约定交易、洗售等三种操纵市场犯罪类型，并以"兜底条款"将以其他方法操纵证券、期货市场的犯罪行为纳入本罪处罚范围。但是，随着近年来资本市场的迅猛发展，实践中出现了一批新型操纵证券、期货市场违法犯罪行为，无法为刑法明示的犯罪类型所覆盖，抢帽子交易就是其中极为典型的行为模式。

从行政处罚的角度来看，2008 年 10 月至今，我国证监会陆续查处了一批具有重大影响的证券投资咨询机构及其责任人员操纵证券市场案件。由于相关证券投资咨询机构及分析师利用专业优势及影响力，通过影响证券市场价格牟取不正当利益，严重损害了公众投资者对证券投资咨询机构的信任，扰乱了正常的市场交易秩序，且涉案数额达到了司法解释规定的立案追诉标准，抢帽子交易刑法规制问题正式进入刑事司法实践的考察范围。2011 年 8 月 3 日，作为标杆性案例的中国抢帽子交易第一案"汪建中操纵证券市场案"被法院认定构成操纵证券市场罪。[①] 我国刑法理论与实务对抢帽子交易是否构成操纵证券、期货市场罪问题的争议主要集中于这种刑法没有明确规定的证券期货违法交易类型能否解释为"以其他方法操纵证券、期货市场"。肯定的意见认为，抢帽子交易与操纵证券市场罪列举条款具有同质性，以操纵证券市场罪"兜底条

---

① 翟兰云、陆昊：《股市"黑嘴"汪建中一审获刑七年》，《检察日报》2011 年 8 月 4 日第 1 版。

款"认定为犯罪,符合现行刑法条文规定和刑法理论,不违背罪刑法定原则。① 否定的意见认为,刑法规范中的"兜底条款"应当进行限制解释,尤其是在操纵证券市场罪运用"双重兜底"(刑法与证券法均采取"兜底条款"规定)立法技术的情况下,抢帽子交易不宜认定为操纵证券市场罪。② 从刑法解释理论的角度分析,上述正反意见均在一定程度上具有法理依据,实际上已经陷入了解释僵局。如果两种截然相反的解释无法在法律逻辑上说服对方观点,刑法理论则更有必要反思刑法规范是否具有完善的必要,而比较刑法研究就是一种有益的理念参考与思路拓展。

（二）完善中国刑法市场操纵犯罪的应然选择

世界主要金融市场的监管法律普遍以市场操纵的罪名规制操纵证券、期货市场的犯罪行为,尽管与我国刑法操纵证券、期货市场罪的罪名表述不同,实质上规制的是相同的内容。全球最具代表性的经济刑法规范体系在市场操纵犯罪概念界定、构成要件配置、司法实践应对等方面各有差异,但形成了抢帽子交易应当以市场操纵犯罪规制的相同法律标准。通过比较刑法分析,我们可以在反思中得到以下启示:

1. 以行为模式为中心完善证券、期货犯罪刑法规范

信息对于证券期货市场具有重大影响,只有及时、准确地了解到有关信息,投资者才可能根据真实的信息,对相关证券、期货的投资价值作出正确判断,并作出相应的投资决定。证券、期货的价格与信息的这种关系,使信息在某种程度上左右价格的波动。真实的、准确的信息如此,虚假的、不真实的信息也能如此。因为,当投资者蒙受欺骗时,虚假信息仍被当作真实信息来看待,并以此作为投资指南付诸投资行动,这样势必会影响到证券、期货合约的价格。虚假信息的编造并传播将会误导投资,进而对证券、期货的交易形成操控。但是,对于抢帽子交易而言,行为人传播的信息实际上并不存在真实或者虚假的严格界限,这些信息往往是行为人经过自成逻辑的分析编制而成的。对于这种信息对投资者产生的具体影响力,刑事司法实践中是很难予以直接证明的,相对客观的证明路径在于通过金融量化工具测算特定时间阶段的特定证券市场交易价格是受到大资金交易影响,还是受到相对广泛却交易额较小的中小投资者交易

---

① 王崇青:《"抢帽子"交易的刑法性质探析——以汪建中操纵证券市场案为视角》,《政治与法律》2011 年第 1 期。

② 何荣功:《刑法"兜底条款"的适用与"抢帽子交易"的定性》,《法学》2011 年第 6 期。

影响。后者显然更符合抢帽子交易通过信息传播引导市场中小投资者决策的经济机理。在具备这样的量化证据依托的前提下,才能对抢帽子交易行为进行更为有效的定性。

深入认识市场操纵犯罪的行为模式,针对违法犯罪行为的特点完善证券期货犯罪刑法规范。香港地区对市场操纵犯罪设置了较有特色的刑法规制措施,以虚假交易、操纵价格、信息诱导、操纵市场等不同犯罪类型有针对性地规制不同模式的市场操纵犯罪行为。我国《刑法》第182条操纵证券、期货市场罪明示的连续(联合)交易、约定交易、洗售等三种操纵市场犯罪类型,本质上都是通过操纵者的违规交易行为控制证券、期货交易价格或交易量,归属于同一种违法类型。但是,操纵证券期货市场中的违法犯罪类型显然不止于此。以抢帽子交易为代表的利用信息操纵证券期货市场就是一种典型的违法犯罪类型。

我国刑法操纵证券、期货市场罪应当重视对信息型市场操纵犯罪行为的法律禁止,将利用信息操纵市场投资者从事相关证券期货交易进而影响资本市场的行为明确纳入刑法规制范围。我国刑法已经规定了编造并传播证券、期货交易虚假信息罪,该罪实际上可以成为信息型操纵市场犯罪的前置性禁止规范。行为人专门实施编造并传播证券、期货交易虚假信息犯罪行为,自己没有从事相关证券期货交易并从中牟利的,构成编造并传播证券、期货交易虚假信息罪;行为人基于诱导市场投资者交易行为的目的,编造并传播虚假信息的,行为人编造并传播虚假信息的行为与操纵行为形成刑法上的牵连关系,应当按照刑法牵连犯原则处理,即根据"从一重处断"或"从一重重处断"的原则,对行为人以操纵证券、期货市场罪论处。

2. 重视"兜底条款"的立法及其适用功能

在证券期货犯罪刑法规范中规定"兜底条款"是各国普遍采用的立法技术,但应当明确"兜底条款"的解释机制,使其能够在司法实践中真正得以合法且有效的适用。

在操纵证券、期货市场罪的刑法规范制定层面,德国经济刑法与我国刑法均采取了"兜底条款"刑事立法技术。但是,由于德国经济刑法明确对"兜底条款"的解释进行了法律授权,金融监管机构及时将抢帽子交易作为一种操纵市场的具体犯罪类型对经济刑法规范进行了有效填充,确保刑事司法实践不会对抢帽子交易是否具有操纵市场犯罪的属性问题存在争议。"兜底"与"授权"并用的刑法规范建构模式保证德国经济刑法能够在刑法条文秉持相对稳定的同时,敏锐地对急速变革的资本市场情势进行政策反应,在符合罪刑法定原则的基础上实现刑事规范控制与资本市场监管的目标。

我国刑法没有对"兜底条款"的解释机制予以专门规定。根据《立法法》第42条的规定,法律解释权属于全国人民代表大会常务委员会。法律有以下情况之一的,由全国人民代表大会常务委员会解释:法律的规定需要进一步明确具体含义的;法律制定后出现新的情况,需要明确适用法律依据的。同时,根据《全国人民代表大会常务委员会关于加强法律解释工作的决议》《最高人民法院关于司法解释工作的规定》以及《最高人民检察院司法解释工作规定》等规定,审判、检察工作中具体运用法律问题,由最高人民法院、最高人民检察院进行解释;最高人民检察院的司法解释同最高人民法院的司法解释有原则性分歧的,应当协商解决。通过协商不能解决的,依法报请全国人民代表大会常务委员会解释或者决定。证券期货犯罪刑法"兜底条款"的解释,属于法律规定需要进一步明确含义的情况,也属于司法工作中具体运用法律问题,立法解释权与司法解释权形成重叠。刑法理论中有观点认为,有必要以立法解释形式明确规定"抢帽子"交易等行为属于操纵证券市场罪的行为方式[1]。

对此,笔者认为,刑法"兜底条款"的具体含义应当通过立法解释予以明确,还是通过司法解释予以规范,实际上应当根据法律解释问题的具体指向予以判断。以本文探讨的操纵证券、期货市场罪"兜底条款"与抢帽子交易刑法规制问题为例,刑法第182条"兜底条款"的解释实际上可以细分为两种情况:一是抽象地对该"兜底条款"内涵的犯罪行为类型进行解释性归纳;二是具体地解释某种行为类型是否能够纳入"兜底条款"并被评价为操纵证券、期货市场罪的犯罪类型。前者应当通过立法解释予以明确,后者应当通过司法解释予以规范。

3. 精准设定实体标准与实用程序

证券期货犯罪的司法认定存在较多疑难问题,抢帽子交易等新型违法犯罪行为的司法实践更是存在较大的不确定性,有必要通过精准设定实体标准与建构实用的司法程序来提高惩治市场操纵犯罪的实效。

欧盟指令与我国刑法均规定了具体的操纵证券期货市场犯罪类型,并且均认可操纵证券期货犯罪的刑法条款具有较强的内涵包容性与现实适应性。由于欧盟指令是指导欧盟成员国制定本国证券期货立法的规定,市场操纵的构成要件配置强调准确性,犯罪情形规定强调清晰性,明确将抢帽子交易作为典型的市场操纵犯罪类型予以列举,以便成员国准确理解,有效地将指令纳入本国法。

---

[1] 王崇青:《"抢帽子"交易的刑法性质探析——以汪建中操纵证券市场案为视角》,《政治与法律》2011年第1期。

美国证券法刑事罚则与我国刑法一样存在操纵证券、期货市场罪实体法律适用争议极大且无法统一司法认定标准的问题,但以实用主义为导向的辩诉交易、巨额赔偿等程序操作弱化了操纵证券、期货市场罪构成要件的证明难度,实际上为抢帽子交易的刑事规制探索出了程序性出口。这同样能够保证证券期货刑法规范对违法犯罪行为的震慑效果。

　　因此,我国刑法理论有必要运用符合罪刑法定原则的刑法解释探索操纵证券、期货市场罪的实质内涵,论证本罪"兜底条款"的规范边界,精细明确地界定抢帽子交易等新型市场操纵犯罪的构成要件,并合理控制刑法"兜底条款"介入证券期货市场监管的"度"。同时,我国刑事诉讼程序可以考虑拓展刑事和解的适用范围,对于能够认罪且全面赔偿投资者损失的证券期货犯罪人,可以主要通过市场禁入、罚金刑等方式予以惩治。

股权众筹行为与
非法吸收公众存款行为的认定

程兰兰　隋峰*

摘　要：金融垄断主义立法政策下,非法吸收公众存款罪的扩大适用抹杀了民间金融的存在,助长了金融垄断,淡化了出资人的风险意识。股权众筹行为与非法吸收公众存款罪在"非法性""公开性""不特定对象"特征上具有契合性。对此,有必要强调:(1)结合私募性质、结果属性说对股权众筹行为"非法性"进行界定;(2)了解项目重要信息是判断"公开性"的关键因素;(3)引入合格投资者概念、发布众筹平台唯一性特征,以对股权众筹行为的"不特定对象"进行区分。

关键词：股权众筹　非法性　公开性　不特定对象　界定标准

股权众筹作为一种将普惠金融、民主金融理念结合的新型融资方式,其合法地位确立于美国《JOBS 法案》。① 股权众筹与非法吸收公众存款行为具有本质差异,界定两者范围既有利于防止刑法对非法吸收公众存款行为的威慑力波及股权众筹领域,阻碍金融市场的自由发展,也有利于防止行为人以股

---

* 程兰兰　上海师范大学哲学与法政学院副教授,法学博士;隋峰　上海师范大学哲学与法政学院刑法学硕士研究生。本文系上海师范大学人文社会科学研究廉政专项项目"金融诈骗罪刑民交织问题研究"(项目批准号 A - 0230 - 14 - 001058)的阶段性成果。

① 李东荣:《中国互联网金融发展报告(2015)》,社会科学文献出版社 2015 年版,第 366—381 页。

权众筹名义变相实施非法吸收公众存款的行为,破坏金融市场秩序。最高人民法院《关于审理非法集资刑事案件具体应用法律若干问题的解释》(简称《解释》)从非法性、公开性及对象的不特定性等方面确认了非法吸收公众存款或者变相非法吸收公众存款的性质,①列举了构成非法吸收公众存款罪的10种行为,②但根据股权众筹的特征和非法吸收公众存款罪的有关法规,尚需进一步明确股权众筹行为的法律性质,划定刑法打击借用股权众筹名义实施犯罪行为的界限。

一、股权众筹行为"非法性"之界定

非法性是指未经国家有关部门审核批准进行公开募资的行为,主要表现为主体不合法(不具有吸收存款资格)、行为方式、内容不合法。

(一)"未经核准"的认定

《商业银行法》第11条第2款规定吸收公众存款业务在我国属于特许经营,只有经过有关机构批准,方能从事该业务。③《证券法》规定公开发行证券必须符合条件,并且经过有关部门核准,否则任何单位和个人不得通过公开发行证券的方式融资。④

首先,本罪中"非法"是对违法阻却事由的提示。一般情况下,刑法分则条文只描述客观构成要件并明确规定相应法定刑,不表述违法阻却事由。因为大量自然犯存在的情况下,行为符合总则规定的客观构成要件,通常都可以判断具备违法性;而像非法吸收公众存款罪这类法定犯,仅根据行为不能判断其违

---

① 最高人民法院《关于审理非法集资刑事案件具体应用法律若干问题的解释》第1条:"违反国家金融管理法律规定,向社会公众(包括单位和个人)吸收资金的行为,同时具备下列四个条件的,除刑法另有规定的以外,应当认定为刑法第一百七十六条规定的'非法吸收公众存款或者变相吸收公众存款':(一)未经有关部门依法批准或者借用合法经营的形式吸收资金;(二)通过媒体、推介会、传单、手机短信等途径向社会公开宣传;(三)承诺在一定期限内以货币、实物、股权等方式还本付息或者给付回报;(四)向社会不特定对象吸收资金。未向社会公开宣传,在亲友或者单位内部针对特定对象吸收资金的,不属于非法吸收或者变相吸收公众存款。"

② 参见最高人民法院《关于审理非法集资刑事案件具体应用法律若干问题的解释》第2条。

③ 《商业银行法》第11条第2款:"未经国务院银行业监督管理机构批准,任何单位和个人不得从事吸收公众存款等商业银行业务,任何单位不得在名称中适用'银行'字样。"

④ 《证券法》第10条:"公开发行证券,必须符合法律、行政法规规定的条件,并依法报经国务院证券监督管理机构或者国务院授权的部门核准;未经依法核准,任何单位不得公开发行证券。有下列情形之一的,为公开发行:(一)向不特定对象发行证券;(二)向特定对象发行证券累计超过二百人的;(三)法律、行政法规规定恶其他发行行为。非公开发行证券,不得采用广告、公开劝诱和变相公开方式。"

法性，只有在分则条文中加入违法阻却事由等内容。

其次，法律并不禁止所有"吸收公众存款"行为，只是禁止"非法吸收公众存款"行为。因此在认定成立非法吸收公众存款罪过程中，一般只要查明行为符合客观构成要件且没有违法阻却事由，即可认定其吸收公众存款违反刑法禁止性规定，不需要以刑法之外的其他法律规定"追究刑事责任"为前提。如果该吸收公众存款行为得到行政许可即阻却违法性，当然不成立犯罪。

实际上，我国法律并不要求所有融资活动都必须经过相关机关的批准。私募作为一种比较常见的融资方式，是以非公开方式向特定投资者募集资金，并以证券为投资对象的融资形式，不必经国务院证券监督管理机构的核准。《私募股权众筹融资管理办法》将股权众筹界定为私募性质，不必向公开发行证券那样须向中国证券业监督管理机构申请审核批准。但是，这并不表明股权众筹具有了当然的合法性。一方面，不仅项目发起人与投资者签订的融资协议要受到《合同法》的约束；另一方面，《股权众筹融资管理办法》也要求项目融资人承担完整真实披露相关信息、只能通过众筹平台进行不公开融资活动、不得承诺还本付息或最低收益等职责并且完成项目众筹后股东人数累计不得超过200人，若行为人未履行相应义务，也因违反相关法律规定而具有非法性。

（二）"扰乱金融秩序"的理解

中国传统金融刑法原理认为，金融管理秩序是我国金融刑法所保护的法益，进而形成了秩序法益观导向下的金融刑法立法体系，而这一法益定位正处于全面调整与重构的进程之中。[①] 以秩序法益观为导向，金融秩序包括以下三方面内容：首先，表现为金融机构依照法律法规有序运行；其次，表现为金融机构能够协调统一流动性、安全性与盈利性，稳定经营，合理分配收益与风险，实现金融系统安全稳定；最后，则表现为币值、汇率与物价能够保持稳定，减少货币造成的冲击，保证国民经济运行稳定，社会安定。关于"扰乱金融秩序"理论中存在行为属性说和结果属性说两种不同的解释：

1. 行为属性说

该说主张，"扰乱金融秩序"只是对行为性质的阐明，不是对作为构成要件

---

① 中国金融刑法固守"秩序法益观"的既有立场，将违反金融管理秩序作为犯罪化的主要根据，导致犯罪化标准的模糊化、单向化和象征化，悖离了经济刑法法益定位的基本要求、经济犯罪治理的基本原理和现代金融法制构建的价值目标。在经济转型深化期，中国应当积极调整金融违法行为的犯罪化立场，实现"秩序法益观"向"利益法益观"的应然转向；在"利益法益观"之下，确立金融刑法犯罪化的具体标准，并据此推动金融刑法的立法完善。参见钱小平：《中国金融刑法立法的应然转向：从"秩序法益观"到"利益法益观"》，《政治与法律》2017 年第 5 期。

犯罪结果的描述,只要行为人实施股权众筹行为被认定为非法吸收公众存款或变相吸收公众存款即已构成对金融秩序的扰乱。行为人向不特定多数人宣传融资项目信息,非法吸收公众存款,为投资人所知晓,无论其是否吸纳存款并由此获得收益,都成立犯罪既遂。① 还有学者指出,没有经过主管部门核准从事非法吸收公众存款的行为,不论是否实际影响到银行等金融机构存款,也不论公众利益有否遭受损失,都违反国家金融监管制度,构成扰乱金融秩序,成立非法吸收公众存款罪。②

2. 结果属性说

该说则认为,行为人实施非法吸收公众存款或者变相吸收公众存款的行为只有造成扰乱金融秩序的危害结果,才能认定成立犯罪;尚未扰乱金融秩序的,不以犯罪论处,按照一般违法行为采取行政手段给予行政处罚即可。扰乱金融秩序主要包含两方面:一是因资本在非正规金融机构间流动导致银行资金短缺,国家储源减少;二是非法吸收公众存款行为导致国家金融管理秩序混乱,造成公众财产遭受损失。③ 还有学者认为,扰乱金融秩序只包括行为人将非法吸收的公众存款用于货币资本经营(如发放贷款)的情形。④

本文采结果属性说。理由如下:首先,企业通过互联网股权众筹融得资金按照规定存入相关银行账户,实际上把投资者分散于各银行的款项汇集于一家银行——融资单位开户行,从宏观上看,并没有改变银行吸收存款总量,可以认定股权众筹并不会导致银行存款储源减少,进而不会影响国家利率的统一与金融信贷秩序的混乱。其次,从《刑法》第176条的结构形式来看,"扰乱金融秩序"与"数额巨大或者有其他严重情节的"相互对应,构成两档法定刑的使用条件。再次,最高司法机关坚持的是结果属性说。如果将本罪理解为行为犯,则"扰乱金融秩序"具有行为属性,即只要行为人着手违法实施股权众筹行为便构成犯罪,行为实施完毕成立既遂;但是,2010年的《解释》明确本罪定罪处罚时应当考虑具体数额、范围及给存款人造成的损失。最后,从我国整个法律体系的角度来看,《证券法》第10条规定了公开发行的条件并且对公开发行的界限加以明确,第188条明确违法公开发行证券应当受到行政处罚。这表明不是所有公开发行证券、吸收公众存款的违法行为都受刑法调整,只有造成一定危害

① 张军:《破坏金融管理秩序罪》,中国人民公安大学出版社2003年版,第183页。
② 王作富主编:《刑法分则实务研究》(上),中国方正出版社2010年版,第457页。
③ 舒慧明主编:《中国金融刑法学》,中国人民公安大学出版社1997年版,第246页;刘健:《金融刑法学》,中国人民公安大学出版社2008年版,第330页。
④ 张明楷:《刑法学》,法律出版社2011年版,第687页。

社会的结果的行为才成立犯罪。①

二、公众传媒手段"公开性"之界定

《证券投资基金法》②和《解释》从途径和对象两个角度对募集资金行为的公开性进行了界定,即通过公众传媒向不特定对象进行宣传。

(一)了解项目重要信息是判断公开性的因素

项目发起人进行股权众筹必然要发布相关信息。人们可以通过股权众筹平台看到项目名称,但具体信息及投资协议无法了解。这是一种半公开的宣传方式,因为一旦互联网股权众筹完全封闭就不能发挥互联网的行业优势。《股权众筹融资办法》规定不能公开发行证券是指通过众筹平台或以外的途径向非合格投资者募集资金,所以监管部门目前没有强令禁止这种宣传。③

笔者主张公开宣传的认定,应当以行为人了解众筹项目相关信息并足以影响其投资决定为标准。对股权众筹宣传行为与非法吸收公众存款行为公开性进行区分,不能仅仅因为人们能够通过众筹平台知道存在该项目即认定其宣传手段具有"半公开性"。我国金融监管通过引入合格投资者标准作为区分公募与私募的标准。如前所述,即便通过公众媒介也不可简单认定其宣传公开性。股权众筹宣传对象为合格投资者,其能够通过众筹平台详细了解项目发起人披露的信息,未注册成为合格投资人的网民确实只知晓项目存在,不能进一步获知项目具体信息,任何理性"经济人"都不可能在此基础上便草率决定进行投资。即,单纯的项目名称并不足以影响投资人做出投资决策,只可能引起进一步了解该项目的兴趣。因此,通过股权众筹平台发布项目信息不构成公开宣传,而通过众筹平台或以外途径向非合格投资者募集资金,则具备了公开性,应当予以打击。

---

① 显而易见,这一结论也是与金融刑法法益的内在更新取向存在直接关联的。我国学者魏昌东教授认为,金融发展第三次浪潮中,中国金融刑法惟在实现由"秩序法益观"向"秩序导向下的利益法益观"转变的同时,确立金融交易利益的核心地位,以金融信用利益取代"金融秩序",据以实现金融刑法体系的完善目标。参见魏昌东:《中国金融刑法法益之理论辨正与定位革新》,《法学评论》2017 年第 6 期。

② 《证券投资基金法》第 92 条:"非公开募集基金,不得向合格投资者之外的单位和个人募集资金,不得通过报刊、电台、电视机、互联网等公众传播媒体或者讲座、报告会、分析会等方式向不特定对象宣传推介。"

③ 金泓序:《互联网金融中非法集资行为的刑法规制研究》,吉林大学 2016 年博士论文。

（二）利用具备扩散功能媒介宣传可认定公开性

互联网具有使用人数众多、传播迅速特点，股权众筹依托互联网不断冲击着传统公募与私募的界限。传统非公开发行，筹资人需要与投资者进行线下交流，传播范围有限，与互联网的结合使筹资人可以吸引众多投资者的注意力，被众多学者认定为具备社会公开性的特征。《证券法》第 10 条第 3 款、《证券投资基金法》第 92 条和《解释》第 1 条第 1 款第（2）项列举了公开宣传的主要方式，具体包括广告、传单、手机短信、报刊、电台、电视台、互联网、讲座、分析会、推介会、公开劝诱等。以公开宣传的手段吸收公众存款，对象必定涉及公众，但不能简单地认为只要使用公开宣传手段就认定其行为具有公开性。

《关于非法集资刑事案件适用法律若干问题的意见》第 2 条规定："向社会公开宣传"包括以各种途径向社会公众吸收资金的信息以及明知吸收资金的信息向社会公众扩散而予以放任等情形。以宣传手段界定非法集资行为的要素，为司法机关认定公开性和对象不特定性提供了便捷渠道。

首先，互联网中确有具备公开性信息传播媒介、社交平台，如门户网站、微博这类网络媒介任何人都可不受限制或受极少限制地获取信息，但还存在一些相对封闭的平台，需要通过注册成为合格会员才能接收信息，注册人需要经过众筹平台严格审核才能成为合格投资人。这种平台人数相对稳定，且平台之外的人不能获知相关股权众筹项目信息，因其随时扩散至其他人的可能性较小而具备相对的非公开性。因此，《股权众筹融资管理办法》明确股权众筹可以通过互联网股权众筹平台以非公开的方式进行融资活动，[①]并且对股权众筹平台资质以及在融资过程中应当承担的义务进行明确规定，却将利用社交工具或电商网站发布股权众筹信息行为排除在外。其原因在于，此类社交软件具备信息转发功能，电商网站对注册用户的要求低，用户数量巨大，信息扩散范围不可控，与众筹平台相比公开性更大。

其次，项目发起人可以通过众筹平台进行融资活动，但禁止同一项目同时在两个及以上众筹平台发布信息。允许通过众筹平台进行融资是因为严格合格投资者条件限制了一部分人进入股权众筹市场，股权众平台活跃人数比较固定，具有相对的特定性；而将信息发布到两个或两个以上众筹平台上，使能够了解该众筹项目的人数可能成倍数增长，这种情况下即应当认定为通过公众传媒进行公开宣传。

---

① 《私募股权众筹融资管理办法（试行）》第 2 条："本办法所称私募股权众筹融资是指融资者通过股权众筹融资互联网平台（以下简称股权众筹平台）以非公开发行方式进行的股权融资活动。"

三、不特定对象的认定

（一）人数不应成为认定不特定性的主要标准

《证券法》将公开发行人数限定为 200 人，《股权众筹融资管理办法》也规定融资成功后股东人数不得超过 200 人，法律另有规定的从其规定。而《公司法》和《合伙企业法》规定有限责任公司股东人数最高为 50 人，股份有限公司发起人在 2—200 人，合伙企业中合伙人没有上限。《解释》规定个人非法集资人数超过 30 人，单位超过 150 人的，应受刑法追究。当前众筹项目的投资人普遍超过 200 人。从我国几大众筹平台的商业模式来看，通常采用有限合伙或者代持股方式规避此上限。2000 年下发的《全国法院审理金融犯罪案件工作座谈会纪要》中关于人数的认定标准为"户"，而 2010 年《解释》则变"户"为"人"。由此不难发现法院在确定行为成立非法集资行为时标准收紧。

笔者认为 200 人上限仅指自然人，并不包括单位法人。理由如下：第一，设立本罪的主要目的在于信息不对称情况下保护抗风险能力比较弱的普通公众的财产安全。一部分投资人因与集资人关系密切、拥有丰富的投资经验或者雄厚的物质财富而能够有效识别投资风险，不需要法律特别是刑法的保护。单位作为独立的法人组织，拥有独立的财产、相应的财务制度、风控制度等，甚至有些单位法人专门从事投资活动、经验丰富，无需法律给予特殊保护。第二，从民事与行政法律法规有关借贷的规定来看，单位之间以及单位与自然人之间或自然人之间的借贷属民间借贷，几乎不受限制。根据"犯罪二次违法"理论，不能从前置法律法规中找到吸收单位存款违法的情形，因此非法吸收公众存款罪的对象不应包含单位。

学者对"多数人"在认定对象公众性过程中的作用阐述不同的观点。有部分主张"公众"应为多数人或不特定人，[①]有的认为是"不特定多数人"或"特定多数人"。[②] 认为不能仅从"不特定性"角度说明非法吸收公众存款行为的违法性，应当加入"符合一定人数的众多性"标准。另一种观点则认为界定社会公众时应当判断集资对象是否具有开放性或不特定性，人数标准只是选择性要件，不能仅仅因为人数众多就认定为"社会公众"。本文赞同第二种观点，一定程度上人数标准的确能够反映对象是否具备不特定性，但如果仅以人数众多即认定

---

① 张明楷：《刑法学》，法律出版社 2014 年版，第 685 页。
② 田坤：《集资诈骗罪中"社会公众"标准探析》，《西部法学评论》2013 年第 5 期。

具备不特定性，没有把握公众的主要特征。应当综合考虑人数与对象的开放性来确定"公众"的范围。

（二）注册的合格投资者具有相对特定的属性

关于对象不特定性的认定，目前有两种主张。第一种认为，行为人向社会不特定人发出募集资金的要约邀请，并且与任何向其发出提供资金意向的投资者建立资金借贷关系，可被认定为"对象具有不特定性"；而行为人分别与投资人协商签订投资协议则不是向"社会不特定对象"吸收资金，是否与投资人相识在所不问。[①] 第二种则主张通过三个因素对"公众"加以认定：对象具有广泛性、不特定性以及实施方面的公开性（通过公开形式使信息在社会中流传等方式吸收资金，行为人对投资者的资金来者不拒）。

我国刑法学界通常将不特定的多数人认定为"公众"。"不特定"实质在于向公众的随时扩散性，因具有相当的延散性、不可控制性以及牵涉范围的广泛性，犯罪行为侵害的对象和造成的危害结果往往事前无法确定，行为人对此既难以预料，又不能有效控制。如果将该罪的"公众"认定为不特定多数人则可能不适当排除那些具有实质违法性行为的处罚。特定与不特定不是绝对的概念，其判断依据为交易对象事前根据某一标准能否加以限定。

表1　　　　　　　　　各平台注册用户数分布[②]

注册人数（人）	小于1 000	1 001—5 000	8 000—10 000	10 001—30 000	30 001—100 000	大于300 000
平台数量（家）	2	5	1	2	1	1

表2　　　　　　　　　各平台认证用户数分布[③]

认证人数（人）	小于100	101—500	1 000—2 000	2 001—4 000	10 000—30 000	大于200 000
平台数量（家）	5	3	3	3	2	1

---

① 黄德海、张富荣、罗真：《何为"向社会不特定对象吸收存款"？——非法吸收公众存款与一般民事借贷纠纷的界限》，http://old.chinacourt.org/html/article/200811/18/331084.shtml，2017年2月27日访问。

② 数据来源：《2015年中国股权众筹平台项目运营现状研究报告》，http://m.hexun.com/zhongchou/2015－11－26/180828918.html，2017年3月4日访问。

③ 数据来源：《2015年中国股权众筹平台项目运营现状研究报告》，http://m.hexun.com/zhongchou/2015－11－26/180828918.html，2017年3月4日访问。

有学者认为股权众筹平台注册人数众多（见表2），且仍有新用户加入的可能性，在股权众筹平台上公布融资项目的行为指向的对象具有不特定性，或者很难认定为具有特定性。然而《股权众筹融资管理办法》第14条①对股权众筹合格投资者的资格做出严格限定，并且要求进行股权众筹投资必须经实名认证，这缩小了股权众筹对象的范围（见表3）。有学者指出，将股权众筹认定为私募以及对合格投资者资格的规定，虽是对股权众筹"普惠性"的限制，却也在当前法律体系下为如履薄冰的股权众筹预留一定合法空间，一旦被认定为公募，股权众筹将处于违法犯罪地位，彻底失去存在的法律基础。从《股权众筹融资管理办法》第13条②第3款规定的内容来看，小微企业可同一时间仅在一个股权众筹平台上发布融资项目；再结合公布的数据，通过认证成为合格投资人的数量远远低于注册的人数，绝大多数众筹平台规模不大，即许多人可能只是出于好奇心在众筹平台进行注册，却没有实际参与股权众筹投资，如果将这部分注册用户剔除，那么在股权众筹平台发布项目信息的对象即可认定为具有特定性。该办法实际上是对这种观点的认可。

（三）亲友的排除规则

《解释》第1条第2款在对界定象不特定性时将"亲友"排除在外。也就是说，在认定非法吸收公众存款过程中，投资人中如果包括亲友，这部分人应作为特定对象予以排除。无论是否将人数标准作为"不特定对象"的判断依据，若能够对亲友进行准确界定，就能比较容易确定涉案人数、吸收资金数额以及损失金额等定罪量刑情节。然而，"亲友"概念并非容易界定。以血缘和姻亲为基础的亲戚本身就是一个巨大的社会关系网，朋友的外延更加难以在一定范围内确定。在传统社会中，人们生活在相对稳定的封闭环境中，"有一种社区归属感或

---

① 《私募股权众筹融资管理办法（试行）》（征求意见稿）第14条："私募股权众筹融资的投资者是指符合下列条件之一的单位或个人：（一）《私募投资基金监督管理暂行办法》规定的合格投资者。（二）投资单个融资项目的最低金额不低于100万元人民币的单位和个人。（三）社会保障基金、企业年金等养老基金、慈善基金等社会公益基金，以及依法设立并在中国证券投资基金业协会备案的投资计划。（四）净资产不低于1 000万元人民币的单位。（五）金融资产不低于300万元人民币或最近三年个人年均收入不低于50万元人民币的个人。上述个人储除提供相关财产、收入证明外，还应当能辨别、判断和承担相应投资风险；本项所称金融资产包括银行存款、股票、债券、基金份额、资产管理计划、银行理财产品、信托计划、保险产品、期货权益等。（六）证券业协会规定的其他投资者。"

② 《股权众筹融资管理办法》第13条："融资者不得有下列行为：（一）欺诈发行；（二）向投资者承诺投资本金不受损失或者承诺最低收益；（三）同一时间通过两个或两个以上的股权众筹平台就同意融资项目进行融资，在股权众筹平台以外的公开场所发布融资信息；（四）法律法规和证券业协会规定禁止的其他行为。"

家族归宿感,而这就必须有经常的、细密的、贴近的互惠交往"。① 在熟人社会中,"亲友关系"具有相当的司法操作性。

随着商品经济的不断发展、交通基础设施建设日益完善、通讯信息技术进步、人口流动速度加快,人们之间的交往关系日益复杂。在这样的市场环境中,人们之间基于合同产生的权利义务关系发挥了重要作用。"与所有根源于某种兄弟般或者血缘关系的尺度为前提的共同体截然相反,市场在本质上与任何兄弟无关。"②在市场经济中,即便存在亲友关系也不能掩盖其市场关系的本质。

作为传统农耕文明的亲友标准不适合作为工业社会中判断人们交往关系的标准。刑事立法应当对经济行为进行分析和预判。③《解释》提出从投资人的抗风险能力和吸收存款行为的社会辐射性角度来判断对象是否特定,最终却通过设置豁免条款将亲友间集资与单位内部集资排除在外。这种"一刀切"式予以排除的方式实为不妥。因为亲友之间有远近亲疏区别,单位内部员工也存在职位差异,在案件中应当具体认定这种特殊关系能否为其提供足够保障。

总之,在当前金融垄断主义的立法政策下,与刑法中的非法吸收公众存款罪、集资诈骗罪等的构成要件之间具有契合性。对非法吸收公众存款行为的追诉不应立足于金融垄断主义以司法解释方式无限制扩张。非法吸收公众存款罪的扩大适用不仅抹杀了民间金融的存在,助长了金融垄断主义,而且淡化了出资人的风险意识。如果刑法对民间金融不加区分地予以犯罪化,则意味着法律助长了制度不公。④ 在对待股权众筹等金融创新产生的风险时,应当遵守"立罪至后",即首先考虑运用民商事法律和行政法解决相关纠纷及违法行为,只有当这两种方式不足以震慑行为人时再动用刑法对其定罪处罚,维护社会秩序稳定,保护公民合法财产不受非法侵犯。⑤

① 苏力:《家族的地理构成》,《山西大学学报(哲学社会科学版)》2007 年第 3 期。
② [德]马克思·韦伯:《论经济与社会中的法律》,张乃根译,中国大百科全书出版社 1998 年版,第161 页。
③ 金善达:《非法吸收公众存款罪中"不特定对象"标准之改良》,《政治与法律》2015 年第 11 期。
④ 姜涛:《互联网金融所涉犯罪的刑事政策分析》,《华东政法大学学报》2014 年第 5 期。
⑤ 胡启忠:《金融刑法立罪逻辑论——以金融刑法修正为例》,《中国法学》2009 年第 6 期。

网络非法集资刑事规制定罪
量刑要素实证研究

金善达[*]

摘　要：P2P 网络借贷在金融活动中应当定位于信息中介，但其在经营中却容易异化为信用中介，进而损害投资人利益。对 182 份判例的实证研究表明，网络非法集资刑事规制中的定罪量刑要素正处于尴尬境地："金融秩序"被视为非法集资刑事规制的法益；共同犯罪的司法认定范围被盲目扩大；资金用途未被当作定罪量刑的依据；司法认定中未考虑不同投资主体的特殊性。异化的 P2P 网络借贷本质上是民间融资在网络上的重现，以此作为否定 P2P 网络借贷乃至互联网金融创新性、效率性、正当性的理由并不充分，其司法实务应当遵循民间非法集资治理的一般路径。

关键词：P2P 网络借贷　网络非法集资　定罪量刑　实证研究

网络非法集资，是指："单位或个人违反法律法规，以互联网平台为中介向社会公众募集资金的行为。"[①]这类犯罪兼具涉众型经济犯罪与网络犯罪的双

---

[*] 金善达　上海市黄浦区人民检察院检察官助理，法学硕士。本文系中国法学会 2017 年部级研究课题"国家经济安全保障视阈下金融犯罪防范与规制研究"［项目号：CLS(2017)D55］的阶段性研究成果。

① 金善达：《互联网非法集资的刑事规制：2007—2014》，《犯罪研究》2016 年第 1 期。

重属性。以 P2P 网络借贷为代表的网络融资通过降低信用成本，提供多层次的投融资服务，满足了民间资本市场压抑多年的借贷需求。与此同时，"网贷之家"的统计数据显示：截至 2017 年 10 月底，我国 P2P 网贷平台数量达到 5 949 个，但其中问题平台数量达到 3 974 个，占到全部平台数量的 66.8%。[①] P2P 问题平台的大量出现脱离了互联网金融发展的理性轨道，不仅如此，假借"P2P 网络借贷"名义实施的非法集资犯罪大量爆发，严重冲击了国家正常金融秩序，损害投资人利益，有悖于互联网金融发展的初衷。

以"P2P 网络借贷"名义融资并损害投资人利益案例的出现，使社会公众对互联网金融产生了质疑。然而，就实质而言，这种异化的融资模式不过是民间融资的网络"重现"，其司法实务也遵循着民间非法集资治理的一般路径。将异化的融资模式等同于基于网络技术实现点对点的借贷，并以此作为否定 P2P 网络借贷创新性、效率性、正当性的理由并不充分。P2P 网络借贷定位于实现点对点的快速、高效、低成本借贷，可以有效减轻中小企业的小额融资压力，解决中小企业发展中的资金问题。P2P 网络借贷快速、高效、便捷的优点，也决定了这种融资模式难以组织有效和实质性地对借款人信用和资质进行审查，更难以在网络上提供大额度的投融资服务。正因如此，以 P2P 网络借贷为代表的互联网金融可以冲击僵化的金融体制格局，为中小企业融资注入活水，但绝非打破垄断金融体制的根本出路。如何及时、有效、科学地防控与治理网络非法集资已经成为司法实务中亟待解决的重大课题。

一、P2P 网络借贷在金融活动中的合理定位

（一）P2P 网络借贷的缘起、发展与现实异化

金融最基本的功能在于实现资金融通，将资金从储蓄者手中转移到融资者手中。法律认可的融资模式主要有两类：一是间接融资模式，资金供给方通过经国家许可的金融中介机构（商业银行）将资金交给资金需求方；二是直接融资模式，对应的是资本市场（股票和债券市场）。"这两类融资模式虽然对资源配置和经济增长有重要作用，但是也需要金融机构的利润、税收和薪酬等巨大交易成本。"[②] 而中小企业自身不规范的治理结构、不透明的信息机制、不确定的发展前景以及这两类融资模式较高的准入门槛和融资成本，往往将中小企业

---

① http://shuju.wdzj.com/industry-list.html，2017 年 11 月 1 日访问。

② 金善达：《互联网非法集资的刑事规制：2007—2014》，《犯罪研究》2016 年第 1 期。

拒之门外。与此同时，大量的社会游资却投资无门。普惠金融、互联网金融的蓬勃发展，不断冲击着相对封闭的国家金融体制和金融抑制的传统思维方式。游离于体制之外的互联网金融应运而生并获得了"爆炸式"生长。

互联网金融是"传统金融机构与互联网企业（以下统称从业机构）利用互联网技术和信息通信技术实现资金融通、支付、投资和信息中介服务的新型金融业务模式"。① 当前互联网金融模式新业态主要有：（1）以支付宝、财付通等第三方支付工具为代表的支付结算；（2）以 P2P 网贷、众筹、电子商务平台小额贷款为内容的网络融资；（3）以比特币为代表的虚拟货币；（4）金融（理财、保险）网络销售（以"余额宝""众安保险"等为代表）等泛渠道业务。"②在上述互联网金融创新活动中，P2P 网络借贷是刑事法的主要规制对象。

P2P 网络借贷是指"个体和个体之间通过互联网平台实现的直接借贷"。③ 具体来看，"是一种通过网络实现点对点借贷的交易模式，一般由网贷平台提供交易场所，借款需求经过审核后被放置在平台上，由出借人选择放贷"。④ 网贷平台扮演着连接贷款者和借款者的角色，并通过促成借贷双方达成交易并在交易成功后收取一定比例的手续费方式盈利。

随着 P2P 网络借贷的逐步发展，"一些融资平台严重偏离了金融中介的定位，由最初的独立平台逐渐转变为融资担保平台，进而又演变为经营存贷款业务的金融机构"。⑤ 网贷平台的实际控制人以 P2P 网络借贷的名义吸收资金后，再将资金放贷给他人，平台以自有资金提供担保，从中赚取差价。网贷平台的投资项目与借款人、贷款人并没有实现一一对应。P2P 网络借贷平台本应属于性质中立的金融中介机构，此时却扮演了只有经过国家批准的金融机构才可以行使的信用中介角色。2010 年底最高人民法院《关于审理非法集资刑事案件具体应用法律若干问题的解释》（简称《非法集资解释》）第 1 条第 1 款规定，非法集资犯罪必须同时具备非法性、公开性、利诱性和社会性四个特征。⑥ 进

---

① 中国人民银行等 10 部门发布《关于促进互联网金融健康发展的指导意见》（银发〔2015〕221 号）。

② 金善达：《互联网非法集资的刑事规制：2007—2014》，《犯罪研究》2016 年第 1 期。

③ 中国人民银行等 10 部门发布《关于促进互联网金融健康发展的指导意见》（银发〔2015〕221 号）。

④ 彭冰：《P2P 网贷监管模式研究》，《金融法苑》2014 年第 2 期。

⑤ 刘宪权：《论互联网金融刑法规制的"两面性"》，《法学家》2014 年第 5 期。

⑥ 根据《非法集资解释》第 1 条第 1 款的规定，认定"非法吸收公众存款或者变相吸收公众存款"必须满足以下特征要件：（1）未经有关部门依法批准或者借用合法经营的形式吸收资金；（2）通过媒体、推介会、传单、手机短信等途径向社会公开宣传；（3）承诺在一定期限内以货币、实物、股权等方式还本付息或者给付回报；（4）向社会公众即社会不特定对象吸收资金。有学者将其概括为非法性、公开性、利诱性和社会性。参见刘为波：《〈关于审理非法集资刑事案件具体应用法律若干问题的解释〉的理解与适用》，《人民司法》2011 年第 5 期。

而,对"非法性"进行了界定,即:未经有关部门依法批准或者借用合法经营的形式吸收资金。2003年12月27日通过的《银行业监督管理法》事实上将国务院银行业监督管理机构取代中国人民银行成为金融业务的监管主体。[①] 修订后的《商业银行法》随即对此给予了确认。[②] P2P网络借贷平台缺乏从事特定金融业务的资质,但一方面以还本付息的承诺吸收贷款人的资金,另一方面又要求借款人在提供担保后向其发放贷款,因而其运行模式涉嫌非法集资。

具体而言,网络非法集资具有如下特点:(1)投资群体和牵涉地域的广泛性。投资群体的广泛性是指网络非法集资不仅涉案人数众多,而且往往涉及下岗职工、退休老人、上班白领等各行各业的群体。牵涉地域的广泛性是指互联网破除了地域对资金融通的限制,投资人遍布全国各地乃至境外。(2)犯罪主体的隐蔽性。网络非法集资有别于传统犯罪,筹资人与投资人往往通过QQ、微信、社交平台等互联网工具认识,相互之间未曾谋面。筹资人也不会在网络空间或犯罪场所留下可以证明其行为与人身同一性的痕迹或者物品。(3)犯罪手段的欺诈性。网络非法集资以正规经济活动为幌子,犯罪方式隐蔽并不断翻新,合同文本规范,特别是使用"预期年化收益率"等专业术语。

(二) P2P网络借贷的法律规制与政策导向选择

为防止P2P网络借贷交易结构中期限错配与资金池沉淀可能引发的系统性金融风险,银监会在2013年11月25日牵头召开了9部委处置非法集资部际联席会议。央行在会议中对"以开展P2P网络借贷业务为名实施非法集资"作了较为清晰的界定。第一类为当前相当普遍的"理财—资金池"模式,即,一些P2P网贷平台将虚假的借款需求设计成理财产品出售给放贷人,然后再由平台将资金出借给合适的借款人。放贷人的资金源源不断地在平台控制的账户里沉淀,进而形成资金池。资金池的形成便利了平台的资本运作,但也增加了投资人的投资风险。第二类为不合格借款人在平台上以多个虚假身份发布大量虚假借款信息,向不特定多数人募集资金,用于投资房地产、股票、债券、期货等市场乃至赚取高利贷利差。第三类则是典型的"庞氏骗局",[③]一些P2P网

---

① 《银行业监督管理法》第2条规定:"国务院银行业监督管理机构负责对全国银行业金融机构及其业务活动监督管理的工作。"

② 《商业银行法》第3条规定:商业银行可以经营吸收公众存款业务,但应当报国务院银行业监督管理机构批准。《商业银行法》第81条规定:未经国务院银行业监督管理机构批准,擅自设立商业银行,或者非法吸收公众存款、变相吸收公众存款,构成犯罪的,依法追究刑事责任;并由国务院银行业监督管理机构予以取缔。

③ "庞氏骗局"是对金融领域投资诈骗的称呼,在中国又称"拆东墙补西墙""空手套白狼"。简言之,就是利用新投资人的钱来向老投资者支付利息和短期回报,以制造赚钱的假象进而骗取更多的投资。

贷平台发布大量虚假的借贷项目,在短期内采用借新贷还旧贷的模式募集大量资金。① 2015 年 7 月 18 日,中国人民银行等 10 部委公布的《关于促进互联网金融健康发展的指导意见》和 2015 年 12 月 28 日国务院法制办公室《网络借贷信息中介机构业务活动管理暂行办法》进一步对上述内容进行了确认和完善。

党的十八届三中全会指出,"发展普惠金融。鼓励金融创新,丰富金融市场层次和产品",②为互联网金融的蓬勃发展提供了广阔的政策空间。从近三年《政府工作报告》来看,政府对互联网金融的态度,实现了从 2014 年的"促进互联网金融健康发展",③到 2015 年的"创新金融监管,防范和化解金融风险",④再到 2016 年的"规范发展互联网金融"⑤的转变。2015 年 12 月 28 日,银监会就《网络借贷信息中介机构业务活动管理暂行办法(征求意见稿)》公开征求意见。⑥ 随后,重庆、深圳、上海、北京等地先后暂停了新增互联网金融企业名称及经营范围的商事登记注册。

P2P 平台一旦偏离信息中介的定位,互联网平台与借款人融为一体或者发生资金池沉淀,这种融资模式本质上乃是民间借贷的网络类型。对于 P2P 网络借贷平台仅仅为借贷双方提供信息中介服务而没有参与资金的流转、担保等事项的,不认为是犯罪。实证研究表明:"虽然 P2P 网络借贷更容易构成犯罪,但是,法院在对 P2P 网络借贷刑事案件的定罪和量刑上并未体现特殊之处,反倒是在有的案件中,对 P2P 网络借贷处以较重的刑罚。"⑦其原因在于,司法机关认为筹资人借用 P2P 网络借贷平台融资,仅在宣传与交易方式上跟传统非法集资存在差异,但并不是一种真正意义上的互联网金融创新。

---

① 刘永涛、孙旖雯:《三类 P2P 网贷行为涉嫌非法集资》,《三湘都市报》2013 年 11 月 29 日第 B06 版。

② 《中共中央关于全面深化改革若干重大问题的决定》,《人民日报》2013 年 11 月 16 日第 02 版。

③ "促进互联网金融健康发展,完善金融监管协调机制,密切监测跨境资本流动,守住不发生系统性和区域性金融风险的底线。让金融成为一池活水,更好地浇灌小微企业、'三农'等实体经济之树。"参见李克强:《政府工作报告——2014 年 3 月 5 日在第十二届全国人民代表大会第二次会议上》,载《人民日报》2014 年 3 月 15 日第 02 版。

④ 2015 年《政府工作报告》再次强调:"创新金融监管,防范和化解金融风险。大力发展普惠金融,让所有市场主体都能分享金融服务的雨露甘霖。"参见李克强:《政府工作报告——2015 年 3 月 5 日在第十二届全国人民代表大会第三次会议上》,载《人民日报》2015 年 3 月 17 日第 02 版。

⑤ "推进股票、债券市场改革和法治化建设,促进多层次资本市场健康发展,提高直接融资比重。适时启动'深港通'。建立巨灾保险制度。规范发展互联网金融。大力发展普惠金融和绿色金融。"参见李克强:《政府工作报告——2016 年 3 月 5 日在第十二届全国人民代表大会第四次会议上》,《人民日报》2016 年 3 月 18 日第 02 版。

⑥ 载中央政府门户网站:http://www.gov.cn/xinwen/2015 - 12/28/content_5028564.htm,2016 年 5 月 31 日访问。

⑦ 李永升、胡冬阳:《P2P 网络借贷的刑法规制问题研究》,《政治与法律》2016 年第 5 期。

二、非法集资犯罪的定罪量刑要素

非法集资一直是刑事法惩治的重点,"互联网＋"非法集资模式的出现,不断挑战着当前的互联网金融生态和司法实务工作。实证角度剖析 2007—2016 年网络非法集资的刑事判决情况,有利于科学研判司法实务中出现的新问题,并为解决新问题提供有效的预期。笔者在中国裁判文书网以"P2P""某某贷"等关键词检索自 2007 年"拍拍贷"成立以来的所有 P2P 网络借贷刑事裁判文书,共搜集到有效案例 182 份。

(一)将"金融秩序"作为刑事规制非法集资的法益

传统观点从金融垄断主义立场出发,认为刑法惩治非法集资之目的在于维护概念模糊的金融秩序,[①]因而应当从保护国家金融秩序的角度构建筹资人的定罪量刑要素。这种目的观在一定程度上促成了我国对非法集资的"妖魔化"认识。在这种错误理念的指导下,从法律设计到司法适用都出现了法律目的与公众期待之间的落差。因为任何未经批准的投融资活动,都有可能破坏既有的金融秩序格局,通过保持对非法集资犯罪的严厉打击态势,维护银行对存贷款的专营地位,国家控制和垄断金融的能力得以进一步巩固。与此同时,试图强化刑事规制维护金融秩序的做法,也不断面临着制度的正当性危机。[②]

事实上,非法集资犯罪的立法和司法均未体现对投资人利益的重视和保护,确切地说,投资人的利益在刑事规制过程中被有意或者无意地忽视了。举一实例。《非法集资解释》为认定非法集资设定了四个标准,包括:吸收存款的数额;存款人的数量;造成直接经济损失的数额;造成社会恶劣影响或者其他严重后果的。[③] 显然,司法解释将上述四项列入追诉标准,实质上表明刑法惩治非法集资的目的不在于维护投资人利益,而是因为其对金融秩序造成了破坏。

---

① 钱小平:《中国金融刑法立法的应然转向:从"秩序法益观"到"利益法益观"》,《政治与法律》2017 年第 5 期。

② 魏昌东:《中国金融刑法法益之理论辨正与定位革新》,《法学评论》2017 年第 6 期。

③ 《非法集资解释》第 3 条:"非法吸收或者变相吸收公众存款,具有下列情形之一的,应当依法追诉刑事责任:(一)个人非法吸收或者变相吸收公众存款,数额在 20 万元以上的,单位非法吸收或者变相吸收公众存款,数额在 100 万元以上的;(二)个人非法吸收或者变相吸收公众存款对象 30 人以上的,单位非法吸收或者变相吸收公众存款对象 150 人以上的;(三)个人非法吸收或者变相吸收公众存款,给存款人造成直接经济损失数额在 10 万元以上的,单位非法吸收或者变相吸收公众存款,给存款人造成直接经济损失数额在 50 万元以上的;(四)造成恶劣社会影响或者其他严重后果的。"

第一项标准盲目将存款数额作为入罪标准,是典型的金融垄断主义在刑法中的再现。因为,筹资人吸收存款的金额与投资人的利益保护不存在必然联系,但是,这种未经批准的投融资活动却会给银行带来庞大的竞争压力。[①] 同样地,以存款人数作为认定非法吸存的标准还是忽视了对投资人利益的保护和对经济自由的肯定。吸收存款的金额与人数这两种僵化的入罪标准难以反映个罪的社会危害性。事实上,只有第三项入罪标准与投资人利益密切关联。

(二)共同犯罪的司法认定范围被盲目扩大

网络非法集资涉及借款人、出借人、网络借贷平台、网络技术支持辅助人员等多个主体,如何确定各方的主观故意和客观行为往往成为司法认定的难题。不仅如此,电子数据与特定主体并不存在直接的关联性,具有真实和虚拟身份的人相互交杂进行交往,必须借助计算机以及网络等技术实现电子数据与现实主体之间的关联,这进一步加剧了司法机关认定犯罪行为主体的难度。

但是,无论各个主体在网络非法集资中的分工和参与程度如何,他们的行为总是围绕着共同犯罪的实现。通过对 2007—2016 年 182 起公开案例的分析发现,对于在何种情形下 P2P 网贷平台中的普通员工构成共同犯罪,各地法院尚无统一的规定和做法。

表1　　　　　　182 起案件中的被告人人数、判决数以及该判决数占到总数的比重

被告人人数	判决数	判决数/182
1 人	77 起	42.31%
2 人	70 起	38.46%
3 人	28 起	15.38%
4 人及以上	7 起	3.85%

---

① 虽然《非法集资解释》第 3 条规定"非法吸收或者变相吸收公众存款的数额,以行为人所吸收的资金全额计算,案发前后已归还的数额,可以作为量刑情节酌情考虑",但是这种将不确定造成投资人损失的行为模式规定为犯罪的处理方式,其正当性有待商榷。也有观点认为:"犯罪分子对一个投资人一次吸收存款的行为和重复吸收存款的行为,虽对投资人的实际损失可能不产生实质影响,但是对金融秩序的破坏的持久性、整体性方面显然是不同的,每完成一次非法吸收存款的行为都是对金融秩序一次新的破坏,这种破坏的影响在实践中是立体的,体现在扩大集资的规模、对其他投资者的吸引等多方面,但是在司法认定中,只能体现在投资金额的累计计算方面。"参见非法集资犯罪问题研究课题组:《涉众型非法集资犯罪的司法认定》,《国家检察官学院学报》2016 年第 3 期。

表 1 显示，分别判处 1 人、2 人、3 人犯罪的案例分别占到全部案例的 42.31%、38.46%、15.38%，三者加起来占到全部总数的 96.15%。进一步分析裁判文书发现，法院认定公司法定代表人、实际负责人、股东等构成犯罪，但排除了公司中负责项目宣传、技术维护、活动筹办、发放员工工资等非全局性、非实质性事项普通员工的刑事责任。

在已经审结的"力合创投案"中，浙江省绍兴市上虞区人民法院既判决公司实际负责人徐某某构成非法吸收公众存款罪，也追究了负责平台维护、宣传策划、资金管理、协助运营等事项的 7 位普通员工的刑事责任，7 位员工分别被判处罚金、拘役、有期徒刑等刑罚。[①]"一次不公正的裁判，其恶果甚至超过十次犯罪，因为犯罪虽是冒犯了法律——好比污染了水流，而不公正的裁判则毁坏了法律——好比污染了水源。"[②]在没有证据表明员工知悉整个犯罪过程的情况下，将员工定罪的做法并未严格贯彻"宽严相济"的刑事政策和"司法谦抑"的精神主旨，不免有打击面过宽之嫌。

（三）未将资金用途作为定罪量刑的依据

通过检索法律数据库发现，将非法集资犯罪中的资金用途与定罪量刑联结起来的司法解释主要有两项：（1）《非法集资解释》第 3 条规定，如果筹资人将吸收的资金用于生产经营并能够及时归还的，可以免除其刑事责任。[③]（2）"以非法占有为目的"的主观目的，被认为是区分非法吸收公众存款罪与集资诈骗罪的必备要件。1996 年最高人民法院《关于审理诈骗案件具体应用法律的若干问题的解释》和 2001 年《全国法院审理金融犯罪案件工作座谈会纪要》（简称《纪要》）对何种情形可以认定为"以非法占有为目的"作了详细规定。2010 年《非法集资解释》在前两个文件的基础上进一步规定 8 种情形，可以认定为"以非法占有为目的"。[④] 从当前掌握的实证数据看，司法实践与司法解释似乎出

---

① 参见浙江省绍兴市上虞区法院刑事判决书，案号(2015)绍虞刑初字第 229 号。

② ［英］弗兰西斯·培根：《培根论人生》，何新译，中国友谊出版公司 2001 年版，第 103 页。

③ 《非法集资解释》第 3 条第 2 款规定："非法吸收或者变相吸收的公众存款，主要用于正常的生产经营活动，能够及时清退所吸收资金，可以免于刑事处罚；情节轻微的，不作为犯罪处理。"

④ 《非法集资解释》第 4 条规定，以非法占有为目的，使用诈骗方法实施本解释第 2 条规定所列行为的，应当依照刑法第 192 条的规定，以集资诈骗罪定罪处罚。使用诈骗方法非法集资，具有下列情形之一的，可以认定为"以非法占有为目的"：(1) 集资后不用于生产经营活动或者用于生产经营活动与筹集资金规模明显不成比例，致使集资款不能返还的；(2) 肆意挥霍集资款，致使集资款不能返还的；(3) 携带集资款逃匿的；(4) 将集资款用于违法犯罪活动的；(5) 抽逃、转移资金、隐匿财产，逃避返还资金的；(6) 隐匿、销毁账目，或者搞假破产、假倒闭，逃避返还资金的；(7) 拒不交代资金去向，逃避返还资金的；(8) 其他可以认定非法占有目的的情形。

现了某种程度上的悖离。

通过实证分析 182 起案件发现，资金用途与法院的定罪量刑活动不存在实质性关联。这种错误指向在刑事规制中主要体现在以下几个方面：

（1）资金走向未查清不影响法院定罪。在 182 件样本中，有 49 起案件的资金走向未查清，占总数的 26.92%，判决书也未对资金使用情况进行说明。一些案例中的判决书明确提出，"资金去向不影响非法吸收公众存款罪的性质"①。2013 年轰动 P2P 网贷行业的深圳"网赢天下"涉嫌集资诈骗案于 2015 年 10 月 10 日在深圳市中级人民法院宣判，法院以证据不足驳回了公诉机关指控的非法集资诈骗罪名，以非法吸收公众存款罪论处。② 法院改判罪名的一个重要原因就是侦查机关未查清涉案资金走向。事实上，资金走向不仅影响罪与非罪，也是界分此罪与彼罪的重要标准。例如，"'非法占有为目的'作为行为人的主观心理活动，往往具有隐蔽性和难以觉察的动态性，实践中需要结合客观行为和筹资人的主观供述来推导非法占有的故意"③。而此时的资金走向是判断筹资人主观心理状态的一个重要方面。喧嚣一时的"中宝投资"案以非法吸收公众存款罪立案，而最终中宝投资有限公司的法定代表人周辉于 2015 年 8 月 14 日却被以集资诈骗罪判处有期徒刑 15 年。④ 随着调查取证工作的逐步推进，公安、检察、审判机关修正案件所涉罪名本无可厚非，但是，如此频繁的罪名变动，也在一定程度上反映了资金走向对于案件定罪量刑的实质性意义。

（2）资金走向未查清不影响法院认定自然人犯罪。在"东方创投"案中，被告人邓亮的辩护人提出该案系单位犯罪，但是，法院的判决却认为："该案虽然以单位名义实施，公司系被告人邓亮为实施非法吸收公众存款罪而设立，应认定为个人犯罪。"⑤其认定依据：1999 年最高人民法院《关于审理单位犯罪案件具体应用法律有关问题的解释》（以下简称《单位犯罪解释》）第 2 条。⑥ 从支持判决书说理的证据材料看，指控方认定邓亮成立公司后主要从事非法吸收公众

---

① 参见湖北省孝感市中级人民法院刑事裁定书，案号（2014）鄂孝感中刑终字第 00177 号；浙江省丽水市莲都区人民法院刑事判决书，案号（2015）丽莲刑初字第 645 号。

② 网贷之家：《网赢天下集资诈骗罪遭驳回，或可挽回 60% 损失》，http://finance.ifeng.com/a/20151019/14026783_0.shtml，2015 年 12 月 28 日访问。

③ 金善达：《互联网非法集资的刑事规制：2007—2014》，《犯罪研究》2016 年第 1 期。

④ 《浙江衢州：中宝投资一审宣判引发投资人质疑》，http://toutiao.com/a6186442331627127042/，2015 年 12 月 28 日访问。

⑤ 参见深圳市罗湖区人民法院刑事判决书，案号（2014）深罗法刑二初字第 147 号。

⑥ 《单位犯罪解释》第 2 条："个人为进行违法犯罪活动而设立的公司、企业、事业单位实施犯罪的，或者公司、企业、事业单位设立后，以实施犯罪为主要活动的，不以单位犯罪论处。"

存款犯罪的证据并不充分。因为邓亮在公司存续期间实际上是将大量钱款投入到公司生产经营上,后因投资人集中提现导致资金链断裂而案发。依据《单位犯罪解释》第3条,"盗用单位名义实施犯罪"或者"违法所得由实施犯罪的个人私分的"两个要件的,依照刑法有关自然人犯罪的规定定罪处罚。① 判决书中所列明的证据足以证实,在P2P网贷平台的正常运营中集资款最终都是进入被告人邓亮的私人账户,因而法院反驳辩护人的说理过程显然令人难以信服。资金走向关涉案件是否应当定单位犯罪,但法院却在资金用途尚未查清的情况下就盲目认定了自然人犯罪。

(3)资金走向未查清不影响法院量刑。分析裁判文书发现,资金用途对被告人的量刑并未产生实质影响。在资金走向尚未查清的案例中,资金用途事实上也无法作为定罪量刑的一个要素。2001年《纪要》指出:"行为人将大部分资金用于投资或生产经营活动,而将少量资金用于个人消费或挥霍的,不应仅以此便认定具有非法占有的目的。"但P2P网贷平台的实际控制人因经营不善或金融形势恶化导致无法归还的,如何影响定罪量刑? 又如,筹资人将集资款用于非约定经营乃至挪归他人用于其他投资,后因投资人集中提现或者金融形势恶化导致资金链断裂而无法还本付息,又如何影响被告人的定罪量刑?

这类案件的发现往往来源于P2P网贷平台崩盘后的投资人报案。此时距离犯罪着手实施已经过去了相当长的时间,筹资人有足够的时间在网贷平台崩盘前将财产转移或者挥霍殆尽。涉案财产往往被以投融资为外壳的企业正常经营活动所掩盖,司法机关难以对筹资款是否用于生产经营加以准确判定。网络非法集资活动依托互联网进行,犯罪客观行为被全程记录在互联网载体上,但电子数据抽象性、隐蔽性、可篡改性的特点,要求司法机关必须采用专业化的手段来收集、制作和提取涉案计算机所载的电子数据。非法集资涉案财产查控不力,也是投资人最容易对司法机关产生不满情绪的症结点。但以此作为排除资金用途与定罪量刑实质性关联的理由,令人难以信服。

(四)司法认定中未考虑不同投资主体的特殊性

在参与非法集资活动的主体中,既有经验丰富、实力雄厚的机构投资者,也有缺乏投资知识和投资理性、信息不对称、抗风险能力较弱的中小散户。例如

---

① 《单位犯罪解释》对"单位"的概念进行了界定并同时排除了两种不以单位论处的情形。随后,最高人民法院在2001年《纪要》中进一步明确,"以单位名义实施犯罪"和"违法所得归单位所有"是认定单位犯罪的依据。

在浙江"吴英案"中,稍有经验的市场参与者都可以从吴英的投资布局中判断这些投资的风险和利润。林卫平等资金掮客投资经验丰富、资本实力雄厚,完全有能力得知吴英的投资项目几乎都是东阳本地的传统微利行业。在此背景下,这些专业投资人依旧追逐高达 400% 的收益率。[①] 利益与风险并存是亘古不变的真理。很难相信在这样的商业投资环境下,这些专业投资人只看到高额的利息回报,却没有关注到随之而来的风险。刑法是否有必要为这群追求高回报的投资人提供保护?

分析 182 起案例发现,法院在刑事裁判中均未区分机构投资者与散户。分析原因发现:(1) 法律法规并未设定两者的区分标准,也未要求法官在判决书中做出区分;(2) 此类案件涉及大量电子数据需要厘清,查清、认定机构投资人和散户对司法机关而言并非易事;(3) 贷款人的法律地位模糊,在有些案件中被定位为"证人",在有些案件中被定位为"被害人"。[②] 2014 年最高人民法院、最高人民检察院、公安部公布的《关于办理非法集资刑事案件适用法律若干问题的意见》(简称《非法集资意见》)则使用了"集资参与人"这一概念。

国家刑事保护理念的转变以及投资人法律地位的精准定位对于更好地保护投资人利益、平衡其与筹资人的冲突具有至关重要的意义。笔者认为,网络非法集资中的贷款人不应当被认定为刑事法意义上的被害人,而是应当被定位为投资人。其根据:(1) 投资人客观上参与了非法集资并从非法集资中获利,投融资活动双方在一定程度上是对合犯的关系。(2) 投资人在主观上存在过错,投资人明知自己的投资活动和投资获利不具有正当性且不被法律保护。(3) 从法律的指引作用来看,如果将投资人定位为被害人并赋予其被害人的相关权益,将鼓励更多的人参与非法集资活动,不利于社会公民契约精神的培育。

三、网络非法集资定罪量刑要素的理性转向

实证研究表明,由于客观或主观的原因,一些关键性的定罪量刑要素并未在判决书中得以体现,司法实务在惩治非法集资中呈现一种模糊化的处理方式。这种模糊化的处理方式绝不是治理网络非法集资的有效路径,且与日本"精密司法"的刑事司法理念存在明显差距。精密司法原本是日本程序法上的

[①] 参见浙江省东阳市人民法院刑事判决书,案号(2008)东刑初字第 790 号。

[②] 时方:《非法集资犯罪中的被害人认定——兼论刑法对金融投机者的保护界限》,《政治与法律》2017 年第 11 期。

概念,是指"实行彻底的侦查,在与正当程序不发生正面冲突的限度内,对拘禁的犯罪嫌疑人实行最大限度的调查。不仅警察,而且检察官也非常重视侦查,一般要在确定充分的证据基础上起诉,起诉要有完全的把握"①。这要求侦查非常彻底,起诉进行须审慎,审理也非常细致入微,在刑事诉讼中全程贯彻精密司法的原则。当然,作为一种独具特色的刑事司法模式,精密司法的前提是贯彻刑法谦抑原则。刑法谦抑作为控制刑事规制范围和规制力度的一种理性精神,自然涉及刑事立法及刑事司法两个层面。刑法谦抑比较权威的表述为:"即使行为人侵害或威胁了他人的生活利益,也不是必须直接动用刑法。可能的话,采取其他社会统制手段才是理想的。可以说,只有在其他社会统制手段不充分时,或者其他社会统制手段(如私刑),过于强烈、有代之以刑罚的必要时,才可以动用刑法。"②

(一)将投资人利益作为刑事规制非法集资的法益

投资活动的本质在于资金提供者试图通过集资主体的努力,获取自己所提供资金在未来的收益。③ 既然投资人将资金交由筹资人进行投资活动,投资人就应当知道投资必定存在风险,且回报越高则风险越大的事实。网络非法集资的案发,多是由于投资人集中性提现而导致平台资金链断裂。易言之,只要平台能够及时给付投资人相应收益,筹资人和投资人都能相安无事。

投资理性的缺失、"天上掉馅饼"的侥幸心理和共同的利益诉求,投资人不断给司法机关施加办案压力乃至上访闹访缠访,将对筹资人的不满转化为对政府和司法机关公信力的质疑。这种通过刑事程序实现自身债权的做法,实属将商业风险转移到公、检、法机关。为避免引发群体性事件等危害社会稳定的后果,政府在维稳思维惯性的作用下总是给予筹资人单方面道德上和刑法上的否定评价。这种处理方式进一步鼓励了投资人将商业风险转移至公、检、法机关,既无助于在市场经济中培育遵循契约精神的成熟投资人,也放弃了追究投资人在非法集资中作为资金提供方与筹资人合力危害金融秩序的责任。

刑事规制非法集资之目的在于保护投资人利益免于因非正常商业风险或不可抗力造成的损失。这种目标指向相对于"金融秩序"更加具体,也更加具有

---

① 〔日〕松尾浩也:《日本刑事诉讼法(上卷)》,丁相顺、张凌译,金光旭校,中国人民大学出版社2005年版,第17页。

② 〔日〕平野龙一:《刑法总论》,有斐阁1972年版,第47页。

③ 彭冰:《非法集资行为的界定——评最高人民法院关于非法集资的司法解释》,《法学家》2011年第6期。

司法上的操作性。换句话说，刑法惩治非法集资的目的并不在于限制民间资本进入正规金融市场，而在于防止因金融欺诈导致的中小投资人利益损害。刑事规制的指引作用应当指向培育遵循契约精神的公民社会土壤，让老百姓习惯于接受商业社会普遍存在的违约和理解法律如何对违约行为进行救济。

（二）适当缩小共同犯罪的司法认定范围

准确认定犯罪行为主体的范围是实现刑法罪刑法定原则的前提。《纪要》指出："在单位犯罪中，对于受单位领导指派或奉命而参与实施了一定犯罪行为的人员，一般不宜作为直接责任人员追究刑事责任。"而《非法集资解释》则规定，广告经营者、广告发布者明知他人从事非法集资活动而予以帮助的，以非法集资犯罪的共犯予以惩处。① 2014年《非法集资意见》第4条更是进一步将为他人非法吸收资金提供帮助并从中收取费用，构成非法集资犯罪共犯应当追究责任。虽然司法解释不断扩大非法集资共同犯罪的犯罪圈，但严苛的立法完全可以通过谦抑的司法来实现一定程度的弥补。

深圳"东方创投案"中的普通员工虽然"逃过一劫"，但由此引发的对网络非法集资中普通员工构成犯罪的司法认定标准的思考却并未终止。"东方创投案"中的涉案公司有工作人员赵某某负责打款工作；刘某某负责维护公司投资平台服务器的正常运行及数据统计；陈某担任公司财务经理，负责管理的是公司的正常员工开支；刘某负责公司日常活动筹办工作。因他们皆属公司员工，系在邓某、李某的安排下开展工作，没有通过共同犯罪获利，故未构成犯罪。② 绍兴市上虞区人民法院虽然判处普通员工的刑罚较轻，但将主观上缺乏共谋的普通员工的事务行为作为犯罪处理，严重违反了刑法的谦抑性原则。

在对待普通员工是否构成共同犯罪的问题上，各地法院裁判不一。网络非法集资犯罪往往涉及多个环节、多个层次的自然人，公司普通员工虽然在客观上参与非法集资活动中某个环节或某方层面，但其无法参与公司核心决策和经营过程，主观上并不明知P2P网贷平台实际控制人从事非法集资活动，因而不存在与公司负责人构成共同犯罪中的故意。因而，"对'老板'与'员工'分离定

---

① 《非法集资解释》第8条："广告经营者、广告发布者违反国家规定，利用广告为非法集资活动相关的商品或者服务作虚假宣传，具有下列情形之一的，依照刑法第二百二十二条的规定，以虚假广告罪定罪处罚：（一）违法所得数额在10万元以上的；（二）造成严重危害后果或者恶劣社会影响的；（三）二年内利用广告作虚假宣传，受过行政处罚二次以上的；（四）其他情节严重的情形。明知他人从事欺诈发行股票、债券，非法吸收公众存款，擅自发行股票、债券，集资诈骗或者组织、领导传销活动等集资犯罪活动，为其提供广告等宣传的，以相关犯罪的共犯论处。"

② 参见深圳市罗湖区人民法院刑事判决书，案号（2014）深罗法刑二初字第147号。

性比较符合刑法主客观相一致的原则"。①

（三）在罪刑体系中着重考虑"资金用途"

资金用途是认定非法集资罪与非罪、此罪与彼罪、罪重与罪轻的重要依据。尽管大部分 P2P 网贷平台都基于自身制定了一套审核机制，但仅仅依靠网络验证无法确认借款方的资质信用、借款用途、经济效益、经营水平、发展前景等基本信息。借款人为逃避侦查、掩饰隐瞒犯罪所得，往往也会从事少量真实的生产经营活动，加上犯罪集团的复杂性和网络空间的隐匿性，资金去向不明往往成为定罪量刑的首要障碍。结合实证分析数据，应当按照资金的不同用途对网络非法集资进行宽缓化处理。

（1）筹资人将资金用于生产经营活动的，不应当认定为犯罪。司法实务的处理方式为：筹资人符合"资金用于生产经营"和"能够及时返还的"两个条件的，法院可以认定为犯罪但予以免刑。融资活动一旦符合以上两个要件，就不会对投资人利益造成损害，其仅有的社会危害仅在于分了银行的"蛋糕"，侵害了"金融秩序"。这种客观归责的方式在司法实践中的出罪效果并不理想，也给司法裁量留下了巨大的空间。生产经营活动中的商业风险无可避免，不应当将筹资人能否及时返还资金作为入罪要件。P2P 网贷平台的项目筹资人因扩大生产暂时无法收回成本或生产经营不善等客观原因而无法返还集资款的，这种情形下不能因为筹资人暂时无法归还集资款而认定其构成犯罪。筹资人并未将集资款投资到向投资人承诺时的项目，而是投入到其认为合适的其他实业而造成亏损的，也不能认为其构成犯罪。

（2）筹资人将资金用于非生产经营性用途的，应当区分情形。筹资人将资金用于高利转贷，投资期货、股票等高风险行业的，应当认定其构成非法吸收公众存款罪。筹资人是否具有"非法占有"的故意，应当结合客观行为予以认定。除《非法集资解释》第 4 条中可以认定"以非法占有为目的的"的情形外，P2P 网贷平台向社会融资承诺的回报率高于银行同期同类贷款利率的 4 倍，或者超过了自身正常经营的利润率，进而导致无法兑现承诺的，也应当认定为"以非法占有为目的的"。除非这类平台已经获得银行授信，资产可控且足以偿还所有债务。此外，如果 P2P 网贷平台在已经背负巨额债务或者盈利能力不足以支付利息的情形下仍向投资人吸收资金的，也应当认定为具有非法占有目的。

（3）从资金走向限制对自然人犯罪的适用。虽然单位在设立后有过一些

---

① 金善达：《互联网非法集资的刑事规制：2007—2014》，《犯罪研究》2016 年第 1 期。

正常的经营活动,但从一个相对确定的时间开始已演变为"以实施犯罪为主要活动的",即使还存在"正常的经营活动",单位少量正常经营活动并不影响单位犯罪的认定。《纪要》在《单位犯罪解释》的基础上进一步确认:"以单位名义实施犯罪,违法所得归单位所有的,是单位犯罪。"尽管单位犯罪都是由多个行为人基于一定的主观联络而共同实行的犯罪行为,与共同犯罪行为具有一定的相似性,但是受单位的整体利益及单位犯罪后的利益归属等因素的决定,单位犯罪的意志是经单位组织决策机构成员共同决策后形成的整体意志。"为了单位的利益,强调的是主观层面的目的或者动机,落实到客观结果,就是违法所得归单位所有。因而通过行为是否是'为了单位利益'推定单位犯罪的主观意志,在单位犯罪的多数情况下,不失为一条有效的途径。"①

(四)设置"合格投资人"和"一般投资人"的界分标准

P2P 网络借贷平台实际上难以组织对注册用户资质的有效筛选,甚至出现了有些平台将风险调查外包的现象。这些都导致平台对投资人信用状况审查的广度和深度都无法达到传统金融机构的水平,使得筛选机制流于形式,很难实现挑选合格投资人以保护一般投资人的功能。国内网络点对点的投融资活动中尚未出现专业投资人的概念。但是随着 P2P 网络借贷逐步被纳入法治的轨道,投资主体、投资需求必然出现多元化趋势。这些专业的投资人不仅有能力了解风险和利润,而且也"具有一定的在未来承担投资损失的内心预期"。②

对于经验丰富的专业投资人和普通中小散户,立法和司法显然应该有不同的处置方案。"投资人的身份和资质显然应当成为认定非法集资犯罪的一个要素。无论是从投资自由还是从有效利用司法资源的角度看,只有那些普通的公众投资者才需要法律给予特别保护,而富有经验的投资者(sophisticated investors)被推定为有能力自我保护。"③美国推行 P2P 网络借贷模式已经比较成熟,其在 2012 年《创业企业融资法案》(Jumpstart Our Business Startups Act,即"JOBS 法案")中对借贷平台的资质、筹资人的登记备案和信息披露义务、投资者的经济实力和投资上限等方面做出了一系列规定。

网络非法集资的刑事规制应当参考美国的"安全港"制度。所谓"安全港",是指基于法律所设定的明确清晰的规则标准,行为人在规则标准内的行为可被

---

① 石磊:《单位犯罪中"以单位名义"和"为了单位利益"探析》,《人民检察》2005 年第 7 期(上)。
② 黄韬:《刑法完不成的任务——治理非法集资刑事司法实践的现实制度困境》,《中国刑事法杂志》2011 年第 11 期。
③ 肖凯:《论众筹融资的法律属性及其与非法集资的关系》,《华东政法大学学报》2014 年第 5 期。

豁免而不被追究责任。筹资人在筹资前应当对项目进行专业评估并将风险如实告知投资人，"需要将融资用途和资金运作过程中的重要事项对投资者进行披露，让投资者能够实时了解自己投资资金的运转情况，对投资收益和风险做好预判"。① 如果筹资人能够证明其吸收资金面对的对象是"合格投资人"，将投资风险带来的不良影响限制在可控的范围之内，那么就可以免除刑事责任。合格投资人的证明标准有：投资人提供相应的资产证明以证明其经济实力；投资人具备相应的风险识别和风险承担能力的证明材料；遵循对单个投资人、单个融资项目的投资金额的上下限额。

四、结　语

刑法具有补充性的特点，意指"刑法所具有的保护法益的最后手段的特殊性"。② 刑法谦抑原则不仅体现在刑事规制中，更多地体现在非刑事规制的过程中。刑事规制重心之前移，直接导致刑法在干预社会生活特别是新生事物中的过度和泛化，使得法律对市场经济进行无效或者不划算的干预。事实上，互联网金融并非无法可依，民商法和行政法依然可以在各自的范围内对其进行调整。③ 与此同时，互联网金融在发展之初也应该具有像"网络司法拍卖"那样的试错空间。例如："民间借贷、高利贷以及非法集资三种行为的法律后果分别为合法、不受法律保护、犯罪。在合法的民间借贷与构成犯罪的非法集资行为之间仅存在不受法律保护但不违法的高利贷行为，缺少一种违法却不构成犯罪的对公众的借贷行为。"④投资人保护、金融系统的稳定、合适商业模式的形成不一定要动用刑事手段，应更多考虑其他部门法律调整该危害行为是否更为恰当，在穷尽所有前置救济方式仍然无法修复受损的经济关系时，方有启动刑事手段之必要。

---

① 非法集资犯罪问题研究课题组：《涉众型非法集资犯罪的司法认定》，《国家检察官学院学报》2016 年第 3 期。

② ［日］大谷实：《刑事政策学》，黎宏译，法律出版社 2000 年版，第 86 页。

③ 魏昌东：《经济风险控制与中国经济刑法立法原则转型》，《南京大学学报（哲学·人文科学·社会科学版）》2011 年第 6 期。

④ 刘宪权：《刑法严惩非法集资行为之反思》，载《法商研究》2012 年第 4 期，第 120 页。

论涉证券期货领域犯罪
行为的法律规制
——以行政处罚与刑事制裁的二元结构为视角

邱波　王潮*

摘　要：行政处罚和刑事制裁是资本市场的两只强硬抓手，行政机关与司法机关协作办案的二元结构是立法本意，但落实到办案过程中，二元结构被异化为"行政处罚—刑事制裁"一元结构，有些案件甚至只剩下了行政处罚。这是当前证券期货领域犯罪行为法律规制的难点之一。由于证券期货专业的特殊性和市场行为方式的隐蔽性，现有法律规制体系已显疲态，难以应对。笔者针对司法实践中办理证券期货领域案件所遇到的问题，以行政处罚与刑事制裁的二元结构为视角，阐述了应对之策，试图重构新形势下的法律秩序。

关键词：证券期货　行政处罚　刑事制裁　行政前置

行政机关与司法机关协作办案的"二元式"结构当为立法之本意，行政处罚和刑事制裁作为资本市场的两只强硬抓手，本应成为法律规制体系中的有效机制，然而，现实中却难免存在着"二元式"结构被异化为"行政处罚—刑事制裁"

---

* 邱波　上海市第二中级人民法院法官助理，法学硕士；王潮　上海市第二中级人民法院审判员，法学博士。

"一元式"结构的问题,在某些案件中甚至出现行政处罚独立支配的状况。由于知识专业性、市场信息不对称性以及获利巨额性,使得证券期货领域的违法违规甚至犯罪活动层出不穷,加之交易手法和交易结构不断创新,现有法律规制体系已显疲态,难以应对。本文从实践操作的角度,提出证券期货领域的犯罪案件办理中行政监管机关和司法机关所共同面临的问题,以行政处罚与刑事制裁"二元式"结构为视角,分析问题产生的背景和缘由,并对此提出合理化的建议。

一、缘起:两件近似案件的不同结局

案例一:

胜利油田康贝石油工程装备有限公司董事长满善平,是山东宝莫生物化工股份有限公司(简称宝莫股份)对外投资收购资产这一内幕信息的知情人。内幕信息敏感期内,满善平委托孙立明交易"宝莫股份",获利约 33 万元,同时向孙立明泄露内幕信息并建议其买卖"宝莫股份";孙立明利用本人及"杨某霞"账户买入"宝莫股份",同时利用"杨某霞"账户接受满善平、宋君燕、刘树芬、李亮等知悉或非法获取内幕信息人员的委托为其交易"宝莫股份",获利约 112.8 万元;宋君燕、刘树芬、李亮三人委托孙立明交易"宝莫股份"的获利分别约为 4.9 万元、5.7 万元、7.6 万元。马祥峰利用其宝莫股份控股股东监事身份及与部分内幕信息知情人熟悉的优势,通过电话联络等方式打听、刺探内幕信息,在内幕信息敏感期内,其控制使用 4 个证券账户交易"宝莫股份",获利约 1 588 万元。上述涉事人员的行为违反了《证券法》第 73 条、第 76 条规定,依据《证券法》第 202 条、第 233 条和《证券市场禁入规定》(证监会令第 33 号)第 3 条第(2)项、第 5 条第(2)项规定,证监会决定没收满善平内幕交易违法所得约 33 万元,并处以约 99 万元罚款,并对其泄露内幕信息、建议他人买卖相关证券的行为处以 10 万元罚款;没收孙立明违法所得约 112.8 万元,并处以约 338.4 万元罚款;没收宋君燕违法所得约 4.9 万元,并处以约 14.8 万元罚款;没收刘树芬违法所得约 5.7 万元,并处以约 17.1 万元罚款;没收李亮违法所得约 7.6 万元,并处以约 22.8 万元罚款;责令马祥峰依法处理非法持有的"宝莫股份"股票,没收马祥峰违法所得 1 588 万元,并处以约 4 764 万元罚款,同时对马祥峰采取终身证券市场禁入措施[①]。

① 参见中国证监会行政处罚决定书(满善平、孙立明、宋君燕等 5 名责任人员),http://www.csrc.gov.cn/pub/zjhpublic/G00306212/201608/t20160805_301769.htm,2016 年 11 月 7 日访问。

案例二：

2013 年 11 月 18 日，鹿某作为鲁阳公司基层管理人员，在美国参与鲁阳公司与奇耐亚太联合纤维亚太控股有限公司（以下简称奇耐亚太）对鲁阳公司通过股份转让、定向增发等形式引入奇耐亚太成为公司控股股东的谈判时，知悉该内幕信息。在内幕信息敏感期内，鹿某将信息通过微信传递给王秀莲，并让王秀莲及家人大量购入鲁阳公司股票。2013 年 11 月 19 日至 12 月 13 日，按照鹿某的授意，王秀莲、王玉良（王秀莲父亲）、王秀玲（王秀莲妹妹）等人以顾世祥（王秀莲亲戚）账户买入鲁阳公司股票 121 800 股，金额 1 043 326 元，非法获利 115 673.94 元。法院判决鹿某犯内幕交易罪，判处有期徒刑 6 个月，缓刑 1 年，并处罚金人民币 20 万元①。

上述两案来自于 2016 年度公开渠道发布的信息，案情相似，而前者无论交易金额、获利金额、影响范围、违规情节等都较后者更加严重，但是仅被处以行政处罚，而后者则处以刑事制裁。违法事实相似，结果却大相径庭。毕竟刑事制裁的严重程度非一般行政处罚可比，这不由得让人疑窦丛生。行政处罚的评判标准与刑事制裁的标准是否真的有如此大的差异，行政执法机关移送涉嫌犯罪案件的依据到底是什么、两种不同概念体系下的构成要素分别是什么、违法违规者的客观行为是否在两种语境下完全不同、司法机关对于行政执法机关不移送涉嫌犯罪的案件是否能够做到有效的监督、司法机关能否不以行政机关的前置程序为办案前提等，诸如此类的问题如果不解决，那么这类案件将会不断地发生，造成行政系统与司法系统对同类事件评价的严重不平衡。

二、从现状审视行政机关和司法机关实践中的多重困境

（一）行政机关难以移送犯罪线索

按照当前关于证券期货领域的违法违规案件处理实践，一般是由行政机关对案件进行先期侦查、审理，做出行政处罚或者对涉嫌犯罪的线索移交公安机关继续侦查，对符合刑事立案标准的案件按规定进入司法程序。笔者从公开渠道查找了 2016 年度证监会稽查局公布案情信息，如表 1 所示，相对于每年证监会及下属各地证监局查获的动辄成百上千的违法违规案件，真正最后进入司法程序的案件少之又少，更不用谈监管机构每年收到的海量的违法违规线索。这也可以从下文笔者查询到法院系统判决文书中得到印证。

---

① 参见山东省淄博市中级人民法院刑事判决书，案号(2016)鲁 03 刑初 12 号。

表 1　　　　　　　　　2016 年证监会稽查局发布的案情　　　　　单位：元人民币

公布年度	涉案单位或者个人名称	涉案类型	涉案金额	行政处罚	移送司法机关
2016	欣泰电气及相关人员	欺诈发行		罚款、市场禁入、强制退市	是
	深圳某证券公司策略师王某	编造、传播虚假信息		尚未公布	否
	成都某经济新闻报社记者李某	编造、传播虚假信息		尚未公布	否
	江苏省泰兴市张某	编造、传播虚假信息		尚未公布	是
	东方锆业及相关人员	信息披露违法	79 902 315.48	警告、罚款	否
	科泰控股	信息披露违法及在限制期限内买卖股票	5 391 万元	致歉、警告、罚款	否
	陈明贤	操纵股票价格	2 580 803.88	没收违法所得、罚款	否
	任子行董事长景某军的朋友	内幕交易	2 508 478.36	没收违法所得、罚款	否
	世荣兆业副总裁、财务总监兼董事会秘书郑某的朋友	内幕交易	4 155 227.22	没收违法所得、罚款	否
	华星化工交易知情人的配偶	内幕交易	73 091.30	没收违法所得、罚款	否
	陶旸、傅湘南	期货合约操纵	1 140 444	没收违法所得、罚款、市场禁入	否
	刘钦涛	编造传播虚假信息		责令改正、罚款	否
	薛黎明	操纵股票价格	54.58 万元	没收违法所得、罚款	否
	胡捷	操纵股票价格	3 504.78 万元	没收违法所得、罚款	否
	合金投资交易知情人的朋友	内幕交易	1 910 401.16	罚款	否
	辽机集团及相关人员	信息披露违法及在限制期限内买卖股票	300 余万股	警告、罚款	否

资料来源：http://www.csrc.gov.cn/pub/newsite/jcj/aqfb/index.htm，2016 年 11 月 5 日访问。

从表1中不难看出,移送公安机关的案件极少,但是刑法中涉及证券、期货领域的罪名有十几个,每年作出行政处罚的违法违规案件也有很多,分别涉及编造、传播虚假信息、内幕交易、操纵市场、泄露内幕信息等,绝大多数案件未移送至公安机关,而只对其做出行政处罚。是否真的是行政监管机关无所作为呢?未必如此。原因是多种多样的,如犯罪金额未达刑事立案标准、案件事实尚未查清、犯罪线索难以查实、办案人手不足等。简言之,从效率和人力配置的角度出发,行政机关查到可以作出行政处罚的程度即可,而行政处罚的证明程度远低于刑事制裁的要求,所以违法犯罪线索难以移送司法机关。

(二) 司法机关认定的罪与责不匹配

我国对于涉证券期货领域犯罪的惩罚力度一直较轻,但犯罪的涉案金额却频频刷新纪录,刑事司法的罪责刑呈现整体不匹配。司法实践中,即使进入刑事诉讼程序,最终按照现行法律的裁判结果仍然判处较轻刑罚,附加刑尽管动辄百万元的罚金,但与上亿元的犯罪金额相比,犯罪成本还是过低。表2展示的上海法院系统最近两年涉证券期货领域犯罪的案件情况,可见一斑。

表2　　　　　　　　上海法院系统最近两年涉证券期货领域犯罪的案件情况　　　单位:人民币

涉案人名称	涉案类型	涉案金额	刑事处罚
张敦勇	利用未公开信息交易罪	交易金额1.56亿元,获利457万余元	判处有期徒刑1年9个月,缓刑1年9个月,并处罚金460万元
欧海韬	利用未公开信息交易罪	交易金额9.36亿元,获利1594万余元	判处有期徒刑1年6个月,并处罚金1600万元
张治民、尹某	利用未公开信息交易罪	交易金额13.42亿余元,获利2861万余元	判处张有期徒刑2年9个月,并处罚金2850万元;判处尹拘役3个月,缓刑3个月,并处罚金12万元
姚某某	利用未公开信息交易罪	交易金额17亿余元	判处有期徒刑3年,缓刑3年,并处罚金500万元
陈必红、刘某	泄露内幕信息罪、内幕交易罪	交易金额2336万余元,获利139万余元	判处陈有期徒刑5年6个月,剥夺政治权利1年,并处罚金150万元;判处刘有期徒刑3年,缓刑5年,并处罚金140万元

资料来源:参见中国裁判文书网,案号依次是(2015)沪一中刑初字第26号、(2015)沪一中刑初字第131号、(2015)沪一中刑初字第17号、(2015)沪二中刑初字第27号、(2015)沪高刑终字第140号。

（三）司法机关难以认可行政机关办案

行政机关办案的重要依据是《证券法》《公司法》《行政处罚法》及证监会下发的各种文件、工作指南,司法机关依据的主要是《刑法》《刑事诉讼法》、"两高"的司法解释及公安部门的立案追诉标准。行政处罚与刑事追诉的标准存在诸多不同之处,两者唯一的沟通机制就是国务院 2001 年发布《行政执法机关移送涉嫌犯罪案件的规定》(简称《310 号国务院令》)。时隔 15 年,没有更新和修订,且因许多规定属概括性规定,具体落实异常艰难。只有在证监部门与公安部门定期协商会谈时,形成具体的共识,会签相关会议纪要,才会集中讨论某类实践中已经遇到的具体问题。而定期会议周期太长,行政监管机关积压的案件太多,且由于专业性原因,案件即使到了司法机关,后续工作还是较多,行政机关移送案件动力不足,给司法机关的工作留下了很多不便利和误解。随着我国市场经济的快速发展,在证券期货领域动辄出现百万千万元的涉案金额,早已司空见惯,如果按照公安部门的立案标准,则泥沙俱下,大鱼小鱼虾米都要抓,行政机关不胜其烦,所以办理移送案件的积极性也不高。行政监管机关对大量违法违规案件所作出的处理,绝大部分是通过行政处罚手段,而极少移送司法机关,尽管涉案金额早就远远超过了刑事立案追诉标准。

三、多层问题背后的理性思考

（一）行政处罚的二难悖论

1. 行政机关自主权过大

行政处罚更强调客观行为所产生的危害结果,对当事人的主观状态没有更多的要求,所以行政处罚的条件更容易实现。行政处罚在前,刑事制裁在后,那么行政机关在进行调查时,如何取证、如何调查、查到何种程度、哪些人列入调查范围,拥有很大的自主权;而司法机关多数情况下也只能依据行政机关的结论,进行进一步侦查,不太可能推倒重来,于是行政机关认定的犯罪事实、情节,最后极有可能被司法机关采纳。

此外,情节犯的罪状留给行政机关太多自主权。从刑法与证券法罪状对比来说,刑法对涉证券、期货领域的犯罪有深层次的要求,即,不仅要满足传统刑法构成要件的规定,还强调犯罪情节,且在多数情况下,犯罪情节是罪与非罪的分界点。脱离犯罪构成来审视证券期货类犯罪,则要么会落入客观归罪的窠臼,要么落入主观归罪的陷阱,无法客观公允地评价一个行为。当然,行政犯如果构成犯罪，则必然违反行政法律法规，而违反行政法律法规，不必然导致犯罪，前者是后者的充分条件，但不是必要条件。

2. 行政处罚威慑力弱化

行政处罚常用的手段不外乎罚款、没收违法所得、行业禁入等。行政监管机关也是这么做的，后来发现还是不能解决违法违规频发的问题，资本市场里仍然充斥着欺诈、不诚信等行为。比如，禁止行业准入以及其他身份罚则，也仅仅只是隔靴搔痒，妨碍不了投资"精英们"东山再起。资格罚则曾经被寄予厚望，因为如果违规者真的彻底离开了这个行业，那么对于他来说，确实有很大的威慑力，使其不敢违法违规，但是他们完全可以借用别人的身份来操作交易，自己依然可以实际控制多个账户交易或者使用其他方法获取交易信息。再比如，遭受金钱罚则可以在以后再获取金钱，受到资格罚则还可以通过其他的身份进行，警告、谴责等对他们来说如同"耳旁风"，没有什么实质性的威慑力。说到底，受到行政处罚还是可以通过其他的方式进行"补偿"。

（二）制度差异与惩罚机制失灵

1. 行政行为与刑事诉讼的本质差异决定的思维偏差

首先，"司法权的裁判权属性或者判断权属性意味着司法机关在行使司法权时必须具有亲历性和独立性……不能像行政机关那样服从上级领导"[1]，基于此，行政行为与刑事诉讼两者的差异很大。其次，刑事案件的因果关系理论与行政案件有诸多不同，且更为严格，即一个人仅对自己所作出的行为结果负责，如果所作行为与危害结果没有紧密的因果关系，则不能认定其为犯罪。再次，从主观方面来说，刑事案件中，犯罪构成要件是关键也是核心，其中对主观要件的要求是行为人对损害结果持有故意或者过失心态，而在涉证券期货类型犯罪案件中，从罪状的描述来看，只能是故意。行政处罚案件中，强调所实施行为的客观影响，对其主观方面是故意或者过失，则不影响对行政处罚的定性，只能影响处罚的力度。第四，刑事案件中，司法机关从侦查、审查起诉、审判、执行，每一个流程都格外慎重，追求的是公正的价值取向，不能以效率来衡量。而行政处罚的价值取向是效率优先，行政法理论中，行政行为也有确定力、约束力及效力先定原则，行政行为非经法律途径不可以随意撤销，成立后具有约束力，不论合法还是违法，都推定为合法有效。最后，救济途径也不一样，对刑事处罚不服，可在上诉期内提出上诉；在判决生效之后两年之内，如果仍然不服判决，

---

① 朱立恒：《社会主义法治理念视野下的司法体制改革》，法律出版社 2012 年版，第 339 页。

还可以申请申诉。而按照《证券法》第 235 条规定,当事人对证券监督管理机构或者国务院授权的部门的处罚决定不服的,可以依法申请行政复议,或者依法直接向人民法院提起诉讼。就是说,如果当事人对行政处罚不服可以申请行政复议或者直接提起诉讼,之后,如果对行政复议不服,还可以提起诉讼,根据二审终审制,当事人还可以上诉,等到判决生效之后,还可以申诉。这种不同概念体系下的差异,决定了行政系统与司法系统各自思维的偏差,当这种偏差没有合适的调节机制时,则会产生制度上的失灵。

2. 一元结构惩罚机制的制度失灵

证券、期货领域违法违规案件的高发,凸显了"行政处罚—刑事制裁"一元结构下,法律的软弱无力和对资本市场的过度纵容。实践操作将原本的行政处罚与刑事制裁二元结构异化,使得法律的规制能力大大弱化。现实中,基于"一事不二罚"的原则,不可能因为相同的事实对当事人的行为进行重复评价。通常情况下,如果行政机关进行了行政处罚,就很少再把案件移送司法机关,其结果是各方的利益都不受损,皆大欢喜,违法违规操作依旧在进行,最终受损的是广大的投资者和国家的金融管理秩序。从理论上来讲,现代"司法权发展为事实认定权、法律适用权、诉讼程序指挥权",[①]对犯罪事实的认定是司法权的题中应有之义。是否构成犯罪由司法机关来判断,是否涉嫌犯罪由行政执法机关来判断,本来就存在很大的操作空间,这是制度失灵的地方,无法依靠一个或者几个文件或者会议纪要来弥合,而应当依赖于行政执法机关与司法机关长期合作达到某种"默契",才能逐渐消弭这种制度失灵。如果法治精神既无法渗透到行政执法机关和司法机关的日常工作中去,又没有完善的制度监督,仅仅靠合作的"默契"来弥补"制度失灵",这是非常危险的信号。

(三)不完美的政策环境

1. 资本市场过于稚嫩,尚在摸索中前进

我国资本市场在不到 30 年时间经历了国外百年的历程,在顶层设计的推动下,创造了很多奇迹,促进经济发展的成果有目共睹。正是得益于政策的开明和领导层的大力支持,我们正在以最快的速度赶超发达国家,这让所有的人欣欣鼓舞。不过问题还是在不断显现,在过去的 20 多年证券市场动荡起伏中,我们的政策制定者过分强调繁荣经济的积极效果,强调企业尤其是上市公司为

---

① 陈陕云、肖启明:《回归本质——司法改革的逻辑之维与实践向度》,法律出版社 2015 年版,第 22 页。

地区创造就业岗位和财政收入，而或多或少忽视了法治的力量，默认或者迁就部分违规违法行为甚至犯罪行为，要求从轻处罚，并没有体现法治的根本原则。

2. 专业化的监管力量尚未形成战斗力

专业化的监管层没有形成，知识更新速度很慢，而且由于监管机构具有天然的垄断性质，导致执法效率低下，监管反应速度落后于时代的脚步。监管滞后是最大的问题。时间在资本市场里是最重要的，没有什么比时间更重要。这就要求我们的监管机关也要绷紧时间观念这根绳，查处案件时不能错失良机。不能给人的印象只是迟到的处理，监管机构的力量只是永远落后，这样会产生严重的后果，对营造良好的资本市场生态系统，无疑是巨大的伤害。

（四）作为与不作为的制度空白

1. 行政机关的程序性考虑

行政执法机关掌握着移送涉嫌犯罪案件的主动权，对于什么案件该移送或者不该移送、哪些材料该移送或者不该移送、什么时机移送等，有自己的判断，这种判断更多地是从案件本身来权衡，不是必然以司法机关的立案追诉标准来判断。从法律上来讲，刑法规定的涉证券期货领域犯罪都是情节犯，而非行为犯，而在确定涉案金额的时候，行政执法机关可能把一些金额囊括进或者剔除出违法违规金额，案件到了司法机关，在判定情节时，又会使用另一套标准，毕竟看问题的角度不同，达到标准的不移送，移送的金额又不对。从实践来讲，进入司法程序的涉证券期货领域犯罪，每年都是少数，从全国法院系统上网文书可以看出，比如出现在公众视野中最多的是利用未公开信息交易罪和内幕交易、泄露内幕信息罪，从 2014—2016 年三年间，每类案件每年审理的数量都是个位数。[①] 这个结果让大家非常惊讶。其实也不难理解，大部分违法违规案件在行政稽查阶段，就已经确定了行政处罚的结局。正因为行政执法机关的自由裁量权过大，在其利益权衡之下，许多案件都没有进入司法程序。此外，这类经济犯罪是情节犯，有很多时候，法律对情节轻微的当事人不予追究刑事责任。比如，现在内幕交易、"老鼠仓"非常多，交易金额巨大，但是在行政机关先行处罚的情况下，一方面基于一事不二罚原则，不宜再移送司法机关，另一方面则是基于司法机关有可能不予追究刑事责任或者可能被判处缓刑、拘役等较轻刑罚

---

① 参见中国裁判文书网，2014 年利用未公开信息交易罪 1 件，内幕交易、泄露内幕信息罪 7 件；2015 年利用未公开信息交易罪 5 件，内幕交易、泄露内幕信息罪 7 件；2016 年利用未公开信息交易罪 3 件，内幕交易、泄露内幕信息罪 4 件。

或者非监禁刑,于是行政执法机关越俎代庖,决定不予移送。

2. 行政机关的经济性考虑

由于移送案件对行政机关来说是不经济的选项,行政机关更愿意自己处理各种案件,不愿意司法机关介入,而且行政前置程序的合法性长期以来在实践中得到了各方的认可,这导致司法机关主动介入办案的动力不足。但是单单凭借行政机关的力量与手段,去监管数量巨大的上市公司、投资者,以及查处各种复杂交易,显然力不从心,而公安机关现有的大量有犯罪侦查经验的干警,却只能站在门外,有心无力。主观上的不愿意与客观上的力不从心,让行政机关与司法机关都陷入了作为或者不作为的制度空白之中。

四、重构新形势下的法律秩序

(一)刑事司法如何从行政前置的困境中解脱出来

1. 确立刑事司法的独立价值

刑事评价的严重程度远超行政评价,涉证券期货类犯罪中,行政处罚最常用的手段比如罚款、市场禁入、没收违法所得等,在经济类犯罪的刑罚中也常用到罚金、没收违法所得,例如刑法及相关司法解释等都有相应阐述,至于市场禁入,包括证券从业资格考试、律师资格考试、注册会计师资格考试、保荐代表人资格考试等无一例外,都有无犯罪记录的要求,那么对于经济案件中的罪犯,尤其是证券期货类型犯罪中,市场禁入是刑事制裁的当然之意。简言之,刑事惩罚措施可以涵盖常见的行政处罚手段。

一般认为,既然行政机关已经对当事人作出处罚,司法机关便不适合对同一事实作出重复评价。而事实上,所有人都忽略了一个重要的问题,没有人否认司法机关有法定职权对自己收集到的线索进行侦查,包括诸多违反行政法律法规的犯罪,比如环境污染、内幕交易、非法经营烟草、涉税犯罪等。实践中,长期以来形成了一种思维定势,行政犯一定要有行政机关的事先认定作为开展刑事侦查的前置程序。这种看法是片面的。即使《310号国务院令》,也只是说行政机关对于工作中发现的违法违规行为可能涉嫌犯罪的,必须移送司法机关。如果司法机关依职权开展刑事侦查活动,没有行政前置程序也应该进行,刑事认定必须建立在行政认定基础之上的观点是站不住脚的。

2. 强调行政处罚与刑事诉讼的二元结构

根据《行政处罚法》第28条规定:"违法行为构成犯罪,人民法院判处拘役或者有期徒刑时,行政机关已经给予当事人行政拘留的,应当依法折抵相应刑期。违法行为构成犯罪，人民法院判处罚金时，行政机关已经给予当事人罚款的，应当折抵相应罚金。"可以看出，立法者对刑事处罚与行政处罚并没有绝对的对立起来。二元结构强调行政处罚与刑事诉讼并行不悖。应扭转长期以来错误的思维定势，不宜将行政认定作为刑事认定的前置程序。行政认定是行政处罚的前提条件，也是刑事制裁的证据来源，但是并不能决定甚至替代刑事认定，更不能说是刑事制裁的前置程序。说到底，司法机关最核心的工作就是证明罪与非罪、此罪与彼罪，要严格按照犯罪构成要件和刑事法律理论进行审查，无须过度受行政处罚的影响。

二元结构强调行政机关与司法机关既独立办案又相互配合，司法机关既承认行政处罚的法律效力，在判处刑罚时按照法律规定扣除已实施的相同种类的罚则，又无须受行政机关认定的影响，涉嫌犯罪的按照刑事证据标准侦查、取证、审查起诉、判决、执行，行政机关做好配合，协助司法机关办案。

3. 正确看待行政行为前置的现实价值

在实践中，涉证券期货领域的违法违规行为，具有很强的专业性，加之行政监管机关拥有司法机关无法比拟的信息优势，绝大部分案件都是待行政执法机关先行处理之后，再移交司法机关，由公安机关直接立案侦查的案件极少。根据《行政处罚法》第 28 条规定，立法者也是认同现实中先行后刑做法的，这与法律体系并不矛盾。从节约司法资源的角度来讲，先进行行政调查程序，获取当事人违法违规的证据材料，再移交司法机关，由其自己甄别哪些是定罪量刑需要的证据，这样做既可及时固定证据，又可避免重复调查浪费司法资源。从案件线索的收集来说，监管机关拥有天然的优势，一方面可以通过证监会稽查局的日常行政稽查来进行，另一方面可以从海量的群众举报中提取有价值的信息，再一方面监管机关本身就拥有诸多市场信息。从组成人员的知识结构来说，监管机关由法律、会计、经济、金融等多种教育背景的人员组成，这与公安机关人员单一的法律背景而言，显得更加科学、专业，弥补公安机关技能的缺失及难以胜任的尴尬。行政行为前置的现实价值并不表示行政行为可以脱离刑事司法来独立进行所有的法律评判，而仅仅只能对其进行行政处罚方面的评判，在整个法律体系中不要越俎代庖，更不能以行政处罚代替刑事制裁。

（二）完善现有法律体系

1. 将情节犯改为行为犯

对于涉证券期货领域的犯罪，可以尝试改情节犯为行为犯，即在刑法中定义相应行为为犯罪，将犯罪情节、犯罪金额等问题作为司法机关量刑因素考察。

将现有的认定为"情节严重"的金额以外的案件,由司法机关作出不予追究刑事责任的决定,将达到了"情节严重"标准的案件决定进入刑事立案追诉程序。这样做的目的是防止行政执法机关在司法机关不知情的情况下,单方面有选择性地移送案件,减少权力寻租的空间,也可以震慑市场投机行为。

2. 提升刑罚的处罚力度

我国刑法对涉证券期货领域犯罪的处罚力度较轻,罪责刑不相匹配,前文所列表的案例就是明证。正如有些学者所言,大量案例的产生仍然远不能满足司法官衡平判断案件的需要,他们必须依赖于其他的方法。至于在实际的案件审判中选择何种方法,取决于该方法是否能够使司法官满意于对罪犯的判决达到"罚当其罪"的效果。[1] 刑事责任才是具有实质意义的刑法结论,也是被告人和民众关注的核心;如果根据犯罪构成判断出的罪名会使量刑明显失衡,就应适度变换罪名以实现量刑公正。[2]

从国内的情况来看,此类违法违规行为有越来越高发的趋势,随着境外投资者进入我国,他们带来的除了资本,还有各种新型的犯罪手段,有必要加大对此类犯罪的打击力度。从国际环境来看,各国都在不断加大对此类犯罪的打击力度。美国于1988年制定了《内幕交易与证券欺诈执行法》,大幅度提高了刑事处罚的力度,对个人的罚金可以高达100万美元,对法人的罚金则提高到250万美元,同时提高了自由刑,对内幕交易违法者的监禁从5年提高到10年。[3] 随后,日本、香港地区等纷纷加快了刑事立法的进度,打击资本市场上的各种犯罪行为。

3. 修订行政处罚与刑事诉讼的衔接规定

立法层面要充分考虑证券期货类犯罪内容特殊性、影响广泛性、犯罪手段更新快等特点,及时修订《310号国务院令》,细化此前的原则性规定,规制涉股票期货领域的违法违规行为。《310号国务院令》的细化,应考虑各个行业的不同情况,分别出台相关的内容,而不是统而概之,对所有行政犯的案件办理都是同样的处理。除此之外,还应尽早出台关于行政机关移送犯罪案件的相关法律,而不仅限于行政法规,因为行政法规与法律相冲突或者适用不一致是难以避免的。笔者认为应当及早将法律制定提上日程,毕竟法律的位阶要高于行政法规。"通过法律来建立普遍性规则,可以避免或减少交易主体在确定和认同

---

① 顾元著:《衡平司法与中国传统法律秩序》,中国政法大学出版社2006年版,第93页。

② 高艳东:《从盗窃到侵占:许霆案的法律与规范分析》,《中外法学》2008年第3期。

③ 冯果:《内幕交易与私权救济》,《法学研究》2000年第2期。

规则方面的成本。"①这句话对于市场经济主体和监管机关都是同样适用的。

（三）强化各部门之间的法治化沟通

1. 正视实践中出现的问题

《310 号国务院令》第 3 条规定："涉嫌构成犯罪，依法需要追究刑事责任的，必须依照本规定向公安机关移送。"这只是原则性对行政执法机关移送司法机关相关犯罪线索的规定，这一规定适用于所有行政犯案件，而对于具体什么案件该移送、什么时间移送、多大程度移送、移送给谁等，行政执法机关有很大的自主权。司法机关要求就收集到的线索向行政执法机关索要相关材料极为不便，这种移送行政犯案件，是单向而非双向。办案信息不对称的情况在设证券期货领域犯罪尤其突出，而且由于行政执法机关对于刑事案件罪状、情节、如何适用法律、司法解释等的判断上，肯定不如司法机关专业，这导致司法机关与行政执法机关对同一事实、情节认定的不一致，且行政违法性与刑事违法性在某些时候的确很难区分，所以强调"涉嫌犯罪"尤为重要，即凡是可能涉嫌犯罪的案件，都应当移送，而不是图快图省、一罚了之。行政执法机关的漫不经心，就可能造成大量的犯罪案件游离于刑事司法体制之外，而从现实的反馈来看，的确发生了很多靠行政处罚来替代刑事处罚的情况。

2. 加强沟通，消除误会

从基层公安的反馈来看，沟通问题已经成为办理经济类犯罪案件的难题之一，使公安机关办案陷入了多重误区之中。一是"公安机关经侦部门在受理行政部门移交的案件后，有时易受惯性思维的影响，过度依赖于行政认定结论，导致刑事案件证据出现瑕疵"；二是"在具体司法实践活动中，部分办案民警因为行政执法部门大量采用罚款的处罚手段而对行政认定产生不信任，有时会过于轻视行政认定结论。……（行政机关）对已经达到刑事追诉标准的行为仅视为一般行政违法行为，通常没收非法所得并进行罚款"。② 由于工作性质不同，工作的方式、看待问题的角度等也不尽相同，由于行政系统和司法系统互不统辖，所以案件办理有赖于两者通过有效的沟通渠道，消除误会。

3. 强调协同办案

办理经济类犯罪案件，运用公安的侦查能力，配合监管系统的专业知识，行政处罚与刑事制裁在证券期货领域可以实现不同的价值和功能。对于一个完

---

① 顾培东：《从经济改革到司法改革》，法律出版社 2003 年版，第 440 页。
② 罗诗强：《行政认定在打击经济犯罪中的法律地位》，《湖北警官学院学报》2013 年第 2 期。

善的市场经济体系和良好的资本市场生态环境,两者缺一不可,并非仅仅只有消极配合或者积极对立,而是要在一个和谐的协作体系中或者政策框架下,由行政执法机关与司法机关合作打击违法违规行为。

(四)强调恢复性司法的价值

强调在涉经济类犯罪中恢复性刑事司法的价值,让被告人与被害人充分沟通,争取获得被害人的谅解。经济类犯罪中的被害人一般仅仅是经济利益遭受损失,较之于暴力型犯罪是比较容易修复受损的社会关系的。犯罪构成要件中对客体的要求是侵犯法益,虽然对于法益,学界没有达成统一的认识,但是大家都承认犯罪破坏了原有的社会关系。如今司法界逐渐认识到修复被破坏的社会关系,弥合社会关系的裂痕,对办理刑事案件有启发意义,即惩罚犯罪的最终目的不仅仅是为了惩罚犯罪分子,还要修复原本遭受破坏的社会关系。正如有些地区法院总结的经验所言,一是被害人利益得到了有效保护,二是促进了加害人的改造与回归,三是修复被破坏的社会关系,四是有效地提高了诉讼效率。① 由于经济类犯罪常常涉及金钱的问题,这与损害人身类型的犯罪不同,前者社会关系比较容易修复,所以在办理涉证券期货领域的犯罪案件过程中,也应逐渐融入恢复性刑事司法的理念,在取得被害人谅解、积极赔偿或者积极退赃等情况下从轻或者减轻处罚,甚至辩诉交易也未尝不可。

(五)加快法律人才储备与培养

我国证券期货领域既懂法律又懂专业的人才非常短缺,20 世纪 90 年代之后才渐渐有了一些人才储备,主要分布在金融机构或者行政监管机关中,这批人才随着中国资本市场的发展而成长,而随着市场经济的发展,他们中的许多骨干纷纷"下海",成为活跃在资本大潮中的"弄潮儿"。如今行政监管机关面对的便是这些经验丰富、技术专业的"先行者",只有通过不断地学习,加快年轻人才的培养,强化日常培训,了解当今世界的许多有价值、有意义的经验和做法,才有可能在"猫捉老鼠"的游戏中不断赢得先机。当前资本市场日新月异,每天都出现新的情况,每隔一段时间就会出现一种新的交易结构和交易手法,如果固步自封,不加强知识结构的提升和人才的储备与培养,很快就会落后于人。

---

① 周继业主编:《司法的责任与担当》,法律出版社 2013 年版,第 538 页。

内幕交易罪主体认定中的
三个疑难问题

姜伟[*]

摘 要： 内幕交易罪的犯罪主体包括证券、期货交易内幕信息的知情人员和非法获取内幕信息的人员两类。在第一类主体中"其他内幕知情人员"的实质标准是依据法律、合同或者职务授权接触或知悉内幕信息的其他人员；而第二类主体实质上是无法律、合同或者职务授权等正当理由或者正当信息来源而获取内幕信息的人员。证券、期货监督管理部门以外的国家机关工作人员基于管理职权或者在职务活动中，获知内幕信息，也可以认定为内幕信息知情人员。

关键词： 内幕交易罪 犯罪主体 内幕信息知情人员

根据《刑法》第 180 条规定，内幕交易罪是指证券、期货交易内幕信息的知情人员、单位或者非法获取证券、期货内幕信息的人员、单位，在涉及证券的发行，证券、期货交易或者其他对证券、期货交易价格有重大影响的信息尚未公开前，买入或者卖出该证券，或者从事与该内幕信息有关的期货交易，情

---

* 姜伟 上海市人民检察院第一分院检察官，法学博士。

节严重的行为。据此,内幕交易罪的犯罪主体为特殊主体,只能由"证券、期货交易内幕信息的知情人员"或者"非法获取内幕信息的人员"构成。实践中,对这两类犯罪主体的认定缺少实质的判断标准,国家机关工作人员是否可以作为内幕信息知情人员也存在争议,本文针对内幕交易罪主体认定中的疑难问题进行研讨。

一、内幕交易罪主体认定的现行标准

从比较法的角度看,对内幕信息知情人员的范围主要有两种立法模式[①]:一是无限定范围模式,以日本和德国的立法为典型。日本将信息公示前所有的内幕信息受领者全部作为犯罪主体;德国不问知道内幕信息的途径和方式,只要知道内幕信息者均可作为行为者处罚,连偶然知道内幕信息的人员也包括在内[②]。我国刑法、证券法及司法解释也采取类似方法,在明确列举部分内幕信息知情人员的同时还规定了兜底条款,如《证券法》第 74 条第(7)项:国务院证券管理机构规定的其他人。我国香港地区《内幕交易条例》第 9 条也规定,内幕人员是指与上市证券发行机构有关联的人,内幕人员范围非常宽泛。二是有限定范围模式。即对内幕人员的范围进行必要的限制,如法国、加拿大、澳大利亚刑法就持此立场,大多明确地列举内幕人员的范围,对其他尽管知悉内幕信息但不在此列的人排除在内幕人员范围之外。

上述两种政策差异的主要原因在于对内幕交易行为价值的不同认识。一般认为内幕交易行为对证券市场只有负价值,它是一种欺诈行为,加剧了证券市场的投机和不正当竞争,也破坏了投资者建立一个公平市场的愿望,阻碍潜在的投资者进入证券、期货市场。也有相反看法认为内幕交易行为具有一定的正价值。如有观点认为内幕交易是对企业管理人员管理服务的一种有效率的补偿手段,可以激励高管发现、搜索、制造有价值的公开信息。这种补偿不是来源于公司盈利,对于企业的长期投资者来说也相对比较"便宜"。同时,内幕交易对大股东也是有效的补偿手段,大股东相对于中小投资者获利渠道更窄而且股价波动的风险更大。容忍内幕交易行为的另一个理由是:统计表明在证券市场上内幕人员获利普遍较高,围绕信息公开前后的交易也较为频繁,内幕交

---

① 赵秉志、陈志军:《证券内幕交易犯罪若干问题比较研究》,《比较法研究》2005 年第 3 期。

② [日]津田博之:《日本的证券犯罪——以内幕交易罪为中心》,刘隽译,《金融犯罪的全球考察》,中国人民大学出版社 2008 年版,第 258 页。

易犯罪被起诉的比例在各国都较低。[①]

我国《刑法》第 180 条界定内幕交易犯罪主体时采取了空白条款的方法，要求依据法律、行政法规的规定确定。据此，《关于办理内幕交易、泄露内幕信息刑事案件具体应用法律若干解释》（简称《解释》）第 1 条明确犯罪主体为《证券法》第 74 条第 1 项至第 7 项规定的人员和《期货交易管理条例》第 80 条第 1 款规定的"证券、期货交易内幕信息的知情人员"。其中《证券法》第 74 条规定："证券交易内幕信息的知情人包括：（1）发行人的董事、监事、高级管理人员；（2）持有公司百分之五以上股份的股东及其董事、监事、高级管理人员，公司的实际控制人及其董事、监事、高级管理人员；（3）发行人控股的公司及其董事、监事、高级管理人员；（4）由于所任公司职务可以获取公司有关内幕信息的人员；（5）证券监督管理机构工作人员以及由于法定职责对证券的发行、交易进行管理的其他人员；（6）保荐人、承销的证券公司、证券交易所、证券登记结算机构、证券服务机构的有关人员；（7）国务院证券监督管理机构规定的其他人。"《期货交易管理条例》第 85 条第 12 项规定："内幕信息的知情人员，是指由于其管理地位、监督地位或者职业地位，或者作为雇员、专业顾问履行职务，能够接触或者获得内幕信息的人员，包括：期货交易所的管理人员以及其他由于任职可获取内幕信息的从业人员，国务院期货监督管理机构和其他有关部门的工作人员以及国务院期货监督管理机构规定的其他人员。"

上述规定对内幕交易犯罪主体的界定采取了具体列举加授权给予证券监督管理机构和期货监督管理机构"兜底"的方法。由于证券、期货市场发展变化迅速，各种新类型的中介、服务机构不断出现，全部明确列举犯罪主体类型不能适应现实需要。如网络技术已经从市场行情发布和传播，发展到通过网络提供证券投资咨询服务、证券发行、交易、清算等诸多环节，网络服务提供者接受发行人委托为其发布信息，有获得内幕信息的机会。因此，已有观点提出网络信息提供商也应纳入内幕信息知情人员范围。[②] 但是，用授权行政机关的方法作为法律的兜底条款则会引发其他的问题。批评意见认为，这种明确列举与授权性规定相结合的规范方式导致证券监督管理机构裁量权过大，"其他内幕信息知情人员"的范围处于不确定状态。《解释》所援引的《期货交易条例》第 85 条

---

① Haddock, David D. "Insider Trading". The Concise Encyclopedia of Economics. The Library of Economics and Liberty. Retrieved 2008 - 01 - 22.

② 赵金龙、武戎：《网络环境下内幕人员的认定》，《人民司法》2012 年第 3 期。

第12项也大量使用了"其他""有关"等内涵模糊的表述。[1] 同时,在司法实践中也引出另一个问题,即证券或者期货监督管理机构出具的是否属于"其他内幕知情人员"的认定函在刑事诉讼中属何种性质。这种做法在《解释》出现之前已在司法实践中运用,有将其作为鉴定意见的。但是,按照法律规定,鉴定意见应当由中立的专业机构和人员作出,证券、期货监督管理机构本身负有查究内幕交易行为的法律职责,它们的认定函明显缺乏中立性。[2]

二、其他内幕信息知情人员的界定标准

对于第一类内幕交易罪主体"证券、期货交易内幕信息的知情人员",《解释》第1条明确将其限定为《证券法》第74条规定的人员、《期货交易管理条例》第82条第12项规定的人员。上述规定对内幕信息知情人员的界定采取了具体列举加授权给予证券监督管理机构和期货监督管理机构"兜底"的方法。

但是,证券、期货市场发展变化迅速,各种新类型的中介、服务机构不断出现,具体列举犯罪主体类型不能适应现实需要,对于证券、期货监督管理机构规定的其他人如何作司法认定还需要一项实质界定标准。美国司法实践中界定内幕信息知情人员的范围采取信赖关系理论。"传统内幕人"(corporate insider),根据其字面含义可以理解为"公司内部人",身份是由其在公司中的职务和地位决定的,包括公司的董事、监事、高级管理人员及其合伙人、受托人,公司的实际控制人及其合伙人、受托人以及公司的雇员,上述内部人的配偶、直系亲属及家庭信托人、发行人。推定内幕人是指以证券交易中与上市公司存在其他信赖关系(fiduciary)的主体,身份是由其与公司之间的合同,或者说是基于合同的信赖关系决定的,包括上市公司的会计师、律师、担保人、公司顾问、开户银行财务人员、金融界印刷人员和其他为上市公司服务的人等。在 United States v. Chiarella 案中,联邦最高法院认为对于不负信义义务的人,在交易的时候没有义务披露该信息。仅仅掌握内幕信息并不构成不可进行内幕交易的原因,而是要看内幕交易方与交易相对方是否必然存在信赖义务,假如既无信赖义务,又不存在受托或保密义务,那么就不能认为拥有内幕信息的人员从事的交易是非法的。

界定内幕信息知情人员时,我们可以借鉴美国司法实践中的信赖关系理论

---

① 刘宪权:《论内幕交易犯罪最新司法解释及法律适用》,《法学家》2012年第5期。

② 张镇安:《公司控股股东和实际控制人内幕交易罪的认定》,《人民司法(案例版)》2011年第20期。

确定一项实质标准，即"依据法律、合同或者职务授权接触或知悉内幕信息的其他人员"。《期货交易管理条例》第82条第12项在规定期货市场内幕信息知情人员时，实际采取了类似的规范方法，即期货交易的"内幕知情人员是指由于其管理地位、监督地位或者职业地位，或者作为雇员、专业顾问履行职务，能够接触或者获得内幕信息的人员"。

通常认为，期货交易市场内幕信息知情人员的范围与证券市场有显著差异，"证券交易的内幕信息主要来源于发行公司，有时也来源于证券管理机构和自律机构，而期货交易的内幕信息主要来源于期货监管机构以及杠杆交易申报人，而期货经纪公司获得的信息不具有重要意义"。[①] 还有观点进一步指出期货交易与证券交易基础构造的不同，本质上是一种利用与期货交易价格有关的重大信息在尚未公开之前的抢先交易行为。[②]

证券交易内幕信息知情人员的实质标准与期货交易内幕信息知情人员应为一致。具体而言，证券与期货内幕信息知情人员范围不同，但是不当利用内幕信息或者泄露内幕信息的违法性本质是相同的。不论期货市场还是证券市场的内幕信息知情人员都是基于法律、合同或者职业授权合法知悉内幕信息的主体，其构成内幕交易罪或者泄露内幕信息罪的违法性就在于违反了这种合法授权，使自己在市场上具有了超过其他一般投资者的信息优势地位。如有观点指出，国务院期货监督管理机构规定的"其他"内幕信息知情人员包括：（1）直接负责金融监管机构的工作人员；（2）有关行业协会工作人员[③]。就其实质而言，这两类人员也是基于法律或者职业授权知悉内幕信息的主体。

三、非法获取内幕信息人员的界定标准

对于第二类内幕交易罪主体"非法获取证券、期货交易内幕信息的人员"，《解释》第2条试图从行为角度界定，将非法获取内幕信息的人员区分为三类：（1）非法手段获取内幕信息型，即"利用窃取、骗取、套取、窃听、利诱、刺探或者私下交易等手段获取内幕信息的"；（2）利用特定身份获取内幕信息型，即"内幕信息知情人员的近亲属或者其他与内幕信息知情人员关系密切的人员，在内幕信息敏感期内，从事或者明示、暗示他人从事，或者泄露内幕信息导致他人从

---

① 参见张小宁：《证券内幕交易罪研究》，中国人民公安大学2011年版，第31页。

② 谢杰：《最新内幕交易犯罪司法解释的缺陷与规则优化》，《法学》2012年第10期。

③ 谢杰：《最新内幕交易犯罪司法解释的缺陷与规则优化》，《法学》2012年第10期。

事与该内幕信息有关的证券、期货交易,相关交易行为明显异常,且无正当理由或者正当信息来源的";(3)积极联系获取内幕信息型,即"在内幕信息敏感期内,与内幕信息知情人员联络、接触,从事或者明示、暗示他人从事,或者泄露内幕信息导致他人从事与该内幕信息有关的证券、期货交易,相关交易行为明显异常,且无正当理由或者正当信息来源的"。① 《解释》具体列举了第一类人群被认定的非法手段,由于违法性特征明显,实际上在内幕交易活动中也比较罕见,没有太多争议。争议较多的是特定身份型主体的认定:一是近亲属的范围是否需要扩张。在内幕信息敏感期明示、暗示配偶从事与内幕信息相关的交易是常见形式,而实践中出现了明示、暗示离异配偶从事内幕交易的案例;二是关系密切人员如何界定。在有的案件中,司法机关将内幕信息披露前,犯罪嫌疑人之间频繁联系作为"关系密切人员"的认定依据。

特殊身份型主体尽管与内幕信息知情人员有特殊关系,但是和非法手段型、积极联系型一样都是从内幕信息知情人员处获得,应当把握三种主体的共同实质,即都是无权获取内幕信息的主体获得并利用了内幕信息。将内幕犯罪主体分为内幕信息知情人员和非法获得内幕信息人员是法治国家的通常立法例。美国在界定"派生内幕人员"(类似非法获取内幕信息人员)时都采取了上述"非法占有"的实质标准。如 1997 年美国联邦最高法院在 United States v. O'Hagan 案中引入了"盗用理论"(misappropriation theory)弥补信赖理论的不足,即行为人违反了对信息来源者的义务,为自己买卖证券的目的"盗用"内幕信息,该行为就构成证券欺诈。法院在判决中指出:公司的保密信息如同公司的财产,公司拥有排他性的权利。非公开地盗用这些信息违反了信赖义务,构成类似于挪用公司财产的欺诈犯罪——欺诈地挪用他人信托给自己的财物。② 欧盟《关于内幕交易和市场操纵(市场滥用)》2003/6 号指令第 4 条也规定,任何人如果知道或应当知道自己所掌握的信息是内幕信息,则不得从事与该内幕信息有关的证券、期货交易。

笔者认为,特定身份型、积极联系型主体在客观方面实际上并无本质差异,上市公司高管的近亲属、其他密切关系人从高管处听说公司的内幕信息,投机者通过收买上市公司雇员获取内幕信息从本质上来说是相同的,都是无权占有内幕信息的人取得了内幕信息。因此,在界定特定身份型和积极联系型两类主体时要找

---

① 苗有水、刘晓虎:《〈关于办理内幕交易、泄露内幕信息刑事案件具体应用法律若干问题的解释〉的理解与适用》,《人民司法》2012 年第 15 期。

② United States v. O'Hagan,521 U.S. 642,655 (1997).

准共同的实质标准，保证两者无缝衔接，即"在内幕信息敏感期内，与内幕信息知情人员联络、接触，从事或者明示、暗示他人从事，或者泄露内幕信息导致他人从事与该内幕信息有关的证券、期货交易，相关交易行为明显异常，且无法律、合同或者职务授权等正当理由或者正当信息来源的"。对于特定身份型主体不必扩展近亲属或者其他密切关系的范围，而是应立足于特定身份主体与内幕信息知情人员在生活上的密切关系，而对于难以认定与内幕信息知情人员有密切关系的主体，应当立足其是否有积极联系行为，作为积极联系型主体来论证。

四、国家机关工作人员作为内幕信息知情人员的认定标准

我国市场经济体制有特殊性，政府在经济领域中扮演积极角色。地方政府、国资管理部门可能直接影响国有上市公司的经营活动，行政部门与企业（特别是国有企业）之间的关系依然错综复杂，企业仍旧喜欢将许多经营活动中的重要决策和安排向有关部门请示汇报，政府也同样倾向于通过政策、规划方案甚至红头文件来影响行业发展，这在客观上扩大了国家机关工作人员掌握信息的范围。可见，国家机关工作人员利用职权便利获取信息并用之进行交易的可能性是现实存在的。证券、期货监督管理部门以外的国家机关工作人员，既不属于第一类内幕交易罪主体，国家机关工作人员在正常职务活动中获知内幕信息，也不能归类于第二类主体。对国家机关工作人员利用内幕信息谋利的行为在刑法上容易形成"监管真空"。如何应对这一危险，是我国证券、期货市场健康发展面临的重大挑战。

目前，司法实践中要将国家机关工作人员纳入证券内幕交易罪主体，只能依据《证券法》第74条第7项规定，由国务院证券监督管理机构专门规定。而在期货交易市场，由于《期货交易管理条例》第82条第12项规定了一条相对抽象的判断标准：由于其管理地位、监督地位或者职业地位，或者作为雇员、专业顾问履行职务，能够接触或者获得内幕信息的人员。依据该条判断标准可以将国家机关工作人员纳入内幕交易罪主体范围。对此，可以称之为"职权标准"，并扩展至证券交易范围，即国家机关工作人员基于其管理职权，能够接触或者获取证券、期货交易内幕信息，也可以认定为内幕信息知情人员。但是，"职权标准"有可能失之过窄，因为国家机关工作人员的职务活动可能大于实际职权，国家机关研讨、计划、制定某项产业政策、经济发展规划的时候其参与部门、人员可能范围很宽。笔者建议，应该用"职务活动范围标准"作为补充，即国家机关工作人员基于管理职权或者在职务活动中，获知内幕信息，可以认定为内幕信息知情人员。

贪污**贿赂**犯罪研究

经济刑法

Economic Criminology

"感情投资型"受贿犯罪
司法解释的教义学分析

黄鹏[*]

摘　　要：最新出台的司法解释规定了所谓的"感情投资"条款，通过推定承诺为他人谋取利益要素的成立从而认定受贿罪。然而，"感情投资"条款依然存在适用疑难问题和模糊空间，需要进行教义学分析，限定成立范围和厘清适用规则。其中具体请托事项要素是认定职务关联性和不法对价合意的重要要素。受贿款的认定，以出现具体请托事项为基础，只可回溯至能够涵盖该具体请托事项之职权的任职期间所收受的感情投资财物。

关键词：受贿罪　感情投资　为他人谋取利益　具体请托事项

在当今中国社会转型时期，"感情投资型"贿赂犯罪成为披着社交人情外衣、行权钱交易之违法勾当的新型贿赂犯罪类型。然而，在适用现行实在法的过程中，却难以将此类情况认定为受贿罪。出于贯彻反腐败刑事政策的需要，实务与理论界均采取了实质消解或忽视为他人谋取利益要素的方法，以认定受贿罪的成立。2016 年 4 月 18 日最高人民法院、最高人民检察院发布《关于办理

---

[*] 黄鹏　武汉大学法学院副教授，法学博士。本文系 2014 年国家社会科学基金重大项目"反腐败国家立法研究"阶段性研究成果，项目批准文号：14ZDCO11；同时也是武汉大学自主科研项目（人文社会科学）阶段性研究成果，得到"中央高校基本科研业务费专项资金"资助，项目编号：410500165。

贪污贿赂刑事案件适用法律若干问题的解释》（法释〔2016〕9 号）（简称《解释》），规定了专门的"感情投资"条款，即："国家工作人员索取、收受具有上下级关系的下属或者具有行政管理关系的被管理人员的财物价值三万元以上，可能影响职权行使的，视为承诺为他人谋取利益。"本文以教义学为视角对"感情投资"条款进行分析，论证"感情投资型"受贿罪成立的法理依据和适用规则。

一、"感情投资型"受贿罪司法解释分析

刑法教义学是在现行法律规定下，采用文义解释、体系解释和目的解释等方法，结合实践指向和理论面向，具备尊重现行实在法的保守性以及对批判保持一定的开放性，既讨论个案定性定量以实现个案正义，也从法理层面追求理论的稳定性和体系化的法律适用理论。因此对《解释》第 13 条第 2 款做教义学分析，是探讨"感情投资型"受贿罪法理依据，以便为实务确立适用的基础和前提。

（一）司法解释构成要素解读

从文义解释来看，《解释》对"感情投资型"受贿罪规定了以下构成要素：一是主体适格性，即必须具有国家工作人员身份；二是职务关联性。鉴于感情投资财物与人情馈赠、典型贿赂之间的区别，为凸显"感情投资"的明确性，必须限缩收送感情投资财物双方的类型，即收送双方必须具有上下级关系或者行政管理关系。由于贿赂罪成立要件的核心是贿赂与职务行为对价关系的存在，[①]因此这种关系的界定，秉承了 2003 年 11 月 13 日《全国法院审理经济犯罪案件工作座谈会议纪要》（法〔2003〕167 号）关于"利用职务上的便利"的认定规则，收受他人财物必须要与"职权"具备时间上的对应关系。三是数额规定性。与普通受贿罪一样，《解释》规定收受财物需达到 3 万元以上，表明最高司法机关对"感情投资型"受贿罪与普通受贿罪想做到"一视同仁"。但是，也有观点质疑此数额规定，认为"感情投资"行为的法益侵害性与违法性不如普通收受型受贿罪，唯有提升数额补足和强化行为的法益侵害性与违法性，方能达到可罚性的程度。此外，关于数额还应注意，3 万元以上须来自同一送礼人，若来自不同下级或被管理人的，不应累计。四是职权介入性。即"可能影响职权行使"必须是一个实质的入罪要素，由此表明为他人谋取利益需要职权的特别介入。"利用

---

① ［日］山口厚：《新判例から见た刑法》(第 2 版)，有斐阁 2008 年版，第 293 页。

职务上的便利"构成要件要素本来已经包含需要行为人作出超过一般工作上的便利的特别介入之行为,即发挥了职权上的功能介入。在没有具体请托事项的前提下,若只是送礼人的某件事按照程序恰好需要收礼人经办,而收送双方均未将此事当作请托事项,依规定正常办理,那么就不存在利用职务上的便利为送礼人谋取利益的事实了,因为整个过程的客观事实已经证明了没有职权的特别介入,没有影响职权的行使。① 既然刑法条文已经对此做出了明确规定,那么《解释》为何还要重复规定呢? 笔者认为"可能影响职权行使"是一种提示性规定,意在提示司法适用时需要特别注意行为人收受财物是否可能影响到其职权的行使,更深入地探讨会发现这个提示性规定隐藏着司法解释对本条"感情投资型"行为的法益侵害性与违法性不足的担忧,希望借此予以补足和加强。然而,可能影响职权行使要素本身是需要众多事实和证据论证的对象,而不是仅根据收受"具有上下级关系或行政管理关系"之人3万元以上就可以得出的结论,并将此作为"视为承诺为他人谋取利益"的充分条件。"可能影响职权行使"与"收受具有上下级关系或行政管理关系的人员3万元以上"是并列要素关系,而非前后推导要素关系。

(二)司法解释结果要素的解读

在收受型受贿罪中,为他人谋取利益是刑法明确规定的必要要素。关于为他人谋取利益要素的体系地位,理论上存在着客观行为要素说、主观违法要素说和新客观要素说的争议,目前新客观要素说是通说。为他人谋取利益从汉语语法来看,是一个表示目的性行为的语句,在语义射程范围内可以包含"承诺为他人谋取利益",而不法对价合意则可以通过"承诺"得以充足。由于各种学说的争议不是本文探讨的重点,又新客观要素说和主观违法要素说在"目的性"上具备融合的可能,因此,在这个目的或意图层面可以避开体系地位的争议,就能充足"利用职务上的便利"和"收受他人财物"之间的不法对价关系。

然而,为他人谋取利益要素在"感情投资型"受贿罪的认定上受到挑战。出于实现反腐败刑事政策的考虑,实务界有时采取实质消解或忽视该要素的做法,理论上便有了为他人谋取利益要素存废的争议。这一做法,有影响贯彻罪刑法定原则之虞。

一是要求取消为他人谋取利益要素的观点,实质上是在法益侵害方面采取

---

① 如轰动一时的"邱晓华案"便因收礼后为他人谋取利益的事实并不典型,而未予追究受贿罪。郭建:《邱晓华案与"期权腐败"》,《中国检察官》2007年第11期,第74页。

信赖说观点之下的见解。① 比如"由于侵害了社会一般人对于公务公正性的信赖，而最终损害到公务的顺利实施这种国家功能，这也正是处罚根据之所在"。② 然而，这种信赖说只关心一般公众对公职人员的印象，不关心公职人员的主观内容，甚至连职务关联性也可以放弃。因此，在信赖说的前提下取消为他人谋取利益要素，只要行为人收受他人财物就给一般公众留下了不受信赖的印象，而不管行为人实际上是否公正履行职务。然而，不得不对此提出质疑的是：若这种印象与事实产生了矛盾，因而是一种错误的印象，虽然收受他人财物的行为需要处罚，但有必要动用刑罚去制裁一个惹起了公众"错误印象"的人吗？错误的印象需要被纠正，而不是用刑罚来加以维护。③ 此外，权力本就属于警惕、不受信赖的对象，信赖说却要保护对权力的信赖，岂不自我矛盾？

二是利用职务上的便利要素至少已经部分体现了利用职务行为与他人财物形成的对价关系。但是，对于收受型普通受贿罪而言，该要素尚不足以独立完整地充足对价关系的全部意义。行为人利用职务上的便利收受他人财物，表明职务在此时的功能只是为收受财物提供了一个磁力平台，而收礼人对此加以利用罢了。但形成不法对价关系需要双方的合意，而送礼人在提供财物时所期待的"合作互惠"关系，在行为人"利用职务上的便利"这一要素中难以完整呈现出来。因为本法条的主语是行为人，而不是送礼人。因此，在收受型受贿场合，必须通过为他人谋取利益要素将权钱交易的不法对价合意予以补足。

三是有观点认为刑法虽然对为他人谋取利益要素进行了保留，同时又予以虚置或明显弱化了该要素的功能，实质上使该要素成为可有可无的表述。④ 笔者认为，为他人谋取利益要素并没有被虚置成为可有可无的表述，而是在自身语义射程之内以"具体请托事项"为核心明显拓宽了为他人谋取利益要素的解释和司法适用范围。此外，是否删除为他人谋取利益要素属于刑事政策学上的立法建议，不属于本文教义学视角下的分析范畴。

陈兴良教授认为"视为承诺为他人谋取利益"并非是推定而是一种拟制。⑤ 笔者认为，"视为承诺为他人谋取利益"是一种推定而非拟制。理由在

---

① 肯定收受感情投资型受贿罪、要求取消为他人谋取利益要件要素等观点，一般会采取信赖说。持信赖说的有陈洪兵：《论贿赂罪的职务关联性》，《中国海洋大学学报(社会科学版)》2014年第4期，第90页。

② ［日］西田典之：《日本刑法各论》(第3版)，刘明祥、王昭武译，中国人民大学出版社2007年版，第380页。

③ 熊琦：《刑法教义学视阈内外的贿赂犯罪法益——基于中德比较研究与跨学科视角的综合分析》，《法学评论》2015年第6期，第124—127页。

④ 周光权：《刑法客观主义与方法论》，法律出版社2013年版，第194页。

⑤ 陈兴良：《贪污贿赂犯罪司法解释：刑法教义学的阐释》，《法学》2016年第5期，第73—74页。

于：正如陈教授所言，推定是一种对事实的认定方法，尤其是在对主观事实的认定中经常采用；但拟制是将甲事实看作乙事实，使甲事实产生与乙事实相同的法律效果，或者将原本不符合某种规定的行为按照该规定处理。① 而"感情投资型"条款，是从治理复杂多变的社会腐败实情角度出发予以规定，是基于刑事政策的理由，欠缺刑法教义学上的实质合理性，因此是统计学意义上的推定。若将之解释为拟制条款，会极大扩张本条的适用边界，而不具备明确性的规定，也缺乏司法适用的稳定性。正如陈教授所承认的那样，这实际上超越受贿罪的界限，是一种类推解释，因而与罪刑法定原则或多或少存在抵牾。② 而根据"推定可以反证"原则，若在实务中发现相反证据，即便符合本条的形式条件，也不能视为承诺为他人谋取利益。另《联合国反腐败公约》第 28 条规定：根据本公约确立的犯罪所需具备的明知、故意或者目的等要素，可以根据客观实际情况予以推定。由此来看，"视为承诺为他人谋取利益"作为推定要素是符合公约要求的，并且有利于保障公民自由。

（三）具体请托事项要素的必要性解读

《刑法》第 385 条第 1 款规定的受贿罪中，认定受贿款必须是为他人谋取利益；而根据《纪要》的规定，为他人谋取利益的核心要素是有具体请托事项。比如，有观点认为，国家工作人员只要接受他人的请托并收受了请托人或其代理人的财物，其行为即具备了这一特征。当然，这里所说的"请托"必须是具体、明确的，而不能是抽象、模糊的。③ 因此，在没有具体请托事项时不能证成为他人谋取利益，继而，即便利用职务上的便利收了礼物也不能认定为受贿。有观点认为："投资者从未提出过具体的请托事项，甚至连笼统的关照之语都没有。基于这样的事实，司法机关认定构成对为他人谋取利益的默示承诺都缺乏充足的证据，很难将其行为认定为受贿罪，但在实践中，可能会根据行、受贿双方的客观身份推定受贿人明知他人有具体的请托事项，继而认定其行为构成受贿罪。"④在笔者看来，这段论述是前后矛盾的，前半段表明就连对默示的承诺都难以证明，后半段却以客观身份认定成立客观上从未存在的"具体请托事项"，这是枉顾法律，有严重侵犯公民权利之虞，有为了惩治而惩治之嫌。

---

① 陈兴良：《贪污贿赂犯罪司法解释：刑法教义学的阐释》，《法学》2016 年第 5 期，第 74 页。
② 陈兴良：《贪污贿赂犯罪司法解释：刑法教义学的阐释》，《法学》2016 年第 5 期，第 74 页。
③ 熊选国、苗有水：《斡旋受贿罪的两个问题》，《人民法院报》2005 年 6 月 29 日第 008 版。
④ 参见李琳：《论"感情投资"型受贿犯罪的司法认定——兼论受贿罪"为他人谋取利益"要件之取消》，《法学论坛》2015 年第 5 期，第 104 页。

笔者认为，具体请托事项要素应当被认定为他人谋取利益成立的必要要素。其理由如下：一是刑法区分利用职务上的便利"普通受贿"，与利用职权或地位形成的便利条件"斡旋受贿"，表明两种不同类型的受贿犯罪因构成要件要素的不同而呈现出违法性程度不同。在普通受贿中，只需为他人谋取利益，不管所谋取的利益是正当还是不正当，表明立法者认为利用职务上的便利行为的违法性程度高；而斡旋受贿中需要以为请托人谋取不正当利益来补足和加强其违法性，表明立法者认为利用职权或地位形成的便利条件行为的违法性程度低。因此，若"利用职权或地位形成的便利条件，通过其他国家工作人员职务上的行为"，为请托人谋取的是正当利益的，其索取或收受的财物不被认定为受贿款，其行为不构成受贿罪。而利用职务上的便利收受他人财物时，并没有提出具体请托事项，仅在主观上可能形成未来不特定时间为送礼人提供职务上帮助的认识，这种行为的法益侵害性和违法性程度，要比上述行为小得多。而根据"举重以明轻"的规则，法益侵害性和违法性程度高的"斡旋谋取正当利益型受贿"都不构成受贿罪，因此法益侵害性和违法性程度低的"感情投资"也不应认定成立受贿罪。具体请托事项的出现是证成不法对价合意形成的关系，也有利于补足和加强收受感情投资财物行为的法益侵害性和违法性，因此是"感情投资"要想成立受贿罪的必要要素。二是社会生活中也可能存在以下情况：送礼人与收礼人除具有管理关系之外还具备其他正常关系，并且送礼人属于家底丰厚又喜欢仗义疏财广结善缘之人。若仅因双方具有管理关系，且收送财物超过3万元，就此认定可能影响职权行使，从而认为"视为承诺为他人谋取利益"要素得以充足，继而认定成立受贿罪，未免造成打击范围的过度扩张。因此，若不能彻底排除以上情况存在的可能性，就必须承认"视为承诺为他人谋取利益"是一种推定，这种推定也必须以具体请托事项客观存在为基础。故而具体请托事项只要满足以下条件即可：对于投资人而言，只要出现了在行为人"职权"范围以内的具体事务即可；对于行为人而言，只要对该事务与投资人之间的关系有认识即可。回到为他人谋取利益要素上，行为人只要在上述认识的基础上，具有与投资人心照不宣的默契、默示承诺的主观意思程度，就可以推定"视为承诺为他人谋取利益"要素得以充足。

二、"感情投资型"受贿罪中受贿款的认定

受贿款的认定是受贿罪中的重难点问题，司法实践中呈现出较为混乱的状况。在受贿款的认定上，利用职务上的便利和为他人谋取利益必须具备关联

性,即"职权"和"具体请托事项"必须具备关联性。本文结合案例探讨,有助于更清晰地展开论述和厘清受贿款认定的规则。

（一）案例分析

甲是一个非常有才能并立志要担任公职从事行政管理事业的人,乙看中甲的潜能对甲进行感情投资。几年后甲如愿成为国家工作人员并担任 I 职务,并在数年后调任 II 职务,又经过数年离职。乙从甲还是普通公民时期一直到甲离职后时期,出于感情投资的目的逢年过节都给甲送礼以及提供其他帮助,感情投资财物 A、B、C、D 都超过了 3 万元,并在甲担任 II 职务期间与甲形成行政管理关系,同时提出了具体请托事项。甲在离职数年后,东窗事发。甲乙两人关系及事实发展历程如表 1 所示:

表 1   **甲、乙两人关系发展历程**

甲	普通公民时期	担任 I 职务时期	担任 II 职务时期	离职后时期
乙	感情投资财物 A	感情投资财物 B	感情投资财物 C	感情投资财物 D
	无具体请托事项	无具体请托事项	有具体请托事项	无具体请托事项

首先,如果认为甲在担任 I 职务时期,因收受了乙的感情投资财物 B,推定可能影响职权行使,而视为承诺为他人谋取利益,就此认定甲构成《解释》所规定的"感情投资型"受贿罪,是有违《纪要》对于"职权"和"具体请托事项"关联性的规定,以及有违《解释》对"具有上下级关系与具有行政管理关系"的规定和欠缺"收受他人财物在双方欠缺承诺或约定的条件下,必须要与'职权'具备时间上的对应关系"的实质根据。因此,甲在担任 I 职务期间,乙所送的感情投资财物 B 不宜认定为受贿款,甲收受乙的感情投资财物 B 的行为也不构成受贿罪。

其次,如果认为甲在担任 II 职务时期,因收受了乙的感情投资财物 C,并且根据乙提出的具体请托事项,就推定可能影响职权行使,而视为承诺为他人谋取利益,就此认定甲构成《解释》所规定的"感情投资型"受贿罪。笔者认为上述观点是成立的,理由在于:其一,甲在担任 II 职务期间与乙形成行政管理关系,因此符合《解释》的收送双方关系的规定。其二,乙在甲担任 II 职务期间提出具体请托事项,并且该具体请托事项能够被 II 职权或被与甲职务上有隶属、制约关系的其他国家工作人员的职权所涵盖,因此符合《纪要》对于"职权"和"具体请托事项"关联性的规定。其三,感情投资财物 C 是发生在甲担任 II 职务期间所送,并且在收送双方欠缺承诺或约定的条件下,符合"收受他人财物"与"职权"时间上的对应关系。其四，在具备以上实质理由的基础上，推定可能影响甲的Ⅱ职权行使是有高度盖然性和实质根据的。因此，甲在担任Ⅱ职务期间，乙所送的感情投资财物 C 应该认定为受贿款，甲收受乙的感情投资财物 C 的行为成立受贿罪。

最后，在认定甲担任Ⅱ职务期间收受了乙的感情投资财物 C 并有具体请托事项，从而构成"感情投资型"受贿罪的前提下，能否将受贿款的认定回溯至甲担任Ⅰ职务期间收受的感情投资财物 B，甚至回溯至甲是普通公民时期收受的感情投资财物 A 呢？此外在该前提下，能否将受贿款的认定包含到甲离职后收受的感情投资财物 D 呢？

综前所述，笔者已论证了甲担任Ⅰ职务期间所收受的感情投资财物 B 不宜认定为受贿款，其行为不构成受贿罪。其一，甲在担任Ⅰ职务期间，甲乙之间缺乏利用Ⅰ职务和Ⅱ职务上的便利为乙谋取利益的承诺、约定，因此主观上缺乏将甲担任Ⅰ职务和Ⅱ职务期间的行为连接成为刑法上一个行为的意思沟通。而甲在担任Ⅰ职务期间收受了乙的感情投资财物 B，即便甲乙双方存在行政管理关系，其主观上也不存在"利用Ⅱ职务上的便利"的认识，更无法用其担任Ⅱ职务期间发生的客观具体请托事项回溯推翻其担任Ⅰ职务期间的主观内容。其二，难以将担任Ⅱ职务期间的职权扩大解释包含调任前的Ⅰ职权，因此难以符合《纪要》对于"职权"和"具体请托事项"关联性的规定，故而"收受他人财物"与"职权"也难以具备时间上的对应关系。其三，因此，当甲调任Ⅱ职务后因具体请托事项的出现而成立受贿罪时，受贿款的认定不宜回溯至甲担任Ⅰ职务期间所收受的感情投资财物 B。即，只有在甲调任Ⅱ职务后所收受的感情投资财物 C，因乙在此期间提出Ⅱ职务所能涵盖的具体请托事项，而增大与提升"可能影响Ⅱ职权行使"的可能性与风险时，才转化为受贿款。同理，受贿款的认定更不可能回溯至甲是普通公民时期所收受的感情投资财物 A。其四，根据《纪要》对于"离职国家工作人员收受财物行为的处理"的规定，只有与请托人事先约定而在离职后收受请托人财物的，才构成受贿罪。而本文讨论的"感情投资型"受贿罪的行为类型，是不包含事先约定事后收受的情形。此外根据最高人民法院、最高人民检察院《关于办理受贿刑事案件适用法律若干问题的意见》（法发[2007]22 号，简称《意见》）第 10 条关于"在职时为请托人牟利，离职后收受财物问题"的规定，"约定"要素也是成立受贿罪的必要条件。《解释》第 13 条规定，"履职时未被请托，但事后基于该履职事由收受他人财物的"，能否根据该规定认定感情投资财物 D 属于受贿款呢？回答是否定的。理由在于事后收受的财物要认定为受贿款，必须是基于事前的履职事由收受。故而要认定感情投资财物 D 属于受贿款,必须以主客观事实证明感情投资财物 D 是基于担任Ⅱ职务期间的具体请托事项而收受。因此,受贿款的认定也不宜包含到甲离职后收受的感情投资财物 D。

(二)对"离职"的理解影响到受贿款的回溯认定

离职在我国刑法中没有明确的规定。有一种观点认为离职是指由于离休、退休、辞职、辞退等原因而不再具备国家工作人员身份的人。[①] 而我国通说认为,刑法中的离职应当理解为国家工作人员离开了为他人谋取利益所依据的职位,而不论该国家工作人员在实施行为时是否还是国家工作人员。[②] 本文赞同通说的观点,即离职应该理解为离开原职务,而不论是否仍担任其他公职而具备国家工作人员的身份。

在离职理解为上述含义的前提下,结合案例可知,甲从Ⅰ职务调任Ⅱ职务也属于离职,而案例中的"离职后时期"应是指因离休、退休、辞职、辞退等原因不再担任公职而不再是国家工作人员的情况。

根据《刑法》第 388 条之一第 2 款规定可知,离职的国家工作人员不可能再利用原职务上的便利为他人谋取利益,而只能利用原职权或者地位形成的便利条件,并且通过其他国家工作人员职务上的行为,为请托人谋取不正当利益,收受请托人财物的,其成立的也不是普通收受型受贿罪,而是构成利用影响力受贿罪。这里还隐藏着以下入罪要素:即若没有通过其他国家工作人员职务上的行为为请托人谋取不正当利益是不成立犯罪的,其收受请托人的财物不能认定为受贿款;若没有为请托人谋取利益或者谋取的是正当利益也是不成立犯罪的,其收受请托人的财物也不能认定为受贿款。

结合案例分析更加清晰。在甲担任Ⅱ职务时期,如果想要将受贿款的认定回溯至甲担任Ⅰ职务期间收受的感情投资财物 B,并构成受贿罪,则只能将其实质性依据解读为甲利用了原Ⅰ职务上的便利在担任Ⅱ职务期间为乙谋取利益。但是这种解读违反了上述的论证。其一,不符合《纪要》第 1 条关于"职权"的规定,甲已经不再担任原Ⅰ职务了,因此就不可能再利用原Ⅰ职务上的便利。其二,退一步认为即便甲是利用Ⅰ职权形成的便利条件,但并没有通过其他国家工作人员职务上的行为为乙谋取不正当利益,而且这与甲利用Ⅱ职务上的便利为乙谋取利益的客观事实相违背。其三,再退一步认为甲是利用Ⅰ职权形成

---

① 黄太云:《〈中华人民共和国刑法修正案(七)〉的理解和适用》,《公检法办案指南》2009 年第 3 期。
② 马克昌主编:《百罪通论》(下卷),北京大学出版社 2014 年版,第 1194 页。

的便利条件,并通过其他国家工作人员职务上的行为为乙谋取利益,由于所谋取的利益是否正当不确定,致使行为性质也不确定。若所谋取的是正当利益,根据罪刑法定原则,这种行为不构成犯罪;若所谋取的是不正当利益,成立的却是利用影响力受贿罪而非普通收受型受贿罪。因此,受贿款的认定不宜回溯至甲担任Ⅰ职务期间所收受的感情投资财物 B。

三、结　语

笔者认为,收受感情投资财物可以认定为受贿罪,但要有设定以下必要限制:一是必须出现具体请托事项情形。二是当出现具体请托事项时,受贿款的认定只可以回溯至能够涵盖该具体请托事项的职权的任职期间所收受的感情投资财物。三是没有具体请托事项的感情投资财物,或者不能涵盖具体请托事项的职权的任职期间的感情投资财物,不能入刑认定为受贿款,应该以行政法律规范、党政纪律规范认定处理。四是如果有为他人谋取利益的承诺、约定或默契,或者明知他人有具体请托事项,不属于感情投资型受贿罪研究范畴,而是属于普通型受贿罪研究范畴,所收受的他人财物也不是感情投资。

行贿罪"谋取不正当利益"要件的内涵演绎及其完善

葛志军　刘继春*

摘　要：对作为行贿罪法定构成要件要素内容的"谋取不正当利益",无论是要件本身适当性与否,抑或内涵的理解与适用均始终存在争议。结合最新司法解释,有必要实现三项创新:一是提出整体判断理念与或然性利益的概念,并从确定性与或然性的利益分类出发探讨"谋取不正当利益"的内涵。二是系统界定"政策""行业规范",分析适用的情形和例外。三是深入探讨"谋取不正当利益"现行规定对刑法总则"但书"规定、刑法确定性原则、罪责刑相适应原则的冲击,并提出修正建议。

关键词：行贿罪　经济行贿　谋取不正当利益　行业规范

"谋取不正当利益",作为我国刑法所特有的、明文规定的行贿罪犯罪构成要件要素,具有司法适用中罪与非界之明确界定功能,对其内涵须准确揭示与正确使用。尽管司法解释等文件一再做出释疑性的解释,但是,由于利益性质、

---

　* 葛志军　江苏省检察业务专家,常州市人民检察院党组书记、检察长,法律硕士;刘继春　常州市人民检察院法律政策研究室主任,全国首批检察调研骨干人才,法律硕士。

形态、获取手段的复杂性与多变性,以及"谋取"的主观特性,导致理论与实践中的诸多争议,直接造成了行贿罪司法认定中的诸多问题。尤其是对于"谋取不正当利益"的前置性规范,如政策、行业规范等,受制于法治国家之刑法罪刑法定、罪责刑相适应及罪责自负等原则的基本要求,对其内涵的边际及适用效力必须加以有效释明。

一、"谋取不正当利益"规定的立法沿革

在我国,行贿罪古已有之,但并没有将"谋取不正当利益"作为构成要件的规定。唐律《职制律》规定:"请有事以财行求,得枉法者,坐赃论;不枉法者,减三等。"又如《元典章·刑郭卷·诸赃三》规定:"与财者,枉法,减受身人罪一等;不枉法者,减罪二等。"新中国成立后的相关刑事立法中,对行贿罪也没有规定"谋取不正当利益"的构成要件。如,1952 年《惩治贪污条例》(已失效)第 6 条规定:"一切向国家工作人员行使贿赂、介绍贿赂者,应按其情节轻重参酌本条例第三条的规定处罚。"1979 年《刑法》第 185 条第 3 款规定:"向国家工作人员行贿或者介绍贿赂的,处三年以下有期徒刑或者拘役。"

直至 1985 年,"两高"(最高人民法院、最高人民检察院)联合发布的《关于当前办理经济犯罪案件中具体应用法律的若干问题的解答(试行)》,才将与"谋取不正当利益"相近似的"谋取非法利益"纳入行贿罪构成要件要素的内容,规定:"个人为谋取非法利益,向国家工作人员行贿或者介绍贿赂的,应按刑法第185 条第 3 款追究刑事责任。"而真正明确将"谋取不正当利益"作为行贿罪构成要件则是由 1988 年全国人大常委会《关于惩治贪污罪贿赂罪的补充规定》(已失效)来完成的,其第 7 条规定:"为谋取不正当利益,给予国家工作人员、集体经济组织工作人员或者其他从事公务的人员以财物的,是行贿罪。"1997 年修订后的《刑法》基本沿袭了这一规定,但是,对"谋取不正当利益"的内涵却依然没有做出立法提示性规定。

鉴于"谋取不正当利益"的构成要件功能,基于准确适用法律、合理划定犯罪圈范围的需要,国家最高司法机关陆续颁布过多项司法解释进行过释义性的内容揭示。

1999 年 3 月 4 日,"两高"《关于在办理受贿犯罪大要案的同时要严肃查处严重行贿犯罪分子的通知》第 2 条规定,"谋取不正当利益"是指谋取违反法律、法规、国家政策和国务院各部门规章规定的利益,以及要求国家工作人员或者有关单位提供违反法律、法规、国家政策和国务院各部门规章规定的帮助或者

方便条件。据此,我国首次对"谋取不正当利益"的具体内容作出了正式界定。其后,最高人民检察院于 1999 年 9 月 16 日在《关于人民检察院直接受理立案侦查案件立案标准的规定(试行)》中又作出相似规定,即在有关贿赂罪案中,"谋取不正当利益"是指谋取违反法律、法规、国家政策和国务院各部门规章规定的利益,以及谋取违反法律、法规、国家政策和国务院各部门规章规定的帮助或方便条件。两者尽管存在表达形式上的细微差异,但其本质内容基本相同,均是将"谋取不正当利益"界定为谋取非法利益(法律、法规和国务院各部门规章)及违背国家政策的利益,既包括本身性质或实体不正当的利益,又包括利益性质正当但取得手段即程序不正当的利益。

2008 年 11 月 20 日,"两高"《关于办理商业贿赂刑事案件适用法律若干问题的意见》第 9 条规定,在行贿犯罪中,"谋取不正当利益"是指行贿人谋取违反法律、法规、规章或者政策规定的利益,或者要求对方违反法律、法规、规章、政策、行业规范的规定提供帮助或者方便条件;在招投标、政府采购等商业活动中,违背公平原则,给予相关人员财物以谋取竞争优势的,属于谋取不正当利益。该意见除再次申明"谋取不正当利益"包括实体不正当利益和取得手段即程序不正当利益之外,还首次将通过不正当手段获得利益的范围从现实的确定性利益扩展至"可能获得的利益"即或然性利益,从而对"谋取不正当利益"的概念进行了颠覆性规定。同时,还将"谋取不正当利益"从违法性、违背国家政策的范围扩展至违背政策、地方政府规章和行业规范的利益,从而使"谋取不正当利益"的内涵更为丰富。然而,由于这一规定仅限于商业贿赂领域,是否可以在其他领域行贿犯罪中适用一直存在争议。

而 2013 年 1 月 1 日,"两高"《关于办理行贿刑事案件具体应用法律若干问题的解释》(简称《最新司法解释》)第 12 条对此争议作了明确的回答:"谋取不正当利益"是指行贿人谋取的利益违反法律、法规、规章、政策规定,或者要求国家工作人员违反法律、法规、规章、政策、行业规范的规定,为自己提供帮助或者方便条件;违背公平、公正原则,在经济、组织人事管理等活动中,谋取竞争优势的,应当认定为谋取不正当利益。较之于此前的司法解释,这一规定对"谋取不正当利益"作出了三个方面的拓展:一是将商业贿赂"谋取不正当利益"的内涵扩展至普通行贿犯罪;二是将通过不正当手段获取"可得利益"的范围从招投标、政府采购等商业活动扩展至所有的经济活动及组织人事管理等活动;三是在判断谋取"可得利益"采用的手段是否正当时,所依据的原则从公平原则扩展至公平、公正原则。同时,将要求国家工作人员违反法律、法规、规章、政策、行业规范的规定提供帮助的对象,限于行为人本人,则体现了刑法的罪责自负原则，排除了那种因受贿人为他人提供帮助归责于行贿人的情况，促进了刑事责任认定上的主客观相统一。

从上述立法与司法解释的演进情况可以看出，"谋取不正当利益"的内涵在规范层面基于国家腐败治理刑事政策的要求，一直在进行以扩大化为导向的解释，其认定的标准在逐渐宽泛化。这一方面反映我国刑事法规范对司法实践的及时回应，另一方面也反映我国刑事政策对行贿犯罪从严惩治的立场与基本选择。同时，也更加符合我国已经加入的《联合国反腐败公约》对国家腐败治理策略重新定位与选择的基本精神。

二、"谋取不正当利益"规定的内涵争议及判断依据

尽管《最新司法解释》已对"谋取不正当利益"的内涵作出了进一步的界定，但是，由于利益形态的千差万别和不正当利益的复杂属性，导致理论分歧依旧，司法实践标准难以统一。一般而言，对于实体不正当的利益，无论采取怎样的手段获取，都可以认定为"谋取不正当利益"；但是，对通过不正当手段取得的利益，是否统一认定为"谋取不正当利益"，无论是理论界还是实务部门，均存在一定程度的争议。例如，有观点认为通过不正当手段取得的不确定的利益才可认定为"谋取不正当利益"；[1]有观点认为以行贿手段谋取的"不确定利益"都应当归属于"不正当利益"的范畴。[2] 但也有与之相反的观点认为，"不确定利益"不应属于不正当利益；[3]另有观点认为，谋取实体上应得的合法利益的，无论受贿人为其谋取利益的程序是否违规，都不属于"谋取不正当利益"，而谋取实体上尚未确定的可得利益的，如果受贿人为其谋取利益的程序违规，则属于"谋取不正当利益"，如果为其谋取利益的程序并不违规，则不属于"谋取不正当利益"。[4]

笔者结合《最新司法解释》分析认为，上述讨论仍存在不够详尽深入的问题，观点均存在不完善之处。实际上，对我国刑法所规定的行贿罪之"谋取不正当利益"，应该作为一个整体来分析判断，它是在谋取利益过程中的一种价值判断。既然行为人是为了谋求某种利益，那么，这种利益必然为行为人在行为时

---

① 邹志宏：《斡旋受贿罪研究》，于志刚主编：《刑法问题与争鸣》（第 7 辑），中国方正出版社 2003 年版，第 125 页。

② 曾凡燕、付治国：《论行贿犯罪中"谋取不正当利益"要件》，《湖北社会科学》2010 年第 6 期。

③ 卢宇蓉：《行贿犯罪中"谋取不正当利益"的理解和适用》，陈兴良主编：《刑事法判解》（第 2 卷），法律出版社 2000 年版，第 166 页。

④ 黎志慧：《论行贿罪中"不正当利益"之认定》，《无锡职业技术学院学报》2007 年第 1 期。

所不拥有或不占有,也不当然归属于行为人的可期待性利益。基于此,"谋取不正当利益"必然将谋取行为人应该或当然得到的利益排除在外,否则就将陷入"自己谋取自己的利益"的悖论。因此,"谋取不正当利益"的判断基础之可期待性利益,则只能是行为人行为时可能得到的利益。

在谋取这种可能得到的利益时,判断是否构成"谋取不正当利益",则要基于利益形态的确定性与否做出相应的分析。对于确定性利益,如果性质或实体是不正当的,则无论是何种类型的利益,无论获取手段如何,都可以认定为"谋取不正当利益"。如果性质或本身是正当的,尽管一般情况下谋取此类利益不属于"谋取不正当利益";但是,在为自己谋取利益过程中,一旦要求受贿人违反法律、法规、规章、政策、行业规范提供帮助或者方便条件的,即通过不正当的手段或程序来谋取的,也可以认定为"谋取不正当利益"。如行贿人本人在不符合条件的情况下,为了升学或就业而行贿,就可以认定为"谋取不正当利益";但是,如果行贿人为子女或者亲朋好友在不符合条件的情况下,为了升学或就业而行贿,就不宜认定为"谋取不正当利益"。故,对于谋取性质正当的确定性利益,只有在上述特殊情况下,行贿人主动要求受贿人违反规定提供帮助或方便条件,并为自己谋取利益时,才能认定为"谋取不正当利益",否则不宜认定。

对于或然性利益,如果像赌博这般是一种不正当的利益,则无论采用何种手段谋取,均可认定为"谋取不正当利益"。若为一种正当利益,如获得某种商业机会、竞争提拔优势等,则需要结合谋取利益的手段或程序进行综合判断,一旦手段或程序不正当,违背公平公正原则,则可认定为"谋取不正当利益"。因为,对于这类可能得到的性质正当的或然性利益,由于其在本质上并没有所有者,行为人对其获取必须经过一定的程序或手段进行竞争,当手段正当、竞争是公平公正时,行为人获取该利益便具有了正当性,其谋取的就是正当利益;如果行为人采取了不正当的手段获取该可得利益,且竞争有违公平公正原则,那么行为人获取的利益就不具有正当性,就可以认定为其在"谋取不正当利益"。即认定"谋取不正当利益"的决定性条件,既包括取得利益的手段不正当,也包括违背了公平公正原则,两者缺一不可。如在招投标时行贿评委,但行贿人因条件最优,被评委根据公平竞争原则确定中标,就不宜认定"谋取不正当利益"。

在梳理了"谋取不正当利益"的相关立法并深入阐释其法理基础后,我们对在司法实践中如何判断"谋取不正当利益"便有了一个清晰的思路。但是,在进行实务判断时,还需要从以下三个角度予以审慎思考:

一是行贿人主观认识原则。"谋取不正当利益"是行贿人的一种主观意图,应当从行贿人的角度而不是受贿人的角度去理解,并且不能因行贿人获得了某种不正当利益,就绝对地认定其具有"谋取不正当利益"的目的,要注意辨别其真实的行为动机,否则可能会导致客观归罪的错误。刑事归责原则要求不能将认定行贿人主观内容的行为完全受制于他所不能掌控的受贿人的行为状况。有时,行贿人只具有谋取正当利益的目的,但是,受贿人在行贿人不明知的情况下给予其违法的帮助或方便条件,行贿人尽管获得了不正当的利益,但也不宜认定为"谋取不正当利益"。如行贿人在条件符合的情况下,为及时得到补助而行贿主管单位人员,相关人员得到好处后,在条件发生变化不符合补助时,仍然私自提供帮助给予补助。

二是实质认定标准原则。当基于违反法律、法规、规章、政策和行业规范等对"谋取不正当利益"进行判断时,不仅要进行形式审查,更要进行实质审查。一方面,要注重审查通过合法形式掩盖非法目的以谋取不正当利益的情况,如无资质企业挂靠有资质企业进行招投标等。另一方面,对一些地方上的"土"政策、甚至是全国性的行业规范等,在将其作为"谋取不正当利益"的依据前,对其内容也应该进行严格的实质审查,防止因前置性依据的违法性而导致判断错误。

三是职权关联性原则。行贿罪与受贿罪是对合犯(或对行犯),两者的犯罪行为互有交织,互以对方的对应行为的存在为条件。因此,尽管行贿罪的罪状描述没有涉及受贿人的行为尤其是利用职务之便的行为,但是,对合犯的性质要求在认定是否构成行贿罪及"谋取不正当利益"时,必须充分考虑是否利用了受贿人的职权。如果行贿人谋取的利益与受贿人的职权毫无关联,就谈不上行贿人利用受贿人的职务之便来谋取利益,更谈不上所谓"谋取不正当利益"。同时,受贿人没有利用职权为行贿人谋利,就不构成受贿罪。从出罪举重以明轻的角度而言,社会危害性较轻的行贿行为也难以认定为犯罪,此时再谈论"谋取不正当利益"的构罪要件,也就丧失了价值。这也提醒我们,在判断是否构成行贿罪之前,要充分关注受贿行为是否构成受贿罪。

三、"谋取不正当利益"现行规定的问题探究

《最新司法解释》规定,"谋取不正当利益"是指行贿人谋取的利益违反法律、法规、规章、政策规定,或者要求国家工作人员违反法律、法规、规章、政策、行业规范的规定,为自己提供帮助或者方便条件。对于法律、法规和规章,由于我国《立法法》规定比较明确,实践中容易判断是否违反了这些规范,本文不再讨论,而主要着墨于内容比较模糊的"政策"和"行业规范"。

（一）"政策"范围的界定

一般而言,政策是指国家、政党为实现一定历史时期的路线和任务而规定的行动准则。与法律相比,政策是对社会生活和政治、经济事务的原则性规定,起着引领和指导作用,而缺乏法律规范所具有的具体性、强制性和稳定性。但是笔者认为,"两高"《最新司法解释》所规定的"政策",已经超越了这一政策的原始定义,而是具有某种程度强制性的政策,某种程度上甚至近似于法律,如我国的计划生育政策等。从我国现实政治生态而言,主要包括指中国共产党和各级人民政府(简称党政部门)制定的政策,制定主体既包括中央层面的党政部门,也包括地方各级党政部门。其根据在于:一方面,这是因为政策是被我国法律明确规定可以强制适用的。如1980年颁布实施至今仍然有效的《全国人民代表大会常务委员会关于刑事诉讼法实施问题的决定》规定:"1979年12月31日以前立案尚未判决的刑事案件,仍然依照刑事诉讼法实施以前有关刑事诉讼的政策、法规和办案程序办理";《民法通则》第6条规定:"民事活动必须遵守法律,法律没有规定的,应当遵守国家政策";《著作权法》第59条第2款规定:"本法施行前发生的侵权或者违约行为,依照侵权或者违约行为发生时的有关规定和政策处理。"可见,我国的诸多政策具有强烈的法规范意义。另一方面,这是因为《最新司法解释》与1999年的司法解释相比,"谋取不正当利益"要求违反的政策,从国家政策变更为政策。这一规定的变化,意味着政策含义在两个层面的扩展:一是将原有中央层面的政策扩展至地方层面;二是将行政机关制定的政策扩展至中国共产党制定的政策。因此,在谋取利益时,无论是违反了中央政策还是地方政策,抑或是中国共产党还是行政机关制定的政策,只要政策本身是合法正当的,那么,均可认定为"谋取不正当利益"。

可见,我国通常表述上的政策是指具备一定程度强制性的规范,即各级党政部门制定的政策。同时,根据我国法律规定,制定政策的主体是指乡镇以上各级人民政府,不包括乡镇人民政府组成部门、村民委员会、居民委员会①。然而,"谋取不正当利益"的认定标准在引入政策的同时,也带来了实践适用中的困惑:如果政策本身违反了现有法律应该怎么办;司法机关能否对中国共产党的政策合法性进行审查;能够对何种层面的政策进行合法性审查;等等。

在上述问题不甚明确的情况下,笔者认为,在当前司法实务中,在审查是否

---

① 我国《地方各级人民代表大会和地方各级人民政府组织法》第61条规定:"乡、民族乡、镇的人民政府具有发布决定和命令的权力。"

违反政策谋取不正当利益时,至少可以对省级以下地方党政部门的政策是否符合法律规定进行审查。如果政策本身已经违反了法律规定,便丧失了正当性,则对该政策的违背不一定就是谋取了不正当利益,应当结合其他规范和具体情况来综合评价。

(二)"行业规范"的理解

一般认为,行业规范是指为了规范行业行为、协调同行利益关系、维护行业间的公平竞争和正当利益,促进行业发展而制定的规则,它是某一行业所普遍遵守的自律规则。由于法律并非万能,加之法律规范的保守特性,导致法律无法对现代的经济、科技领域,尤其是诸如证券、医疗等专业性极强领域的具体行为或操守进行详细有效的指导,因而必须由行业内部经验丰富的企业或专家制定可以形成共识的行业规范,以弥补法律规定的不足。

在将行业规范作为判断"谋取不正当利益"的依据时,尽管从有利于统一违反行业规范提供帮助或者方便条件的认定,避免地区性行业协会规范差异而导致行贿犯罪法律适用上的地域性差异出发,将行业规范解释为由全国性行业协会根据法律授权或者职责制定的规范行业行为的准则[①]。但是,司法解释在引入这一规范时,仍然没有顾及行业规范制定主体及类别的复杂性,以及其效力的强制性程度区别。

一是行业规范是国家机关制定或者授权制定的,其中,以国务院有关行政主管部门制定的在全国某个行业范围内的统一标准为典型。如 2008 年实施的《国家安全生产监督管理总局主要职责内设机构和人员编制规定》,就规定国家安全生产监督管理总局的职责包括制定煤炭行业标准和规范。此类行业规范尽管不属于法律规范的范畴,但是,在某种意义上已经具备了法律规范所具有的强制性特征,因而在制定机关管辖区域内的整个行业都必须遵守,可以作为判断"谋取不正当利益"的依据。

二是行业规范是由全国性行业协会制定,其适用得到相关立法的认可。如,最高人民法院 2009 年颁布实施的《关于审理物业服务纠纷案件具体应用法律若干问题的解释》第 3 条规定:"物业服务企业不履行或不完全履行物业服务合同约定或者法律、法规规定以及相关行业规范确定的维护、养护、管理和维护义务,业主请求物业服务企业承担继续履行、采取补救措施或者赔偿损失等违

---

① 薛进展、谢杰:《商业贿赂犯罪刑法适用疑难问题研究》,载中国人民法院刑事审判第一、二、三、四、五庭:《刑事审判参考》2009 年第 1 集,法律出版社 2009 年版,第 173—198 页。

约责任的,人民法院应予支持。"此类规范不论制定主体如何,由于得到法律规范的明确认可,因而具有普遍适用的效力,可以作为判断"谋取不正当利益"的依据。

三是行业规范是典型的自律规则,不具有法律规范的强制力,在实践中可以执行也可以不执行。对于此类规范,笔者认为,无论是否系全国性行业协会制定,都应当严格坚持民法上的意思自治原则。即对于自愿加入行业协会、自愿受到行业规范约束的,应该认为行业规范对其行为具有约束力,其违反该行业规范提供帮助或者方便条件的,应当认定为"谋取不正当利益"。如果其没有加入该行业协会,表明其不愿意受到该行业规范的约束,该行业规范对其也没有约束力,其违反该行业规范提供帮助或者方便条件的,一般不宜认定为"谋取不正当利益"。

四、"谋取不正当利益"现行规定的反思完善

尽管行贿罪"谋取不正当利益"要件的现行解释越来越具体,内涵越来越明确,对司法实践具有更强的指导意义,但是,对其内容作进一步思考后,不难发现仍然存在瑕疵:一方面,该解释没有进一步明确司法实践中争议较大的经济行贿是否需要以"谋取不正当利益"为构成要件[①];另一方面,将政策、行业规范作为"谋取不正当利益"的前置性依据,将给刑法的总则、刑法的确定性原则及罪责刑相适应原则等带来新的困惑或挑战,需要进一步予以修正完善。

一是与入罪"但书"规定的本质不相符合。我国《刑法》第 13 条"但书"规定,情节显著轻微危害不大的,不认为是犯罪。这是刑法谦抑性的一种体现,希冀刑法作为社会防卫的最后一道防线,不要轻易、过多地介入社会生活。但是,当把违背政策、行业规范所获取的利益作为不正当利益时,实际上刑法已经过多地介入了社会利益之争,将诸多本由民法调整,或者情节显著轻微危害不大的行为,纳入到犯罪体系之中。如果 1999 年司法解释限于国家即中央层面的政策作为依据尚且可行的话,那么,将地方各级政策作为刑法入罪构成要件的依据,既扩大了不必要的打击面,也使刑法的入罪显得过于任意。

二是罪责刑相适应的刑法基本原则没有得到体现。我国《刑法》第 5 条规定,刑罚的轻重,应当与犯罪分子所犯的罪行和承担的刑事责任相适应,即罪责

---

① 《刑事审判参考》第 75 集中上海市高级人民法院刑二厅调研报告《贿赂犯罪法律适用问题的解答》,认为经济行贿必须以"谋取不正当利益"为主观要件,但相关法规范至今仍然没有予以明确。

刑相适应的刑法基本原则。这一原则要求，在分析罪重罪轻以及刑事责任的大小时，不仅要考察犯罪的客观社会危害性，还要考察行为人的主观恶性和人身危险性。其目的在于，通过区别对待的差异化原则避免量刑的畸轻畸重，以及追求在同等情况下的量刑平衡。"谋取不正当利益"作为行贿罪的主观构成要件，能够体现行贿人的主观恶性，从而影响刑罚轻重。但是，行为人违反法律、法规、规章（广义的法律）的主观恶性，是比违反政策、行业规范时更加严重的。倘若不加区别同等对待，则主观恶性的差异被掩盖，罪责刑相适应的基本原则没有得到很好的遵守。

三是刑法规范的确定性受到影响。刑法规范要求确定性，既是罪刑法定原则的本质要求，也是司法实务的迫切需要，尤其是入罪条款，更应该明晰明确，尽量减少误读和争议。但是，将一般性的政策、行业规范纳入刑法入罪条款，由于其存在易变性、地方性、模糊性、区别差异性，甚至不排除违法性等特点，导致在判断"谋取不正当利益"时容易出现困惑、争议甚至错误，使刑法规范的确定性受到挑战。同时，在制定规章的权力已经赋予部分市级地方人民政府的情况下，在全面推进依法治国的强烈趋势下，再将地方政策纳入"谋取不正当利益"的前置性判断依据，则不免体现刑法规范某种程度的滞后。

根据以上分析，笔者认为，在我国当前情况下，为了确保刑法规范的确定统一，以及内容的明确具体，不宜泛泛将政策和行业规范作为"谋取不正当利益"的判断依据。

贪贿犯罪新旧法律比较适用中的
司法难题与处理方案

项谷　张菁　江奥立*

摘　要：2016 年 4 月 18 日"两高"《关于办理贪污贿赂刑事案件适用法律若干问题的解释》，对贪污、贿赂犯罪的定罪量刑标准作了重大修改和调整。溯及力原则和追诉时效制度交互适用的逻辑关系、"处罚较轻""立案日"等内容的认定以及新法在不同诉讼阶段施行时的适用问题是司法实践中的争议焦点。溯及力原则和追诉时效制度交互适用时需要把握实体性规则与程序性规则间的关系；新旧法条均有"轻罚"内容时应整体适用主刑较轻的条款、追诉期限的截止日期应以"立案日"作为标准、"立案日"中"立案"的内涵应兼顾以"人"立案和以"事"立案、新法在不同诉讼阶段施行时应注意处理思路的差异性。

关键词：司法解释　溯及力原则　适用冲突　处理原则

---

* 项谷　上海市人民检察院第一分院研究室主任，全国检察业务专家；张菁　上海市人民检察院第一分院研究室副主任，上海市检察业务专家；江奥立　上海市人民检察院第一分院检察官助理，法学硕士。

2015 年 11 月 1 日颁布施行的《刑法修正案（九）》（简称《刑修（九）》）和 2016 年 4 月 18 日颁布施行的"两高"《关于办理贪污贿赂刑事案件适用法律若干问题的解释》（简称《贪污贿赂案件解释》）对贪污、贿赂犯罪的定罪量刑标准作了重大修改和调整。这些立法调整为司法机关查办贪污贿赂犯罪案件提供了有力的法律武器和明确的办案指引，也是适应反腐败法治建设和把纪律挺在前面的现实需要，无疑具有重大意义。为在实际办案中准确把握新旧法律之间的关系，有效追诉贪污、贿赂犯罪，本文拟将结合实际案例，归纳和剖析相关争议，以期为统一法律适用认识、解决这类问题提供相关对策和建议。

一、当前贪贿犯罪新旧法律比较适用中的难点问题

［案例一］

2007 年犯罪嫌疑人谢某在某土地整理发展有限公司（国有企业）工作期间，利用负责厂房拆除工程安全管理工作的职务便利，收受房屋拆除业务承接人曹某给予的现金 8 万元。谢某于 2015 年 7 月 17 日以受贿罪被检察机关立案侦查，于同年 12 月 8 日移送审查起诉。2016 年 7 月，检察机关以《刑修（九）》、《贪污贿赂案件解释》颁布施行后本案已过追诉时效为由，对本案作出撤销案件的处理决定。

［案例二］

1996 年 6 月 18 日至 9 月 28 日，被告人鲍某与王某等人经预谋，利用王某在担任中国农业银行某支行营业部主任助理期间，负责票据交换、结算的职务便利，逃避财务监管，挪用银行公款共计人民币 320 万元供鲍某使用，最终导致上述资金无法回收。鲍某于 2015 年 9 月 15 日以挪用公款罪被立案侦查。检察机关认为，根据 1997 年《刑法》的规定，本案在立案时尚未超过追诉时效，并于 2016 年 1 月 7 日提起公诉。法院于 2016 年 2 月 4 日开庭审理，法院认为，根据《刑修（九）》、《贪污贿赂案件解释》的规定，本案在法院审判时已超过追诉时效，于同年 5 月 31 日裁定本案终止审理。

［案例三］

2011—2015 年，被告人张某在向某国有公司采购物资的过程中，为谋取不正当利益，先后多次给予该国有公司物资供应部部长石某回扣共计人民币 12 万余元。张某于 2016 年 1 月 19 日以行贿罪被提起公诉，检察机关认为应当适用 1997 年《刑法》第 389 条第 2 款、第 390 条第 1 款的规定。法院于 2016 年 4 月 25 日开庭审理并当庭宣判，认为应当适用《刑法》第 389 条第 2 款、第 390 条第

1 款和《贪污贿赂案件解释》第 7 条第 1 款、第 19 条第 2 款的规定,以行贿罪判处张某有期徒刑 6 个月,缓刑 1 年,并处罚金人民币 20 万元。一审判决已生效。①

2015 年 11 月 1 日实施的《刑修(九)》对贪污、受贿犯罪作出了重大的调整,其中最引人注目的莫过于法定刑模式的变化。新法删除了原贪污、受贿犯罪中具体的犯罪数额规定,最终确定了以数额较大、数额巨大、数额特别巨大为主要特征的"数额＋情节"型法定刑模式。为了及时消除因刑法修正而导致贪污、受贿犯罪在司法裁判规则上的真空状态,"两高"于 2016 年 4 月 18 日颁布实施了《贪污贿赂案件解释》,明确将 3 万元、20 万元、300 万元作为犯罪数额较大、数额巨大、数额特别巨大的具体起刑点数额标准。《贪污贿赂案件解释》中贪污、受贿犯罪各档法定刑对应的犯罪数额分别提升至原来的 6 倍、4 倍和 30 倍,由此带来的巨大变化使得司法机关在案件的追诉上面临诸多难题。通过比较《刑法》修订前后的条款,可以发现追诉期限的变化情况如表 1 所示。

表 1　　　　　　　　比较《刑法》修订前后关于追诉期限的变化情况

罪名	法定刑	法律条文	各 档 法 定 刑	追诉时效
贪污受贿犯罪	第一档法定刑	1997 年《刑法》	5 000 元以上不满 5 万元处 1 年以上 7 年以下有期徒刑;情节严重的,处 7 年以上 10 年以下有期徒刑	10 年或者 15 年
		《刑修(九)》	3 万元以上不满 20 万元;1 万元以上不满 3 万元且有其他较重情节处 3 年以下有期徒刑或者拘役	5 年
	第二档法定刑	1997 年《刑法》	5 万元以上不满 10 万元处 5 年以上有期徒刑;情节特别严重的,处无期徒刑	15 年或者 20 年
		《刑修(九)》	20 万元以上不满 300 万元;10 万元以上不满 20 万元且有其他严重情节处 3 年以上 10 年以下有期徒刑	15 年
	第三档法定刑	1997 年《刑法》	10 万元以上处 10 年以上有期徒刑或者无期徒刑;情节特别严重的,处死刑	20 年
		《刑修(九)》	300 万元以上;150 万元以上不满 300 万元且有其他特别严重情节处 10 年以上有期徒刑、无期徒刑或者死刑	20 年

---

① 本案引自《中国检察官》2016 年第 7 期(下)"从旧兼从轻原则下主刑和附加刑关系的准确定位"专题研究中的案例。

根据《刑法》第 87 条的规定,犯罪经过下列期限不再追诉:(1)法定最高刑为不满 5 年有期徒刑的,经过 5 年;(2)法定最高刑为 5 年以上不满 10 年有期徒刑的,经过 10 年;(3)法定最高刑为 10 年以上有期徒刑的,经过 15 年;(4)法定最高刑为无期徒刑、死刑的,经过 20 年。如果 20 年以后认为必须追诉的,须报请最高人民检察院核准。在《刑修(九)》颁布施行前,贪污、受贿犯罪将 5 000 元、5 万元、10 万元作为各档法定刑的起点数额标准,在《刑修(九)》和《贪污贿赂案件解释》颁布施行后,贪污、受贿犯罪则将 3 万元、20 万元、300 万元作为各档法定刑的起点数额标准,这意味着,原来构成贪污、受贿犯罪的,在新法正式施行后有可能就不构成犯罪;原来追诉期限 10 年的贪污、受贿犯罪,在新法颁布施行后,其追诉期限可能就缩短为 5 年。事实上,相关案件在贪污、受贿犯罪条款修改后出现追诉上的难题只是一种结局性体现,其最终爆发是判断逻辑、规范要点等各种意见分歧集中作用的结果。结合当前司法实践中相关案件的处理情况,主要争议和困惑表现在以下几个方面:

（一）刑法溯及力原则和追诉时效制度交互适用时的判断逻辑需要明确

一般来讲,从旧兼从轻原则和追诉时效制度之间并无直接的逻辑关系。但是,《刑修(九)》《贪污贿赂案件解释》带来的复杂性在于,贪污、受贿犯罪条款的变化引发刑法溯及力原则的适用问题,随即又直接影响此类犯罪行为追诉时效制度的理解和运用,最终形成了两种规定交互适用的复杂局面。新法正式施行后,司法实践中有一批贪污、贿赂案件都面临着如何有效追诉、如何准确适用法律的问题。明确刑法溯及力原则和追诉时效制度交互适用时的基本判断逻辑是解决这些问题的理论前提。

（二）新旧法均有"轻罚"内容时如何认定"处刑较轻"

《刑法》第 12 条规定了从旧兼从轻原则,其中明确了出现新旧法适用问题时,一般适用旧法,只有新法不认为是犯罪或者处刑较轻,应适用新法。但问题在于,旧法关于贪污、受贿犯罪的处刑特点是"主刑重,无附加刑",而新法的处刑特点是"主刑轻,增设附加刑"。此时,如何判定新旧法处刑的轻重问题? 在案例三张某行贿案中,便就如何准确把握"处刑较轻",能否交叉适用新旧法等问题上出现了重大争议。

（三）关于追诉期限截止日期的认定存在争议

追诉期限截止日期的问题,旨在解决以哪一日作为司法机关开始行使追诉权力,终止追诉期限的日期。在案例二鲍某挪用公款案中,其中一个引人注目的焦点就是,检察机关认为追诉时效的截止日期应以立案日为准,审判机关则认为应以审判日为准。追诉期限截止日期的认定直接影响到对行为人刑事责任的追究。在贪污、受贿犯罪条款修改后,司法实践中有一批案件均存在这方面问题,厘清该争议对准确追究行为人刑事责任具有重要实践意义。

(四)"立案日"中的"立案"是"以人立案"还是"以事立案"

在贪污、受贿犯罪条款修改后,司法实践中对"立案日"中"立案"的理解也出现过较大的争议。根据现行《刑事诉讼法》规定,"立案"包括"以事立案"和"以人立案",但如果一味采纳"以事立案"的理解,追诉期限制度就可能存在被虚置的危险,如何在兼顾追诉期限制度价值的前提下,准确把握"立案"的内涵将直接关涉追诉期限制度的有效运用。

(五)新法在案件不同诉讼阶段施行时如何准确适用法律

刑事案件一般要经过立案侦查、审查起诉和审判等主要环节,那么,根据新法颁布生效的时间点,司法实践中就可能存在以下几种情况:(1)新法颁布生效在案件立案侦查前;(2)新法颁布生效在案件立案侦查期间;(3)新法颁布生效在案件审查起诉期间;(4)新法颁布生效在法院审理案件期间;(5)新法颁布生效在案件一审判决后,二审审理期间。如在案例一谢某受贿案和案例二鲍某挪用公款案中,司法机关便在不同的刑事诉讼阶段作出及时的处理。新法颁布生效的时间和诉讼阶段的交织存在和相互影响,也给新旧法律比较适用带来了困难。

二、贪贿犯罪新旧法律比较适用中溯及力原则与追诉时效制度的逻辑关系

(一)刑法溯及力原则的规范重点及展开

刑法的溯及力,是指当一部法律重新制定或修改后,如何准确援引条款来规制新法生效前未经审判的犯罪行为。如果新法能够适用于其生效前未经审判的犯罪行为,即意味着该法具有溯及力。我国《刑法》第 12 条确定了"从旧兼从轻"的溯及力原则。[①] 当前,一批贪污、贿赂案件看似在追诉时效上存在争

---

① 《刑法》第 12 条规定:"中华人民共和国成立以后本法施行以前的行为,如果当时的法律不认为是犯罪的,适用当时的法律;如果当时的法律认为是犯罪的,依照本法总则第四章第八节的规定应当追诉的,按照当时的法律追究刑事责任,但是如果本法不认为是犯罪或者处刑较轻的,适用本法。本法施行以前,依照当时的法律已经作出的生效判决,继续有效。"

议，实际上症结却在于对"从旧兼从轻"原则的规范理解和准确适用。"从旧兼从轻"原则的核心要点在于新旧法"处刑轻重"程度的比较，旧法在贪污、受贿犯罪条款中规定了具体的犯罪数额，《刑修（九）》则将上述条款中的具体犯罪数额删除，代之以"数额较大""数额巨大"和"数额特别巨大"的规定。在考察新旧法中处罚轻重问题时，如果直接比较原《刑法》和修订后的《刑法》相关条款，事实上是无法得出孰轻孰重结论的。这是"两高"的司法解释即《贪污贿赂案件解释》明确了《刑修（九）》中各档犯罪数额的具体定罪量刑的标准。此时，如果将旧法中的犯罪数额标准与《贪污贿赂案件解释》中的犯罪数额标准进行比较，是否存在法律位阶上的障碍？

笔者认为，司法解释是最高人民法院对审判工作中具体应用法律问题和最高人民检察院对检察工作中具体应用法律问题所作的具有法律效力的解释，司法解释依附刑法条文而存在，其作用旨在进一步明确法律规定，提升司法操作性。换言之，司法解释是犯罪构成要件的具体内容，是刑法条文司法化的重要部分。如果过分强调刑法条文和司法解释各自的独立性，认为新旧法"处刑轻重"程度的比较必须由刑法条文得出，立法者为了明确刑法规定可能会将过多的内容放在刑法条文中，最终破坏刑法的稳定性。另外，将刑法条文和司法解释分而视之，还会使诸如盗窃罪、诈骗罪等大量的数额犯面临"从旧兼从轻"原则适用上的难题。由此可见，无论从逻辑关系还是从司法需求上来讲，在适用"从旧兼从轻"原则时都应该将刑法条文和司法解释视作规范内容上的一体。

（二）刑法溯及力原则的适用范围及展开

笔者认为，"从旧兼从轻"原则只适用于实体性规定，而并不适用程序性规定。这里需要说明的是，本文所称的实体性规定和程序性规定并不等同于实体法即刑法和程序法即刑事诉讼法。从立法现状看，刑法虽为实体法，但该法确实也规定了部分程序性的规定，其中追诉时效便是适例。实体性规定和程序性规定之所以适用不同的溯及力原则，主要是因为两者具有不同的规范面向，实体性规定始终围绕行为人的定罪量刑展开，程序性规定则自始关注权力运行范围、方式等内容的结构性调配与路径性调整。前者因主体参与性而要关照行为人的利益得失；后者则旨在规范司法追诉权力的合理运行，与行为人无关。"从旧兼从轻"原则最终是为了解决法律变动的过程中所引发的条款适用性难题，基本精神在于不能将因法律变动而产生的不利后果让行为人承担。可见，对"从旧兼从轻"原则的适用归根结底是为了满足对行为人进行合理追责的要求，由此可以延伸出来的结论就是,旨在限制权力、规范权力的程序性规定不能适用"从旧兼从轻"原则,而应当适用"从新"原则。

(三)刑法溯及力原则和追诉时效制度交互适用的逻辑关系

"时效的规定属于程序性规定,因为时效的规定同样不属于犯罪构成要件和刑罚效果的内容,不影响刑事禁止与命令的具体内容,只是影响司法机关在怎样的时间范围内追究行为人的刑事责任。"[①]从结果上来看,追诉期限确实最终会影响行为人的刑事责任,但不能就此认为追诉期限问题也是实体性问题。这是因为是否追究行为人的刑事责任并不是源于犯罪行为在新旧法中评价的不一致,而是由于司法机关未及时行使追诉权力,因此承担无法追诉的不利后果。在一般情况下,新法的颁布只会单方面地影响实体性规则或程序性规则。然而《刑修(九)》和《贪污贿赂案件解释》带来的问题却非常复杂,虽然这些规定只是对实体性规则作了变动,但实体性规则的变化却引发了追诉期限的适用问题,由此导致实体性规则与程序性规则溯及力问题的交织。

笔者认为,明确刑法溯及力原则和追诉时效制度交互适用时的处理逻辑,有助于各类制度自身价值的充分实现,同时也可以有效避免因"两种制度一把抓"而分不清主次、理不清关系的问题。其基本的判断逻辑为:首先,刑法有明确的规范依据,根据《刑法》第12条,在出现新旧法律交织适用的疑问时,先应进行刑罚轻重的比较,选择适用新旧法律,然后再结合追诉时效规定得出具体的时效。其次,需要明确实体性规则和程序性规则自身的溯及力原则。在贪贿犯罪中,新法提高了各档法定刑起点数额标准,入罪的条件相较旧法更加严格,对行为人来讲新法更加有利。因此,根据"从旧兼从轻"的原则,应适用新法的规定,而追诉时效属于程序性规定,则应适用"从新"原则。最后,实体性规则和程序性规则的位阶关系。追诉期限只有在明确相关罪名具体法定最高刑的场合才能进行判断。因此,关于实体性和程序性规则溯及力的判断和适用呈现出先后的位阶关系,在贪贿犯罪中,先根据"从旧兼从轻"原则选择适用新法中的规定,然后再根据锁定的犯罪罪名以及法定刑幅度,结合《刑法》第87条确定其犯罪的追诉期限,最终判断该犯罪事实是否符合追诉期限规定。

---

① 赵秉志:《略谈最新司法解释中贪污受贿犯罪的定罪量刑标准》,《人民法院报》2016年4月19日第003版。

三、贪贿犯罪新旧法律比较适用中溯及力原则和追诉时效制度的应对处理

（一）新旧法条均有"轻罚"内容时应整体适用主刑较轻的条款

适用"从旧兼从轻"原则的核心在于判断新旧两法处刑轻重的问题。然而，在《刑修（九）》和《贪污贿赂案件解释》生效后，我们发现"贪污、受贿案件定罪量刑数额标准提高，主刑减轻，但增加了并处罚金或没收财产，这就牵连到同样的犯罪金额，主刑降低、增加附加刑的问题"。[1] 换言之，在贪污、受贿犯罪中，无法简单地判断到底是新法处罚较轻还是旧法处罚较轻。一种观点认为，对新法或旧法的适用应该是全面、整体的，贪污、受贿犯罪中，新法从总体上要比旧法轻，因此，应适用新法的规定。[2] 另一种观点认为，面对贪污、受贿犯罪新旧法表现出来的问题，应以分项独立评价为原则，以整体总括评价为例外。[3]

笔者认为，第一种观点更为合适。首先，刑法条款中具体的犯罪类型和法定刑之间是一体的关系，将两者分离、组合没有法律依据，同时有僭越立法权的嫌疑。其次，刑法是社会一般人的行为准则，为引导人们从事合法的行为，刑法必须明确具体的犯罪类型和处罚手段，如果刑法条款可以进行分割、重组，社会一般人将无所适从。刑法同时又是司法者裁判的法则，如果刑法条款可以交叉适用，司法裁判权将极易被滥用。最后，我国《刑法》将刑罚分为主刑和附加刑，主刑涉及人身自由、生命，附加刑则是针对财产等非人身性权利。生命、自由作为最高的保护法益已经是理论界和实务界的共识，主刑在整个刑罚体系占据重要地位是不言而喻的。《刑法》第 87 条将主刑最高刑作为判断追诉具体期限的标准，从中便可见一斑。因此，"从旧兼从轻"原则中关于新旧法"处罚较轻"的认定，主要是主刑之间的比较和判断。综上认为，在新旧法条都有"轻罚"内容时，应当比较两者主刑之间的轻重，整体适用主刑较轻的条款。

（二）追诉时效制度的适用应充分兼顾打击犯罪与保障人权

1. 应明确以"立案日"作为追诉期限的截止日期

追诉期限表现为一段期间，但该期限何时开始，又何时截止。对于追诉期

---

[1] 郭竹梅：《贪污贿赂犯罪刑事司法若干问题探析》，《刑事司法指南》2016 年第 3 集（总第 67 集），第 76 页。

[2] 曲新久：《追诉时效制度若干问题研究》，《人民检察》2014 年第 17 期。

[3] 黄京平：《修正后刑法及相关司法解释的溯及力判断规则》，《中国检察官》2016 年第 7 期。

限的起算时间,理论界和司法实践并不存在太大的争议。根据《刑法》第89条的规定,追诉期限从犯罪之日起计算,犯罪行为有连续或者继续状态的,从犯罪行为终了之日起计算。其中,"犯罪之日"一般理解为是"犯罪成立之日"。但是,对于追诉期限的截止日期,理论界和司法实践中则存在较大的争议。有观点认为,应以审判日作为追诉期限的截止日期。因为追诉不只是起诉的含义,而是包括了侦查、起诉、审判的全过程,因此,追诉期限应从犯罪之日计算到审判之日为止①。也有观点认为,应将审判日作为追诉期限的截止日期,但应当从法规范层面上论证,从刑法与刑事诉讼法规范体系的协调性出发寻求相对合理的解决方案,即追诉期限在遇到侦查、审查起诉等办案期限时,应暂停计算,超出办案期限后,追诉期限重新起算②。还有观点认为,应以立案日作为追诉期限的截止日期,追诉时效的截止点为进入立案程序,这是因为追诉指的是追查、提起诉讼,只要行为人所犯之罪在进入刑事诉讼程序时尚未过追诉期限,对其就可以追诉,将追诉期限的终点时间确定在审判之日,有放纵犯罪之嫌③。

我们认为,应以立案日作为追诉时效的截止日期。一方面,追诉时效制度的正当性根据在于国家刑罚权与犯罪人自由之间的平衡,未及时行使追诉权将使得刑罚的价值大为贬损④。换言之,追诉期限的存在价值在于督促司法机关及时行使权力,充分保障刑罚介入的价值。司法机关对犯罪事实进行立案就意味着其开始积极行使权力;另一方面,以审判日作为追诉期限的截止日期会带来诸多疑问。疑问一,应以"审"日为准还是以"判"日为准? 在司法实践中,很多案件可能要审理好几天,那又应该以审理的第一天为准还是最后一天为准? 疑问二,实践中案件各有各的复杂程度,因此,有些案件办理时间较长,有些案件办理时间较短,这显然符合司法规律。若将办案期限全计算在追诉期限中,很可能会出现司法人员为赶在追诉期限截止日之前将案件审结而草率办案,对此办案质量将无法保障。综上认为,以立案日作为追诉期限的截止日期具有确定性,既可以避免放纵犯罪分子,同时也可以解决以上的疑问。如案例一、案例二中的行为人在立案日之前均已丧失追诉时效。

2. 应准确把握"立案"的内涵

《刑事诉讼法》第107条的规定:"公安机关或者人民检察院发现犯罪事实或者犯罪嫌疑人,应当按照管辖范围,立案侦查。"由此可见,司法机关在实践中

---

① 张明楷:《刑法学》,法律出版社2011年版,第568页。
② 张明楷:《刑法学》,法律出版社2011年版,第568页。
③ 高铭暄、马克昌主编:《刑法学》,北京大学出版社、高等教育出版社2010年版,第346页。
④ 陈洪兵:《追诉时效的正当性根据及其适用》,《法治研究》2016年第1期。

既可以以"事"立案，也可以以"人"立案。那么，既然认为应当以立案日作为追诉期限的截止日期，此时该如何理解其中的"立案"。有观点认为："具体到追诉时效制度中，《刑法》第 88 条第 1 款所称的立案，应当是已经发现了犯罪嫌疑人情况下的立案。仅有犯罪事实而立案的，不属于这里所称的立案，否则，就会导致案件事实一旦被发现，就不适用追诉时效制度，那么追诉时效制度基本上就被完全架空了。"①持相反的观点则认为："立案要求的有犯罪事实仅指某种危害社会、触犯刑法的犯罪行为发生，并不要求清晰地认知整个犯罪过程、具体的犯罪情节、犯罪嫌疑人等情况……因为立案只是刑事诉讼程序的开始程序，案件尚未进行侦查和审理，查明全部的犯罪事实要立案后的侦查或审理活动来完成。"②

笔者认为，上述观点均有一定道理，但亦有偏颇之处。若认为追诉时效制度中的立案包括以"事"立案，那么就意味着只要司法机关对犯罪事实进行立案，就可以不受追诉期限的限制，将来在任何时候发现犯罪嫌疑人都可以对其进行追诉，但如此一来，追诉时效制度将基本丧失其限权的功能。若认为追诉时效制度中的立案必须是以"人"立案，则不符司法实践的现实需求。在司法办案中，确实存在大量复杂的案件在立案时无法确定犯罪嫌疑人，需要后续进一步侦查，此时若以未对具体的犯罪嫌疑人立案为由继续计算追诉期限，最后的结果很可能就是放纵犯罪分子。

关于"立案日"中的"立案"，其内涵可以简要概括为，"扩大理解的以'人'立案，有限制的以'事'立案"。具言之：所谓对以"人"立案作扩大理解，是指以"人"立案中的"人"不应该理解为是"具体实施某项犯罪行为的人"。换言之，在共同犯罪、犯罪事实具有牵连关系的相关犯罪中，只要对部分共同犯罪人、同案犯进行立案，就视同对其他暂未被锁定的犯罪人一并立案。所谓对以"事"作有限制的理解，是指以"人"立案可以直接终止追诉期限的计算，但以"事"立案只有在犯罪嫌疑人"逃避侦查"的情况下才可终止追诉期限的计算，对以"事"立案进行限制主要源自《刑法》第 88 条规定③。需要注意的是，该规定与本文所强调的以"人"立案后，一概不受追诉期限限制的观点并不存在矛盾。首先，1997 年《刑法》将 1979 年《刑法》第 77 条④中的"采取强制措施"改为"立案侦

① 李和仁等：《未被列为立案对象是否受追诉时效期限的限制》，《人民检察》2008 年第 23 期。

② 李和仁等：《未被列为立案对象是否受追诉时效期限的限制》，《人民检察》2008 年第 23 期。

③ 《刑法》第 88 条规定："在人民检察院、公安机关、国家安全机关立案侦查或者在人民法院受理案件以后，逃避侦查或者审判的，不受追诉期限的限制。被害人在追诉期限内提出控告，人民法院、人民检察院、公安机关应当立案而不予立案的，不受追诉期限的限制。"

④ 1979 年《刑法》第 77 条规定："在人民法院、人民检察院、公安机关采取强制措施以后，逃避侦查或者审判的，不受追诉期限的限制。"

查",事实上就是考虑将"逃避侦查的,不受追诉时效限制"限缩在以"事"立案的情况下。其次,追诉时效制度的目的在于督促司法机关及时行使权力,如果司法机关发现并确定犯罪嫌疑人,此时司法机关就不存在怠于行使追诉权力的问题。最后,将《刑法》第88条中规定的"立案"理解为仅是针对以"事"立案这种情形,主要是因为司法机关以"事"立案后,犯罪嫌疑人尚未确定,此时的侦查活动处于诉讼活动的前期,发现犯罪嫌疑人仍存在诸多困难。如果行为人在其中存在"逃避侦查"的行为,势必会给侦查活动带来更多阻碍。司法机关在以"事"立案后,行为人不存在"逃避侦查"的行为,那么显然需要追诉期限来督促司法机关积极投入到犯罪嫌疑人的排查中。综上认为,宜将《刑法》第88条理解为以"人"立案时,司法机关一概不受追诉时效限制;而以"事"立案时,犯罪嫌疑人有逃避侦查行为的,司法机关将不受追诉时效限制。

3. 应准确界定"逃避侦查"的时效丧失条件

《刑法》第88条规定,行为人在侦查机关立案后或者人民法院受理案件后有"逃避侦查"行为的,不受追诉期限的限制。在实施犯罪行为后,行为人主动向司法机关自首的情形并不多见,相反行为人隐匿、逃离、抵触等行为是常见的情况,如果简单地将行为人实施犯罪后的逃匿、抵触行为都理解为追诉时效制度中的"逃避侦查",追诉时效制度限制追诉权的功能和价值将大打折扣。一般来讲,犯罪嫌疑人在到案前,会实施隐姓埋名、逃匿他地或者毁灭、伪造证据以掩盖犯罪事实等行为,到案后,面对审讯人员的讯问会实施沉默不语或者避重就轻等行为。那么,行为人的何种行为才能评价为"逃避侦查"?

笔者认为,判断是否成立"逃避侦查"必须要结合具体案情,根据"行为的积极性"和"司法成本实质性增加"两个标准加以认定。在到案前,如果行为人通过积极改变生活地点、生活方式等行为掩盖、消除自己与犯罪事实的关联性,从而增加侦查活动的难度,都可以认定为是"逃避侦查"。在到案后,行为人拒不认罪或者以记忆不清为由拒绝供述,此时侦查部门仍可以通过积极收集其他客观证据来实现追诉的目的,此种情况下不应认为行为人存在"逃避侦查"的行为。如果行为人到案后积极虚构或隐瞒犯罪事实,误导侦查部门侦查方向,以此实现逃避罪责的目的,此种情况应认为行为人存在"逃避侦查"的行为。

（三）对应案件不同诉讼阶段,新法处理思路应有所侧重

从新法颁布生效的时间点和刑事案件诉讼程序之间的关系出发,在司法实践中可能会存在以下几种情况:(1)新法颁布生效在立案前;(2)新法颁布生效在立案侦查后,审查起诉前;(3)新法颁布生效在审查起诉后,提起公诉前;

（4）新法颁布生效在法院审理案件期间；（5）新法颁布生效在一审判决后，二审审理期间。对于这些情况的处理，应坚持共同的判断思路，即无论案件进行到哪一阶段、哪一环节，如果出现新法颁布生效的情况，只要案件未根据旧法判决并生效，司法机关都应先比较新旧两法中的实体性规则，根据"从旧兼从轻"的原则充分判断新旧两法中有利于行为人的规则。在锁定被适用的法律条款后，再结合《刑法》第 87 条的规定，判断其追诉期限。最后以"立案日"是否在追诉期限内为标准，判断司法机关是否有追诉的权力。

1. 新法在案件立案前颁布生效

由于侦查部门在决定立案前已经充分了解新旧法的规定，如果侦查部门在接收举报、控告等期间，经初查发现犯罪事实超过追诉时效的，即使行为人有重大犯罪嫌疑也不能立案。

2. 新法在案件侦查阶段颁布生效

侦查部门既已展开侦查，就说明在新法颁布之前，根据旧法时效规定在立案日之后并未超出追诉期限。侦查部门在比较新旧法处刑轻重程度以及确定追诉期限过程中，需要区分三种情况：一是在新法颁布后，侦查人员通过比较新旧法发现应适用旧法时，则新法的生效对案件的追诉时效没有影响，案件应当继续侦查；二是在新法颁布后，侦查人员通过比较新旧法发现应适用新法时，且根据新法时效规定，在立案日之后仍在新法时效期限内的，案件也应当继续侦查；三是在新法颁布后，侦查人员通过比较新旧法发现应适用新法，根据新法时效规定，在该案立案日之前已经丧失追诉时效的，侦查部门应当撤销案件，如已采取强制措施的应当解除，对查封、扣押、冻结的涉案财物要依法处理。对于需要给予党纪、政纪处分的，应当依照相关规定移送纪检监察部门处理，并将查封、扣押、冻结的涉案财物一并移送。

3. 新法在案件审查起诉期间颁布生效

检察机关需及时重新审查证据情况，尤其对犯罪行为的完成时间，应予以重点审查。在明确犯罪事实的追诉期限后，以"立案日"为截止日标准，判断是否超过追诉期限。如果通过比较新旧法后应适用新法，且根据新法追诉时效规定，在立案日之后仍在追诉时效期限内的，公诉部门应继续审查案件；如果通过比较新旧法后应适用新法，但根据新法时效规定，在立案日之前已经丧失追诉时效的，公诉部门应当及时将案件退回侦查部门，并建议撤案或直接作出不起诉的决定。

4. 新法在案件一审审理期间颁布生效

法院需要与检察机关及时进行联系和沟通，就有关犯罪过程、立案侦查日期等证据进行重新核实。同理,应当以"立案日"作为司法机关行使追诉权力的标准日,判断案件是否超过追诉期限。如果案件在立案之日没有超过新法追诉期限的,即使在一审判决时超过新法追诉时效,案件仍应继续审理;如果一审法院在审理中发现案件在立案之日已经超过新法追诉期限,应及时将案件退回检察机关,并建议撤回起诉或者依法作出终止审理的裁定。

5. 新法在案件二审审理期间颁布生效

由于检察机关的抗诉或被告人的上诉,案件在一审结束后并未即时生效。二审法院在审理案件期间,同理,应当以"立案日"作为司法机关行使追诉权力的标准日。如果新法颁布生效不影响案件的追诉期限,或者通过比较新旧法后应适用新法,且案件在立案之日没有超过新法追诉期限的,案件应该继续审理;如果二审法院在审理中通过比较新旧法后应适用新法,且案件在立案之日已经超过新法追诉期限的,应将案件发回重审或者改判。

6. 新法在案件再审审理期间颁布生效

在判决已经生效的情况下,依法还可以启动再审程序。如果在此阶段有新法颁布,而且新法的施行将影响对犯罪人刑事责任的追究,再审法院则不得以此为由改变原来生效判决。理由在于,再审程序系纠错程序,是对原审证据、法律适用等问题的重新审视和纠查,新法的内容毫无疑问不属于再审审查的范围。

腐败治理新常态下
行贿犯罪治理困境与改革策略

——兼评《刑法修正案(九)》关于行贿罪的新规定

刘天虹　　张伟 *

摘　要：中国的腐败治理正处于以积极治理主义为导向的新的历史时期。面对腐败治理的新要求,行贿犯罪司法治理中所暴露出的惩处范围过窄、从宽幅度过大、非监禁刑适用比例过高、量刑不平衡等方面的突出问题,已切实地引起了立法与司法的集中关注。以追求立法科学化为导向的《刑法修正案(九)》,虽然加大了对行贿犯罪的打击力度,但是,较之于国家严惩行贿犯罪的刑事政策目标仍存在较大差距。更新的国家腐败治理理念,必须落实为对行贿犯罪的积极治理要求,立足于刑事司法的角度,应当在积极回应理论更新内在要求的同时,淡化、取消"谋取不正当利益"要件,严格"特别自首"及非监禁刑的适用,统一行贿、受贿犯罪定罪量刑的标准。

关键词：行贿罪　刑法修正案　积极治理主义　改革对策

中共十八大以来,将全面推进法治国家建设作为中国社会发展的重要导

---

　* 刘天虹　江苏省南京市中级人民法院刑事审判第二庭助理审判员,法学硕士;张伟　中共南京市纪律检查委员会,法学硕士。本文系国家社科基金项目"积极治理主义导向下的中国反腐败刑事立法问题研究"(项目号：15BFX055)的阶段性研究成果。

向,新一届中央领导集体在腐败治理问题上出重拳、见实招,严肃查处腐败分子,着力营造"不敢腐、不能腐、不想腐"的政治生态,反腐败工作呈现出"无禁区、全覆盖、零容忍"的新常态,国家腐败治理理念,正在伴随国家治理能力与治理水平全面现代化的要求发生着根本的变化,积极治理主义理念正在成为中国腐败治理的基本导向。① 2015 年 8 月至 2016 年 4 月,《刑法修正案(九)》及"两高"《关于办理贪污贿赂刑事案件适用法律若干问题解释》相继出台,进一步完善了惩治腐败的法律规定,标志着制度反腐、法治反腐正式步入新阶段。行贿罪作为与受贿罪具有对合性、互动性的腐败犯罪样态,在此次的立法修法中受到关注,"加大打击力度"成为立法政策的基本导向。事实上,2012 年底"两高"出台《关于办理行贿刑事案件具体应用法律若干问题的解释》以来,"依法严惩行贿犯罪"已经成为"两高"对各级司法机关的明确工作要求。但是,"两高"工作要求的落实情况如何、《刑法修正案(九)》关于行贿罪新规是否能够达到严惩行贿犯罪的立法预期,值得进行深入的探讨与分析。本文在对行贿犯罪治理现况分析、对《刑法修正案(九)》关于行贿犯罪新规评析的基础上,就反腐新常态下行贿犯罪治理路径的重新选择提出对策与建议。

一、行贿犯罪及其治理现况分析:以 N 市为例

笔者对 N 市两级法院近三年审理的行贿类犯罪进行分析,发现该地行贿犯罪及其治理呈现出以下基本特点。

(一)行贿犯罪的犯罪学考察

行贿罪作为我国刑法所规定的公职类型的犯罪之一,犯罪学意义上的发案状况考察,是评估犯罪治理策略的基本前提,从现实的发案状况看,呈现出:

1. 犯罪金额普遍较大

2014 年以来,该地两级法院共审结行贿类犯罪案件 43 件,判决所认定的行贿犯罪金额从 1 万—360 余万元不等。其中,行贿数额 20 万元以下的 14 件,

---

① 中国腐败治理的新常态被国内学者界定为一种以积极治理主义为导向的腐败治理观与腐败治理策略体系的构建。所谓"积极治理主义"腐败治理观是指,以腐败所赖以生存的本原性要素、内生性环境改造为治理重点,降低社会对腐败的容忍限度,增加权力滥用障碍。意在构建提高腐败追究可能与预防机会的机制,以健全腐败犯罪责任追究根据与机理为理论支撑,以多元化法律体系构建为制度框架,针对腐败犯罪形成更具主动性、进攻性、策略性的治理理念与机制。参见魏昌东:《积极治理主义提升立法规制腐败的能力》,《中国社会科学报》2014 年 10 月 31 日;魏昌东:《腐败治理模式与中国反腐立法选择》,《社会科学战线》2016 年第 6 期。

占 32.56％；行贿数额 20 万—100 万元的 25 件，占 58.14％；行贿数额 100 万元以上的 4 件，占 9.30％。

2. 行贿对象普遍较少

在审结的 43 件案件中，向 1 人行贿的 33 件，占 76.74％；向 2 人行贿的 7 件，占 16.28％；向 3 人行贿的 3 件，占 6.98％；未有向 3 人以上行贿的案件。

3. 多次行贿成为主流

在审结的 43 件案件中，行贿 3 次以下的 17 件，占 39.53％；行贿 3 次以上的 26 件，占 60.47％。其中行贿次数最多的达 23 次。

4. 谋利事项较为集中

此类犯罪主要集中在工程建设、土地租赁、征地拆迁、医疗卫生、环境保护等重点领域，行贿人行贿的目的主要为：一是直接获取本应采取招投标方式确定的工程项目；二是在招投标过程中排除他人竞争；三是骗取国家拆迁补偿款、专项补贴资金等；四是违规获取经济适用房指标；五是违规办理业务等，犯罪的领域化特征明显。

（二）行贿犯罪治理的特点

1. 对行贿犯罪的打击力度逐年加大

2014 年以来，该地两级法院共受理行贿类犯罪案件 53 件，审结 43 件，同比分别增长 194.44％和 138.89％，反映出司法机关贯彻"两高"工作要求较为有力。其中，2014 年受理 13 件，审结 13 件；2015 年受理 15 件，审结 13 件；2016 年受理 25 件，审结 17 件，反映出"两高"关于行贿罪司法解释实施后对行贿犯罪的治理进入相对稳定时期。

2. 行贿犯罪查处与受贿犯罪不平衡

2014 年以来，该地两级法院共受理受贿类①犯罪案件 148 件，而同期受理行贿类犯罪案件仅为 53 件，行贿类犯罪案件仅为受贿类犯罪案件的 1/3。从具体案件来看，查处的受贿类犯罪案件对应的行贿人少则几人，多则十余人甚至数十人；而查处的行贿类犯罪案件对应的受贿人多为一人，多则不过两三人。如果考虑这一现实情况，则可推断未被追究的刑事责任的行贿人比例会更高。理论上对合性犯罪行贿、受贿人比例应为 1：1，但现实中被查处的情况却严重失衡。

---

① 本文所称"受贿类犯罪"包括受贿罪、单位受贿罪。

3. 非监禁刑适用比例高

在审结的 43 件案件中,判处实刑的 10 件,占 23.26%;判处缓刑的 29 件,占 67.44%;判处免予刑事处罚的 4 件,占 9.3%。非监禁刑比例达 76.74%。而在判处实刑的 10 件案件中,有 5 件判处有期徒刑 5 年,1 件判处有期徒刑 4 年,4 件判处有期徒刑 2—3 年,无判处 5 年以上有期徒刑的案件。

4. 普遍认定从宽处罚情节

审结的 43 件案件均认定了从宽处罚情节,其中:认定"坦白"的 12 件,占 27.91%;认定"自首"的 10 件,占 23.26%;认定"被追诉前主动交代行贿行为"的 12 件,占 27.91%;认定"坦白+被追诉前主动交代行贿行为"的 2 件,占 4.65%;认定"自首+被追诉前主动交代行贿行为"的 7 件,占 16.28%。有的案件存在从宽情节、从宽认定的情况,如对"经办案机关电话通知到案"的认定为自首。[①] 在认定上述从宽处罚情节后,最终对被告人从轻处罚的 24 件,占 55.81%;减轻处罚的 17 件,占 39.53%;免予刑事处罚的 2 件,占 4.65%。

5. 单位行贿罪名成为从宽处罚行贿人的重要途径

在审结的 43 件案件中,单位行贿犯罪案件 12 件,其中有 11 件案件的被告人被判处缓刑,而其认定的自首、被追诉前主动交代行贿行为等量刑情节在从宽幅度上均选择了"从轻",这与行贿犯罪案件中相同量刑情节大多选择"减轻"形成鲜明对比。究其原因,是因为单位行贿罪中主管人员或者直接责任人员的法定最高刑为 5 年,无需通过减轻处罚即可判处被告人缓刑。由此可以看出,只要案件定性为单位行贿罪,即基本不需要考虑其他从宽处罚情节;而案件若定性为行贿罪,则需要千方百计"找"一个减轻处罚情节,以便对被告人判处较轻的刑期。

6. 存在量刑不平衡的情况

对行贿犯罪的量刑,应综合考虑行贿数额、次数、人数以及自首、立功、被追诉前主动交代行贿行为等量刑情节。从已审结的案件来看,部分案件没有综合考虑上述定罪、量刑情节,导致案件量刑失衡。如周某行贿案中,被告人周某向 1 人 2 次行贿共计 25 万元,认定自首,减轻处罚判处有期徒刑 2 年 8 个月;陈某向 2 人 22 次行贿共计 49.4 万元,认定被追诉前主动交代行贿行为,减轻处罚判处有期徒刑 3 年缓刑 4 年。应当说,周某行贿数额、次数、人数均低于陈某,且

[①] 对"经办案机关电话通知到案"能否认定自首,实践中有分歧意见。通常认为,根据"两高"《关于办理职务犯罪案件认定自首、立功等量刑情节若干问题的意见》的规定:"没有自动投案,在办案机关调查谈话、讯问、采取调查措施或者强制措施期间,犯罪分子如实交代办案机关掌握的线索所针对的事实的,不能认定为自首。"行贿罪属于职务犯罪,故对行贿案件应当适用该意见,此类情况不能认定为自首。

自首所体现的认罪悔罪态度、节约司法资源幅度优于陈某被追诉前主动交代行贿行为,在此情况下,周某被判处实刑,陈某被判处缓刑,量刑严重失衡。

从上述对行贿犯罪及其治理现况的分析来看,行贿犯罪的危害十分严重,而对行贿犯罪的治理却失之于宽、失之于软,刑罚"供应"显著不足。究其原因,主要是法律设定范围差异、刑事政策与侦查策略"优惠"、单位行贿与个人受贿立案标准不同等。[①]

二、《刑法修正案(九)》对行贿罪的立法完善及评析

对行贿罪实施刑事法规制,是我国法律文化传统的重要组成部分,也是新中国成立以来我国刑事法律重点关注的内容。我国刑法对行贿罪犯罪构成要件要素与法定刑体系的立法配置,成型于 1997 年《刑法》的规定,经 1997 年立法定型后即未在此后的 8 次刑法修正中做出过调整,直至《刑法修正案(九)》基于国家腐败治理理念向积极治理主义转型的需要,对行贿罪的罪刑规范做出了必要的立法修正。在立法修正模式的选择上,《刑法修正案(九)》同时引入了"内涵修复式"与"外延扩张式"原则的导向。[②] 其中,以"内涵式修复"为导向的修正表现为:(1) 完善行贿罪的刑事责任体系配置,重点是增设财产刑的规定。行贿罪、对单位行贿罪、单位行贿罪中的直接负责的主管人员和其他直接责任人员各量刑格次中均增加了"并处罚金"。(2) 严格行贿罪从宽处罚的适用限制,将"行贿人在被追诉前主动交待行贿行为的,可以减轻处罚或者免除处罚"的规定,修改为"行贿人在被追诉前主动交待行贿行为的,可以从轻或者减轻处罚。其中,犯罪较轻的,对侦破重大案件起关键作用的,或者有重大立功表现的,可以减轻或者免除处罚"。以"外延扩张式"为导向的修正表现为,进一步严密惩治行贿犯罪的法网,增设对有影响力人员行贿罪。

[①] 孙国祥著:《贿赂犯罪的学说与案解》,法律出版社 2012 年版,第 726—727 页。

[②] 我国刑法学者魏昌东教授根据刑法修正案对贪污贿赂犯罪立法体系修正所采用的基本方法,将我国刑法修正模式做出了"内涵修复式"与"外延扩张式"的理论界分,其中:"内涵修复式"是指在维持既有腐败犯罪治理立法体系基本框架的前提下,以完善罪刑规范构成要件要素内容、扩大罪刑规范的适用能力,以及完善刑事责任体系与罪刑关系为核心的立法修正模式;"外延扩张式"是指以不断扩张刑法调整腐败犯罪的治理范围、增设新罪名、增加新型行为模式为核心的立法修正模式。进而提出,尽管《刑法修正案(九)》在立法修正模式上调整了既往的 8 次刑法修正中所主导的"外延扩张式"修法模式,而有条件地兼顾了"外延扩张式"与"内涵修复式"立法修正模式的具体运用,但是,由于我国刑法"内涵修复式"的修正并未触及贿赂犯罪立法的核心问题,因而也难以承担现代贿赂犯罪治理的使命。参见魏昌东:《〈刑法修正案(九)〉贿赂犯罪立法修正评析》,《华东政法大学学报》2016 年第 2 期。

从纵向比较来看,修法前后确实在一定程度上加大了对行贿犯罪的惩治力度,集中表现为:(1)完善的财产刑规定,对行贿人进行经济处罚,使犯罪分子在受到人身处罚的同时,在经济上得不到好处,可以从源头上减少行贿犯罪的发生。(2)限缩"特别自首"的从宽幅度,有利于减少行贿犯罪非监禁刑的适用比例,提高行贿人的犯罪成本,起到威慑犯罪的作用。(3)增设对有影响力人员行贿罪,从逻辑上完善了贿赂犯罪作为对合性犯罪的法网。

但是,从横向比较来看,治理行贿犯罪的刑法规范仍然没有彻底扭转以"宽缓化"为基本导向的既往立法趋势,其体现的仍然是"非对称性刑事政策"。[①] 表现为:(1)处罚范围的差异仍然存在。此次修法对贿赂犯罪的修改主要集中在量刑上,对受贿罪、行贿罪犯罪构成要件未进行修改,因此,以"谋取不正当利益"为要件的行贿罪与以"谋取利益"为要件的受贿罪之间仍然存在着处罚范围的差异,难以做到同罪同罚。可以预见,在今后的司法实践中,受贿犯罪案件数量远远高于行贿犯罪案件数量的情况将继续存在。(2)量刑标准的差异仍然存在。此次修法摒弃了刑法条文中规定受贿犯罪数额的做法,代之以"数额+情节"的量刑标准,而具体数额标准和情节类型由"两高"通过司法解释予以明确,这与行贿罪量刑标准的设置趋于相同,但是在具体标准上仍然存在差异。一是受贿罪采取的是"数额+情节"的复合标准,而行贿罪以"情节"为单一标准;二是受贿罪以"数额较大或者有其他较重情节"为起刑点,而行贿罪没有具体规定;三是行贿罪的具体量刑标准已出台司法解释,分别为1万元、20万元、100万元,而受贿罪的具体量刑标准尚未出台司法解释,是否能够做到与行贿罪相协调不得而知。(3)法定刑幅度的差异仍然存在。此次修法修改了原来受贿罪繁复、重叠的法定刑幅度,新规定了"三年以下有期徒刑或者拘役""三年以上十年以下有期徒刑""十年以上有期徒刑或者无期徒刑、死刑"的三个法定刑幅度。而行贿罪的法定刑幅度未作相应调整,仍然是"五年以下有期徒刑或者拘役""五年以上十年以下有期徒刑""十年以上有期徒刑或者无期徒刑"。这是立法者有意为之还是工作疏忽,但客观上极有可能导致实践中出

---

① 我国学者钱小平教授在全面考查世界贿赂犯罪治理策略发展趋势的基础上,对我国刑法在贿赂犯罪治理策略上的"非对称刑事政策"提出了批判,认为,非对称性刑事政策在一定程度上有利于鼓励行贿人检举揭发受贿犯罪,但若从贿赂犯罪治理的整体效益和长期效果来看,非对称性刑事政策并非目前社会阶段内最合适的治理策略。有必要在重新审视非对称刑事政策的基础上,根据国内贿赂犯罪治理的现状及《联合国反腐败公约》的要求,将目前"隐性"的非对称性刑事政策转化为"显性"的对称性刑事政策。即在政策指引上积极倡导和明确对称性治理策略在贿赂犯罪治理中的重要作用,在立法加强对行贿行为的惩治力度,从而使得刑事政策在行贿与受贿之间形成一种相对均衡或对称的状态。参见钱小平:《惩治贿赂犯罪刑事政策之提倡》,《中国刑事法杂志》2009年第12期。

现量刑失衡的状况。如果按照当下盛传的受贿罪 1 万元、10 万元、100 万元的数额标准，那么对于行贿、受贿 20 万—100 万元的案件，行贿人的刑期有可能重于受贿人的刑期。（4）从宽标准的差异仍然存在。此次修法进一步严格了"行贿人在被追诉前主动交代行贿行为"的从宽幅度，但对"特别自首"这一制度仍然予以保留。但从从宽幅度上，刑法对行贿罪的"优惠"仍然大于受贿罪。一是行贿人只要在被追诉前主动交代行贿行为，即可从轻或者减轻处罚，而受贿人只有主动投案并如实供述自己的罪行，才可能获得相当的从宽处罚；二是行贿人在犯罪较轻、对侦破重大案件起关键作用或者有重大立功表现等三种情形下，可以减轻或者免除处罚，而受贿人却没有相应的从宽条件。

三、腐败治理新常态下行贿犯罪治理路径的应然选择

腐败治理新常态是当下中国腐败治理、国家治理的重要内容，其目标是期望通过新常态下的制度建构与全面推进，进而达至一种国家治理能力与治理水平全面提高的治理格局。要想真正建构形成"不敢腐、不能腐、不想腐"的良好治理生态，既需要保持对受贿犯罪的高压态势，更需要依法严厉打击行贿犯罪，而不是缩小行贿罪处罚范围，或者对行贿行为做非罪化的处理，这在理论和实务界已经基本形成共识。[①] 但是，在行贿犯罪的立法和司法上，如何选择适当的路径，切实弥合行贿犯罪治理现状与刑事政策理想目标之间的差异，值得进行深入的研究。笔者认为，宜从以下两个方面着力推进：

（一）立法层面

法治国家的建设目标要求必须不断强化罪刑法定原则的现代意义与指导功能。若要调整对行贿犯罪的治理策略，达至一种新的治理标准，其前提是有必要进行再一次的立法修正，涉及内容：

1. 减化行贿罪构成要件要素的内容，取消"谋取不正当利益"要件

犯罪的构成要件要素对犯罪的适用具有过滤、筛选与限制功能，过多的构成要件要素设计，势必降低刑法对特定犯罪的治理能力，钝化了已经启动的刑罚治理的应然功能。行贿罪的本质是侵犯国家工作人员职务行为的廉洁性和不可收买性，行贿人谋取的利益是否正当，不影响行贿犯罪的本质，而且该要件的存在，人为制造了行贿、受贿犯罪处罚范围的差异。在社会发展由传统社会

---

① 孙国祥：《反腐败刑事政策思考》，《人民检察》2014 年第 14 期。

向现代社会转型的过程中,在国家治理能力有限的状况下,对行贿罪配置非对称性的构成要件内容,存在其一定合理性,然而,在国家全面提高治理能力、强化腐败治理在国家治理中的重要功能的时代背景下,特别是基于积极治理主义的理念要求,必然要以严密法网、推进治理功能为导向,进行系统化的内涵式改造,以此才能真正实现"科学立法"对腐败治理的积极功能。不仅如此,基于司法实践中对"谋利要件"的证明困难,而导致的司法效率和打击效果的影响,应当与受贿罪中"为他人谋取利益"要件一并取消。

2. 推行贿赂犯罪治理一体化的原则,统一行贿、受贿犯罪量刑标准

《刑法修正案(九)》基于"内涵式修复"的导向,对受贿罪的量刑基准做出了由数额向"数额+情节"的修正,尽管这一立法修正并未真正解决受贿罪法益定位与构成要件要素的吻合性问题,仍在一定程度上扭曲了受贿罪构成要件要素与犯罪治理标准的关系,但"数额+情节"的标准对于缓解受贿罪的罪刑关系仍具有一定的积极意义。而在此次的立法修正中,对于行贿罪的量刑标准,并未做出对称性的修正,而仅规定了"情节"要素;但是,在司法解释对"情节"的规定性配置中,设定了既包含数额又包含情节的内容,同时,行贿、受贿犯罪的数额标准尚未统一。为防止出现受贿行为构成犯罪而行贿行为可能不构成犯罪的情况,应出台相关司法解释,统一此类犯罪的数额标准,以切合贿赂犯罪对合性的本质。

3. 倡导贿赂犯罪责量要素的一体化标准,统一行贿、受贿犯罪法定刑幅度

为了防止司法实践中出现量刑失衡的情况,应以受贿罪为标尺,对行贿罪的法定刑幅度进行调整,规定"三年以下有期徒刑或者拘役""三年以上十年以下有期徒刑""十年以上有期徒刑或者无期徒刑"。

4. 统一所有贿赂型犯罪的刑罚尺度,提高单位行贿罪的法定最高刑

行贿罪的本质是对国家工作人员职务行为的收买,而从社会危害程度上看,单位相较于个人,其资金实力更强大、交往范围更广泛、"公关"力度更大、犯罪"成功率"更高,因此单位行贿罪的社会危害性较自然人行贿罪的社会危害性更大。而现行刑法规定的单位行贿罪的法定最高刑仅5年,与自然人行贿罪无期徒刑的法定最高刑相比很不协调。建议立法对单位行贿罪增设一个量刑幅度,即规定"三年以下有期徒刑或者拘役""三年以上十年以下有期徒刑",提高该罪的法定最高刑。

(二)司法层面

1. 淡化"谋取不正当利益"要件的过滤功能

司法实践中,"谋取不正当利益"要件的存在已经成为阻碍惩处行贿犯罪的主要因素,但现行刑法并未取消该要件,因此对该要件进行实质化、扩大性的解释,①从效果上淡化该要件实有必要。"两高"《关于办理行贿刑事案件具体应用法律若干问题的解释》第 12 条规定:"行贿犯罪中的'谋取不正当利益',是指行贿人谋取的利益违反法律、法规、规章、政策规定,或者要求国家工作人员违反法律、法规、规章、政策、行业规范的规定,为自己提供帮助或者方便条件。违背公平、公正原则,在经济、组织人事管理等活动中,谋取竞争优势的,应当认定为'谋取不正当利益'。"由此可见,不正当利益既可以指利益本身具有违法性,也可以指取得利益的手段、方式具有违法性。申言之,如果行贿人意图谋取的利益本身是合法的、正当的,但其通过行贿这一违法手段来实现,亦可以认定其谋取的利益具有不正当性。

2. 严格单位行贿罪的认定标准与条件

司法实践中,尤其是在工程建设领域,如果行贿人作为个人施工者、个人承包人而进行行贿,均认定为自然人行贿;而行贿人有实际控制的公司、企业,其行贿行为往往被认定为单位行贿,不能做到同类行为同样处理。究其原因,是因为司法机关有意或无意地忽视了《刑法》第 393 条关于"因行贿取得的违法所得归个人所有的,依照本法第三百八十九条、第三百九十条的规定定罪处罚"。对行贿人有实际控制的公司、企业的案件,没有严格审查行贿违法所得的利益归属,从而在一定程度上放纵了犯罪。因此,对单位行贿案件,要重点审查行贿违法所得的去向、归属,对违法所得归行贿人个人所有的,依法认定为自然人行贿罪。

3. 减少非监禁刑的适用

现行刑法为行贿犯罪的行为人保留了"特别自首"的从宽处罚制度,但该制度并非对任何行贿人均可适用,也并非一旦适用这一制度即可判处行贿人缓刑甚至免刑,否则刑法的威慑力将荡然无存,严惩腐败的刑事政策目标也难以实现。笔者不赞成对行贿、受贿双方均判处相同的刑罚,但认为对行贿人大规模适用非监禁刑是不可取的。贝卡利亚曾说:"刑罚的威慑力不在于刑罚的严酷性,而在于其不可避免性。"因此,严格行贿犯罪"特别自首"条款的适用条件,减少非监禁刑的适用范围,使相当部分的行贿人罚当其罪,才能真正扼住贿赂犯罪的"源头"。

---

① 张建、俞小海:《行贿犯罪的司法实践反思与优化应对》,《中国刑事法杂志》2015 年第 3 期。

知识**产权**犯罪研究

经济刑法

Economic Criminology

论网络服务提供行为的著作权
刑民规制衔接

——兼析《刑法修正案(九)》第 29 条
关于中立帮助行为的规定

秦天宁[*]

摘　要：网络服务提供行为的法律规制在刑民两大法域具有不同的价值基础和目的驱动,即具有"违法相对性",然而鉴于不同法领域的最终价值基础是共通的,其违法性判断应当基于"一般违法性"在整个法秩序体系中作统一理解。鉴于此,立法者将提供网络服务行为等间接侵权行为通过法律拟制界定为实行犯,以期达到前置保护知识产权法益的目的,不仅强化了刑法的宣示功能,而且将侵权风险管控的关口实质性地提前至民事领域。为确保立法体系和法律适用的理论自洽性,有必要通过客体法益及主观要件的区别设置厘清刑民交错关系,进而有机衔接刑民两大法域的法律适用规则。

关键词：法秩序统一性　法益前置　刑民衔接　风险预防

　　网络服务提供行为,是指网络服务提供者将作品、表演、录音录像制品上传

---

　　* 秦天宁　上海市静安区人民检察院检察官助理,华东政法大学刑法学博士研究生。本文系国家社科重大项目《互联网领域知识产权重大立法问题研究》(批准号：14ZDC020)的阶段性研究成果。

至或以其他方式将其置于向公众开放的网络服务器中，为服务对象提供自动接入、自动传输、信息存储空间、搜索、连接、P2P（点对点）、广告推广、支付结算等服务的行为。① 从技术层面分析，"提供"行为可以细化为作品"上传"与"其他"两个阶段。目前司法实践中真正的争议集中在搜索、连接、P2P（点对点）等作品"上传"后提供"其他"服务的性质界定上，②这些行为由于与以往将作品直接上传至自己网站服务器的网络传播有所不同，并未直接侵犯作品本身，《著作权法》目前难以将其认定为对信息网络传播权的直接侵权。因而，在民事审判中，为服务对象提供自动接入、自动传输、信息存储空间、搜索、连接、P2P（点对点）等服务的行为被认为是服务对象传播的信息在网络上传播提供技术、设施支持的帮助行为，一般被判定为构成间接的信息网络传播行为。③ 2015 年11 月生效的《刑法修正案（九）》增设《刑法》第 287 条之二，将"明知他人利用信息网络实施犯罪，为其犯罪提供互联网接入、服务器托管、网络存储、通讯传输等技术支持，或者提供广告推广、支付结算等帮助，情节严重的"行为评价为具有刑事可责性的行为，"两高"拟定的罪名为"帮助网络犯罪活动罪"，从而将具有支持和服务功能的一系列网络服务提供行为直接规定为单独犯罪，无须适用帮助犯等共犯原理加以评判。根据该规定，本来还存在理论争议的网络环境中的帮助行为，实际已提升为正犯处罚。④ 虽然，刑事司法实践中已有案例就深度连接等网络服务提供行为作出过入罪化处理⑤，但实践中仍有观点认为，应当对网络服务提供行为等中立行为的处罚进行限制，如果法益保护过度提前，这会导致刑罚不可接受的过度延伸。⑥

---

① 关于"网络服务提供者提供行为"的方式和种类，参见 2012 年最高人民法院《关于审理侵害信息网络传播权民事纠纷案件适用法律若干问题的规定》第 4 条及 2011 年最高人民法院、最高人民检察院、公安部《关于办理侵犯知识产权刑事案件适用法律若干问题的意见》第 15 条。

② 关于"网络服务提供者提供行为"内涵与外延的界定，参见孙万怀：《慎终如始的刑民推演——网络服务提供行为的传播性质》，《政法论坛》2015 年第 1 期，第 96、103 页。

③ 相关依据参见 2010 年北京市高级人民法院《审理涉及网络环境下著作权纠纷案件若干问题的指导意见（一）（试行）》第 3 条。

④ 相同的观点参见周光权：《网络服务提供商的刑事责任范围》，《中国法律评论》2015 年第 2 期，第 177 页；车浩：《刑事立法的法教义学反思——基于〈刑法修正案（九）〉的分析》，《法学》2015 年第 10 期，第 13 页。

⑤ 如 2014 年 5 月，由上海市静安区检察院提起公诉、上海市普陀法院审理的"1000 影视"网站侵犯著作权罪一案中，判决结论认为："网络服务提供行为，可使公众在其个人选定的时间和地点通过网站获得作品，符合信息网络传播行为的实质性要件，属信息网络传播行为，因此符合侵犯著作权罪中'发行'（通过信息网络传播）的行为性质。"参见上海市普陀区人民法院刑事判决书，案号（2013）普刑（知）字第 11 号。这是我国司法实践中首次认定网络服务提供行为是信息网络传播行为，同时适用刑法进行独立评价。

⑥ 车浩：《刑事立法的法教义学反思——基于〈刑法修正案（九）〉的分析》，《法学》2015 年第 10 期，第 12 页。

事实上,网络服务提供行为的法律性质认定,在民事与刑事领域都已成为互联网领域知识产权(著作权)的重大立法及实务问题。虽然《刑法修正案(九)》的立法设计印证了司法判决结果的正当性和合法性。但个案判决及刑事立法并不意味着问题的解决。网络服务提供行为入罪化相关争议的实质在于,违法性在不同法领域具有不同的判断标准,对于同一行为而言,当民法、刑法对于违法性的判别思维存在激烈观点碰撞的情况下,两者之间紧张关系如何缓解。值得一提的是,虽然刑民两种思维及观点彼此对立,但均在各自领域具有完备的正当性和合理性,坚持规范解释很难将两者有机融合,也难以找到解决问题的出路。因此,对于这一无法在单一法规范视野内论证的难题,笔者认为应当转换视角,在法秩序整体中,考察动用刑法对前置法上缺位的法益进行评价的正当价值基础,进而提出衔接、协调网络服务提供行为刑民认知差异的解决方案,以确保立法体系和法律适用的理论自洽性。

一、法秩序统一性原理下的刑民衔接机理分析

(一)规范层面具有违法相对性

关于网络服务提供行为法律属性的认知,民事、刑事法律层面一直存在严重分歧。在民事规范领域,中国已经发生过大量的视频网站利用搜索、连接、P2P等服务提供行为侵权的案件,法院通常在"信息网络传播权"框架下以构成间接侵权予以判决;学术界在其是否构成对"信息网络传播权"的直接侵权问题上亦分歧巨大。在刑事规范领域,"1000影视"案的判决结论肯定了其单独的可罚性,而《刑法修正案(九)》采用法律拟制的立法技术将帮助行为直接予以单独的刑事评价,形成了搁置前置著作权法上诸多争议的结论。可见,在民事法域,提供网络服务行为的法律规制仍处于相对模糊的状态;而在刑事法域,单独入刑已具备了相对明确而正当的法律基础。产生以上分歧的根源在于,民事、刑事法域的违法性判断标准存在一定程度上的分离,"民法不法的本质是侵犯私权,而刑法犯罪的本质是侵犯刑法规范法益",[①]两者违法性判断标准的语境体系及价值目标不同,对其违法性的评价也因而产生差别。

1. 知识产权法基于法定主义的保守态度

从民事领域出发,设置连接等网络服务提供行为只能在特定情况下将其定性为帮助型间接侵权,这表明其侵权责任构成要件受到诸多限制,其规制程度

---

① 陈灿平:《刑民实体法初探》,法律出版社 2009 年版,第 302 页。

和力度明显弱于法定著作权种类。这种相对保守的选择性救济方式给社会各界带来了诸多操作性困扰。

就互联网版权产业界而言，由于技术发展日新月异，各类网络盗版行为已成为侵犯著作权的重灾区，相关法律适用规则的缺失已成为影响网络版权执法力度的关键因素，亟待明晰立法、强化规制。就司法实务而言，由于司法机关对于网络服务提供行为的定性均存在明显分歧，①当法律规则"对于一个全新的概念语焉不详的时候，在一个缺乏司法能动的环境里，习惯于依照司法解释处理案件的刑事法官们自然一下子觉得手足无措"。② 就理论界而言，大多数观点认为，被网络服务提供行为侵犯的著作权不能始终处于"弱保护"状态，需要立法明确其法律属性，其所承载的需要保护的利益，是特定类别著作权（信息网络传播权等）的前期状态，具有发展成为法定著作权的明显可能，是可能上升为权利的法益。由于法律相对于技术永远具有滞后性，加之成文法本身的局限性，必然要求法律为这些现实存在的法益提供前置性保护。③

然而，即使在社会各界立法呼声均如此高涨的背景下，理论界和司法界对网络服务提供行为的法律定性却依旧采取谨慎而克制的态度。究其原因，笔者认为，根源在于知识产权的产生具有法定性，不宜轻易改变对权利的法律拟制。在知识产权法定主义下，通过知识产权单行法来创设权利，法律预先规定权利取得的条件、权利行使的范围、存续的时间等，使符合法定要件的利益成为一种具有排他性的支配权，即知识产权。④ 虽然网络服务提供行为可能损害著作权人的版权利益和非版权利益（被侵权责任法、不正当竞争法等法律保护的法益），但就现阶段而言，不能仅仅因为未定型为权利的利益与既有权利之间存在保护范围、手段等方面的差异，就扩张既有知识产权权利范围，将相关法益作为法定种类的知识产权加以保护。这样不仅有悖知识产权法定主义这一基本原理，而且使知识产权产生泛化趋势，不利于权利的合理分配及利益的动态平衡。以深度连接为例，如果在信息网络传播权之外设立"设链权"等其他权利，就意味着深度连接是受权利人控制的行为，只要未经著作权人许可对其他网站中的作品设置连接，即意味着设连者构成直接侵权，深度连接这一技术也将随之被

---

① 姜旭：《如何破解深度链接著作权保护难题?》，《中国知识产权报》2014年11月14日第010版。

② 参见孙万怀：《慎终如始的刑民推演——网络服务提供行为的传播性质》，《政法论坛》2015年第1期，第101页。

③ 谭华霖：《知识产品法益保护模式探讨——兼论法益与权利之冲突》，《政治与法律》2011年第7期，第110页。

④ 谭华霖：《知识产品法益保护模式探讨——兼论法益与权利之冲突》，《政治与法律》2011年第7期，第110页。

遏制,互联网利益格局将产生颠覆性变化。有鉴于此,将网络服务提供行为设置为法定知识产权这一举措应当慎之又慎。从目前情况来看,仍然宜将其所涉权益作为与知识产权有关的法益,而非法定知识产权种类。从权利角度而言,只要网络服务提供行为并未被法律明确禁止,该行为仍是相对安全和自由的。

2. 刑法基于行为实质及社会危害性的扩张保护

然而,将相同的命题置于刑事法域视野进行讨论时,就产生了具有本质不同的结论。在"1000影视"案中,深度连接行为被认为符合信息网络传播行为的实质性要件,属信息网络传播行为,因此符合侵犯著作权罪中"发行"(通过信息网络传播)的行为性质,构成侵犯著作权罪。由于涉案法律问题缺乏较为稳定而一致的前置民事法律基础,法官的判决遵循了"具有刑事可罚性—间接行为具有侵权性—间接行为具有入刑正当性—深度连接提供网络服务行为应当被刑法单独评价"的逻辑进路;而在公诉机关看来,就危害性而言,深度连接行为可以将大量分散的侵权作品集聚在同一个网站上,具有社会危害性的叠加和聚拢效应,与直接拥有和上传侵权作品的行为在刑法评价意义上具有等价性,构成侵犯著作权罪①。由此可见,检察机关和审判机关在办理这起全国首例深度连接行为入刑案件时,均未过多地纠结于前置著作权法上的权利种类和权益界限,也避开了对帮助型间接侵权行为的诸多刑民推演的规则障碍,而是将视线焦点置于对社会危害性及独立刑事评价可能性的考察上,其司法认定过程是着眼于罪刑法定原则的层进式的刑法目的解释过程。

同时,在法律概念解释层面,也有观点在刑法视野内进行了独立而完整的论述。对于如何在刑事法域中认识"传播"行为,有观点认为:"传播的实质是信息通过一种有效的手段在更大范围内被知悉。所以,其特点不在于手段本身的工具性,而在于受众通过这种工具直接获知了信息。"②意即在刑法上连接等网络服务提供行为是当然的信息网络传播行为,以侵犯著作权罪定性并无障碍。持该观点者亦认为,虽然"服务提供行为被界定为传播"这一问题在侵犯著作权领域"争议得不可开交",但这在刑法领域系"不是问题的问题"③,"前置法中所设定的体系、责任承担方式以及思维模式与刑法存在一系列本质性的差别,注定了二次违法性并不必然依赖于一次违法,一次违法性在刑事认定中并不具有决定

---

① 参见上海市普陀区人民法院刑事判决书,案号:(2013)普刑(知)字第11号。
② 孙万怀:《慎终如始的刑民推演——网络服务提供行为的传播性质》,《政法论坛》,2015年第1期,第105页。
③ 孙万怀:《慎终如始的刑民推演——网络服务提供行为的传播性质》,《政法论坛》2015年第1期,第104页。

性,而民事规则的解释不能构成一种前置法的要素。尤其是在认定网络服务提供行为性质的时候,当前置法的解释出现错误的时候,刑法更不能一错再错"①。

以上两种对案件的评述,分别从刑法解释论和法律概念界定两个角度对深度连接等网络服务提供行为的刑事可责性进行了逻辑推演,虽然视角不同,但都在其思维进路中体现了相对独立于前置法的刑法评价思维,反映了在刑法领域,无论是理论界还是实务界,都倾向于将网络服务提供行为这一民事领域的帮助行为进行独立刑事评价,以目的解释和实质解释论为基石对犯罪构成进行构建,使帮助行为正犯化具备正当性基础,体现了法益保护前置的刑法理念。虽然网络服务提供行为并未具备法定知识产权的权利地位,但刑事法却对其进行了前置化的法益保护措施,实现了扩张性的风险预防。

3. 基于"权利"与"行为"两种标准的违法相对性

由于不同法域的立法目的、法律效果存在差别,因而各自所要求的违法性程度亦有不同。民事法律通过确定主体、行为边界及行为结果来调整民事行为,其目的是确保个人通过意思自治、契约自由形成社会关系。而刑法是维护社会秩序的最后防线,其对社会秩序的调节是非内生的和消极的,其适用应当是对其他法律的保障和补充。因而,刑法解释理论中的多数观点认为,刑民两大法域在对行为性质判断上采取的方法有所不同,民法更强调权利关系的形式判断,刑法则更关注行为社会危害性的实质评判。深度连接等网络服务提供行为作为新兴互联网技术到目前为止并未被划入任何一种知识产权范畴。然而,在案例判决时却被刑法评价为具有独立性的网络传播行为,进而以侵犯著作权罪入刑。知识产权法是权利法,这决定了著作权法应当从权利角度对"信息网络传播权"界定法律内涵。刑法是行为法,侵犯著作权罪是通过设置国家刑罚权的实体边界禁止通过信息网络向公众传播他人作品、制品的犯罪行为。著作权法对信息网络传播权的规定,重在把握其与其他类型的著作权之间的界限,而运用刑法解释原理对侵犯著作权罪"信息网络传播行为"加以责任评价,关键在于形成符合公平正义理念并能为社会一般公众所接受的关于网络服务提供行为本质的理解。著作权法与刑法相关规定归属于两个问题(信息网络传播权与信息网络传播行为),演绎为两种视角(权利解释与行为解释),这是刑法及其司法解释基于知识产权法对网络服务提供行为作出相对违法性判断的法理基础。

---

① 孙万怀:《慎终如始的刑民推演——网络服务提供行为的传播性质》,《政法论坛》2015 年第 1 期,第102 页。

（二）价值层面的法秩序统一性

法律有着以宪法为顶点的阶层构造。当具有阶层构造的法规范成为完整体系的时候，被称为"法秩序"。法秩序是由复数的法规范构成的，形成各自的领域，在多数场合下，受按照一定事项所系统制定的法规群的制约。① 一个法秩序从整体来说应当是统一的体系，但不同的部门法按照各自不同的原理形成了独立的法域。不同的法域之间应当不存在冲突，并最终具有价值目的上的法秩序统一性。"所谓法秩序的统一性，从规范性视角观察众多法规范时，所反映的是众多法规范应当以自身不发生矛盾的统一体进行把握的一种观念。因此，所谓法秩序的统一性，并非意味着现实中的法没有包含相互矛盾的要素这一事实认识。社会本身是一个包含众多矛盾的整体，这是不可否认的事实。既然法具有某种社会性，那么，社会矛盾反映在法的层面上也是理所当然的。然而，法是为了解决社会矛盾而制定的，是一种具有目的意识的社会统制的一种手段。法作为实现目的的手段有统一性，才能充分发挥其作用。"②因此，法秩序"统一性"意味着各个法域的调整对象可以不同，对同一行为调整的法律效果亦可不同，但是对行为的最终价值判断不应出现冲突。

不同法域具有不同的价值评价标准和运行目的，在具体法律适用过程中，各法域必然基于自身规则进行相对独立的判断。因此，即使作为保障法和补充法，刑法的适用规则也并不必然以前置法为必然基础，而是具有较强的独立性。此处的"独立性"意味着，某些在民事法域通过利益权衡将其例外地认定为有效的行为，在刑事法域仍存在将其纳入犯罪构成评判体系的可能性。而在尊重刑事法域的"独立性"和"违法相对性"的同时，不可能不顾及刑民两大法域应当具备的共通的内在价值基础，从而忽视刑法的谦抑性与补充性，随意扩张犯罪圈。"刑法学者如果认为，只要考虑刑法上的违法性即可，那就是刑法学者的怠慢。"③于是，在刑法的"独立性"与"补充性"同时存在的情况下，如何基于法秩序统一性原理探寻其两者之间的平衡点和联系点，打通"一般违法性"的价值判断进路，衔接和协调民事法域和刑事法域关系，全面把握法律体系的功能与结构，就成为解释和适用法律的核心问题。

对此，笔者认为，应当动态地考察与反思当前我国相关领域刑事立法的价

---

① 郑善泽：《法秩序的统一性与违法的相对性》，《甘肃政法学院学报》，2011 年第 7 期，第 61 页。
② 郑善泽：《法秩序的统一性与违法的相对性》，《甘肃政法学院学报》2011 年第 7 期，第 62 页。
③ ［日］山口厚、井田良、佐伯仁志：《理论刑法学の最前线》，岩波书店 2001 年版，第 94 页。

值基础和理念选择。以《刑法修正案（九）》第 29 条为例，该条规定是立法者就连接等一系列网络服务提供行为，根据司法实践现状量化评估社会风险后进行的法律拟制，代表着强化社会利益保护的立法动机与社会危害提前控制的政策考量，具有强烈的对未上升为权利的法益进行保护的目标。笔者进而认为，随着互联网版权产业链不断向纵深发展，相关刑事立法与司法实践应当以著作权风险控制为核心渐进地重构刑法规范。网络服务提供侵权行为可能制造的著作权风险将严重侵害法律所保护相关法益（著作权或非著作权利益），应当成为刑法设置相关制度性利益的正当性价值基础。但同时，只能在这些行为对互联网版权产业链生态与著作权人权益足以造成侵害风险的情况下，才能运用刑法规范加以法律评价。如果行为不存在法益侵害风险，即使客观上发生了严重的侵害著作权人权益的结果，也不应对其进行刑事评价。具体而言，网络服务提供行为刑事归责的递进式规范评价模式应当是：行为产生了法律禁止的著作权风险（风险生成）—该著作权风险满足了社会危害性要求（风险评价），而风险生成与评价之间的转化机制就成了有机、统一协调紊乱的刑民关系的认识基础。概言之，在法秩序统一原理视野下，网络服务提供行为的价值基础和内在目的在于预防可能引发的类型化网络著作权侵权风险。而此时，刑民法域间衔接协调的平衡点系法益提前保护的限度问题，两者的转化机制则是对违法性认识可能性的判断。

二、法益前置理念下的刑事管控机制构建

（一）刑法宣示功能的强调

目前，以网络服务提供行为为手段从事的侵权活动非常普遍[①]。实践中，不提供上传内容，只提供技术服务的帮助型侵权行为已经成为常态，加之由于其涉众性广，较之直接侵权者更具社会危害性，因此将其从传播行为中抽离出来，单独予以刑事规制，是具有高度现实意义的立法选择。

在民事法域，立法者考虑到权利法定性及利益格局可能产生的剧烈变化，未将网络服务提供行为予以明确规定，因此就行为是否具有"一般违法性"这个

---

① 参见浙江省宁波市海曙区人民法院民事判决书，案号（2012）甬海知初字第 135 号；北京市海淀区人民法院民事判决书，案号（2005）海民初字第 14665 号；北京市第一中级人民法院民事判决书，案号（2015）一中民初字第 7978 号；北京市第一中级人民法院民事判决书，案号（2006）一中民初字第 6273 号；北京市第二中级人民法院民事判决书，案号（2007）二中民初字第 02629 号；北京市高级人民法院民事判决书，案号（2007）高民初字第 1201 号。

命题而言,就不能仅从刑法角度进行考察,更应结合知识产权法等民事法律进行整体的判断。现代法律体系的建立不是以义务为出发点而是以权利为基础的。刑法的定位在于,以规定权利之产生、适用、消灭的私法等法规范的存在为前提,为了保护对社会而言必须且不可或缺的基本权利,在明确且必要的限度之内,惩罚对权利的侵害或危险。[①] 从这个角度说,规制网络服务提供行为的刑法条文对包括其在内的帮助型网络侵权行为的规范构建与适用,既承担着民事法域上保障知识产权人合法权利的功能,又担负着管控互联网版权产业经营环境的职责,这实际上意味着犯罪圈划定问题已成为现代社会对公共治理政策的选择问题,其价值基础是互联网知识产权经济健康发展的内在需求。全国首例"深度连接侵犯著作权入刑案"的有罪判决和《刑法修正案(九)》的相关规定,一定程度上表明了司法机关对于网络服务提供行为的处罚立场已由对危害结果的事后矫正转向对风险的事前预防,宣示这种在刑事法域具有相对违法性的行为具有一般违法性,向社会公众清晰地传达法律的态度,发挥法律的晓谕功能。

(二)帮助行为正犯化的确立

网络服务提供行为等间接侵权行为已经构成类型化的社会危害,其外在表现是法律禁止或者不能容忍的互联网知识产权风险。刑法能够禁止基于网络服务提供行为产生的大规模侵犯著作权行为,并通过具有最高强制力的刑罚手段保障法律的控制效果。虽然刑法是保障其他部门法实施的最后防线,但囿于知识视野、认识能力、信息不对称等因素的限制,加之法律亦具有极强的专业性和抽象性,实务部门难以在刑法和前置法所调整的不同行为之间划定明确界限。因此,立法者在《刑法修正案(九)》中对司法实践中大量存在的网络服务提供行为入罪化质疑作出了统一而权威的回应。从立法角度出发,如果刑法在前置法缺位或涵射力不足时,选择前移入罪界限的处理模式,不但能够实现部门法间的衔接和协调,而且也为实践提供了明确的适用规则。因此,笔者认为,刑法对网络服务提供这种帮助型侵权行为进行直接规制的犯罪化处理,是一种符合法秩序统一原理的理性选择,系对刑民两大法域"违法相对性"平衡点进行的本质思考。

一方面,帮助行为正犯化是不同于传统刑法的犯罪化趋势,法益前置的立法理念打通了违法相对性规范判断与法秩序统一性价值判断之间的逻辑脉络,

---

① 王昭武:《法秩序统一性视野下违法判断的相对性》,《中外法学》2015 年第 1 期,第 176 页。

将两大法域存在的规范性冲突整合于法秩序一元框架内,体现了立法控制潜在风险、维护版权市场秩序的价值追求。传统刑法中,帮助行为在危害性上小于实行行为,刑法因此规定从轻、减轻或免除处罚。而在互联网领域,帮助行为已呈现多样性和高风险性等特征,替代了传统正犯行为在共同犯罪中的中心位置,完全依据传统共犯理论已无法确保制裁的有效性。在中国,"帮助犯"仍未被立法确认,仅是理论层面的概念,并且刑法中主、从犯的处罚基点难以体现互联网领域中帮助行为和帮助犯的实际地位、社会危害性和高风险性。"当通过刑法总则所规定的对帮助犯的处罚已经不能满足保护法益的要求时,立法者往往将帮助行为类型化并直接规定为正犯,赋予其独立的罪名,通过这种方法严厉打击此类犯罪。"①从网络犯罪现状、著作权法益保护情况来看,直接将互联网领域中危害严重的高风险帮助行为入罪,使帮助行为摆脱其对实行行为的依附作用,是刑法应对互联网领域共同犯罪现实挑战的最佳方式。

另一方面,帮助行为正犯化的刑事保护路径也为司法部门提供了统摄个案争议的解释论方法。当刑民两种法律思维在不断交锋中互显不足,刑法理论逐渐就生成了一种以共同价值为导向的、在现有规范框架内探索解释性方案的分析进路。"深度连接行为是帮助型的间接信息网络传播行为,属于间接侵犯信息网络传播权,可上升为侵犯著作权等犯罪行为。深度连接行为既构成刑法上的帮助行为,也可在一定条件下认定为相关犯罪的实行行为,具有双重属性。深度连接行为在理论上能构成共同犯罪,但无论是作为共谋型共同犯罪,还是作为片面共犯,均存在刑事司法认定上的重大困境,而共犯正犯化后的单独犯罪模式则成为较为可行的司法选择。"②"一般情况下,刑法往往将连接行为作为一种犯罪手段而不是一种独立的犯罪行为加以评价,但随着搜索引擎的发展,连接行为已经开始独立化和主动化,套用片面共犯理论已经不能解决搜索引擎恶意连接行为带来的司法难题。通过扩张解释的方式评价和打击搜索引擎的恶意连接行为,仍然是传统刑法理论和规则应对网络犯罪的优先选择,同时,面对网络空间连接行为的独立化态势,将连接帮助行为加以正犯化,也将会是未来刑事立法与司法均无法回避的选择。"③这实际上是司法机关适用法律时所采用的一种目的性解释方法,而目的解释上升为立法的动向,表露了立法者提前保护被帮助型间接行为侵犯的法益的态度。

---

① 张明楷:《刑法学》,法律出版社 2011 年版,第 1023 页。
② 王冠:《深度链接行为入罪化问题的最终解决》,《法学》2013 年第 9 期,第 142 页。
③ 于志刚:《搜索引擎恶意链接行为的刑法评价》,《人民检察》2010 年第 12 期,第 6 页。

（三）违法性认识可能性的判断

1."明知"对刑事证明标准具有实质提升作用

侵犯著作权罪的该当性表现在未经著作权人许可而侵犯他人的著作权，由此对未经许可的"明知"成为该罪故意的逻辑起点。《刑法修正案（九）》第 29 条将主观故意形式限定为"明知"，而未提及"应知"。可见，立法者在将网络帮助行为正犯化的同时，对其犯罪故意的筛选其实是采取了高度的审慎态度。一方面，立法者将连接等帮助型共犯行为正犯化之后，司法机关就无须就直接侵权者的实行行为进行繁琐的取证，即可适用明确的法律依据认定帮助行为构成犯罪。另一方面，立法者在增加刑法可操作性的同时，又对帮助行为正犯化的犯罪故意认定提出了更高的标准，即必须基于对帮助行为性质的"明知"方可进行入罪化处理。这种规则设计反映了立法者在扩展犯罪圈的同时，对刑法的适用范围进行了一定程度的限缩，这不仅是对刑法谦抑本性的顾及，更是基于法秩序统一性的考量。

在民事法域，最高人民法院《关于审理侵害信息网络传播权民事纠纷案件适用法律若干问题的规定》第 7 条将"明知或者应知"作为主观要件；第 8 条规定，"网络服务提供者的过错包括对于网络用户侵害信息网络传播权行为的明知或者应知。"随后在第 9—13 条对"明知和应知"的推论情形进行了详细罗列。《刑法修正案（九）》第 29 条注意到了帮助行为正犯化与民事帮助侵权的差异，其毕竟是一种独立的犯罪形态，如果将其主观故意规定为"明知或者应知"，无异于移除刑民两大法域之间理当存在的罅隙，使刑法面临过度介入的质疑，因而立法者限制了"应知"层面"推定"的适用空间，实质性地提升了追究网络服务提供行为等间接侵权行为刑事责任的证明标准。

2."明知"将责任风险提前至民事法域

从法秩序统一性角度考察，以违法统一性为基础进行违法的相对性判断，其意义不仅体现于对违法性规范本身的理解，还涉及如何理解违法性认识的可能性的问题。违法性认识，是指行为人对自己的行为是违法的这一点存在认识；违法性认识的可能性，是指行为人在实施符合构成要件的违法行为时，能够认识到自己的行为是违法的。[①] 就违法性认识本身而言，作为认识层面的问题，民事和刑事法域并不存在本质区别；而在违法相对性内涵的目的差异层面，刑民两大法域应当对行为人"违法性认识的可能性"进行区分，受到刑事制裁的

---

① 王昭武：《法秩序统一性视野下违法判断的相对性》，《中外法学》2015 年第 1 期，第 176 页。

行为人应当较侵权行为人负有更高的违法性认识可能性，将"应知"予以立法层面的排除，这恰恰提供了可供操作的合理化标准体系。

实践中，有观点认为将网络服务提供行为进行刑事规制可能损害互联网版权产业发展的技术预见性。网络著作权法领域十分注重技术的法律属性甄别，如果新兴技术未被任何一种法定著作权种类所涵盖，那使用该技术可能引发的侵权风险相对就比较低，是较为安全的商业模式。然而，在刑法领域，刑法解释方式的多样性决定了任何解读视角都具有真理性因素，很容易将落在著作权法保护之外的行为宽泛地解释为"信息网络传播行为"或者"复制发行行为"，进而动用刑法加以归责。因此，一种能够基于著作权法预见到其权利边界的新技术，可能在刑法领域该预见性就会明显下降。该观点进而认为，如果某种创新网络技术在著作权法上是合法的，而却因为刑法的扩张性本能遭到刑事制裁，那么网络技术创新将自信动摇以致畏缩不前。笔者认为，该观点仅关注到了网络服务提供行为的违法相对性，而未在法秩序统一性框架下层进式地认识刑民两大法域统一性目的追求。其实，就网络服务提供行为的法律定性而言，并非相对割裂的刑民静态综合，而是社会危害性经由犯罪构成类型化为刑事违法性这一唯一特征的动态过程。上述观点实质反映了立法体系和司法判例中刑民视角存在高度的紧张关系。而产生紧张关系的根源，笔者认为，在于民事法律对利益关系调整、监控的缺位。在著作权领域，作为网络服务提供者的事前、事中的"注意"、"审查"义务实质性地退后至适用"通知—删除"规则的事后处理，这意味着以潜在风险消解为核心的民事调处和风险生成与认定为核心的刑事司法承担了同质性职能，于是产生了上述对网络服务提供行为单独入刑将会降低公民对自己行为预测可能性的质疑。

风险本质上是潜在的有害因素，在风险实际生成并转化为现实社会危害性之前，民事法律应当对潜在风险因素进行处置与化解，而这种机制应当基于确保网络服务提供者对侵权风险具有"违法性认识可能性"的基础上。关于"违法性认识可能性"的表述，《刑法修正案（九）》第29条使用了"明知"。"明知"的使用起到了将风险预防机制提前至民事法域的实质作用。如果网络服务提供者怠于履行注意和审查义务，而是在实施侵权行为后被通知采取删除、屏蔽、断开连接等必要措施，则其"违法性认识的可能性"就极有可能相应地从"应知"层面上升为"明知"，从而面临被追究刑责的被动局面。有鉴于此，对于网络服务提供者而言，比较明智的做法是强化其著作权法领域的风险预防和处理机制，以此限制刑罚适用的可能性。

可见，刑民两大法域的衔接和融合是一个动态调适的过程，因而，有必要摒弃刑民思维及其治理方式难以整合甚至完全对立的思路困境。民事调处机制与犯罪化控制措施完全可以在互动过程中建设性地予以转化并合作,在全面互动与有机整合民事责任认定规则与刑法规范两种体系的基础上,形成有效的系统性风险控制。刑法应当充分地容忍网络版权产业链中存在的侵权可能性因素,将符合技术发展规律的版权纠纷交由著作权法自行处理;刑法还应充分地肯定版权市场中的自由竞争与创新,不宜通过过度介入的方式对版权产业链中存在的技术革新进行打压。刑法的基本定位应当是坚定地稳固互联网版权产业的最后法律保护屏障。

三、立法、司法具体衔接方案的设计

从上述基于法秩序统一性原理及法益前置理念对网络服务提供行为构成要件以及其刑事可罚性的分析中可以看出,其入罪化的实质根据在于其制造了法律禁止对网络知识产权相关法益的侵害。这种风险经由立法设定已经对相关法益进行了前置化保护。因此,网络服务提供行为原则上可单独构成犯罪,不仅是根据刑法规范表面意思形成的形式判断结论,也是符合犯罪构成实质解释的实然命题。在厘清网络服务提供行为入罪化的理论脉络后,笔者拟就其刑民规制的具体衔接问题提出具有操作性的方案。鉴于立法和司法具有不同的设计要求,拟从下述两个层面展开论述。

(一)立法层面

1. 逻辑统一性的构建

在我国刑事立法中,帮助行为正犯化已存在一些实例,如协助组织卖淫罪,就是其中的典型例子。该立法方式能够消解共犯、正犯区分之争,同时也能够疏离协助行为、组织行为之间的从属关系。考察我国刑法内部体系结构可知,帮助行为正犯化的立法模式分为两种:一种是在正犯之外,将帮助行为等共犯行为明确规定为独立犯罪,如容留卖淫罪、资助恐怖活动罪、资助危害国家安全犯罪活动罪等;另一种是忽略正犯行为,直接将帮助行为等共犯行为明确为独立犯罪,如帮助毁灭、伪造证据罪等。从《刑法修正案(九)》的文本含义来看,对于网络服务提供行为所涉及的"明知他人利用信息网络实施犯罪,为其犯罪提供互联网接入……通讯传输等技术支持,情节严重的"行为,立法者并无意区别于原正犯罪名(侵犯著作权罪)规定单独的"帮助"罪名,而是拟通过刑法修订的方式确立帮助型网络侵权行为的单独刑法地位,其采取的立法模式与上述两种模式均不同,系采取了法律拟制的立法技术,在存在正犯独立罪名的前提下,将帮助行为另外评价为独立的实行行为。

法律拟制,是将原本不同的行为按照相同的行为处理,或者说将原本不符合某种规定的行为也按照该规定处理。[1] 其特别之处在于,即使某种行为原本不符合刑法的相关规定,但在刑法明文规定的特殊条件下,也必须按相关规定论处。在法律拟制的语境下,网络服务提供行为在著作权法上地位缺失的现状能够被如实反映。具体来说,网络服务提供行为是否构成对信息网络传播权的直接侵权、能否视为侵犯著作权罪中的"复制发行"、能否直接以侵犯著作权罪予以规制,这些疑问在理论上都处于未决状态,而刑法将网络间接侵权行为直接拟制为对著作权的直接侵犯,正是立法者直面前置法缺位而进行的合理的选择。"从规范性视角观察众多法规范时,所反映的是众多法规范应当以自身不发生矛盾的统一体进行把握的一种观念。"[2]立法者意识到了在前置法对网络服务提供行为的定性作出明确规定之前,刑法不宜超越前置法进行规制,虽然不同法域对违法性的价值判断最终是具有目的统一性的,但是在规范意义上违法性却是相对的,因此,在立法过渡阶段,刑法规范不得超越前置法规范。

就网络服务提供行为入罪化问题而言,立法者所采用的法律拟制技术恰恰尊重了法秩序的统一性原理,充分顾及了前置法的存在意义,形成了层层深入、环环相扣的实践判断规则,是一种比较稳妥的模式。

2. 体系统一性的构建

法秩序统一性与违法判断相对性之间的矛盾,实则体现的是整体法秩序的统一目的与诸具体法域之自主目的之间的冲突。所谓"法秩序的统一性,就是指目的论上的统一"。[3] 这种目的的统一性既容纳各个法域自身目的的自主性,也坚持诸目的之间的协同性和统一性,从而各法域的自主目的最终服务于整体法秩序所追求的统一目的。然而,各个部门法之间对合法与违法的判断标准不同导致了不同法域之间"真空性"的产生,由此,我们需要构建一个统一法秩序所追求的多元性目的的体系。[4] 就网络服务提供行为的法律规制而言,从现有的司法实践看,其在行为方式和权利内容上不断修正着现有传统知识产权法,使其侵害的法益千差万别,由此产生认定标准上的多样化。而对符合具体罪名构成要件的网络服务提供犯罪行为,判断其刑事责任的过程就是在传统犯

① 张红艳:《欧陆刑法中的抽象危险犯及其启示》,《河北法学》2009 年第 9 期,第 156 页。

② 郑善泽:《法秩序的统一性与违法的相对性》,《甘肃政法学院学报》2011 年第 7 期,第 62 页。

③ 郑善泽:《法秩序的统一性与违法的相对性》,《甘肃政法学院学报》2011 年第 7 期,第 62 页。

④ 王昭武:《法秩序统一性视野下违法判断的相对性》,《中外法学》2015 年第 1 期,第 177 页。

罪框架内的定罪个别化过程。易言之，基于对具体网络犯罪行为与现有刑法罪名中所涉实质法益的比对，对涉案行为加以定性，遵循罪刑法定原则确定其应受的刑罚；但由于网络技术方式具有新颖性，传统犯罪框架难以完全涵盖网络服务提供行为，由此产生了具体行为与传统刑法上的罪名、罪状与刑事责任的不适应现象，需要强化立法结构的体系性，避免出现法律真空。

在著作权法等前置法领域，网络服务提供行为的权利归属及其法律规制一直处于变动状态，学术界和司法界始终没有达成共识。以深度连接为例，目前主要存在四种评判标准和观点：一是"服务器标准"。只有将作品上传或以其他方式置于向公众开放的服务器的行为，才是受"信息网络传播权"控制的"网络传播行为"，也才有可能构成对"信息网络传播权"的直接侵权。[1] 二是部分法院适用的"用户感知标准"。只要用户误认为该内容直接来自于设置连接的网络服务提供者，就可以认定该网络服务提供者未经许可提供了内容，构成直接侵权。[2] 三是"实质呈现标准"。如果设链者通过加框连接（加框连接系深度连接的一种）者将他人作品作为自己网页或客户端的一部分向用户展示，使用户无需访问被设链的网站，则设链者就应当被视为是作品的提供者，[3]进而构成对信息网络传播权的直接侵权。四是"控制标准"。即对互联网内容服务提供者的法律规制理念建立在控制管理的基础上，即"谁控制，谁管理，谁担责"，[4]只要设置深度连接的网络服务提供者对网页、域名等具有实际管理和控制权，则就对其内容的侵权风险承担责任。就这四种标准而言，在司法适用时各有利弊：第一种"服务器标准"虽具有标准清晰、明确的优点，但随着云计算、云存储等技术的发展，通过服务器获得侵权证据取证难度极大，实践中常难以认定，只能采用推定；第二种"用户感知"和第三种"实质呈现"多数情况下重合，可暂将这两种观点视为主观标准，由于客观中立基础薄弱，这两种标准存在自由裁量权过大的质疑；第四种"控制标准"虽然在电子数据证据收集上有明显优势，易于实务操作，但由于其并非以传播"作品"为基石，存在一定理论缺陷。虽然，就目前司法实践来看，法院大多基于"服务器标准"将深度连接提供网络服务行为认定为对信息网络传播权的间接侵权，然而，这并不能消解各类观点对深度连接的法律属性及其规制的争议，加之上述四种意见都不够深入，无论何种标准都不足以成为可靠的判断依据。

---

① 王迁：《网络环境中著作权保护研究》，法律出版社 2011 年版，第 338—339 页。
② 王迁：《网络环境中著作权保护研究》，法律出版社 2011 年版，第 338 页。
③ 崔国斌：《加框链接的著作权法规制》，《政治与法律》2014 年第 5 期，第 91 页。
④ 杨勇：《深度链接的法律规制探究》，《中国版权》2015 年第 1 期，第 59 页。

有鉴于此,网络著作权侵权风险的质与量就会不可避免地随着认定标准的犹疑不定而产生变化,刑事法域介入的标准和时间点也会随之产生变动。对于立法者而言,必须考虑各法域的目的在何种意义上会发生冲突,并且应当通过何种立法的制度安排来消解这些冲突,从而达到法秩序的统一性和各法域的自主性之间的圆融无碍。在这一意义上,"刑民"交错、"行刑"衔接的问题应成为立法者所关注的核心问题①。因此,在网络技术迅速发展的时代背景下,刑法作为救济法和保障法,有必要充分发挥其民事权利确认和刑事责任认定调节阀的作用,从单纯的前置性规范维护转向以侵权风险控制为核心的法益前置化保护体系,在充分保障私权利的基础上,探索"管理措施适度提前、政策立法适度前瞻"的刑事管控著作权侵权风险模式,推进相关刑法规范的构建与解释,确保刑罚保障机制具有稳定的最强风险控制力。

(二)司法层面

由于民法规范和刑法规范是基于不同的价值和目的制定的,必然出现刑民交错和衔接问题,在办理涉及网络服务提供行为的侵犯著作权案件时,司法机关应当从以下三方面着手解决刑民规则衔接问题。

1. 辩证处理刑民法域的统一性与相对性

实践中,司法机关往往采取刑民推演的方式对全新的概念进行诠释,进而从民事侵权角度切入分析刑民交错案件所涉行为的犯罪构成要件。此时,为了确保法律概念的统一性,司法机关一般运用民事法域的概念解释刑事法域中涉及的相同概念。民法规范和刑法规范的设置各有其背景,如网络服务提供行为定性涉及的"传播""帮助"等概念,在民事法域和刑事法域中具有不同的评价和界定。因此,不宜机械套用民事概念阐释刑事概念。

但与此同时,司法机关在刑事责任的认定过程中,又不能过于注重刑法独立性,进而割裂刑民两大法域的关联性,对刑法概念的理解不能超过其"文义射程",这就要求司法机关必须参考民事法域的相关规定。如在界定"传播"含义时,必须将著作权法上的"信息网络传播权"作为解释基础,不能脱离"作品"这一基石而仅将"传播"置于"公众性"视野进行考察,否则将加剧刑民关系的紊乱,模糊司法机关的法律适用界限,进而破坏法秩序统一性。

2. 遵循由民到刑的司法判断进路

当行为具有民事侵权和刑事可责性时,司法机关应分别运用民事规范和刑

---

① 王昭武:《法秩序统一性视野下违法判断的相对性》,《中外法学》2015 年第 1 期,第 177 页。

事规范对其加以定性,以厘清刑民规范间的交错关系,运用法益分析规则,对民法和刑法的立法目的及其保护的法益进行定位,并分别从规范和价值层面对相关行为进行实质可罚性考察。在"1000 影视案"中,司法机关对深度连接行为的刑事责任认定进行了细致而谨慎的逻辑解构,将"信息网络传播"性质的认定、刑事政策的价值取向及刑法制裁的限度等问题放置于法律体系之中,进行解释的合目的性检验,确保案件办理过程中对罪刑法定原则的动态贯彻。

同时,司法机关在办理案件时应将刑法作为最后手段加以适用。当行为既有违民法,同时又存在触犯刑法的可能时,尤其是在刑民两大法域的适用规范存在冲突时,司法机关应当在综合考量价值导向的基础上,探求优先适用民法的合理性。就网络服务提供行为而言,虽然《刑法修正案(九)》对其刑事单独可责性进行了较为明确的规定,但在具体认定过程中,司法机关仍应遵循由民到刑的处罚位阶,通过严格的法律解释证成行为的犯罪构成,不仅为网络服务提供者自由从事业务活动松解犯罪风险困境,而且为刑事司法正义追求进行谦抑规制与合理调整。

3. 综合考量法益保护与刑事政策的内在联系

犯罪圈的设置和划定具有强烈的政策目标价值驱动。将网络服务提供行为等帮助型侵权行为直接拟制为单独的实行犯,表明刑事政策有意对网络著作权法益进行周延而提前的保护。追究网络服务提供行为的刑事责任不以实行行为的存在为前提,因而司法机关没有必要审查共同故意和客观帮助行为,极大地缩减了犯罪构成要件该当性的证明成本。但在立法为司法实践提供操作便利的同时,有必要在实体性规范中设置刑民证明标准进阶,以期修正可能引发过激性质疑的法益保护模式。具体而言,司法机关在个案认定时,应当对犯罪构成要件进行层进式解析,廓清规范意义上的刑民边界。笔者将犯罪构成的具体认定模式提出如下建议:首先对客观要件和客体法益进行是否具有入罪可能性的判断,再对主体要件和主观要件进行判断,最终确定是否具有刑事可罚性。在分析客体法益要件过程中应当严格对民法权利和刑法法益予以区分,通过层进式的、以客体为核心的判断达到区分民事侵权与刑事犯罪的目的,同时将主观要件的甄别作为出罪的重要参考依据。

销售盗版作品行为的刑法适用

谢焱*

摘　要：销售盗版作品行为在刑法上相关的罪名有三个，分别为侵犯著作权罪、销售侵权复制品罪、非法经营罪，并有近 10 个司法解释予以规范，导致司法解释适用时产生交叉性困惑。对此，就司法解释进行性质和效力上的厘清，非法经营对侵犯著作权类犯罪的适用应该限缩，并否定"发行"包括"销售"的解释导致销售侵权复制品罪被虚置，论证销售侵权复制品罪具有独立性，在适用时应针对间接侵权的情形，严格按照入罪标准，正确处理共犯、未遂的关系。

关键词：盗版　侵犯著作权罪　销售侵权复制品罪　非法经营罪

根据百度百科，盗版是指在未经版权所有人同意或授权的情况下，对其复制的作品、出版物等进行由新制造商制造跟源代码完全一致的复制品，再分发的行为。在绝大多数国家和地区，此行为被定义为侵犯知识产权的违法行为，甚至构成犯罪，会受到所在国家的处罚。盗版出版物通常包括盗版书籍、盗版

* 谢焱　同济大学上海国际知识产权学院助理教授、同济大学德国研究中心研究员，德国慕尼黑大学法学博士。本文系 2016 年度国家社科基金重大项目"我国刑法修正的理论模型与制度实践研究"（课题编号 16ZDA061）之"子课题二：域外刑法修正制度实践之比较与借鉴研究"的阶段性研究成果；并获"同济大学中央高校基本科研业务费"资助。

软件、盗版音像作品以及盗版网络知识产品。①《韦氏词典》对盗版的解释是：未经授权复制、模仿或使用版权作品、专利、商标的行为，尤指出于商业目的大规模地未经授权复制受版权保护的书、录音制品、磁带及软件的行为。② 目前，我国文化市场上的盗版现象比较严重。盗版是一种违法现象，这种行为是否构成犯罪，构成何种犯罪仰赖于刑法的正确适用。

一、刑法规范、司法乱象与司法解释效力

（一）盗版行为的刑事法规范与司法乱象

对于盗版行为，我国《著作权法》第 47、48 条区分不同情形给予了民事、行政、刑事全面的法律责任规制。与"构成犯罪的，依法追究刑事责任"相衔接的是《刑法》第 217 条"侵犯著作权罪"，择取并限定将四种行为作为该罪构成要件的行为方式，并且第 218 条规定了销售明知是第 217 条规定的侵权复制品的，构成销售侵权复制品罪。自 1997 年《刑法》颁布实施以来，不同部门先后出台了多部关于出版物的司法解释，与销售盗版作品相关的司法解释主要有：1998 年最高人民法院《关于审理非法出版物刑事案件具体应用法律若干问题的解释》（简称 1998《出版物解释》）；2004 年"两高"《关于办理侵犯知识产权刑事案件具体应用法律若干问题的解释》（简称 2004《解释》）；2005 年"两高"《关于办理侵犯著作权刑事案件中涉及录音录像制品有关问题的批复》（简称 2005《批复》）；2007 年"两高"《关于办理侵犯知识产权刑事案件具体应用法律若干问题的解释（二）》（简称 2007《解释》）；2008 年最高人民检察院、公安部《关于公安机关管辖的刑事案件立案追诉标准的规定（一）》（简称 2010《规定（一）》）；2010 年最高人民检察院、公安部《关于公安机关管辖的刑事案件立案追诉标准的规定（二）》（简称 2010《规定（二）》）；2011 年"两高"、公安部《关于办理侵犯知识产权刑事案件适用法律若干问题的意见》（简称 2011《意见》）。其中 1998《出版物解释》对非法经营罪如何适用于非法出版物刑事案件作出了指导，从而使得与销售盗版作品行为相关联的罪名增加至三个罪名。

纷繁复杂的司法解释对于同一事项的规定难免出现重叠和交叉，让限于此种境地的司法工作人员感到棘手和无所适从。针对销售盗版作品行为，最切题

---

① http://baike.baidu.com/link? url = 3lByYmGz _ nEUEv3JPKwuXpVAwqxz01YJFllVz0WgWruEA4IN _ vFJno5_I6bzvXyHSay2JbBKkFgQU7dk9rM4eNmhFUyNUGlsFuF4P5FEy8G，2017 年 5 月 18 日访问。

② 李慧：《网络盗版的入罪化分析》，《福建法学》2010 年第 3 期。

的应该是《刑法》第 218 条的销售侵权复制品罪，但在司法实践中，适用销售侵权复制品罪的案例很少，存在销售侵权复制品罪被虚置的问题。一是从面上来看，2016 年，全国各地法院审结的侵犯著作权罪案件 207 件，销售侵权复制品罪案件 4 件[①]；涉及侵犯知识产权的非法经营罪案件 2015 年为 1 923 件[②]，2016 年为 1 567 件，[③]虽然其中包括多少涉及非法出版物的非法经营情形不得而知，但从如此之高的非法经营罪数目也可见一斑。二是从点上来看，有学者选取分布全国 13 个省份的 27 份刑事判决展开实证分析，发现如下问题：罪名适用不统一，三种罪名均有适用；未遂的认定不一致，并不以侵权复制品销售出去作为既遂与未遂的界限。由于定罪及形态的认定存在争议，直接带来的后果就是量刑轻重不一，具体表现为，同类行为，若被认定为销售侵权复制品罪则处刑最轻，被认定为侵犯著作权罪则处刑较重，如被认定为非法经营罪则处刑最重，而这恰与三罪的法定刑轻重相对应；如果认定未遂，则在相应的法定刑幅度内能得以从轻、减轻；作为抗制经济犯罪的重要武器，罚金刑的适用标准不统一。[④] 总体而言，销售侵权复制品行为的刑法规制，无论是定罪还是量刑，都乱象丛生，亟待统一。

（二）司法解释效力判断

鉴于上述乱象，有必要对司法解释的效力问题作一判断。具体来说，有以下几种情形：

第一，新的解释往往是对某个特定问题作出的解释，并非全面的革新，不能当然地导致前司法解释的无效，除非有明确规定。例如，2007《解释》第 7 条明确了"以前发布的司法解释与本解释不一致的，以本解释为准"。这是对新法（司法解释）优于旧法的确认。1998《出版物解释》第 2 条关于数额的规定，个人违法所得数额的起刑点是 5 万元；个人非法经营数额是 20 万元。2004《解释》第 5 条对同样的数额分别降低到了 3 万元和 5 万元，前法关于数额的规定就自动失效。这表明了仅仅是对新法规定的部分产生替代效力，而对于没有涉及的部分，旧法效力仍然存在。

第二，如果是由不同部门前后就同一问题认定一致的情形，是一种确认和补强。例如，2004《解释》第 2 条关于侵犯著作权罪"数额较大"的规定，分别是

---

① 《中国法院知识产权司法保护状况（2015 年）》。

② 《中国法院知识产权司法保护状况（2016 年）》。

③ 《中国法院知识产权司法保护状况（2016 年）》。

④ 黄旭巍：《对销售侵权复制品刑事司法的实证分析》，《中国出版》2015 年第 21 期，第 14—19 页。

违法所得达到 3 万元,非法经营达到 5 万元,2008《规定(一)》第 26 条第(一)项和第(二)项数额规定完全一致。1998《出版物解释》第 5 条"实施刑法第 217 条规定的侵犯著作权行为,又销售该侵权复制品,违法所得数额巨大的,只定侵犯著作权罪,不实行数罪并罚"的规定与 2004《解释》第 14 条"实施《刑法》第 217 条规定的侵犯著作权犯罪,又销售该侵权复制品,构成犯罪的,应当依照《刑法》第 217 条的规定,以侵犯著作权罪定罪处罚"。表述不同,但意思一致。又如,1998《出版物解释》第 12 条关于非法经营"情节严重"的规定是"经营数额在 5 万元至 10 万元以上;违法所得数额在 2 万元至 3 万元以上",2010《规定(二)》第 79 条第(五)项,"个人非法经营数额在 5 万元以上;个人违法所得数额在 2 万元以上",貌似不同,实际上 1998《出版物解释》犯了一个语法错误,在确定"以上"的基数时给出具体的一个数额即可,给出区间 5 万元至 10 万元,2 万元至 3 万元是没有意义的。2010《规定(二)》对此予以修正,并对起刑点作出确认。

第三,司法解释的再解释可以视为是补充解释。2007《解释》第 2 条关于"复制发行"作出解释,包括复制、发行或者既复制又发行的行为。侵权产品的持有人通过广告、征订等方式推销侵权产品的,也属于"发行"。2011《意见》第 12 条将"发行"认定为包括总发行、批发、零售、通过信息网络传播以及出租、展销等活动。新的解释并没有否认前解释,而是更为全面地给出了定义,进一步补充前解释使其更为完整和周全。

二、非法经营罪的限缩适用

(一)法律适用的依据阐明

1998《出版物解释》第 11 条规定,"违反国家规定,出版、印刷、复制、发行本解释第 1 条至第 10 条规定以外的其他严重危害社会秩序和扰乱市场秩序的非法出版物,情节严重的",依照《刑法》第 225 条第 4 项,以非法经营罪定罪处罚。第 15 条规定,"非法从事出版物的出版、印刷、复制、发行业务,严重扰乱市场秩序,情节特别严重,构成犯罪的",可以依照《刑法》第 225 条第 4 项的规定,以非法经营罪定罪处罚①。2010《规定(二)》第 79 条第(五)项和第(六)项分别就"出版、印刷、复制、发行严重危害社会秩序和扰乱市场秩序的非法出版物"和"非法

---

① 2009 年《刑法修正案(七)》增加了非法从事资金支付结算业务的规定,作为第三项,原第三项被修正案改为现在的第四项。

从事出版物的出版、印刷、复制、发行业务，严重扰乱市场秩序"的行为构成非法经营罪的入罪标准作出规定，可视为是对构成非法经营罪的行为方式的一种确认。即非法出版行为主要是出版物内容违法或者出版程序违法。[①]

（二）非法出版行为的适用条件判断

1. 内容违法

1998《出版物解释》第 11 条虽然没有关于非法出版物的严格定义，但实际上采取了列举的方法进行了内涵加外延的界定。内涵即非法出版物的本质是严重危害社会秩序和扰乱市场秩序的出版物；外延即第 1—10 条及具相当性的其他出版物。第 1—10 条主要是借助出版物这个媒介实施其他犯罪的情形，进而直接构成煽动分裂国家罪，侮辱罪，制作、复制、出版、贩卖、传播淫秽物品牟利罪等。这些出版物因为其内容涉及其他犯罪，从而属于非法出版物。特别注意的是，本解释中第 2 条和第 3 条是关于侵犯著作权罪的规定，说明如果符合侵犯著作权构成要件的，应按照侵犯著作权罪定罪处罚，而不应当适用解释第 11 条。这一点长久以来都没有受到重视，乃至实践中将经营出版物相关的行为作为非法经营罪。直至 2011《意见》第 12 条再次予以明确，"非法出版、复制、发行他人作品，侵犯著作权构成犯罪的，按照侵犯著作权罪定罪处罚，不认定为非法经营罪等其他犯罪"，从正反两方面进行说明才定纷止争。而实际上正本清源的话，1998 年《出版物解释》中就已经表明了此观点。

回到 1998《出版物解释》第 11 条关于内容违法的认定上，它指的是行为人经营的出版物所涉内容是违法的，即不以构成犯罪为必要，而一般违反刑法以外的其他法律法规即可告成。而恰恰是这种违法行为并没有受到刑法的规制，否则即如第 1—10 条按内容所涉具体罪名定罪，所以才纳入非法经营罪的视野。而作为非法经营罪的司法解释，按照罪刑法定的要求，不能突破法条本身的规定作出不适当的扩张，经营内容违法的出版物只有在符合非法经营罪的一般构成要件的基础上，才有可能构成该罪。从非法经营罪的法益和其本质来看，刑法制定该罪处罚的是严重扰乱市场秩序的行为，保护的是正常的市场秩序。这是一个超个人的抽象的法益，可以包括如下方面：（1）市场准入和退出秩序。进入市场的经济主体必须具备一定的经济条件，才有进入的资格。同时，退出市场也必须有一定的规则；（2）市场竞争秩序。垄断阻碍竞争，必须防

---

① 王作富主编：《刑法分则实务研究》（下），中国方正出版社 2001 年版，第 829 页；张健、李姗姗等：《论销售盗版音像制品的行为部构成非法经营罪》，《广州市公安管理干部学院学报》2010 年第 4 期。

止。竞争也必须使用正当手段,不能用倾销等办法打击竞争对手;(3)交易行为秩序。交易行为应以诚信为本,买卖自由、买卖公平。不能强买强卖,不许用欺诈手段进行交易,严禁以假冒伪劣商品扰乱市场。非法经营罪的第(一)至(三)项都是针对第(1)种市场准入的情形。对于第(四)项其他的兜底条款的理解,不能从限定所保护的市场秩序的种类上着手,而是限定其他行为的严重程度必须与前三项相当。所以,两者相结合,1998《出版物解释》第11条经营非法出版物是指出版物的内容违法,但刑法尚未对此种违法行为入罪,当通过经营该种出版物达到严重扰乱市场秩序时,构成非法经营罪。

2. 程序违法

"非法从事出版物的出版、印刷、复制、发行业务",这里的"非法"是指没有获得相关业务许可却予以从事的行为,即违反市场准入秩序。同上,结合非法经营罪的构成要件进行分析,根据第(一)至(三)项,包括:未经许可经营法律、行政法规规定的专营、专卖物品或者其他限制买卖的物品;买卖进出口许可证、进出口原产地证明等;未经国家有关主管部门批准,非法经营证券、期货或者保险业务等,这些都是未经相关行政管理部门批准、擅自经营特许经营业务的行为。也就是说,在市场准入秩序的违反上,刑法上的非法经营行为并非单纯违反工商行政管理法规的行为,只有违反国家关于经营许可的法律、法规才能构成。具体到出版物的市场准入行政法规,根据《出版管理条例》(2011年修订)第35条、第36条规定,从事出版物的批发、零售、连锁、网络传播等经营业务必须经过出版行政主管部门的批准,取得《出版物经营许可证》后方可申领工商营业执照,从事相关营业活动。显然,这里的经营许可并非是特许性质,如果违反,一般情况下承担行政责任。但是,该条例第45条、第46条还分别明确规定违反上述规定构成犯罪的,可依法追究刑事责任,也保留了入罪的可能。对此的理解还是只能从社会危害性程度即扰乱市场秩序的严重性上考量。

(三)小结

不能排除《刑法》上有一些法条的威慑效用大于实际适用效果,它的存在主要起到查缺补漏的作用,尤其是法条上规定的"其他"类行为,根据目的解释,立法者为了刑法具有明确性,对一些行为方式以列举的方式予以明确,但考虑到刑法的前瞻性,将立法时尚未考虑到的情形归入其他,以保证刑法的周延,以尽可能跟上社会的发展,避免具有严重社会危害性的犯罪分子逃脱法网。这时,立法者就将部分立法的权限交由司法者代行,由他们根据社会的发展变化对其他犯罪行为进行补充,司法解释和司法工作人员的法律适用都是这种权力的代行。但代行不是让渡。从表面上来看,他们依据的是客观解释,但这种客观解释归根结底还是要在主观解释的框架内,即在考虑立法者的原意的基础上作出相一致的解释。这里的客观解释受主观解释的限制,而不能逾越。只有这样,才是贯彻和践行了刑法谦抑性这个公认的原则。

基于此,为统一侵犯著作权犯罪的罪名适用,2011《意见》规定"非法出版、复制、发行他人作品,侵犯著作权构成犯罪的,按照侵犯著作权罪定罪处罚,不认定为非法经营罪等其他犯罪"是合理合法的解释,值得肯定和重视。举一案例说明:周某低价购进非法出版的光盘,存放于三河市燕郊开发区圣得西区永定楼×单元××室及永定楼××号地下室,并对外销售。2013 年 5 月 31 日被公安人员查获光盘 27 653 张。经鉴定,均为非法出版物。周某以营利为目的,于 2012 年 8 月至 2013 年 5 月 31 日期间,在未取得国家管理部门颁发的《音像制品经营许可证》的情况下,低价购进明知是侵权的音像制品,然后高价销售。2013 年 5 月 31 日被公安人员查获光盘 27 653 张。经河北省新闻出版局鉴定,均为非法出版物。① 一审法院认为其行为属于《中华人民共和国刑法》第225 条规定的非法经营罪行为的一种。但本案涉及的音像制品均涉及著作权。于是,二审法院主要根据 2007《解释》和 2011《意见》更改了判决,认定其构成侵犯著作权罪。在排除非法经营罪的适用上,应予以肯定。

但是,类似的案例也有按照销售侵权复制品的情形。两罪起刑点相去甚远,给涉案人实际上造成了不同的刑事负担,不可谓公平之举。这就有待于理论上对司法解释再度仔细推敲,期待真理在越辩越明中催生。

三、销售盗版作品行为的认定

(一)"发行"的认定

1. 问题的来由

批发销售盗版 DVD 光盘的行为在实践中屡见不鲜。早年遇到此类案件的疑难问题是该种行为是构成非法经营罪还是销售侵权复制品罪。例如,2003 年 4—9 月,钟某在未办理营业执照、音像制品经营许可证的情况下,租用某小区一处房屋作为销售点,先后从外地以每张人民币 3—4 元的价格购得各类盗版 DVD 光盘 10 余万张,然后以每张光盘加价人民币 2 角批发销售给本市

---

① 参见安徽省芜湖市三山区人民法院刑事判决书,案号(2014)三刑初字第 85 号;河北省廊坊市中级人民法院刑事判决书,案号(2014)廊刑终字第 103 号。

多家个体音像制品经营业主,销售金额达 40 万元,获利 2 万余元。后钟某被工商部门协同公安机关查获。①

　　法院最终认定构成销售侵权复制品罪,首先排除非法经营罪的适用。在认定为非法经营罪的行为方式上,由于"经营"这个概念高屋建瓴,可以涵盖多种行为方式,1998《出版物解释》将涉及非法经营罪的行为方式限定在"出版、印刷、复制、发行"。这无可厚非,但关键在于每一种行为的理解和认定上,其中最具争议的就是"发行"。如果发行包括销售行为的话,那么非法经营罪确实会与销售侵权复制品罪发生竞合。非法经营的起刑点还是略显更低些,然后相应的法定最高刑,侵犯著作权是 3 年,非法经营罪是 5 年。对于行为人来说,从一重处罚的情形除了法律有明确的规定以外,原则上只有构成例如想象竞合犯、牵连犯的情形才可以从一重处。在非法经营罪和销售侵权复制品罪发生竞合时,由于"发行"包括了"销售",从而在法律制定出来时两个法条之间就存在交叉,而非由于行为人的行为而使两者发生联系。所以,这里应适用法条竞合而非想象竞合的适用原则。法条竞合适用的一般原则是特别法优于一般法,而不是重法优于轻法。相较于出版物而言,显然销售侵权复制品罪是特别法,从而获得优先适用,同样也不能适用非法经营罪。

　　主流观点认为,本案构成销售侵权复制品罪的依据是:"钟某并没有实施出版、复制、印刷、发行的行为,仅实施了批发销售非法盗版光盘的行为,而批发销售行为仅为销售行为之一种,与出版、印刷、复制、发行等行为有着本质的区别。"自 2007《解释》对"复制发行"的解释拆分变为两个动词之间加上顿号,两者取其一即可构成,实际上采用了最广义解释。2011《意见》又进一步地将零售行为也视为发行。于是,上述观点就不攻自破。这也是 2014 年的周某案以侵犯著作权罪定罪的缘由,这期间关于"发行"所作的司法解释起到了至关重要的作用。有学者认为,自相关司法解释对侵犯著作权罪的"发行"作了"专业化阐释"后,事实上虚置了销售侵权复制品罪,2011《意见》是对以"发行"方式侵犯他人著作权适用侵犯著作权罪的明示。②

2."发行"释义

　　首先,从语义解释上看,司法解释对于"发行"含义的一再扩张突破了公众的理解可能性,也突破了对人们行为的期待可能。在日常生活中,人们对于"发

---

① 安凤德:《知识产权犯罪疑难案例精析》,浙江大学出版社 2007 年版,第 174 页。
② 杨帆、张海宏:《销售侵权复制品罪虚置之争的再思考——基于功利主义知识产权刑事政策立场的评析》,《政治与法律》2014 年第 3 期。

行"的理解是第一次公开发行或批发，大概包含以下几个方面：（1）"发行"所涉领域应与出版、印刷等紧密相关；（2）"发行"的数量应有一定规模；（3）"发行"的对象应该是新出的物品；（4）"发行"的方式通常应该是从上对下、从总对分、从一（少）对多。① 这也符合汉语词典的解释。② 所以，在执行司法解释时，恐怕就要考虑这一背景，在司法刑事政策上作限制性解释。

其次，从行为方式来看，侵犯著作权罪和销售侵权复制品罪，实际上是直接侵犯著作权和间接侵犯著作权的两种情形。销售侵权复制品行为，是一种间接侵权行为，它把发行者制作或出售的作品通过再次出售的方式流向社会，因而是连接复制著作权人作品者与消费者之间的一个中间环节，为复制著作权人作品者完成侵犯他人著作权犯罪起到帮助作用。侵犯著作权罪客观方面的"发行"行为包括自身实施的销售行为，但不包括他人实施的刑法意义上的"销售"行为。③ 由此，"发行"的主体只能是承担"印刷""出版""制作"业务的人，或者与前者紧密相连而承担"发出"功能的人，不可能是与"印刷""出版""制作"业务联系不密切的纯粹的销售者。④ 从对象上来看，由于行为总是和所作用的对象连接在一起，侵犯著作权罪中的复制发行中"发行"中的"出售"行为和销售侵权复制品罪中的"销售"行为区分的关键在于，前者出售的是尚未有他人进行过侵权，即对象是著作权人享有的权利载体；而后者的对象是侵权复制品，即已经为他人所侵权，至于为谁所侵权，行为人不得而知也不予关注，行为人只是明知该复制品为盗版，而为了营利目的予以销售。

再次，从主客观相统一的角度来看，1998《出版物解释》第 5 条规定："实施刑法第二百一十七条规定的侵犯著作权行为，又销售该侵权复制品，违法所得数额巨大的，只定侵犯著作权罪，不实行数罪并罚。"说明这是一种不可罚的事后行为。侵犯著作权后又予以销售，恰好说明了行为人的"营利目的"。这是一种主观见之于客观的表现。同样地，虽然 2011《意见》的解释等于明确了"销售"包含于"发行"之中，但应理解为该"销售"在时间上应止于"发行"阶段本身，不包含已经"发行"之后的纯"销售"行为⑤。上述周某案法院通过司法推定，对于侵犯著作权的行为予以认定："本案涉案音像作品均为在大众媒体上播放过

---

① 张远煌、余浩：《论刑法中"销售"与"复制发行"之关系》，《中国刑事法杂志》2011 年第 6 期。

② 例如《现代汉语字典》中"发行"词条释义是："发出新印制的货币、债券或新出版的书刊、新制作的电影等。"此处突出"新"，一般理解为第一次大规模的发售。参见中国社会科学院语言研究所词典编辑室编：《现代汉语词典》，商务印书馆 2002 年版，第 340 页。

③ 侯艳芳、何亚军：《侵犯著作权罪界限划分疑难问题解析》，《法学杂志》2008 年第 6 期。

④ 张远煌、余浩：《论刑法中"销售"与"复制发行"之关系》，《中国刑事法杂志》2011 年第 6 期。

⑤ 张远煌、余浩：《论刑法中"销售"与"复制发行"之关系》，《中国刑事法杂志》2011 年第 6 期。

的影视剧、曲艺等文学作品,理应存在著作权人和著作权、版权,但由于涉案作品种类多、数量大,权利人分散,难以一一取得著作权人或者其授权的代理人、著作权集体管理组织等出具的涉案光盘版权认证文书,上诉人周某也不能提供其得到了'著作权人许可'的证明材料,故认定为'未经著作权人许可'。"①即,二审法院将"经著作权人许可"作为构成侵犯著作权罪与非罪的关键,并且由行为人负获得许可的证明责任。但笔者认为,"未经著作权人许可"同样是明知其销售的复制品为侵权作品的认识内容,在行为人明知其销售的作品为未经著作权人许可的情形未必当然地直接地侵犯了著作权。

最后,与侵犯商业秘密罪相比较,《刑法》第219条第2款规定,明知或者应知侵犯商业秘密行为,获取、使用或者披露他人的商业秘密的,以侵犯商业秘密论。这其实规定的是间接侵犯商业秘密的行为。即,在侵犯商业秘密的情形,并没有对直接和间接行为作出区分,让其承担不同的刑事责任,而是将两者同一化。立法者在对著作权和商业秘密进行保护的轻重缓急上,做了区分。对于侵犯著作权的间接行为,只规定了一种销售行为入罪,并单列罪名,提高入刑门槛,只有"数额巨大"才构成犯罪。而对于其他间接侵犯的行为如获取、散布等行为均不入刑。从主观上看,销售侵权复制品罪还是目的犯,强调以营利为目的。

（二）小结

经过一系列论证后,销售侵权复制品罪的适用逐渐柳暗花明。根据1998《出版物解释》第5条"实施刑法第二百一十七条规定的侵犯著作权的犯罪行为,又明知是他人的侵权复制品而予以销售,构成犯罪的,应当实行数罪并罚。"可见,销售侵权复制品罪的适用有特定的要求,体现在构成要件上的证明事项有如下:

首先,侵权复制品比盗版作品范围要小,并不是所有盗版作品的销售都会受到刑法的规制。只有经过四种特定方式侵权著作权的盗版作品才能成为第218条的销售对象。公诉机关在举证行为人构成销售侵权复制品罪时,几乎负有与第217条同样的举证责任,即首先要证明该盗版出版物是符合第217条的侵权复制品。如果是采取第217条以外的方式实施的盗版行为,对其复制品的销售也不会构成第217条之罪。

其次,如果不能证明此侵权复制品是行为人直接侵权获得,则不能按侵犯

① 参见河北省廊坊市中级人民法院刑事判决书,案号(2014)廊刑终字第103号。

著作权罪来处理，而应该以销售侵权复制品的入刑标准来判断是否构成犯罪，即必须达到"数额巨大"的标准。不能因为查处数额属于"较大"的一档，为了使之前的侦查公诉工作不至于前功尽弃，就强行按上侵犯著作权罪的罪名。

司法解释对于"发行"的认定并不能当然理解为是对销售侵权复制品罪的架空，实际上，刑事立法应着眼于长治久远，而不在于运动式地打击某类犯罪。对于社区小店、街头商贩零售盗版光碟等行为按照侵犯著作权罪来进行惩治，对侵犯著作权罪进行变相扩大和严厉打击未必能起到很好的法律效果和社会效果。

另外，在构成要件的修正上，还有几点需要注意：

一是区分商业规模的侵权和一般的小商小贩。如果他们构成共同犯罪，或者属于一个犯罪团伙的，可以按照共犯的原则进行处罚，但是对于只是明知复制品为侵权而进行销售的，不以侵犯著作权论处，以销售侵权复制品罪定罪量刑。就钟某案为例，根据2004《解释》第6条规定，销售侵权复制品的违法所得数额在10万元以上，才属于"违法所得数额巨大"。由于钟某违法所得数额仅有2万余元，其违法所得数额未达到销售侵权复制品罪的定罪标准。因此，钟某出售盗版光盘的行为性质虽为销售侵权复制品，但因其销售侵权复制品的情节显著轻微，未达到此罪要求的犯罪数额，故不能对其以犯罪论处。这是由我国刑法在立法规定何种行为构成犯罪遵循"定性＋定量"的基本标准所决定的①。"定性＋定量"的立法标准要求既对行为的性质进行考察，又对行为中所包含的"数量"进行评价，如果没有达到法律规定的最低数额，就应当不以犯罪论处，而非构成未遂。

二是侵犯著作权罪是结果犯，以结果的发生作为犯罪既遂的标准。但是如果行为人侵犯著作权后，尚未销售的，行为方式已然构成第217条，是否可以按照未遂处罚？同前文《刑法》第140条"生产、销售伪劣产品罪"的司法解释，在生产、销售伪劣产品的情形，同样也存在2001年"两高"《关于办理生产、销售伪劣商品刑事案件具体应用法律若干问题的解释》第2条："伪劣产品尚未销售，货值金额达到刑法第一百四十条规定的销售金额三倍以上的，以生产、销售伪劣产品罪（未遂）定罪处罚。"并且，2011《意见》第8条、第9条已明确某些商标犯罪未遂标准。于是，有学者认为可参照三倍数额标准予以认定侵犯著作权犯罪未遂②。在实践中，对于当场查获街边商贩零售盗版光碟的，一般会认定为

① 姚兵：《论购买盗版行为的法律规制》，《中国出版》2012年第6期。
② 杨帆、李建琴：《著作权犯罪司法解释条文适用若干争议问题探评》，《河南警察学院学报》2015年第2期。

犯罪未遂从轻处罚,但一般没有参照三倍标准。笔者认为,司法解释作为对法律的解释,其方式是就事论事、一事一议,效力也仅及于此。不能因为情形类似就当然地作出类推适用。所以,目前实践中的乱象实不属于司法机关的责任,而是应当通过有权解释予以明确。

三是购买盗版作品者是否需要担责?"没有买卖就没有伤害"。分析盗版为何猖獗、屡禁不止时,会发现人们总是抱着"一样的东西,可以用更低的价格买到,何乐而不为"的心理,即便对于盗版行为是违法的明知但却漠不关心,因为反正不要自己承担法律责任,在买和卖的环节上,双方达成了高度默契。这种主观心态至少是间接故意,甚至是有共同的犯意,这是共同犯罪对向犯的一种形式。在一些销售盗版作品涉嫌犯罪的案件中,购买者甚至成了庭审中的证人。① 这样,购买者就从一个犯罪的参与者悄然演变成犯罪的指控者,而在此过程中却没有购买者的半点忏悔,对其也不会产生任何警示作用。所以有学者就提出,对于购买行为所造成的间接侵犯著作权的行为,应增加民事和行政责任的规制。当然,这是立法层面的考虑,不是司法适用问题。在实在法背景下,购买侵权复制品尚没有入罪的法律依据。

综上所述,销售侵权复制品罪是打击盗版行为的最直接相关的罪名并且具有独立性,在宏观的刑事政策方向的指导下,司法实务人员要用好这个罪名,就要求对司法解释深入解读,而不是挑肥拣瘦,只使用好用的罪名,对不好用的弃之不用。销售侵权复制品罪的恰当适用,是保障人权、弘扬刑事法治的必然要求,是刑法精细化、专业化的体现,也是提升国家形象,把握法治话语权的必然路径。

---

① 姚兵:《论购买盗版行为的法律规制》,《中国出版》2012 年第 6 期。

环境**犯罪**研究

经济刑法

Economic Criminology

基因污染及其刑法对策研究

马彦　刘长秋　徐宁[*]

摘　要：基因工程技术的发展及其在农业领域的运用极大地增强了人类改造世界的能力，但也引发了基因污染的问题。与传统的环境污染相比，基因污染更为严重，直接破坏当地生态环境，危害巨大。一些国家已经在其刑法中专门设置了旨在防范基因污染的犯罪。我国应当借鉴这一做法，使刑法介入对基因污染的法律规制中，发挥其特有的风险防范功能，减少基因污染在我国发生的可能。

关键词：基因　基因污染　刑法

随着基因工程技术的发展，转基因生物已经越来越多地出现在人们的视野中。然而，伴随着转基因生物越来越多地为人们所熟悉，与此有关基因污染的问题也开始为人们所关注。基因污染(genetic pollution)成了所有转基因问题中颇具代表性的议题。基因工程中的转基因通过媒介扩散传播到农作物中从而破坏其基因的一部分，甚至破坏生态平衡，引发基因污染。加拿大"转基因油菜超级杂草事件"、墨西哥"玉米基因污染事件"、美国"星联玉米事件"、"海南转

---

　* 马彦　上海社会科学院法学所硕士研究生；刘长秋　上海社会科学院法学所研究员，生命法研究中心主任，法学博士；徐宁　山东省烟台市高新技术开发区检察院公诉处处长，法学硕士。

基因事件"等事件的爆发都使得基因污染成为全世界关注的重大问题。在此背景下,很多国家的法律都对转基因技术进行了明确规制,有些国家和地区甚至在刑法中专门就转基因污染作出了明确规范。而在我国,有关非法种植转基因作物的问题也经常被媒体捕捉。2016 年 5 月新疆阿勒泰地区种子管理站查出该地区福海县 2 000 亩玉米制种田非法种植转基因玉米,随后被相关农业部门要求全部铲除和罚款 1 万元。① 该事件在引发了国内外媒体强烈关注的同时,也引发了我们对基因污染问题及我国立法对策的思考。

一、基因污染及其危害

1983 年世界上出现了首例转基因作物,自此之后,转基因技术飞速发展,大批具有耐寒、抗病、高产等优良基因的农作物品种在实验室产生并大规模推广。然而与之相随的基因污染问题也一直困扰着全世界。基因是生命的基础单位,携带着生物的遗传信息,支撑着生命的基本构造和性能。所谓基因污染是指转基因通过"基因飘散"过程这一遗传学的概念,也就是说通过媒介(花粉风扬或者虫媒的有性生殖过程)扩散到其他相同种类的植物中,从而成为其基因的一部分,改变其一定的性能。基因污染是环境保护的新概念。由于基因污染的不可逆性及其后果的不确定性,因此基因污染带来的后果是巨大的;同时由于转基因作物的可繁殖性,被改造过基因的作物造成的损害甚至更为深远。经济合作与发展组织(OECD)建议书中对"污染"一词有这样的解释:"人直接或间接地将物质或能量对环境的有害导入,这一导入危害人的健康、损害生物资源和生态系统、减损或干扰环境的舒适性和其他合法利用。"② 从这一定义来看,基因污染就是行为人通过主动对生物基因的不当干预或者没有做好防范保护措施而使得转基因不当扩散的事实行为。

站在生命科学的角度,基因污染是环境保护的新概念。基因污染对于生态环境的损害是不容忽视的,它是唯一一种可以不断增殖和扩散的污染,会造成多方面的危害后果。例如,转基因在野生种群的固定将导致野生等位基因的丢失而造成遗传多样性的丧失,而且转基因进入野生种群的遗传背景,也会造成对野生遗传资源的污染和破坏;转基因向作物野生近缘种或杂草的转移,可能

---

① 刘楚、李珣:《新疆铲除两千亩转基因玉米 专家呼吁切断种源》,http://news.qq.com/a/20160902/016274.htm,2017 年 3 月 1 日访问。

② OECD, Recommendation of the Council on Principles concerning Trans frontier Pollution.

也会对其他物种产生影响,例如抗虫性的基因转入野生植物中可能会对野生昆虫种群产生影响。[1]有学者甚至认为,基因污染的危险更甚于核裂变。"人类可以控制核裂变废物的产生,甚至一些所谓的核事故也处于我们的控制之中。拆掉核设施,不再使用核材料就会使核污染的影响逐渐消失。但基因工程不同于核裂变,因为一旦基因被导入生物体内就会自我复制,我们又无法对其加以控制,而且这个'工程'生物还会自由地转移到亲缘关系相近的种中。"[2]

与传统污染相比,基因污染直接破坏当地生态。传统四大污染包括水污染、大气污染、噪音污染和固体废弃物污染,这些污染尽管会对人们健康带来直接影响并会破坏生态,但其治理还尚有希望——尽管这种治理的可能性由于污染程度的差异不一而足。但基因污染则对农业生态环境的破坏具有不可逆性和致命性,不仅会使传统作物难以保存,更有可能影响整片区域的生态平衡。一旦发生"基因污染",需要花费大量的人力、物力长时间从事农业生态环境平衡的恢复,这就可能对我国农业的可持续发展造成毁灭性的打击。然而基因污染由于其自身的特点,因此往往难以治理。据联合国粮农组织(FAO)2014年发表的与转基因作物相关的报告显示,过去10年间检测出多起转基因作物污染事件,其中在美国、加拿大和中国大陆的发生频率最多。基因污染可以发生在作物栽种、加工、包装、仓储和运输等多个环节中。意大利致力于动力生态农业法的专家克里斯皮(Giulia Maria Grespi)指出:"转基因污染无法避免,一阵风就可以把转基因作物的花粉传到数公里外,让那些非转基因作物也遭殃。"[3] 2001年11月,美国加州大学伯克利分校的微生物生态学家David Chapela和David Quist在Nature杂志发表文章,指出在墨西哥南部Oaxaca地区采集到的6个玉米品种样本中,发现了一段可启动基因转录的DNA序列——花椰菜花叶病毒(CaMV)"35S启动子",同时发现与诺华(Novartis)种子公司代号为"Bt11"的转基因抗虫玉米所含"adh1基因"相似的基因序列。墨西哥是世界玉米种植的起源中心,在2001年时墨西哥政府明令禁止种植转基因玉米,只能进口转基因玉米当作饲料。此消息一出,便引起了国际间的广泛关注,绿色和平组织甚至称墨西哥玉米已经受到了"基因污染";而济南大抗除草剂油菜事件则同样引发全世界的普遍关注。

从法律角度上看,基因污染是一种对环境生态系统的加害行为。行为人不

---

① 魏伟、马克平:《如何面对基因流和基因污染》,《中国农业科技导报》2002年第4期。

② 张振钿等:《基因污染与生态环境安全》,《生态环境》2005年第6期。

③ 蒋璞莹:《联合国组织研究称转基因作物污染案例增加》,http://world.huanqiu.com/exclusive/2014-04/4972011.html,2016年6月1日访问。

当地利用基因工程技术,人工改造某种作物基因,而这种外源基因对生态环境系统造成了超出预期范围的不可逆转的损害,或者虽然目标作物的外源基因移植成功,但是其种子意外进入其他作物体内,造成对传统农作物的基因改造。这些情况都是我们定义的法律上的基因污染。基因污染可能导致受害人在财产、健康等方面遭受损失。除却传统的财产、健康方面的损害之外,基因污染更为严重的后果是带来生态环境方面的破坏,而且这种破坏往往是不可逆的,不存在被治理的可能。

转基因技术对于生命科技的发展具有里程碑的意义。然而新技术也面临着新的法律问题,在依法治国成为当今时代主题的今天,转基因技术的发展与应用离不开法律的保护与规制。由于基因污染对于生态环境的重要影响,在法律应对体系中,环境法的应对自然必不可少。但另一方面,基于基因污染后果的严重性,刑法作为杜绝社会失灵的最后一道防线也应该发挥其应有的作用。正如有学者所指出的:"奠定于客观规律之上的刑法,是社会发展未来目标的实现所不可缺少的。没有对危害现存社会的犯罪行为的刑罚惩治,则社会只能是极端无序的,因而,也无从谈起使现存的社会走向未来图式的社会。"[①]在防范利用转基因技术而造成严重基因污染犯罪,从而威胁人类健康及生态环境健康发展的道路上,刑法应该为转基因技术的健康发展与理性应用保驾护航。法律对于基因污染的规制从根本上来说是对转基因技术发展起到保障作用。从国家的层面上对于转基因技术的严格监控可以最大限度地避免因违规操作或者恶意破坏造成基因污染。例如,对于违反国家规定利用转基因技术造成的向环境中飘散转基因生物发生重大环境污染事故定罪量刑,从刑法的角度介入,可以尽量避免转基因技术带来的社会危害性,使得转基因技术能够有效健康合法地应用。

二、域外基因污染的刑法应对及其机理

基因污染客观上所具有的严重危害性使得各个国家和地区都对基因技术的法律管控给予了高度重视,不少国家出台了专门的法律,如美国《转基因农作物和动物农民保护法案》《转基因生物责任法案》、澳大利亚《基因技术法》、欧盟《关于转基因食品和饲料的法规》等,都对基因技术操作进行了严格限制。不仅如此,一些国家甚至在刑法中设置了明确的罪名,来防范基因污染。

---

① 陈正云:《刑法的经济分析》,中国法制出版社 1997 年版,第 186 页。

《斯洛伐克刑法典》第 309 条规定了"扩散基因被修改的有机体罪"："1. 违反具有普适效力的有关基因技术的条例,导致基因被修改的有机体从密闭设施中逸出或者基因被修改的有机体释放到环境中,可能对人类或者环境构成威胁,处 3 年以下监禁。2. 如果在实施第 1 款所指的犯罪时具有下列情形之一的,处 1 年以上 5 年以下监禁：a) 因为其实施造成数额较大的损失的;b) 基于特别的动机实施的;或者 c) 以更严重的方式实施的。3. 如果在实施第 1 款所指的犯罪时具有下列情形之一的,处 4 年以上 10 年以下监禁：a) 因为其实施导致巨大的环境损失;或者 b) 因为其实施导致他人重伤或者死亡的。4. 如果在实施第 1 款所指的犯罪时具有下列情形之一的,处 10 年以上 20 年以下监禁：a) 因为其实施导致数人重伤或者死亡的;或者 b) 在危机状态下实施的。"①《芬兰刑法典》则在"侵害保护健康和安全的规定"一章中专门设置了"基因技术罪"。依据该法第 44 章第 9 条之规定："凡违反《基因技术法案》,或基于此法案所发布的规定,或发布的一般性或适用于个案的命令或禁令,故意或重大过失地：1. 生产、使用、进口、贩卖或向市场投放转基因物质或包含这种物质的产品,2. 启用某机构或其中一部分,该机构使用了转基因物质,3. 疏于履行护理职责、注意义务或向此领域的企业家报告所要求的新信息、事件和危险情况的职责,4. 疏于履行记录转基因物质的义务,或 5. 疏于报告启用某机构或转基因物质,研究和开发试验或其结果,或某产品在市场上的投放,以致行为造成他人生命和健康的危害的,以基因技术罪论处,处以罚金或 1 年以下的监禁,除非本法中对此行为规定了更为严厉的处罚。"②

在全球化发展的背景下,每个国家都不再是独立的个体,科学技术的发展加速推动了人类经济社会发展的进程。生物科学的进步使全人类都有所受益。然而,正如德国社会学家乌尔里希·贝克(Ulrich Beck)在其著作《风险社会》中阐释的："在全球化的发展的前提下,人类活动使得全球性风险占据了主导地位,在这样的社会中,各类型的全球性风险严重威胁着人类的生存与发展。"基因技术无疑推动了社会的进步,为人类的生活创造了福祉,但是应该看到的是任何技术,特别是新技术都会存在其内在必然的缺陷与瑕疵,这是人类自身知识的局限性所决定的。而这些缺陷与瑕疵则会带来一定的风险,对社会物质财富及人类健康带来一定的负担。基因技术给人类的发展带来了新的机遇与惊喜,但是却也面临着传统伦理道德、法律规范和社会秩序的检验。转基因食品

---

① 《斯洛伐克刑法典》,陈志军译,中国人民公安大学出版社 2011 年版,第 176—177 页。

② 《芬兰刑法典》,肖怡译,北京大学出版社 2005 年版,第 119—120 页。

的安全性问题、基因污染带来的破坏生态平衡等问题都已经成为威胁人类发展的巨大风险。在面对如此重大的风险的时候，如果立法缺失，就只能依靠伦理道德的约束，然而"伦理是一种'软调节'，法律为'硬调节'"。[①]在应对基因技术带来的风险过程中，仅仅依靠约束力较弱的伦理道德是远远不够的，必须通过法律进行强有力的规制。因此，法律必须承担起防止技术风险的作用。

刑法是所有社会规范、法律法规中最为严厉的法律，是社会治理的最后一道防线。对于基因污染中最具有社会危害性的情况应该承担起预防的功能，防止其带来不必要的风险与威胁。从现代社会的发展以及现代刑法的立法归向来看，当代刑法从传统的注重惩罚功能转向如今更倾向于强调对犯罪的预防功能。换句话说，刑法已经不再是由简单的同态复仇到惩罚犯罪的功能转变，而是从惩罚犯罪到风险预防的转变，刑法的预防功能才是刑法实施的出发点与落脚点。刑法在基因污染方面应该起到"防患于未然"的作用，而不单是重视惩罚功能。因为"先污染后治理"的传统思路从根本上为基因污染的出现设置了屏障，很难从源头杜绝基因污染的产生，不能将基因污染阻却在萌芽阶段。

三、我国基因污染的刑法防范

自 20 世纪 70 年代以来，基因技术在我国获得了飞速发展。我国自 20 世纪 70 年代末即已开始了重组 DNA 方面的研究工作，截至 20 世纪末已有多种基因工程药品进入了中试阶段；有的兽用基因工程疫苗和抗病毒转移基因烟草已经大面积推广。然而，另一方面，我国基因立法的步伐却相对滞后，一直到 1993 年 12 月国家科委颁布的《基因工程安全管理办法》，才正式迈出了基因科技管理方面的立法步伐。到 2008 年底，我国相继制定了《人类遗传资源管理暂行办法》《农业转基因生物安全管理条例》《转基因食品卫生管理办法》《农业转基因生物标识管理办法》《进出境转基因产品检验检疫管理办法》等多部行政法规与部委规章，将基因科技活动纳入了法治化管理的轨道。

从犯罪产生与控制的机理来看，犯罪作为一种严重危害社会的反社会行为，其产生是受多种因素影响的，伦理道德规范的失灵、行政手段的欠缺与一般法律手段的失位、刑法规范空缺等都可能会促发犯罪的产生。正是由于这一原因，伦理道德规范、行政手段、一般法律手段以及刑法规范都是防控犯罪的防线，都在犯罪预防方面发挥着不可或缺的重要作用。就此而言，客观地说，以上

---

① 黄永晴：《生命法学的多元化伦理浅析》，《理论观察》2006 年第 12 期。

我国基因立法的出台对于规范我国基因研究和基因技术应用、防范基因科技在我国的滥用尤其是防范基因污染的发生方面,都发挥了相当的作用。换言之,这些法律规范的出台在一定程度上避免了基因污染在我国的出现。不仅如此,我国现行基因立法中还比较注意了对基因污染之刑事责任的规定。例如《基因工程安全管理办法》第28条就规定:"违反本办法的规定,造成下列情况之一的,负有责任的单位必须立即停止损害行为,并负责治理污染、赔偿有关损失;情节严重,构成犯罪的,依法追究直接责任人员的刑事责任:(一)严重污染环境的;(二)损害或者影响公众健康的;(三)严重破坏生态资源、影响生态平衡的。"类似这些条款在我国基因立法中的存在显然强化了在防范基因污染方面的作用。

然而另一方面,基因污染的防控体系显然是一个需要运用包括伦理道德、法律以及刑法等在内的众多手段共同作用才能奏效的体系。在这一体系中,一般法律手段的必要性是不容忽视的,但刑法的作用更是不可替代的。很显然,目前我国对基因污染的防控还更多地倚赖于一般法律手段,刑法手段的作用还没有真正受到重视。体现在立法中,我国刑法目前还没有专门设立基因犯罪及其刑事责任方面的制度。这样一来,即便基因污染真的在我国发生且已经造成了极其严重的社会危害,刑法也会因为受罪刑法定原则的制约而无法发挥其应有作用。不仅如此,刑法对基因污染及其刑事责任制度规定的缺失也直接引发了刑法与我国基因科技法之间关系的不协调。以《基因工程安全管理办法》第28条之规定为例,尽管其规定了对基因污染事故责任人要追究刑事责任,但我国刑法中却未设置相关的罪名,这直接导致了我国刑法与《基因工程安全管理办法》在立法上的不协调。显然,要构筑起防控基因污染的牢固堤坝,除了需要继续依赖现有的法律与政策手段之外,更需要借鉴其他国家和地区的立法经验,在刑法中设置"基因技术罪"。在当前我国基因技术发展已经达到一个很高水平,而基因污染发生的概率已经越来越大,公众对转基因又一直心存忌惮的背景下,在刑法中设置"基因技术罪"已成为防范基因污染的必然选择。

我国刑法应该客观正确地评估基因技术所带来的经济效益和社会效益,并科学公正地评价滥用基因技术所带来的社会风险与危害,设立完善的关于防范滥用转基因技术行为的刑法规范。设置基因技术罪的目标就是严厉打击阻碍基因技术发展或者滥用基因技术的行为。尽管我国在转基因方面采取了一定的措施来规避基因污染的风险,如:为了防治花粉传播转基因作物,科研院校机构在自己的实验田都设有大规模的围墙隔离带;为了保持原始物种,禁止在新疆地区种植转基因棉花等。但是现实情况中仍然存在一定的问题,例如由于监管不力,农民擅自留种转基因作物种子,从而造成大面积基因污染。这些情况反映了我国法律在基因技术的规制方面还存在一定的瑕疵,这与刑法立法的缺失有着很大关系。刑法立法上关于基因技术规制的缺位,在很大程度上纵容了基因污染的产生,阻碍了基因技术的发展。因此,"基因技术罪"的设立能够填补我国刑法上的漏洞,对于打击破坏转基因生物实验田和滥用转基因技术从而危害生态环境等行为予以预防,以保障转基因技术健康发展。

四、结　语

基因技术的发展为人类生产生活提供了极大的便利,不仅产生了巨大的经济效益,还带来了丰富的社会效益;然而伴随着基因技术的发展,基因污染也如影相随,"现代生物技术效益与危险性并存"[1]。中国作为《生物多样性公约》的缔约国,应该积极响应国际社会的号召,应积极参与国际环境保护,建立健全包括环境法以及刑法等在内的国内生物立法,从而能在更好地规范和推动转基因技术发展的基础上,在国际环境保护的合作中更有话语权,在保护好国内生态环境的同时维护好人们的生命健康。

---

[1]　张燕等:《农业生态环境保护与"基因污染"防治的法律规制探析》,《农业现代化研究》2012 年第 4 期。

外国法**译介**

经济刑法
Economic Criminology

韩国《禁止不正当请托与
收受贿赂法》(《金英兰法》)

(2015 年 3 月 3 日正式通过,2015 年 3 月 27 日正式公布,
2016 年 9 月 28 日起施行)

左袖阳译 魏昌东校 *

说明： 本刊专辟《外国法译介》栏目,意在通过对国外最新、具有代表性或者具有典型性意义的经济刑法立法的翻译或介绍,在获取国外立法文本的基础上,对我国经济刑法的立法完善与发展提供有效借鉴,并为国内法学同仁的研究提供重要基础。全面推进中国腐败治理事业的健康发展,是党的十八大以来中国重点推进的国家事业。在一些发达国家取得明显成效、较为成熟的经验,其立法理念、重点机制与重要规范建设已经日趋完备。本期推出被称为"史上最严反腐立法"的韩国《金英兰法》,供国内同仁借鉴、研究。

第一章　总　　则

第 1 条　立法目的。

本法的目的在于通过禁止向公职人员及相关人员提出不正当请托,禁止公职人员及相关人员接受经济或者其他利益,保证公职人员及相关人员公正履行职权,又维护公共机构的公信力。

第 2 条　定义。

＊ 左袖阳　北京市社会科学院法学研究所副研究员,法学博士;魏昌东　上海社会科学院法学研究所刑法室主任、欧洲刑事法研究中心主任,法学博士,教授,博士生导师。本文系司法部国家法治与法学理论研究项目研究课题"职务犯罪研究"(项目批准号 14SFB20020)的阶段性研究成果。

本法中所涉词语的定义如下：

1. 公共机构是指如下的机构或者组织：

（1）国会、法院、宪法法院、选举委员会、审计署、人权委员会、中央行政机关（包括隶属于总统和总理的组织）及附属机构，地方政府。

（2）公共服务道德准则法第3条第2项规定的与公共服务有关的组织。

（3）公共机构管理法第4条规定的组织。

（4）依据基础和再次教育法、高等教育法、儿童早期教育法及其他附属法律设立的不同等级的学校，以及依据私人学校法设立的教育公司。

（5）媒体报道致损仲裁和补偿法第2条第12款规定媒体公司。

2. 公职人员或者相关人员是指下列公职人员或者受雇履行公共职责的人员：

（1）国家公务员法或者地方公务员法规定的公务人员，基于资格、任命、教育经历、工作内容、报酬、任期保证等因素被其他法律视作公务人员的人。

（2）第1款第2、3项规定的公共服务有关的组织和机构的负责人及雇员。

（3）第1款第4项规定的各类学校和教育公司的负责人及雇员。

（4）第1款第5项规定的媒体公司的代表人和雇员。

3. 经济或者其他利益是指：

（1）任何形式的经济利益，包括货币、证券、房地产、货物、住宿优惠券、机构会员资格、场所门票、打折券、补偿券、娱乐券、使用房地产的权利等。

（2）提供娱乐，包括食物和饮料、酒水、高尔夫，或者交通、住宿上的便利。

（3）其他有形或者无形的经济好处，包括债务的免除、提供就业机会、权利与利益的授予等。

4. 相关机构的负责人是指公共机构中公务人员或者其他人员所附属的人员。

第3条 国家和公共机构的职责。

1. 国家应当努力保障公职人员的工作条件，使他们能够以公平、公正的方式履行职责。

2. 公共机构应当努力营造一种文化，即不正当请托和接受经济或者其他利益的行为不能被容忍，保证公职人员或者其他相关人员能够以公平、公正的方式履行职责。

3. 公共机构应当采取必要的保护措施使公职人员或者其他相关人员不会因为依据本法报告违法行为或者采取措施而遭受任何不利。

第4条 公职人员和其他相关人员的职责。

1. 公职人员或者其他相关人员应当以公平、公正的方式履行职责,不受任何个人利益的影响。

2. 公职人员或者其他相关人员在履行职责过程中应当表现出公允的姿态,不得对相对人提供任何不正当的方便或者制造障碍。

第二章 不正当请托的禁止

第5条 不正当请托的禁止。

1. 任何人不得向公职人员或者其他相关人员,直接或者通过第三人,请求他们行使权力,实施下列不当行为:

(1)施加影响,以致依申请实施的授权、许可、允许、专利、批准、检查、考试、资格、认证或者其他履职行为,以违反法律及附属法规的形式实施。

(2)减轻或者免除各种行政处理或者处罚,包括因违反法律或者附属法规的撤销授权、许可,征税费,对疏忽行为的罚款,附加罚款,强制合规罚款,处罚或者纪律行为等。

(3)违反法律或者附属法规,对任命、升职、转岗或者其他公职人员或者其他相关人员的人事管理行为,进行干涉或者施加影响。

(4)违反法律及附属法规,交换影响力,以致他人被任命或者被拒绝到某一职位,从而干涉公共机构的决策,包括各种审议、决策、裁决委员会的成员,公共机构管理下的考试或者筛选委员会的委员。

(5)违反法律及附属法规,交换影响力,以致特定的个人、组织或者法人在公共机构组织的表彰、奖励、授勋评比中当选或者落选。

(6)违反法律及附属法规,交换影响力,以致与职责相关的投标、拍卖、发展、考试、专利、军事、税收等秘密信息泄漏。

(7)违反法律及附属法规,交换影响力,以致特定的个人、组织、法人成为或者没有成为合同的当事人。

(8)违反法律及附属法规,干预或者施加影响,以至于补助、激励、捐助、投资、奖金、基金等投入到特定的个人、组织或者法人。

(9)交换影响力,以致特定的个人、组织或者法人以超出法律及附属法规规定的金钱价值或者违背正常的交易习惯的方式购买、交换、使用、占有由公共机构生产、提供或者管理的物品或者服务,或者从中营利。

(10)违反法律及附属法规,交换影响力,以致入学、评级、表现考试或者其他学校有关事宜被人为操纵。

（11）违反法律及附属法规，交换影响力，以致征兵体检、军事派遣、任命或者其他军役有关的事项被人为操纵。

（12）交换影响力，以致由公共机构实施的各种评估和考核以违反法律及附属法规的形式作出，或者其结论被人为操纵。

（13）违反法律及附属法规，交换影响力，以致特定的个人、组织、法人成为或者被拒绝成为行政指导、控制、检查或者考试的标的，并因此导致结论被操纵，或者违法行为被忽视。

（14）交换影响力，以致调查、判断、判决、决定、调解、仲裁或者案件的处理及其他相等功能的行为违反法律及附属法规，并且

（15）公职人员或者其他相关人员超出法律及附属法规所授予的职责和权力范围施加官方影响，或者缺乏合法授权实施任何行为，而该影响或者行为是第 1 项至第 14 项所涉内容的。

2. 除第 1 款以外，本法不适用于下列任何情形：

（1）请求实施特定行为，包括请求对侵权行为造成损失的补偿或者解决、建议制定、修订、废除相关法律及附属法规、请愿法、国民请愿处遇法、行政程序法、国会法纪其他法律和附属法规规定的程序和方法方面的守则（包括公共机构的规则、政策、守则）。

（2）以公开的方式请求公职人员或者相关人员实施特定行为。

（3）选举产生的公职人员、政党、民间组织等出于公共利益替第三方表达其诉求或者痛苦，或者建议推荐制定、修订、废除法律及其附属法规、守则，或者提升政策、项目、制度、管理的水平。

（4）请求、要求公共机构在法定期限内完成特定职责，或者查询、询问职责履行的进展或者结果。

（5）申请、请求特定职责或者司法关系的真实性或者资质的确认。

（6）以询问或者咨询的形式要求对与特定职责有关的制度、程序、法律及附属法规进行解释，且

（7）其他任何不认为违背社会规范的行为。

第 6 条 对不正当请托引起的职责履行的禁止。

任何公职人员或者相关人员，如收到不正当的请托，不得依其批示履行职责。

第 7 条 对不正当请托的报告和处置。

1. 公职人员或者相关人员收到不正当请托的，应当告知请托人其请求不正当，并明确表示拒绝其请求。

2. 公职人员或者相关人员即使采取上述措施又再次收到不正当请托的,应当书面向相应机构的负责人进行报告(包括采取电子文件形式,以下情况同样适用)。

3. 机构负责人在收到第 2 款规定的报告后,应当迅速审查报告所涉及的主题是否构成不正当请托,审查内容包括报告的背景、意图、细节、证据。

4. 相关机构负责人认为不正当请托事实存在或者职责履行可能在报告和查证过程中受到妨碍的,可以对收到不正当请托的公职人员或者相关人员采取下列任何措施:

(1) 职责履行的有条件性中止。

(2) 指定他人接替。

(3) 岗位交换。

(4) 国会规章、最高法院规章、宪法法院规章、国家选举委员会规章或总统令规定的其他措施。

5. 除第 4 款规定以外,有下列情形的,相关机构的负责人可以允许公职人员或相关人员继续履行职责。在此情形下,负责人应当依照本法第 20 条的规定指定一名官员来负责或者其他公职人员或者相关人员定期检查和查证该公职人员或者相关人员是否公正地履行了其职责。

(1) 很难找到能够履行相应职责的其他替代人员的。

(2) 履行职责行为受到影响可以忽略不计的。

(3) 为保护国家安全、发展经济或者推进其他公共利益的需要,继续履行职责更为重要的。

6. 公职人员或者相关人员可以将第 2 款规定的报告提交给监督机构、审计和监察委员会、调查机构或者反腐败和民权委员会。

7. 相关机构负责人可以在不违反法律及附属法规的程度以下在官方网站上披露不正当请托及采取措施的细节。

8. 除第 1 款至第 7 款规定的事项以外,其他有必要报告、查证、处置、记录、管理、披露的不正当请托行为应当由总统令规定。

第三章　接受经济或者其他利益的禁止

第 8 条　接受经济或者其他利益的禁止。

1. 公职人员或者相关人员不得一次超过 1 000 000 韩元或一个财政年度超过 3 000 000 韩元从同一人处接受、索取、承诺接受任何经济或者其他形式的利益，不论该项利益与其职责之间具有何种关系，以及该项利益的目的，包括捐献、资助等。

2. 公职人员或者相关人员不得超出第 1 款规定的限度接受、索取、承诺接受与职责有关的任何经济或者其他利益，不论该利益是否换取任何便利。

3. 第 10 条规定的讲座或者相关活动的酬劳，或者下列情形不应当构成第 1、2 款规定的公职人员或者相关人员不得接受的经济或者其他利益。

（1）公共机构向所属或者接受指派的公职人员或者相关人员提供的经济或者其他利益，高级公职人员或者相关人员向其下属提供的用以提振士气、安慰、鼓励、奖励的利益。

（2）为提升职责履行质量，或者依社会关系，习惯、节日助兴、葬礼，提供食物和饮料，祝贺或者抚恤金，礼物或者其他物品，且价值在总统令规定的限额以内的。

（3）因个人交易行为产生的合法权利而得到经济或者其他利益的偿付，例如偿债所得（捐献除外）。

（4）亲属法第 777 条所指的亲属给予的经济或者其他利益。

（5）雇员互助协会、俱乐部、同学会、民族协会、朋友团、宗教组织、社会组织等公务人员或者相关人员是其成员的组织，依据组织的规定给予的经济或者其他利益，公职人员或者其他人员与之有长期持续关系的组织，因公职人员或者其他人员疾病或者其他灾难给予的经济或者其他利益。

（6）在公务活动中由活动组织者统一向活动所有参与者提供的经济或者其他利益，包括交通、住宿、食物和饮料。

（7）向多数且不特定人提供的纪念品或者促销产品，或者比赛、抽奖活动取得的奖励、奖品，以及

（8）其他法律及附属法规、守则、社会规范所许可的经济或者其他利益。

4. 公职人员或者相关人员的配偶不得接受、索取、承诺接受第 1、2 款规定的公职人员或者相关人员被禁止取得的经济或者其他利益（以下简称不得获取的经济或者其他利益）。

5. 不得向公职人员或者相关人员，他们的配偶，提供、允诺提供、表达提供的意愿，不得获取的经济或者其他利益。

第 9 条 报告和处理不得获取的经济或者其他利益。

1. 公职人员或者相关人员在下列情形中，应当立即书面向机构负责人报告：

（1）公职人员或者相关人员本人收到不得获取的经济或者其他利益，或者

收到允诺或者意图表达的。

（2）公职人员或者相关人员知晓其配偶收到上述利益或者此方面的允诺或者意图表示的。

2. 公职人员或者相关人员收到不得获取的经济或者其他利益或者此方面的允诺或者意思表示的，或者知晓其配偶收到不得获取的经济或者其他利益或者此方面的允诺或者意思表示的，公职人员或者相关人员应当立刻退还或者责令配偶退还该利益，或者表示拒绝的意思。下列情形，公职人员或者相关人员或者其配偶应当将利益送交机构的负责人：

（1）经济或者其他利益处于减少、腐败、变坏之中的。

（2）利益的提供方未知的。

（3）其他难以将利益退还提供者的情形。

3. 相关机构的负责人在收到第1款规定的报告，或者第2款规定的实物，且其认为该利益属于不得获取的经济或者其他利益时，应当督促公职人员或者相关人员退还或者移交该利益，或者表达拒绝的意思。在有调查必要时，还应当立即告知调查机构案件的细节。

4. 机构负责人知晓公职人员或者相关人员或者他们的配偶收受不得获取的利益或者该利益的允诺、意思表示的，如果调查是必要的，应当立即告知调查机构案件的细节。

5. 机构负责人知晓公职人员或者相关人员或者他们的配偶收受不得获取的利益，或者允诺或者意思表示的，或者认为职责履行可能在报告、退还、移交过程中或者在告知调查机构时受到妨碍的，可以采取第7条第4、5款规定的各项措施。

6. 公职人员或者相关人员可以依照第1款规定提交报告或者移交利益，或者依照第2款规定提交至监督机构、审计和监察委员会、调查机构或者反腐败和民权委员会。

7. 机构负责人按照第1款第2项从公职人员或者相关人员处得到报告，且认定其配偶拒绝退还的利益属于不得获取的利益的，机构负责人应当责令公职人员或者相关人员的配偶将该利益退还提供者。

8. 其他应当报告和处理的不得获取的利益应当由总统令规定。

第10条 外部讲座或者相关活动获取报酬的限制。

1. 公职人员或者相关人员不得超出总统令限度从与自身职责有关的讲座、演示、投稿或者从与职位和责任的事实上的影响力有关的训练课程、促销活动、论坛、课程、听证或者其他会议中获得报偿（以下简称外部讲座或者相关活动）。

2. 公职人员或者相关人员打算进行外部讲座或者相关活动的，必须以书面形式将活动的细节提前向总统令规定的机构负责人报告。除非外部讲座或者相关活动是由国家或者地方政府要求的。

3. 若按照第 2 款规定提前报告确有困难的，公职人员或者相关人员应当在活动结束后 2 天内提交书面报告。

4. 机构负责人对第 2 款报告的活动认为会影响公正履行职责的，可以限制活动。

5. 公职人员或者相关人员收到的报偿超出第 1 款规定的数额的，应当向总统令规定的机构负责人报告，并立即向提供者退还超出部分。

第 11 条 私人实施公务行为的限制。

1. 第 5 条至第 9 条的规定同样适用于下列实施公务的人员（以下简称私人实施公务行为的场合）：

（1）依照行政机构下属理事会、委员会、议事会设立和管理法，或者其他法律及附属法规设立的各类委员会的成员，其本人并非公务人员。

（2）依照法律及附属法规，具有代理权的法人、组织、机构、个体。

（3）从私人部门指派到公共机构从事公务的个人。

（4）依据法律及附属法规承担与公务有关的审议、评估职责个人、法人或组织。

2. 第 5 条至第 9 条适用于私人实施公务时，公务人员或者相关人员等同于实施公务行为的私人，机构负责人等同于属于下列类型的人员：

（1）第 1 款第 1 项所指的委员会成员：对委员会有管辖权的公共机构的负责人。

（2）第 1 款第 2 项所指的法人、组织、机构、个体：进行代理授权的监督组织或公共机构的负责人。

（3）第 1 款第 3 项的个人：指派该个人的公共机构的负责人。

（4）第 1 款第 4 项的个人、法人或组织：该项所述职责的公共机构的负责人。

第四章　预防不正当请托和收受经济或者其他利益职责的总体管理

第 12 条 预防不正当请托和收受经济或者其他利益职责的总体管理。

反腐败和民权委员会负责本法下列事项的职责：

1. 对不正当请托的禁止、收受经济或者其他利益的禁止与限制的制度性优化，相关训练和提高计划的设立与实施。

2. 制定和分发不正当请托及不得获取的利益的分类和认定标准，预防措施的守则。

3. 对不正当请托、不得获取的利益的报告的指导、咨询、接收、处理。

4. 对报告者及协作者的保护和奖励。

5. 组织事实调查工作，以及对第 1 款至第 4 款规定事项资料的收集、管理、分析等工作。

第 13 条 对违法行为的报告。

1. 发现有违反本法行为的事实已经发生或者正在发生，可以向下列机关报告：

（1）违法行为发生地的公共机构或者其监督机构。

（2）审计和监察委员会或者其他调查机构。

（3）反腐败和民权委员会。

2. 第 1 款进行报告的人有下列情形的，不得受到保护和奖励：

（1）报告人已经知道或者应当知道报告的内容是虚假的。

（2）报告人以经济或者其他利益或者工作关系上的特权为条件进行报告的。

（3）报告行为出于其他不正当目的的。

3. 按照第 1 款进行报告的，需要书面提供个人信息、报告的意图、目的和内容细节，并签署报告。同时还需要指出怀疑有违法行为人的身份信息，并提供违法行为的证据。

第 14 条 报告的处理。

1. 第 13 条第 1 款第 1、2 项规定的机构（以下简称调查机构）收到同条第 1 款规定的报告的，或者收到同条第 2 款从反腐败和民权委员会转来的报告的，需要对报告的内容进行必要的考证、检查和调查。

2. 收到第 13 条第 1 款规定的报告后，反腐败和民权委员会首先应查证报告的细节，然后将案件移交给总统令规定的调查机构，并通知报告人该事实。

3. 调查机构在根据第 1 款完成考证、检查与调查行为后的 10 日内应当向报告人、反腐败和民权委员会告知调查结果（仅当案件从反腐败和民权委员会移交时适用），然后，根据调查结果，采取如下必要的措施，如提起公诉、制作含有罚金内容的通知书，或者采取纪律措施。

4. 调查机构根据第 3 款进行结果报告的，反腐败和民权委员会应当立即通知报告人相关结果。

5. 收到根据第 3、4 款规定的调查结论的，报告人有权向调查机构提起申诉，根据第 4 款规定收到调查结论的，还可以同时向反腐败和民权委员会提起申诉。

6. 调查结论不理想的，反腐败和民权委员会自收到结论之日起 30 日内可以要求调查机构进行二次调查。

7. 调查机构收到二次调查要求的，应当在完成二次调查的 7 日内告知反腐败和民权委员会调查结论。收到该结论后，反腐败和民权委员会应当立即向报告人提供二次调查的简报。

第 15 条 对报告人及协作者的保护和奖励。

1. 任何人不得阻碍下列报告及协作行为（以下简称报告和协作），不得强制报告人及协作者撤回报告和协作：

（1）依照第 7 条第 2、6 款规定报告的。

（2）依照第 9 条第 1 款、第 2 款、第 6 款规定报告或者移交的。

（3）依照第 13 条第 1 款报告的。

（4）除第 1 项至第 3 项的报告以外，对于考证、检查、调查行为，根据报告、考证的起诉行为等提供帮助的，包括提供陈述、证词、物证或者其他帮助的。

2. 任何人不得因报告和写作而采取任何不利措施以针对报告人或者协作者（不利措施是指公共利益告密者保护法第 2 条第 6 项规定措施。以下同）。

3. 违反本法的人自愿报告违法行为，或者自愿认可报告人或者协作者报告和协作行为的内容、承认自己违法行为的，刑事处罚、罚金、纪律措施和其他行政处置可以从轻或者免除。

4. 除第 1 款至第 3 款规定以外，公共利益告密者保护法第 11 条至 13 条，第 14 条第 3 款至第 5 款，第 16 条至第 25 条的规定同样可以稍作变化的适用于对报告人和协作者的保护及其他措施。在这种情况下，"公共利益告密者，等"视作"报告人或协作者"，"公共利益告密行为"视作"报告或协作行为"。

5. 在根据第 13 条第 1 款报告并使得公共机构受益或者预防损失、或者提升公共利益的，反腐败和民权委员会可以给予报告人现金奖励。

6. 根据第 13 条第 1 款的报告行为直接使公共机构追回或者增加收入或者减少支出的，反腐败和民权委员会应当给予报告人经济报偿。

7. 反腐败和民权委员会设立组织法第 68 条至第 71 条的规定稍作变动适用于第 5、6 款规定的现金奖励或报偿的请求、支付等。在此情况下，"报告腐败行为人"视作"依照第 13 条第 1 款报告的人"，"依本法报告"视作"依照第 13 条第 1 款规定报告"。

第 16 条 处理不合法履职的措施。

公职人员或者相关人员被查证在履职期间或者随后时间里实施了违反第 5、6、8 条规定的行为的,公共机构的负责人应当采取必要的措施,例如对履职行为的中止或撤销。

第 17 条 对不当得利的追回。

违反第 5、6、8 条的履职行为被查实的,公共机构的负责人应当将已经向第三方支付或者移交的金钱、物品或其他经济利益追回。

第 18 条 对秘密信息滥用的禁止。

已经履行或者正在履行下列职责的公职人员或者相关人员不得滥用其在履职过程中知晓的任何秘密信息。但是,本条不适用于第 7 条第 7 款规定的向公共披露的行为。

1. 根据第 7 条接收和处理针对不正当请托的报告的有关职责。

2. 根据第 9 条接收报告和处置不得获取的经济或者其他利益的有关职责。

第 19 条 训练和推广。

公共机构的负责人应当向公职人员和相关人员提供定期的有关禁止不正当请托和收受经济或者其他利益的培训,并收取签字保证书。

2. 公共机构的负责人应当积极提供禁止事项的信息来引导公众遵守本法。

3. 必要时,公共机构负责人可以请求反腐败和民权委员会提供支持,组织实施第 1、2 款规定的教育和推广活动。反腐败和民权委员会应当积极配合。

第 20 条 对负责禁止不正当请托及相关职责的官员的指定。

公共机构负责人应当在公职人员和相关人员中指定一名官员来负责禁止不正当请托的职责,以及下列相关职责:

1. 有关不正当请托和收受不得获取的利益的禁止的事项的训练和咨询。

2. 接收和处理依照本法的报告和请求,并查证其中的细节。

3. 发现机构负责人违法行为时,通知法院或调查机构。

第五章　纪律措施和处罚

第 21 条 纪律措施。

相关机构负责人应当对违反本法或者依照本法的法令的公职人员或者相关人员采取纪律措施。

第 22 条 刑事处罚。

1.下列人员应当处以 3 年以下监禁,或者不超过 30 000 000 韩元的罚金。

(1) 违反第 8 条第 1 款(包括依第 11 条实施公务的私人)的公职人员或相关人员。但是,依据第 9 条第 1、2、6 款提交报告,或者返还、移交不得获取的利益,或者表示拒绝接受的人除外。

(2) 违反第 8 条第 4 款的公职人员或者相关人员(包括依第 11 条实施公务的私人),其知晓自己的配偶收受、索取或者允诺收受不得获取的利益,但是,没有依照第 9 条第 1 款第 2 项,或者第 9 条第 6 款规定报告该事实的。但是,本项不适用于依照第 9 条第 2 款已经退还、移交或者表示拒绝接受的公职人员或者相关人员或者他们的配偶。

(3) 违反第 8 条第 5 款,向公职人员或者相关人员(包括依第 11 条实施公务的私人)、他们的配偶提供、允诺提供或者表示提供第 8 条第 1 款规定的不得获取利益的人。

(4) 违反公共利益告密者保护法第 12 条第 1 款规定(本规定稍作调整适用于本法第 15 条第 4 款),向第三方告知、披露或者公开报告人或者协作者的身份信息,或者其他可以推断出报告人或者协作者身份的信息的人。

(5) 违反第 18 条规定,滥用履职过程中了解到的秘密信息的公职人员或者相关人员。

2. 下列人员应当处以 2 年以下监禁,或者不超过 20 000 000 韩元的罚金。

(1) 违反第 6 条,根据不正当请托履行职责的公职人员或者相关人员(包括依第 11 条实施公务的私人)。

(2) 违反第 15 条第 2 款,实施公共利益告密者保护法第 2 条第 6 款 a 项所列不利措施的人。

(3) 未能采取公共利益告密者保护法第 21 条第 2 款规定的措施的人,该条款稍作调整可以适用于本法第 15 条第 4 款,或者作为行政诉讼的结论的。

3. 下列人员应当处以 1 年以下监禁,或者不超过 10 000 000 韩元的罚金。

(1) 违反第 15 条第 1 款,阻碍报告或者协作行为,或者强制撤回的报告或者协作的人。

(2) 违反第 15 条第 2 款,对报告人或者协作者采取公共利益告密者保护法第 2 条第 6 款第 b 项至第 g 项所规定的不利措施的人。

4. 第 1 条第 1 款至第 3 款规定的经济或者其他利益应当没收。当不能全部或者部分没收该利益时,应当没有等值的利益。

第 23 条 对疏忽行为的罚金。

1. 下列人员应当处以不超过 30 000 000 韩元的罚金。

（1）违反第 5 条第 1 款,公职人员或者相关人员(包括依第 11 条实施公务的私人)为了第三方主体向其他公职人员或者相关人员(包括依第 11 条实施公务的私人)提出不正当请托的。但是,如果行为人受到了依据刑法或者其他法律的刑事处罚,本条款罚金不适用。行为人受到罚金处罚后又受到刑罚处罚的,罚金应当撤销。

（2）违反公共利益告密者保护法第 19 条第 2、3 款规定,该条款稍作变动即可以适用于本法第 15 条第 4 款(包括该法第 22 条第 3 款的规定),拒绝提交物证,出庭反腐败和民权委员会,提交书面陈述的人。

2. 除第 1 条第 1 款以外,违反第 5 条第 1 款,为第三方主体向公职人员或者相关人员(包括依第 11 条实施公务的私人)提出不正当请托的,应当处以不超过 20 000 000 韩元的罚金。但是,如果行为人受到了依据刑法或者其他法律的刑事处罚,本条款罚金不适用。行为人受到罚金处罚后又受到刑罚处罚的,罚金应当撤销。

3. 除第 1 条第 1、2 款以外,违反第 5 条第 1 款,通过第三方主体向公职人员或者相关人员(包括依第 11 条实施公务的私人)提出不当请求的,应当处以不超过 10 000 000 韩元的罚金。但是,如果行为人受到了依据刑法或者其他法律的刑事处罚,本条款罚金不适用。行为人受到罚金处罚后又受到刑罚处罚的,罚金应当撤销。

4. 未能依照第 10 条第 5 款进行报告或者返还利益的,应当处以不超过 5 000 000 韩元的罚金。

5. 下列人员应当处以违法行为所涉利益 2 倍至 5 倍的罚金。但是,如果行为人受到了依照本法第 22 条第 1 款第 1 至第 3 项,刑法或者其他法律的刑事处罚(包括没收,或者同等价值的没收),本条款罚金不适用。行为人受到罚金处罚后又受到刑罚处罚的,罚金应当撤销。

（1）违反第 8 条第 2 款规定的公职人员或者相关人员(包括依第 11 条实施公务的私人)。但是,本条款不适用于已经依照第 9 条第 1、2、6 款提交报告的人,或者已经退还、移交或表示拒绝意图的人。

（2）违反第 8 条第 4 款,知晓自己的配偶收受、索取或者允诺收受第 8 条第 2 款规定的不得获取利益,但是,未能依照第 9 条第 1 款第 2 项、第 9 条第 6 款进行报告的公职人员或者相关人员(包括依第 11 条实施公务的私人)。但是,本条款不适用于公职人员或者相关人员或者他们的配偶依照第 9 条第 2 款已经退还、移交该利益,或者表示拒绝意思的。

（3）违反第 8 条第 5 款,向公职人员或者相关人员(包括依第 11 条实施公务的私人)，他们的配偶提供、允诺提供第 8 条第 2 款规定的不得获取的利益，或者表达提供的意图的人。

6. 除第 1 款至第 5 款以外，如果纪律委员会决定依照国家公务员法、地方公务员法或者其他法律和附属法规进行附加纪律罚款的，不得再处以罚金。如果罚金已经处罚，就不得作出附加纪律罚款的决定。

7. 相关机构负责人应当告知有资格的法院违法行为人受到第 1 款至第 5 款惩罚疏忽行为的罚金的处罚，该法院将依据无争议案件程序法进行罚金的审理。

第 24 条 法人的责任，等。

法人、组织的代表人，或者法人、组织的特派员、雇员或者其他服务人员，或者个体实施违反第 22 条第 1 款第 3 项行为〔经济或者其他利益的提供者是公职人员或者相关人员（包括第 11 条稍作调整适用于第 8 条的实施公务的私人)的除外〕，违反第 23 条第 2、3 款，第 23 条第 5 款第 3 项行为（经济或其他利益的提供者是公职人员或相关人员（包括第 11 条稍作调整适用于第 8 条的实施公务的私人的除外)，不仅行为人应当惩罚，法人、组织或个体也应当依照对应条款处以罚金，或者对疏忽行为的罚金。除非法人、组织、个体给予了必要的注意和监督义务来预防违法的发生，不构成管理上的疏忽。

附　录

第 1 条 施行日期。

本法自颁布之日起 1 年 6 个月后施行。

第 2 条 报告不得获取利益规定的适用范围。

第 9 条第 1 款应当适用于本法施行后发生的符合该款规定的案件。

第 3 条 接受外部讲座或相关活动报偿的限制规定的适用范围。

第 10 条第 1 款适用于本法施行后举行的所有外部讲座。

图书在版编目(CIP)数据

经济刑法. 17 / 魏昌东　顾肖荣主编. —上海：上海社会科学院出版社，2017

ISBN 978 - 7 - 5520 - 2182 - 0

Ⅰ.①经… Ⅱ.①魏、顾… Ⅲ.①经济—刑事犯罪—文集 Ⅳ.①D914.04 - 53

中国版本图书馆 CIP 数据核字(2017)第 288810 号

经济刑法(第十七辑)

主　　编：魏昌东　顾肖荣
责任编辑：周　河
封面设计：黄婧昉
出版发行：上海社会科学院出版社
　　　　　上海顺昌路 622 号　邮编 200025
　　　　　电话总机 021 - 63315900　销售热线 021 - 53063735
　　　　　http://www.sassp.org.cn　E-mail：sassp@sass.org.cn
排　　版：南京展望文化发展有限公司
印　　刷：上海新文印刷厂
开　　本：710×1010 毫米　1/16 开
印　　张：19.5
插　　页：2
字　　数：340 千字
版　　次：2017 年 11 月第 1 版　　2018 年 2 月第 1 次印刷

ISBN 978 - 7 - 5520 - 2182 - 0/D·468　　　　　定价：68.00 元